문답식으로 풀어 본

각종 손해배상
청구 · 해결
쉽게 하는 방법

편저 : 김 만 기

📖 법문북스

머리말

　인간은 사회적 동물이라 혼자서는 생활할 수 없기 때문에 공동으로 일생을 살아가고 있습니다. 이렇게 생활하다 보면 서로 다툼이 있거나 의견충돌이 생기면서 뜻하지 않게 타인에게 피해를 줄 수 있고 피해를 입을 수도 있습니다. 이렇게 피해를 주고받다 보면 법률적 분쟁이 발생하는 경우가 생기게 되고, 그럴 경우 불법행위나 손해배상에 대해서 기존에 막연하게 가지고 있던 통념과는 다른 법의 현실과 논리에 접하게 되면 당황하는 경우가 종종 발생할 수 있습니다.

　불법행위라 함은 타인에게 손해를 주는 위법한 행위이며, 가해자는 피해자에 대하여 그 행위로 말미암아 생긴 손해를 배상하여야 할 채무를 부담하는 것이라고 설명하는 것이 일반적입니다. 법조문에서도 행위자의 고의 또는 과실로 인한 위법행위로 타인에게 손해를 가한 자는 그 손해를 배상할 책임이 있다고 규정하고 있습니다.

　우리 민법에서는 이렇게 고의·과실로 인한 불법행위로 타인에게 손해를 가한 경우에는 가해자는 피해자에 대하여 손해를 배상할 채무를 지며, 손해를 금전으로 평가해서 배상함을 원칙으로 하고 있습니다. 예외적으로 명예훼손의 경우, 특별한 약정이 있는 경우 등에는 원상회복이 인정됩니다.

　그러나 이와 같은 손해배상제도는 매우 복잡한 법적 절차를 거쳐야만 해결할 수 있어 일반 국민은 이해하기 쉽지 않아 법률전문가에 의뢰할 수 밖에 없었습니다. 이 책에서는 이렇게 복잡한 각종 손해배상의 절차, 즉 교통사고, 산재사고, 의료사고, 보이스피싱, 형사사건, 국가배상 및 기타 손해배상 등을 문답식으로 해설하고 관련 서식들을 함께 수록하여 누구나 쉽게 이해할 수 있도록 하였습니다.

　이러한 자료들은 대법원의 최신 판결례, 법제처의 생활법령, 대한법률구조공단의 상담사례 및 서식 등을 참고하였으며, 이를 종합적으로 정리·분석하여 일목요연하게 편집하였습니다. 여기에 수록된 상담사례 및 서식들은 개인의 법률문제 해결에 도움을 주고자 게재하였으며, 개개의 손해배상에서 발생하는 구체적 사안은 동일하지는 않을 것이므로 참고자료로 활용하시기 바랍니다.

　이 책이 손해배상법을 잘 몰라서 억울하게 피해를 보거나 손해배상의 복잡한 절차를 이해하려고 하는 분들과 이들에게 조언을 하고자 하는 실무자에게 큰 도움이 되리라 믿으며, 열악한 출판시장임에도 불구하고 흔쾌히 출간에 응해 주신 법문북스 김현호 대표에게 감사를 드립니다.

2019. 3.
편저자 드림

목   차

제1장 손해배상은 어떤 경우에 청구해야 하나요?

제2장 자동차사고로 인한 손해배상 이렇게 해결하세요

제3장 산재사고의 손해배상은 이렇게 청구하세요

제4장 의료사고 손해배상 이렇게 해결하세요

제5장 형사사건으로 피해를 본 경우 이렇게
손해배상을 청구하세요

제6장 보이스피싱으로 피해 본 경우 이렇게 손해배상 청구하세요

제7장 국가를 상대로 한 손해배상은 어떻게 청구하나요?

제8장 기타 손해배상은 이렇게 청구하세요

제1장

손해배상은 어떤 경우에
청구해야 하나요?

제1장 손해배상은 어떤 경우에 청구해야 하나요?

1. 불법행위와 손해배상

① 불법행위라 함은 타인에게 손해를 주는 위법한 행위이며, 가해자는 피해자에 대하여 그 행위로 말미암아 생긴 손해를 배상하여야 할 채무를 부담하는 것이라고 설명하는 것이 일반적입니다. 법조문에서도 행위자의 고의 또는 과실로 인한 위법행위로 타인에게 손해를 가한 자는 그 손해를 배상할 책임이 있다고 규정하고 있습니다(민법 제750조).

② 타인의 신체, 자유 또는 명예를 해하거나 기타 정신상 고통을 가한 자는 재산 이외의 손해에 대하여도 배상할 책임이 있습니다. 이러한 경우에 가해자는 피해자에 대하여 손해배상채무를 부담하게 됩니다. 이러한 의미에서 불법행위는 손해배상채무의 발생 원인이 됩니다.

2. 손해배상의 요건

① 누구도 타인으로부터 피해를 받기를 원하지는 않을 것입니다. 그러나 살다 보면 뜻하지 않게 타인에게 피해를 줄 수 있고 피해를 입을 수도 있습니다.

② 이렇게 피해를 주고받다 보면 법률적 분쟁이 발생하는 경우가 생기게 되고, 그럴 경우 불법행위나 손해배상에 대해서 기존에 막연하게 가지고 있던 통념과는 다른 법의 현실과 논리에 접하게 되어 당황하는 경우가 종종 발생할 수 있습니다.

③ 그래서 먼저 우리 민법이 불법행위에 대하여 어떻게 규정하고 있는지를 살펴보는 것이 필요합니다. 일반 불법행위의 성립요건은 다음과 같습니다.

 ㉮ 행위자에게 고의 또는 과실이 있을 것

  이것은 과실책임의 원칙을 나타낸 것이나, 민법이 고의와 과실을 구별하지 아니하고 동일한 책임을 지게 하는 것은, 민사책임이 손해의 전보를 중요한 목적으로 하고 있기 때문입니다.

 ㉯ 행위자에게 책임능력이 있을 것

  의사능력 없는 미성년자나 심신상실자는 불법행위의 책임을 지지 아니하고(제753조, 제754조) 감독의무자가 대신 책임을 집니다(제755조).

 ㉰ 그 행위가 위법한 것일 것

민법은 고의 또는 과실로 인한 위법행위로 타인에게 손해를 가한 때에 불법행위가 성립한다고 하고 있습니다. 위법성은 피해이익의 종류와 침해행위의 모습으로부터 상대적으로 판단해야 합니다. 정당행위·긴급피난(제761조), 기타 이른바 위법성조각사유가 있는 것도 위법성을 판정하는 자료가 됩니다.

㉔ 손해가 발생하였을 것

손해는 재산적 손해뿐만 아니라 정신적 손해도 포함됩니다(제751조, 제752조)

㉕ 가해행위와 손해 사이에 인과관계가 있을 것

이것은 상당인과관계로 충분합니다(제763조에 의한 제393조의 준용). 이러한 인관관계의 입증책임은 피해자에게 있습니다.

3. 손해배상의 범위

채무불이행으로 인한 손해배상의 범위를 정한 민법 제393조는 불법행위로 인한 손해배상에도 준용되므로(제763조), 통상손해와 특별손해의 두 가지 기준에 의해 그 배상범위가 결정됩니다.

① 통상손해

불법행위로 인한 손해배상은 통상의 손해를 그 한도로 합니다(민법 제393조 1항). 즉 불법행위가 있으면 일반적으로 발생하는 손해에 대해서는 가해자는 그 전부를 배상해야 합니다.

② 특별손해

특별한 사정으로 인한 손해는 가해자가 그 사정을 알았거나 알 수 있었을 때에 한하여 배상의 책임이 있습니다(민법 제393조 2항). 즉, 불법행위로 인해 일반적으로 발생하는 손해가 아니라 피해자에게만 존재하는 특별한 사정에 기초하여 발생한 손해에 대해서는 가해자가 그 특별한 사정을 알았거나 알 수 있었을 때에 한해서만 배상책임을 집니다.

4. 손해배상의 방법 : 금전배상주의

① 손해배상의 방법으로는 원상회복주의와 금전배상주의가 있는데, 우리 민법은 금전배상주의를 취하고 있습니다(제763조, 제394조).

② 재산적 손해뿐만 아니라 정신적 손해의 배상(위자료)도 금전으로 평가해서 배상해야 합니다. 다만, 민법은 명예훼손의 경우에는 법원은 피해자의 청구가 있을 때

에, 손해배상에 갈음하여 또는 손해배상과 함께 '명예회복에 적당한 처분'을 명할 수 있도록 하여(제764조), 예외적으로 원상회복의 방법을 인정하고 있습니다.

5. 손해배상액의 산정

1) 의의
손해배상은 금전으로 배상하는 것이 원칙이므로(민법 제763조, 제394조) 배상되어야 할 손해를 금전으로 평가하는 과정이 요구되는데, 이를 '손해배상액의 산정'이라고 합니다.

2) 배상액 산정의 기준시기
손해배상의 산정은 불법행위 당시를 기준으로 합니다. 판례는 불법행위로 인한 손해배상채권은 불법행위시에 발생하고 그 이행기가 도래하는 것이므로, 장래 발생할 소극적, 적극적 손해의 경우에도 불법행위시가 배상액 산정의 기준시기가 되고, 이때부터 장래의 손해발생시점까지의 중간이자를 공제한 금액에 대하여 다시 불법행위시부터의 지연손해금을 부가하여 지급을 명할 것이 원칙이라고 판시하고 있습니다(대법원 1994. 2. 25. 93다38444).

3) 손해의 종류
① 재산적 손해
불법행위로 인한 재산적 손해는 위법한 가해행위로 인하여 발생한 재산상의 불이익, 즉 그 위법행위가 없었더라면 존재하였을 재산상태와 그 위법행위가 가해진 현재의 재산상태의 차이를 말하는 것이고, 그것은 기존의 이익이 상실되는 적극적 손해와 장차 얻을 수 있는 이익을 얻지 못하는 소극적 손해를 포함하는 것입니다.

② 정신적 손해
민법은 불법행위로 정신적 고통을 준 때에는 이를 배상할 책임을 규정하는데, 이러한 정신적 손해를 '재산 이외의 손해'라고 칭하며(제751조 1항), 이에 대한 금전배상을 위자료라고 합니다.

4) 배상액의 산정방법(특히 생명침해 또는 신체상해의 경우)

(1) 적극적 손해

불법행위로 인하여 상실되는 기존의 이익이 적극적 손해입니다.

① 치료비

상해를 치료하는데 있어서 드는 각종 비용(입원비·약대·진료비)이 포함됩니다. 부상으로 인한 후유증으로 사망할 때까지 개호인을 필요로 하는 때에는 그 비용도 포함되고, 그 외에 장차 사용하여야 할 의수·의족 등의 구매비용도 현재의 가격을 기준으로 산정하여 배상해야 합니다.

② 장례비 등

고의 또는 과실에 의하여 타인의 생명을 해한 사람은 그 장례에 관한 비용을 손해로서 배상할 의무가 있고, 누구든지 사망은 피할 수 없는 것이고 그 비용은 사망자의 친족이 당연히 부담할 것이라는 이유로 그 배상의무를 면할 수 없습니다). 한편, 장례에서 조객으로부터 받는 부의금은 손실을 전보하는 성질의 것이 아니므로 배상액에서 공제할 것이 아닙니다.

(2) 소극적 손해(일실이익)

장차 얻을 수 있는 이익을 얻지 못하는 것을 소극적 손해(일실이익)라 합니다.

① 일실이익의 산정기준

불법행위로 인한 피해자의 일실이익을 산정함에 있어서는 사고 당시의 피해자의 소득을 기준으로 하여 산정할 수도 있고 추정소득에 의하여 이를 평가할 수도 있는 것이며, 이와 같은 일실이익의 산정은 불확정한 미래사실의 예측이므로 당해 사건에 현출된 구체적 사정을 기초로 하여 합리적이고 객관성 있는 기대수익을 산정하면 족합니다.

② 수입액

봉급생활자의 경우에는 그 임금을 기준으로 산정하는데, 봉급이 증가될 것을 예측할 수 있는 객관적인 자료가 있는 때에는 이를 통상손해로 보아 가해자의 예견여부를 묻지 않고 일실수입에 포함시킵니다.

③ 수입이 가능한 기간

㉮ 기간산출방법 : 통계에 의한 생명표로부터 사망한 사람의 생존을 측정하는 연수, 이른바 평균(기대)여명을 알 수 있습니다. 이를 기초로 하여 사망한 사람의 직업·건강상태

등을 고려하여 수입 내지 소득이 가능한 기간이 산출됩니다.

- ㉯ 피해자의 수입이 가능한 최초의 시기 : 원칙적으로 만20세부터라는 것이 판례의 입장입니다. 다만, 남자로서 군복무중인 때에는 제대하여 노동에 실제로 종사할 수 있는 때를 기준으로 합니다.
- ㉰ 수입이 가능한 최종의 시기 : 수입이 가능한 최종의 시기는 피해자의 직업이나 건강 상태에 따라 다릅니다.

④ 노동능력상실률

- ㉮ 노동능력상실로 인한 일실이익의 산정방법 : 노동능력 상실로 인하여 종전의 직장에 계속 종사할 수는 없으나 노동능력이 남아 있어 다른 직업에 종사할 수 있는 경우, 그 일실이익을 산정하는 방법에는 다음과 같은 것이 있습니다.
  - 평가설(노동능력 상실설) : 정상수입 × 상실률
  - 차액설(수입상실설) : 현재수입액 - 남은노동력으로 재취업이 가능한 직업상의 수입
- ㉯ 노동력 상실률의 결정방법 : 노동력 상실률의 결정에는 보통 의사의 감정의견을 기초로 하여 각종 법령에 의한 기준표(자동차손해배상보장법시행령, 산업재해보험법시행령, 국가배상법시행령 등)나 이들 기준표가 적용되지 않는 경우에는 맥브라이드(Mcbride) 기준표(부상의 등급을 백분율로 세밀하게 분류)를 이용합니다.

⑤ 생활비 등의 공제

피해자는 생명침해에 의하여 얻을 수 있는 이익을 상실하는 동시에 생존한다면 장래 지출하여야 할 생활비를 면하게 되므로, 피해자의 장래에 얻을 수 있는 수익으로부터 생활비를 공제해야 합니다. 그러나 피해자가 사망하지 않고 부상을 입은 때에는 생활비를 공제해서는 안 됩니다. 생활비에는 단순한 식생활에 드는 비용뿐만 아니라 피복비·주택비·교통비·문화비 등 생활에 필요한 여러 비용을 포함합니다.

⑥ 중간이자의 공제

손해배상액을 정기적으로 지급하지 않고 현재 일괄지급하기 위해서는 중간이자를 공제해야 합니다. 금전은 이자를 낳은 자본이므로 미리 받는 배상금은 배상을 할 때부터 피해자가 실제로 이익을 얻을 수 있을 때까지 이자가 생기게 되어, 피해자는 실제로 입은 손해보다 많은 부당이득을 하는 결과가 되기 때문입니다.

5) 과실상계

① 의 의

채무불이행에 있어서 인정되는 과실상계에 관한 민법 제396조는 불법행위에도 준용됩니다(제763조). 따라서 손해배상의 책임 및 금액을 정할 때에 피해자의 과실도 이를 참작해야 합니다.

② 피해자의 과실

피해자의 과실은 가해자의 과실과 같은 정도의 것은 아니고, 다만 그것이 손해배상액 산정에 참작된다는 점에서 적어도 신의칙상 요구되는 결과발생 회피의무, 즉 일반적으로 예견가능한 결과발생을 회피하여 피해자가 자신의 불이익을 방지할 주의를 게을리 하는 것을 말합니다.

③ 피해자 이외의 자(피해자측)의 과실

신의칙 또는 손해부담의 공평이라는 손해배상제도의 이념에 비추어 볼 때, 피해자의 과실에는 피해자 본인의 과실뿐만 아니라 그와 신분상 내지는 사회생활상 일체를 이루는 관계에 있는 자의 과실도 피해자의 과실로서 참작되어야 합니다.

④ 효 과

피해자에게 과실이 인정되면 법원은 손해배상의 책임 및 그 금액을 정함에 있어 이를 참작하여야 하고, 배상의무자가 피해자의 과실에 관하여 주장하지 않는 경우에도 소송자료에 의하여 과실이 인정되는 때에는 이를 법원이 직권으로 심리 판단해야 합니다.

■ 불법행위로 인한 손해배상청구 시 정기금 또는 일시금은 어떤 기준으로 선택 하는지요?

Q. 불법행위로 입은 상해의 후유장애로 인하여 장래에 계속적으로 치료비나 개호비 등을 지출하여야 할 손해를 입은 피해자가 그 손해배상을 청구하게 되면, 어느 경우에 정기금에 의한 지급을 명할 수 있고, 어느 경우에 일시금의 지급을 명하게 되는지요?

A. 판례는 "불법행위로 입은 상해의 후유장애로 인하여 장래에 계속적으로 치료비나 개호비 등을 지출하여야 할 손해를 입은 피해자가 그 손해배상을 정기금지급과 일시금지급 중 어느 방식에 의하여 청구할 것인지는 원칙적으로 손해배상청구권자 자신이 임의로 선택할 수 있는 것으로서, 다만 식물인간 등의 경우와 같이 그 후유장애의 계속기간이나 잔존여명이 단축된 정도 등을 확정하기 곤란하여 일시금지급방식에 의한 손해배상이 사회정의와 형평이념에 비추어 현저하게 불합리한 결과를 초래할 우려가 있다고 인정될 때에는, 손해배상청구권자가 일시금지급을 청구하였더라도 법원이 재량에 따라 정기금지급을 명하는 판결을 할 수 있다."라고 하였으며(대법원 1996.8.23. 선고 96다21591 판결), "향후 치료비와 개호비 손해를 산정함에 있어서 피해자의 여명예측(餘命豫測)이 불확실한 경우에는 피해자가 확실히 생존하고 있으리라고 인정되는 기간 동안의 손해는 일시금의 지급을 명하고, 그 이후의 기간은 피해자의 생존을 조건으로 정기금의 지급을 명할 수밖에 없으므로, 그와 같은 산정방식을 두고 법원의 재량의 범위를 넘어섰다고 할 수는 없다."라고 하였고(대법원 2000.7.28. 선고 2000다11317 판결), "여명예측이 불확실하다고 보아 향후치료비 및 개호비 손해에 대하여는 가동연한 이내로서 원고가 확실히 생존하고 있으리라고 인정되는 기간을 기준으로 일시금과 정기금을 혼용하여 지급을 명한 원심으로서는 원고가 일시금으로 구하고 있는 일실수입손해를 산정하여 그 지급을 명함에 있어서도 피해자가 확실히 생존하고 있으리라고 인정되는 기간 동안의 일실수입은 중간이자를 공제한 일시금으로, 그 기간 이후 가동연한까지의 일실수입은 생계비를 공제한 금액에서 중간이자를 공제한 일시금으로, 그 기간 이후 가동연한까지의 일실수입 중 생계비 상당의 손해는 피해자의 생존을 조건으로 매월 정기금으로 배상할 것을 명하여야 한다."라고 하였습니다(대법원 2000.7.28. 선고 2000다11317 판결, 2002.11.26. 선고 2001다72678 판결).

또한, 교통사고로 입은 중증 뇌좌상과 그 후유증인 우측완전반신마비, 언어불능 등으로 인하여 잔존여명이 10년 정도 단축된 것으로 인정되고, 향후치료비 등 손해에 대하여 일시금지급을 명하는 것이 사회정의와 형평이념에 비추어 현저하게 불합리한 결과를 초래할 우려가 있다고 인정할 수 없다는 이유로 정기금지급을 명한 원심판결을 파기한 판례가 있습니다(대법원 1995.6.9. 선고 94다30515 판결).

따라서 피해자는 정기금지급 및 일시금지급을 임의로 선택할 수 있으나, 일시금지급범위에 의한 손해배상이 현저하게 불합리한 결과를 초래할 우려가 있다고 인정된 때에는 법원의 재량에 의해 정기금지급을 명할 수 있을 것입니다.

■ 불법행위로 인한 손해배상에 합의한 후 추가청구가 가능한지요?

Q. 甲은 乙에게 고용되어 화공약품기사로 일하던 중 화공약품가스가 폭발하면서 화재가 발생하여 얼굴 등에 중화상을 입었습니다. 서로의 잘못이 있으므로 원만히 합의를 하자는 乙의 권유를 견디지 못하여 甲은 그 때까지의 치료비 외에 150만원을 받기로 하고, 그 후의 책임을 일체 묻지 않기로 하는 합의서를 작성한 후 공증하였습니다. 그러나 화상상태와 3~4회에 걸친 성형수술비 등 향후치료비와 위자료를 감안할 때 이는 너무 부족한 액수여서 甲은 乙에게 추가로 손해배상을 요구했으나 乙은 거부하고 있습니다. 이와 같이 손해배상에 대해 일단 합의가 이루어지면 추가청구는 전혀 할 수 없는지요?

A. 불법행위가 발생하면 통상 당사자 사이에 손해배상에 대하여 합의를 시도하는데, 이때 손해배상에 관하여 일단 합의가 성립하게 되면 이를 번복할 수 없는 것이 원칙입니다. 즉, 위와 같은 합의는 민법상 화해계약의 성질을 가지는 것으로 볼 수 있고, 화해는 당사자가 상호 양보하여 당사자간의 분쟁을 종지(終止)할 것을 약정함으로써 그 효력이 생기는 계약으로서(민법 제731조), 화해계약은 당사자 일방이 양보한 권리가 소멸되고 상대방이 화해로 인하여 그 권리를 취득하는 효력이 있습니다(민법 제732조, 화해의 창설적 효력). 그러므로 위와 같은 '화해의 창설적 효력'으로 인하여 화해(합의)의 내용에 따라야 함이 원칙입니다. 그러나 화해계약도 법률행위이므로 법률행위의 무효·취소·해제 등 법률행위에 관한 통칙적 규정이 모두 적용됩니다. 다만, 화해계약은 착오를 이유로 하여 취소하지 못하지만, 화해당사자의 자격 또는 화해의 목적인 분쟁이 외의 사항에 착오가 있는 때에는 착오로 인한 취소도 가능합니다(민법 제733조).

판례는 "불법행위로 인한 손해배상에 관하여 가해자와 피해자 사이에 피해자가 일정한 금액을 지급받고 그 나머지 청구를 포기하기로 합의가 이루어진 때에는 그 후 그 이상의 손해가 발생하였다 하여 다시 그 배상을 청구할 수 없는 것이지만, 그 합의가 손해발생의 원인인 사고 후 얼마 지나지 아니하여 손해의 범위를 정확히 확인하기 어려운 상황에서 이루어진 것이고, 후발손해가 합의 당시의 사정으로 보아 예상이 불가능한 것으로서 당사자가 후발손해를 예상하였더라면 사회통념상 그 합의금액으로는 화해하지 않았을 것이라고 보는 것이 상당할 만큼 그 손해가 중대한 것일 때에는 당사자의 의사가 이러한 손해에 대해서까지 그 배상청구권을 포기한 것이라고 볼 수 없으므로 다시 그 배상을 청구할 수 있다."라고 하였습니다(대법원 2000.1.14. 선고 99다39418 판결, 2000.3.23. 선고 99다63176 판결, 2001.9.14. 선고 99다42797 판결).

위 사안의 경우 甲은 乙과의 합의에서 그 때까지의 치료비지급 이외에 별도 합의금조로 150만원을 수령하는 조건으로 그 사건과 관련된 손해배상에 관한 일체의 권리를 포기하였으며, 합의 당시에 이미 성형수술의 필요성, 위자료 등을 예상할 수 있었는지, 합의성립을 인정할 수 없는 특별한 사정이 있었는지를 구체적으로 검토하여야만 추가청구여부를 결정할 수 있을 것으로 봅니다.

■ 식물인간상태에서 손해배상합의 후 여명기간이 연장된 경우 추가청구가 가능한지요?

Q. 甲은 교통사고를 당하여 식물인간 상태에서 수개월 동안 깨어나지 못하고 감정결과 여명기간이 5년이라고 하여 그 감정결과를 전제로 가해자 乙과 합의하였습니다. 그런데 甲은 식물인간 상태에서 깨어나 5년이 지나서도 계속 생존하게 되었고, 종전에 예측된 위 여명기간 이후로도 약 20년이나 더 생존할 수 있고 정신적 장해로 인한 개호가 필요한 상태임이 밝혀졌습니다. 이 경우 甲은 그에 상응하는 손해에 대하여 추가로 배상을 청구할 수는 없는지요?

A. 합의는 민법상 화해계약의 성질을 가지는 것으로 볼 수 있고, 화해는 당사자가 상호 양보하여 당사자간의 분쟁을 종지(終止)할 것을 약정함으로써 그 효력이 생기는 계약으로서(민법 제731조), 화해계약은 당사자 일방이 양보한 권리가 소멸되고 상대방이 화해로 인하여 그 권리를 취득하는 효력이 있습니다(민법 제732조). 그러므로 위와 같은 '화해의 창설적 효력'으로 인하여 화해(합의)의 내용에 따라야 함이 원칙입니다. 그런데 불법행위로 인한 손해배상에 관하여 가해자와 피해자 사이에 피해자가 일정한 금액을 지급 받고 나머지 청구를 포기하기로 한 합의의 해석에 관하여 판례는 "불법행위로 인한 손해배상에 관하여 가해자와 피해자 사이에 피해자가 일정한 금액을 지급 받고 그 나머지 청구를 포기하기로 합의가 이루어진 때에는 그 후 그 이상의 손해가 발생하였다 하여 다시 그 배상을 청구할 수 없는 것이지만, 그 합의가 손해의 범위를 정확히 확인하기 어려운 상황에서 이루어진 것이고, 후발손해(後發損害)가 합의 당시의 사정으로 보아 예상이 불가능한 것으로서, 당사자가 후발손해를 예상하였더라면 사회통념상 그 합의금액으로는 화해하지 않았을 것이라고 보는 것이 상당할 만큼 그 손해가 중대한 것일 때에는 당사자의 의사가 이러한 손해에 대해서까지 그 배상청구권을 포기한 것이라고 볼 수 없으므로 다시 그 배상을 청구할 수 있다고 보아야 한다."라고 하였습니다(대법원 2001.9.14. 선고 99다42797 판결).

그리고 상해의 후유증으로 인하여 불법행위 당시에는 예견할 수 없었던 손해가 발생하거나 예상외로 손해가 확대된 경우, 손해배상청구권의 시효소멸기간의 진행시점에 관하여 위 판례는 "불법행위로 인한 손해배상청구권은 민법 제766조 제1항에 의하여 피해자나 그 법정대리인이 그 손해 및 가해자를 안 날로부터 3년 간 행사하지 아니하면 시효로 인하여 소멸하는 것인바, 여기에서 그 손해를 안다는 것은 손해의 발생사실을 알면 되는 것이고 그 손해의 정도나 액수를 구체적으로 알아야 하는 것은 아니므로, 통상의 경우 상해의 피해자는 상해를 입었을 때 그 손해를 알았다고 보아야 할 것이지만, 그 후 후유증 등으로 인하여 불법행위 당시에는 전혀 예견할 수 없었던 새로운 손해가 발생하였다거나 예상외로 손해가 확대된 경우에 있어서는 그러한 사유가 판명된 때에 새로이 발생 또는 확대된 손해를 알았다고 보아야 할 것이고,

이와 같이 새로이 발생 또는 확대된 손해 부분에 대하여는 그러한 사유가 판명된 때로부터 민법 제766조 제1항에 의한 시효소멸기간이 진행된다고 할 것이다.”라고 하였으며, “교통사고로 심한 뇌손상을 입고 식물인간상태가 된 피해자(사고 당시 20세 4월)가 가해자를 상대로 제기한 손해배상청구소송에서 그 후유증상이 호전가능성이 없는 지속적 식물인간 상태로서 여명이 사고시로부터 약 5년으로 단축되었다는 감정결과가 나와 피해자가 위 여명기간 이후로는 생존할 수 없음을 전제로 하여 판결선고가 이루어지고 그 판결이 확정된 직후 피해자가 가해자측으로부터 그 확정판결의 인용금액 중 일부를 감액한 금액을 지급 받고 사고로 인한 일체의 청구권을 포기하기로 합의하였는데, 그 이후 피해자가 위 감정결과와는 달리 점차 의식을 회복하면서 위 여명기간이 지난 후에도 생존하게 되자 추가손해의 지급을 구하는 소송을 제기하여 감정을 시행한 결과, 피해자는 의식을 회복하고 식물인간상태에서 벗어나 제한적이나마 자력에 의한 거동을 할 수 있는 등 증상이 상당히 호전된 채 고정되어 종전에 예측된 위 여명기간 이후로도 약 38년이나 더 생존할 수 있고 정신적 장해로 인한 개호가 필요한 상태임이 밝혀진 경우, 전소(前訴)의 일실수입 청구에서 제외하였던 종전 예측의 여명기간 이후 가동연한까지의 생계비에 상당하는 일실수입 손해와 추가적으로 필요하게 된 개호비 손해가 위 합의에 이르기까지 예상할 수 없었던 중대한 손해로서 위 합의의 효력이 미치지 않으며, 그 손배배상청구권의 소멸시효는 피해자가 점차 의식을 회복하는 등 피해자의 증상이 호전되기 시작한 시점부터 진행한다.”라고 하였습니다(대법원 2001.9.14. 선고 99다42797 판결).

따라서 위 사안의 경우에도 甲은 종전 예측의 여명기간 이후 가동연한까지의 생계비에 상당하는 일실수입손해와 추가적으로 필요하게 된 개호비손해가 위 합의에 이르기까지 예상할 수 없었던 중대한 손해로서 위 합의의 효력이 미치지 않는다고 할 수 있을 것이고, 그 손배배상청구권의 소멸시효는 甲이 점차 의식을 회복하는 등 甲의 증상이 호전되기 시작한 시점부터 진행한다고 할 것입니다.

■ 타인의 불법행위로 상해를 입은 경우 진단서 작성비용을 청구할 수 있는지요?

Q. 乙은 토지 경계 문제로 甲과 말다툼을 하던 중 甲에게 타박좌상 등의 상해를 가하였습니다. 甲은 법원에 손해배상을 청구하면서 상해 진단서도 제출하였는데, 진단서 발급 비용도 청구할 수 있는지요?

A. 판례는 "타인의 불법행위로 인하여 상해를 입은 경우 형사 고소 또는 민사 손해배상 청구를 함에 있어서 진단서를 제출하여야 하는 것이 필수적이므로 진단서를 작성·발급하기 위하여 지출한 비용은 불법행위로 인한 손해"에 포함되고(대법원 1974.11.12. 선고 74다483 판결), "사망한 경우에는 그 손해배상 청구 소송을 제기하기 위한 사망진단서나 사체 검안서의 제출은 거의 필수적인 것이라 할 것이므로, 위 서류의 작성에 지출된 비용도 불법행위로 인한 통상의 손해에 포함된다."라고 하였습니다(대구고등법원 1985.3.6. 선고 84나720 판결).

따라서 甲은 乙에게 진단서 작성 발급에 지출한 비용도 손해배상금으로 함께 청구할 수 있다 할 것입니다.

■ 사망으로 인한 손해배상청구 시 부의금도 손익상계가 되는지요?

Q. 甲은 교통사고로 인하여 사망하였는데, 그 손해배상금액(장례비 등 포함)을 산정함에 있어서 조객들로부터 받은 부의금을 그 사고로 인한 이득이라고 보아 손익상계를 할 수 있는지요?

A. 불법행위로 인하여 피해자가 사망하였을 경우 그 손해액을 산정함에 있어서 장례비용 등도 손해액에 포함됨이 분명하나, 장례에 있어서 조문객들이 유족에게 지급한 부의금이 그 사고로 인한 이득으로서 손익상계대상이 되어 공제되어야 하느냐에 의문을 가질 수 있습니다. 부의금의 손익상계 여부는 부의금의 성질을 어떻게 볼 것인가에 따라서 그 가능 여부가 결정될 것입니다.

이에 대하여 판례는 "사람이 사망한 경우에 부조금 또는 조위금 등의 명목으로 보내는 부의금은 상호부조의 정신에서 유족의 정신적 고통을 위로하고 장례에 따르는 유족의 경제적 부담을 덜어줌과 아울러 유족의 생활안정에 기여함을 목적으로 증여되는 것이다."라고 하였습니다(대법원 1992.8.18. 선고 92다2998 판결). 또한, "장례에 있어 조객으로부터 받는 부의금은 손실을 전보하는 성질의 것이 아니므로 이를 재산적 손해액산정에서 참작할 것이 아니다."라고 하였습니다(대법원 1976.2.24. 선고 75다1088 판결).

따라서 위 사안에서도 甲이 교통사고로 인하여 사망하게 된 손해배상액에서 부의금을 손익상계 하여서는 아니 될 것으로 보입니다.

■ 노조합의로 회사에 반납한 급여의 일부가 일실수입에 포함되는지요?

Q. 甲은 교통사고를 당하여 장해가능성이 있는 피해를 입었습니다. 그런데 甲이 재직하던 회사가 경영상 어려움을 겪고 있어 그 고통분담의 차원에서 단체교섭의 합의내용에 따라 근로자 모두가 급여의 일부를 회사에 반납한 사실이 있고, 그 반납분에 대해서는 甲의 급여내역서에 일단 甲의 총 임금이 계산된 다음 그 금액에서 반납분을 공제한 것으로 되어 있으며, 그 반납부분이 세무당국에 근로소득으로 신고되어 있지는 않았습니다. 이러한 경우 甲의 급여 반납분이 일실수입 및 일실퇴직금 산정의 기초가 되는 소득에 포함될 수 있는지요?

A. 타인의 불법행위로 인하여 피해자가 상해를 입게 되거나 사망하게 된 경우, 피해자가 입게 된 소극적 손해인 일실수입은 피해자의 사고 당시 수입을 기초로 하여 산정 하게 됩니다.

그런데 어려운 회사경영상황을 인식하고 그 고통분담의 차원에서 단체교섭의 합의내용에 따라 근로자가 급여의 일부를 회사에 반납한 사실이 있는 경우, 그 반납분이 일실수입 및 일실퇴직금산정의 기초가 되는 소득에 포함되어야 하는지에 관하여 판례는 "국제통화기금(IMF) 관리체제 하의 어려운 회사경영상황을 인식하고 그 고통분담의 차원에서 단체교섭의 합의내용에 따라 근로자가 급여의 일부를 회사에 반납한 사실이 있는 경우, 위 반납분은 그 금액만큼 근로자의 임금이 삭감된 것이 아니라, 일단 근로자의 소득으로 귀속되었다가 근로자가 자진하여 반납한 것으로 보는 것이 상당할 것이므로 위 반납분은 근로자의 일실수입 및 일실퇴직금산정의 기초가 되는 소득에 포함되어야 할 것이고, 그러한 결론은 위 반납분이 세무당국에 근로소득으로 신고되지 아니한 사정이 있다 하더라도 마찬가지이다."라고 하였습니다(대법원 2001.4.10. 선고 99다39531 판결).

따라서 위 사안에서도 甲의 일실수입 및 일실퇴직금 산정에 있어서 반납된 급여 일부도 소득에 포함하여 산정하여야 할 것으로 보입니다.

■ 피해자의 부주의는 과실상계에 어떻게 반영되는지요?

Q. 사고가 나서 경찰을 불렀는데, 경찰에게 현장 상황을 정확히 설명하지 못하고 있던 시점에서 새로운 사고가 발생하였습니다. 경찰관들에게 손해배상청구를 하려고 하는데 현장 상황을 설명하지 못하고 있었던 제 책임도 고려되어야 하나요?

A. 피해자의 단순한 부주의로 인해서 손해의 발생이나 확대의 원인이 된 경우라면 과실상계를 한다는 것이 대법원의 입장입니다. 대법원은 甲이 乙을 자신이 살해했다는 신고를 듣고 경찰 3명이 출동한 뒤 甲에게 신고 경위를 추궁하였으나, 甲으로부터 아무런 대답을 듣지 못하자 심한 부상을 입고 있었던 乙에게 경위를 물어보았지만 乙은 별다른 대답을 하지 않고 여동생에게 같이 있어달라는 부탁만 한 상황에서, 당시 상황을 파악하지 못한 경찰관들이 피해자 후송을 위하여 甲에 대한 관리를 소홀히 한 사이 甲이 乙을 살해한 사안에 관하여, 경찰관의 손해배상책임을 인정하였으나 피해자 乙의 과실 역시 고려하여 과실을 상계하여 판결하였습니다(대법원 2010.8.26. 선고 2010다37479 판결). 따라서 위 질문의 경우에도 부주의로 인하여 손해가 확대되는 경우 과실이 인정되어 상계될 가능성이 높을 것입니다.

제2장

자동차사고로 인한 손해배상 이렇게 해결하세요

제2장 자동차사고로 인한 손해배상 이렇게 해결하세요

1. 손해배상의 종류

1) 자동차 운전에 따른 손해 배상

자동차를 운행 중 타인의 신체나 재물을 손상시켰을 때에는 그 손해를 배상해야 합니다.

2) 자동차손해배상 보장법에 따른 손해배상

① 자동차손해배상 보장법은 자동차의 운행으로 사람이 사망 또는 부상하거나 재물이 멸실 또는 훼손된 경우에 있어서의 손해배상을 보장하는 제도를 확립함으로써 피해자를 보호하고 자동차운행의 건전한 발전을 촉진하려고 제정된 법으로 민법의 특별법입니다.

② 자기를 위하여 자동차를 운행하는 자의 손해배상책임에 대하여는 자동차손해배상 보장법 제3조에 따른 경우 외에는 민법에 따릅니다.

3) 자동차 보유자의 손해배상 책임

① 자기를 위해 자동차를 운행하는 자는 그 운행으로 다른 사람을 사망하게 하거나 부상하게 한 경우에는 그 손해를 배상할 책임을 집니다.

② 다만, 다음의 경우에는 손해배상책임을 지지 않습니다.
  ㉮ 승객이 아닌 자가 사망하거나 부상한 경우에는 다음을 증명하는 경우
    - 자기와 운전자가 자동차의 운행에 주의를 게을리 하지 않았을 것
    - 피해자 또는 자기 및 운전자 외의 제3자에게 고의 또는 과실이 있음
    - 자동차의 구조상의 결함이나 기능상의 장해가 없었다는 것
  ㉯ 승객이 고의나 자살행위로 사망하거나 부상한 경우

4) 민법에 따른 손해배상

① 자기를 위해 자동차를 운행하는 자의 손해배상책임에 관해서는 자동차손해배상 보장법 제3조에 따르는 경우 외에는 민법을 따릅니다. 여기서 말하는 민법은 주로 같은 법 제3편제5장 불법행위(제750조부터 제766조까지)의 규정을 말합니다.

② 따라서 손해배상의 성립 요건, 손해배상의 범위, 손해배상의 방법, 과실상계, 손해배상자의 대위, 손해배상청구권자의 범위, 손해배상청구권의 상속, 법정대리, 손해배상청구권의 소멸, 손익상계, 감액청구, 공동불법행위, 사용자책임 등에 관하여도 민법의 규정이 적용됩니다.

③ 고의 또는 과실로 인한 위법행위로 타인에게 손해를 가한 자는 그 손해를 배상할 책임이 있습니다.

2. 자동차손해배상 보장사업

1) 정부의 자동차사고 피해자 보상

① 정부는 다음 어느 하나에 해당하는 경우에는 피해자의 청구에 따라 책임보험의 보험금 한도에서 그가 입은 피해를 보상합니다.

㉮ 자동차보유자를 알 수 없는 자동차의 운행으로 사망하거나 부상한 경우

㉯ 보험가입자 등이 아닌 자가 자동차손해배상 보장법 제3조에 따라 손해배상의 책임을 지게 되는 경우. 다만, 다음의 자동차 운행으로 인한 경우는 제외합니다.
 - 대한민국에 주둔하는 국제연합군대가 보유하는 자동차
 - 대한민국에 주둔하는 미합중국군대가 보유하는 자동차
 - 위의 두 가지에 해당하지 않는 외국인으로서 국토교통부장관이 지정하는 자가 보유하는 자동차
 - 견인되어 육지를 이동할 수 있도록 제작된 피견인자동차
 - 도로(도로교통법 제2조제1호에 따른 도로를 말함)가 아닌 장소에서만 운행하는 자동차

② 다만, 정부는 피해자가 청구하지 않는 경우에도 직권으로 조사하여 책임보험의 보험금 한도에서 그가 입은 피해를 보상할 수 있습니다.

2) 교통사고 피해자의 지원

① 정부는 자동차의 운행으로 인한 사망자나 중증 후유장애인의 유자녀 및 피부양가족이 경제적으로 어려워 생계가 곤란하거나 학업을 중단해야 하는 문제 등을 해결하고 중증 후유장애인이 재활할 수 있도록 지원할 수 있습니다.

② 지원대상자

정부가 지원할 수 있는 대상자는 중증 후유장애인, 사망자 또는 중증 후유장애인의 유자녀와 피부양가족으로서 생계를 같이 하는 가족의 생활형편이 국민기초생활 보장법에 따른 기준 중위소득을 고려하여 국토교통부장관이 정하는 기

준에 해당되어 생계유지, 학업 또는 재활치료(중증 후유장애인인 경우만 해당함)를 계속하기 곤란한 상태에 있는 자로서 자동차손해배상 보장법 시행령 제23조제2항에 따라 지원대상자로 결정된 사람입니다.

③ 지원 기준

㉮ 중증후유장애인의 경우:
- 의료법에 따른 의료기관 또는 장애인복지법에 따른 재활시설을 이용하거나 그 밖에 요양을 하기 위하여 필요한 비용의 보조
- 학업의 유지를 위한 장학금의 지급

㉯ 유자녀의 경우:
- 생활자금의 대출
- 학업의 유지를 위한 장학금의 지급
- 자립지원을 위하여 유자녀의 보호자(유자녀의 친권자, 후견인, 유자녀를 보호·양육·교육하거나 그 의무가 있는 자 또는 업무·고용 등의 관계로 사실상 유자녀를 보호·감독하는 자를 말함)가 유자녀의 명의로 저축한 금액에 따른 지원자금(이하 '자립지원금'이라 함)의 지급

㉰ 피부양가족: 노부모 등의 생활의 정도를 고려한 보조금의 지급

㉱ 위의 1.부터 3.까지의 규정에 해당하는 사람에 대한 심리치료 등의 정서적 지원 사업

④ 지원금액

지원을 위한 재원을 고려하여 국토교통부장관이 기준금액의 2분의 1의 범위에서 가감하여 정하는 금액을 지원합니다.

지원 대상	지원 구분	기준금액
1. 중증 후유장애인	가. 재활보조금 지급	월 20만원
	나. 장학금 지급	분기 30만원
2. 유자녀	가. 생활자금의 무이자 대출	월 15만원
	나. 장학금 지급	분기 30만원
	다. 자립지원금 지급	월 6만원
3. 피부양가족	보조금 지급	월 20만원

3) 피해자의 배상 청구

(1) 보험금 등의 청구

① 교통사고가 발생하는 경우 피해자는 보험사업자 등에 대해 보험금 등을 자기에게 직접 지급할 것을 청구할 수 있고, 자동차보험 진료수가에 해당하는 금액을 진료를 한 의료기관에 직접 지급할 것을 청구할 수 있습니다.

② 의무보험에 가입한 자와 그 의무보험 계약의 피보험자(이하 '보험가입자 등'이라 함) 또는 자동차손해배상 보장법 제10조제1항 후단에 따른 피해자가 청구하거나 그 밖의 원인으로 교통사고환자가 발생한 것을 안 경우에는 지체 없이 그 교통사고환자를 진료하는 의료기관에 해당 진료에 따른 자동차보험진료수가의 지급 의사 유무와 지급 한도를 알려야 합니다.

③ 보험가입자 등은 보험회사(공제사업자를 포함함. 이하 '보험회사 등'이라 함)가 보험금등을 지급하기 전에 피해자에게 손해에 대한 배상금을 지급한 경우에는 보험회사 등에게 보험금 등의 보상한도에서 그가 피해자에게 지급한 금액의 지급을 청구할 수 있습니다.

(2) 피해자에 대한 가불금

① 보험가입자 등이 자동차의 운행으로 다른 사람을 사망하게 하거나 부상하게 한 경우에는 피해자는 자동차손해배상 보장법 시행령 제7조의 절차에 따라 보험회사 등에게 자동차보험진료수가에 대하여는 그 전액을 가불금(假拂金)으로 지급할 것을 청구할 수 있습니다.

② 그 외의 보험금 등에 대하여는 다음과 같이 정한 금액을 자동차손해배상 보장법 제10조에 따른 보험금 등을 지급하기 위한 가불금으로 지급할 것을 청구할 수 있습니다.

> ※ 피해자 1명당 다음의 구분에 따른 금액의 범위에서 피해자에게 발생한 손해액의 100분의 50에 해당하는 금액
> - 사망의 경우: 1억원
> - 부상한 경우: 자동차손해배상 보장법 시행령 별표 1에서 정하는 상해내용별 한도금액
> - 후유장애가 생긴 경우: 자동차손해배상 보장법 시행령 별표 2에서 정하는 신체장애 내용별 한도금액

4) 교통사고 피해자에 대한 손해배상 절차

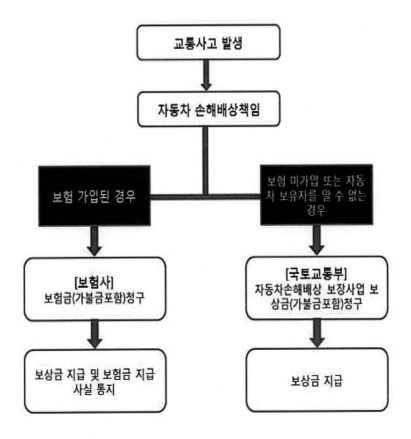

[참고] 교통사고 과실비율표

교통사고 과실비율표

1. 보행자 횡단사고

기 본 요 소		과실비율	
		사람	차
횡단보도상	신호등 있는 곳		
	푸른 신호등	0	100
	붉은 신호등	70	30
	횡단 중 붉은 신호등	20	80
	신호등 없는 곳		
	보행자가 좌우를 살핀 경우	0	100
	보행자가 좌우를 살피지 않은 경우	10	90
횡단보도밖	횡단용 시설물 (육교, 지하도 등) 없는 곳		
	횡단보도 근처(100m)	20	80
	간선도로(3차선 이상)	40	60
	일반도로	30	70
	횡단보도가 없는 지방도로	20	80
	교차로 및 부근	20	80
	횡단용시설물이 있는 부근	50	50

2. 보행자 사고

기 본 요 소		과실비율	
		사람	차
인도·차도 구별 있는 곳	인도보행	0	100
	차도보행	20	80
인도·차도 구별 없는 곳	좌측통행	0	100
	우측통행	10	90
	단, 골목길의 경우	0	100
	도로 한가운데	20	80
노상에 누워 있는 사람	주간	40	60
	야간	60	40

3. 차량의 교차로 사고

기 본 요 소		과실비율	
		"갑"차	"을"차
신호가 있는 곳	"갑"차 신호위반	100	0
신호가 없는 곳	회전금지된 곳 "갑"차 위반	85	15
	일단정지위반 "갑"차 위반	80	20
	일반통행위반 "갑"차 위반	80	20
	양보의무위반 "갑""을"차 동순위	50	50
	"갑"차 후순위	60	40

4. 끼어들기 사고

기 본 요 소	과실비율	
	끼어든 차	추돌차
끼어들기 금지구역	100	0
끼어들기 금지구역 외 장소	70	30

5. 동승의 유형

동승의 유형		운행목적	감액비율
운전자(운행자)의 승낙이 없는 경우	강요동승 무단동승		100%
운전자의 승낙이 있는 경우	동승자의 요청	거의 전부 동승자에게 동승자가 주, 운전자가 종 동승자와 운전자에게 공존·평등 운전자가 주, 동승자가 종	50% 40% 30% 20%
	상호의논 합의	동승자가 주, 운전자가 종 동승자와 운전자에게 공존·평등 운전자가 주, 동승자가 종	30% 20% 10%
	운전자의 권유	동승자가 주, 운전자는 종 동승자와 운전자에게 공존·평등 운전자가 주, 동승자는 종 거의 전부 운전자에게	20% 10% 5% 0

※ 수정요소

수 정 요 소	수 정 비 율
동승자의 동승과정에 과실이 있는 경우	+10～20%

6. 교통사고 피해자 책임기준표

사고상황	피해자 책임
주택가 골목길, 지방국도 무단횡단	20%
차도와 인도가 구분되고 차량이 많은 도로 무단횡단	25%기준으로 1차선마다 5%씩 가산
야간 또는 음주상태 무단횡단	사고상황에 따라 5%씩 가산
부모 감독소흘·어린이의 무단횡단	사고상황에 따라 5~10%씩 가산
노상유희상태에서의 사고	20%
차도에 내려 택시잡기	15%
신호등 없는 횡단보도 보행	10%
신호등 있는 횡단보도서 빨간불 무시	50%
안전벨트 또는 띠 미착용	앞좌석 10%, 뒷좌석 5%
오토바이 무면허 운전	10%
오토바이 야간운행	사고상황에 따라 10% 가산
오토바이를 정지차량 뒷부분에 들이받은 경우	60%

3. 도로의 관리부족으로 차량 파손 등 손해발생시 국가배상청구

1) 국가배상청구

'국가배상청구'란 공무원의 직무상 불법행위나 도로·하천과 같은 영조물의 설치·관리의 잘못으로 손해를 입은 국민이 국가 또는 지방자치단체를 상대로 손해배상을 청구하는 것을 말합니다.

2) 도로 관리청의 확인

도로의 관리청은 다음의 구분에 따릅니다.
- 국도(지선을 포함): 국토교통부장관
- 국가지원지방도: 특별자치시장·도지사·특별자치도지사(특별시와 광역시에 있는 구간은 해당 시장)
- 그 밖의 도로: 해당 노선을 인정한 행정청

3) 배상심의회에 배상 신청

① 배상금의 지급을 받으려는 사람은 그 사람의 주소지·소재지 또는 배상원인 발생지를 관할하는 지구심의회에 배상신청을 해야 합니다.
② 배상심의회에는 본부배상심의회(법무부)와 그 소속 지구배상심의회(전국 14개)가 있습니다.

4. 민사소송으로 손해배상 청구

1) 소장의 작성방법

(1) 필수적 기재사항

소장에 기재해야 하는 필수 기재사항은 다음과 같습니다.
- 당사자의 성명·명칭 또는 상호와 주소
- 법정대리인의 성명과 주소
- 사건의 표시
- 청구 취지

- 청구 원인
- 덧붙인 서류의 표시
- 작성한 날짜
- 법원의 표시

(2) 청구취지

① '청구취지'란 원고가 소송을 제기해 얻길 원하는 판결의 내용을 말하는 것으로서 소의 결론부분입니다. 따라서 청구취지는 판결의 기준이 됩니다.

② 예를 들어, 신청인이 원하는 것이 전세보증금 5,000만원을 돌려받길 원하는 것이라면 '피고는 원고에게 5,000만원을 지급하라.'가 청구취지가 됩니다.

③ 또한 판사가 5,000만원을 지급해야 할 의무가 있다고 판단되어도 원고가 청구취지에서 1,000만원의 지급을 구하고 있다면 판결은 1,000만원을 지급하라고 결정됩니다. 때문에 청구취지는 정확하게 기재해야 합니다.

(3) 청구원인

① 청구원인은 원고가 주장하는 권리 또는 법률관계의 성립원인으로 소송을 제기하게 된 이유를 자세하게 기재하면 됩니다.

② 청구원인은 6하 원칙에 따라 일목요연하고, 자세하게 작성합니다.

③ 덧붙인 서류의 표시

㉮ 입증방법
- 입증방법은 소장을 제출할 때 첨부하는 증거서류를 말하는데, 당사자가 주장한 사실을 뒷받침하는 증거자료를 하나씩 기재하면 됩니다.
- 증거부호의 표시는 원고가 제출하는 것은 갑 제 호증이라고 기재합니다.

㉯ 첨부서류
- '첨부서류'란 소장에 첨부하는 서류들의 명칭과 통수를 기재하는 것을 말합니다.
- 입증방법으로 제시하는 서류의 명칭과 제출하는 통수를 기재하면 되고, 증거방법 등을 열거해 두면 제출 누락을 방지하고 법원에서도 확인하기 쉬우며 후일 문제를 일으킬 염려가 없습니다.

(4) 임의적 기재사항

임의적으로 소장에 기재할 수 있는 것은 공격방법에 관한 것입니다. 즉 자신의 주장과 요청사항 등이 정당함을 주장하고 사실상 주장을 증명하기 위한 증거방법도 함께 기재할 수 있습니다.

2) 사건의 표시

손해배상 청구소송은 손해배상을 청구하게 된 이유가 다양하므로 사건의 표시에 청구원인도 표시합니다.

- 손해배상(자) 청구의 소 : 자동차손해배상 보장법에서 정한 자동차·원동 기장치자전거·철도차량의 운행으로 인한 손해배상청구
- 손해배상(산) 청구의 소 : 근로자의 업무상 재해로 인한 손해배상청구
- 손해배상(의) 청구의 소 : 의료과오로 인한 손해배상청구
- 손해배상(환) 청구의 소 : 공해(토지오염, 수질오염, 공기오염, 소음 등), 그 밖의 환경오염 또는 훼손으로 인한 손해배상청구
- 손해배상(지) 청구의 소 : 지식재산권(특허권, 실용신안권, 상표권, 의장권, 프로그램 저작권 등)의 침해로 인한 손해배상청구
- 손해배상(저) 청구의 소 : 프로그램 저작권 이외의 저작권 침해로 인한 손해배상청구
- 손해배상(언) 청구의 소 : 언론보도로 인한 손해배상청구
- 손해배상(건) 청구의 소 : 건설·건축 관련 손해배상청구
- 손해배상(국) 청구의 소 : 국가 또는 지방자치단체를 상대로 하는 손해배상청구
- 손해배상(기) 청구의 소 : 기타 사유로 인한 손해배상청구

3) 소가 산정

손해배상 청구소송은 금전의 지급을 청구하는 소송이므로 소가는 청구금액(이자는 불산입)이 됩니다. 소가 산정은 1심 소가에 따른 인지액에 따릅니다. 인지액의 납부방법은 다음과 같습니다.

㉠ 현금납부

소장에 첨부하거나 보정해야 할 인지액(이미 납부한 인지액이 있는 경우에는 그 합산액)이 1만원 이상인 경우에는 그 인지의 첨부 또는 보정에 갈음해 인지액 상당의 금액 전액을 현금으로 납부해야 합니다. 인지액 상당 금액을 현금으로 납부할 경우에는 송달료 수납은행에 내야 합니다.

㉡ 신용카드납부

신청인은 인지액 상당의 금액을 현금으로 납부할 수 있는 경우 이를 수납은행 또는 인지납부대행기관의 인터넷 홈페이지에서 인지납부대행기관을 통해 신용카드·직불카드 등으로도 납부할 수 있습니다.

㉣ 인지납부일

인지액 상당의 금액을 신용카드 등으로 납부하는 경우에는 인지납부대행기관의 승인일을 인지납부일로 봅니다.

㉤ 신청인은 수납은행이나 인지납부대행기관으로부터 교부받거나 출력한 영수필확인서를 소장에 첨부하여 법원에 제출해야 합니다.

또한 민사 제1심 단독 또는 합의사건의 송달료는 **당사자수 × 4,500원 × 15회분**입니다.

4) 소장부본

소장 제출 시 송달에 필요한 수의 부본을 함께 제출해야 합니다.

[서식 예] 손해배상(자)청구의 소(농부 사망, 시내버스)

소　　　장

원　　고　　1. 한①○ (주민등록번호)
　　　　　　　　　○○시 ○○구 ○○길 ○○(우편번호)
　　　　　　　　　전화·휴대폰번호:
　　　　　　　　　팩스번호, 전자우편(e-mail)주소:
　　　　　　　2. 한②○ (주민등록번호)
　　　　　　　　　○○시 ○○구 ○○길 ○○(우편번호)
　　　　　　　　　전화·휴대폰번호:
　　　　　　　　　팩스번호, 전자우편(e-mail)주소:

피　　고　　전국버스운송사업조합연합회
　　　　　　　○○시 ○○구 ○○길 ○○(우편번호)
　　　　　　　회장 ◇◇◇
　　　　　　　전화·휴대폰번호:
　　　　　　　팩스번호, 전자우편(e-mail)주소:

손해배상(자)청구의 소

청 구 취 지

1. 피고는 원고 한①○, 원고 한②○에게 각 금 ○○○○원 및 각 이에 대하여 20○
　○. ○. ○.부터 이 사건 소장부본 송달일까지는 연 5%의, 그 다음날부터 다 갚는
　날까지는 연 15%의 각 비율에 의한 돈을 지급하라.
2. 소송비용은 피고의 부담으로 한다.
3. 위 제1항은 가집행 할 수 있다.
라는 판결을 구합니다.

청 구 원 인

1. 당사자들의 지위
　가. 원고 한①○, 원고 한②○는 이 사건 교통사고로 사망한 소외 망 한●●의 아들
　　　입니다.
　나. 피고는 이 사건 교통사고의 가해차량인 소외 ◎◎버스회사 소유의 ○○12타○○
　　　○○호 시내버스에 관하여 공제계약을 체결한 공제사업자입니다.
2. 손해배상책임의 발생

가. 소외 조◆◆는 소외 ◎◎버스회사에 고용되어 소외 ◎◎버스회사 소유의 ○○12
타○○○○호 시내버스의 운전사로서 20○○. ○. ○. 19:00경 ○○시 ○○길 소
재 ○○공장 앞 편도 2차선도로를 시속 약 70㎞의 속도로 운행 중 같은 방향으
로 앞서가던 소외 망 한◉◉가 운전하는 경운기를 미처 발견하지 못하고 뒤에서
들이받아 같은 경운기가 넘어지도록 함으로써 이를 운전하던 피해자 소외 망 한
◉◉를 사망에 이르게 하였는바, 소외 조◆◆는 버스운전자로서 당시 저녁시간
으로 어두워 앞이 잘 보이지 않은 상태이고 제한속도가 시속 50㎞ 구간의 위험
한 도로를 주행하고 있었으므로 제한속도를 지켜 앞에 장애물이 있는지 잘 살펴
운전해야 할 주의의무가 있음에도 불구하고 이를 게을리 한 채 과속으로 운전함
으로써 이 사건 교통사고를 발생시켰습니다.

나. 이 경우 소외 ◎◎버스회사는 자동차손해배상보장법 제3조의 "자기를 위하여 자
동차를 운행한 자"에 해당하므로 같은 규정에 따라 이 사건 교통사고로 인한 피
해자에 대한 모든 손해를 배상할 책임이 있다 할 것이며, 피고는 위 사고차량에
관하여 공제계약을 체결한 공제사업자로서 손해배상책임이 있습니다.

3. 손해배상책임의 범위

가. 소외 망 한◉◉의 일실수입

소외 망 한◉◉는 19○○. ○. ○.생으로 사망일 현재 만 58세 6개월 남짓한 신
체 건강한 남자로서 한국인표준생명표에 의한 기대여명은 18.98년이므로 76세까
지는 생존이 추정됩니다.

위 망인은 ○○ ○○군 ○○면 ○○길에서 태어나 이 사건 사고로 사망할 때까
지 평생동안 농사일을 하며 생계를 유지해왔는바, 만약 이 사건 사고가 발생하
지 않았더라면 최소한 앞으로 65세까지 6년 6개월간(78개월) 더 일할 수 있습니다.
따라서 사망일에 가까운 20○○. ○.의 농협조사월보에 의하면 20○○. ○.현재
성인남자의 농촌일용노임은 금 ○○○원으로 매월 25일만 일하는 것으로 하여
위 가동연한까지 소득을 월 12분의 5%의 비율에 의한 중간이자를 단리할인법
(호프만식 계산법)에 따라 공제하여 이 사건 사고 당시의 현가로 계산하면 금 ○
○○○원{농촌일용노임 금 ○○○원×25일×65세까지 78개월에 대한 단리연금현
가표상 수치(=호프만수치)}이 됩니다.

여기서 위 망인의 생계비로 3분의 1정도를 공제하면 이 사건 교통사고로 인한 위
망인의 일실수입 총액은 금 ○○○○원(위 현가 금 ○○○○원×2/3, 원 미만 버림)
입니다.

나. 소외 망 한◉◉의 위자료

소외 망 한◉◉가 사망함에 있어 심한 정신적 고통을 입었으리라는 사정은 쉽게
짐작되는 바이므로 피고로서는 이를 위자할 책임이 있다 할 것인데, 망인의 학
력과 경력 그리고 이 사건 사고의 경위 및 결과 등 여러 사정을 참작하면 위자
료로 금 ○○○원 정도가 상당하다고 할 것입니다.

다. 상속관계

피고의 소외 망 한◉◉에 대한 배상책임의 액수는 앞서와 같이 합계 금 ○○○

○원(일실수입 금 ○○○○원 + 위자료 금 ○○○원)이 되는바, 그와 같은 손해배상채권은 그의 재산상속인들인 원고 한①○, 원고 한②○에게 각 금 ○○○○원(위 합계 금 ○○○○원×1/2)씩 귀속되었습니다.

라. 원고들의 위자료

앞서와 같이 소외 망 한◉◉가 사망함으로써 그의 아들인 원고들이 심한 정신적 고통을 입었으리라는 것은 쉽게 짐작되는 바이므로 피고로서는 이를 위자할 책임이 있다 할 것인바, 원고들의 학력·경력·신분관계 등 여러 사정을 참작하면 원고 한①○, 원고 한②○에 대한 위자료는 각 금 ○○○원 정도가 상당하다고 생각됩니다.

마. 소외 망 한◉◉의 장례비

원고 한①○은 망인의 장남으로서 금 ○○○원 정도를 지출하여 그 장례를 치루었는 바, 이러한 지출도 이 사건 교통사고로 인하여 원고 한①○가 입은 손해라 할 것이므로 피고로서는 이를 원고 한①○에게 배상하여야 할 책임이 있다 할 것입니다.

4. 결론

그렇다면 피고는 원고 한①○에게 금 ○○○○원(상속분 금 ○○○○원 + 위자료 금 ○○○원 + 장례비 금 ○○○원), 원고 한②○에게 금 ○○○○원(상속분 금 ○○○원 + 위자료 금 ○○○원)씩을 지급하여 배상하여야 할 책임이 있다 할 것이므로 그 지급 및 이에 대한 민법과 소송촉진등에관한특례법에서 정한 각 비율에 의한 지연손해금의 지급을 구하고자 이 사건 청구에 이른 것입니다.

입 증 방 법

1. 갑 제1호증		기본증명서
		(단, 2007.12.31. 이전 사망한 경우 제적등본)
1. 갑 제2호증		가족관계증명서
		(또는, 상속관계를 확인할 수 있는 제적등본)
1. 갑 제3호증		주민등록등본
1. 갑 제4호증		자동차등록원부
1. 갑 제5호증		교통사고사실확인원
1. 갑 제6호증		사망진단서
1. 갑 제7호증의 1, 2		한국인표준생명표 표지 및 내용
1. 갑 제8호증의 1, 2		농협조사월보 표지 및 내용

첨 부 서 류

1. 위 입증서류	각 1통
1. 법인등기사항증명서	1통

```
        1. 소장부본                              1통
        1. 송달료납부서                          1통


              20○○.   ○.   ○.
         위 원고    1. 한①○  (서명 또는 날인)
                   2. 한②○  (서명 또는 날인)

  ○○지방법원   귀중
```

■ 참 고 ■

※ (1) 관   할

1. 소(訴)는 피고의 보통재판적(普通裁判籍)이 있는 곳의 법원의 관할에 속하고, 사람의 보통재판적은 그의 주소에 따라 정하여지나, 대한민국에 주소가 없거나 주소를 알 수 없는 경우에는 거소에 따라 정하고, 거소가 일정하지 아니하거나 거소도 알 수 없으면 마지막 주소에 따라 정하여 집니다.

2. 불법행위에 관한 소를 제기하는 경우에는 행위지의 법원에 제기할 수 있습니다.

3. 따라서 위 사안에서 원고는 피고의 주소지를 관할하는 법원이나 교통사고발생지를 관할하는 법원에 소를 제기할 수 있습니다. 또한, 금전채권의 경우 의무이행지에 해당하는 원고의 주소지를 관할하는 법원에 소를 제기할 수도 있습니다.

※ (2) 소멸시효

피해자의 보험자에 대한 직접청구권의 성질은 손해배상청구권으로서 민법 제766조의 소멸시효가 적용되므로 손해 및 가해자를 안 날로부터 3년 또는 불법행위시부터 10년간 행사하지 아니하면 소멸시효가 완성됩니다(대법원 2005.10.7. 선고 2003다6774 판결)

※ (3) 인 지

소장에는 소송목적의 값에 따라 민사소송등인지법 제2조 제1항 각 호에 따른 금액 상당의 인지를 붙여야 합니다. 다만, 대법원 규칙이 정하는 바에 의하여 인지의 첨부에 갈음하여 당해 인지액 상당의 금액을 현금이나 신용카드·직불카드 등으로 납부하게 할 수 있는바, 현행 규정으로는 인지첨부액이 1만원 이상일 경우에는 현금으로 납부하여야 하고 또한 인지액 상당의 금액을 현금으로 납부할 수 있는 경우 이를 수납은행 또는 인지납부대행기관의 인터넷 홈페이지에서 인지납부대행기관을 통하여 신용카드 등으로도 납부할 수 있습니다.

⚖️ 관련판례

농업노동 또는 농업노동을 주로 하는 자의 일실수입산정의 기초가 되는 가동연한은 경험칙상 만 60세가 될 때까지로 보아야 하고, 다만 그의 연령, 직업, 경력, 건강상태 등 구체적인 사정을 고려하여 위와 같은 경험칙을 배제하고 만 60세를 넘어서도 가동할 수 있다는 특별한 사정이 있는 경우에는 그의 가동연한은 만 60세를 넘어서도 인정할 수 있음(대법원 1997.12.26. 선고 96다25852 판결). 1994년경 우리나라 전체 농가인구 중 60세 이상의 농가인구가 차지하는 비율이 25%에 달하고 있고, 사고당시 망인이 거주하고 있던 면에 거주하는 성인 중 농업에 종사하는 전체인구는 약 3,370명인데 그 중 60세 이상 65세 미만은 610명이고, 65세 이상은 547명인 사정에다 농촌인구의 도시 유입으로 인한 농촌인구의 고령화라는 우리나라 농촌의 현실과 망인은 사고당시 만 52세 7개월의 나이로서 실제 농업노동에 종사하여 왔을 뿐 아니라, 농한기인 1994.10.부터 1995.3.까지는 건설현장에서 근무할 정도로 건강하였음에 비추어 볼 때 농업에 종사하는 망인의 가동연한은 65세가 될 때까지로 봄이 상당하다(대법원 1997.12.23. 선고 96다46491 판결).

[서식 예] 손해배상(자)청구의 소(일용직 잡부 사망, 영업용택시)

소 장

원 고   1. 박○○(주민등록번호)
           2. 김①○(주민등록번호)
           3. 김②○(주민등록번호)
           원고들의 주소:○○시 ○○구 ○○길 ○○ (우편번호)
           전화·휴대폰번호:
           팩스번호, 전자우편(e-mail)주소:
피 고   전국택시운송사업조합연합회
           ○○시 ○○구 ○○길 ○○(우편번호)
           회장 ◇◇◇
           전화·휴대폰번호:
           팩스번호, 전자우편(e-mail)주소:

손해배상(자)청구의 소

청 구 취 지

1. 피고는 원고 박○○에게 금 ○○○○원, 원고 김①○, 원고 김②○에게 각 금 ○○○○원 및 각 이에 대하여 20○○. ○. ○.부터 이 사건 소장부본 송달일까지는 연 5%의, 그 다음날부터 다 갚는 날까지는 연 15%의 각 비율에 의한 돈을 지급하라.
2. 소송비용은 피고의 부담으로 한다.
3. 위 제1항은 가집행 할 수 있다.
라는 판결을 구합니다.

청 구 원 인

1. 당사자들의 지위
 가. 원고 박○○은 이 사건 교통사고로 사망한 소외 망 김◉◉의 처이고, 원고 김①○, 원고 김②○는 각 소외 망 김◉◉의 아들입니다.
 나. 피고는 이 사건 교통사고의 가해차량인 소외 ◎◎운수(주) 소유의 ○○32파○○○○호 영업용택시에 관하여 공제계약을 체결한 공제사업자입니다.

2. 손해배상책임의 발생
 가. 소외 ◎◎운수(주)의 운전원으로 근무하는 소외 최◈◈는 20○○. ○. ○. 21:00

경 소외 ◎◎운수(주) 소유의 ○○32파○○○○호 영업용택시를 운전하여 ○○방면에서 ○○방면으로 운행 중 ○○시 ○○구 ○○길 ○○은행 앞 노상에 이르렀는바, 이곳은 보행자의 통행이 빈번한 곳이므로 미리 속도를 줄이고 전방좌우를 잘 살펴 보행자가 있는지를 잘 확인한 후 안전하게 운행하여야 할 주의의무가 있음에도 불구하고 이를 게을리 한 채 진행한 과실로 때마침 위 가해차량의 진행방향의 우측에서 좌측으로 위 도로상을 건너던 피해자 소외 망 김◉◉를 그대로 치어 현장에서 사망케 하였습니다.

나. 이 경우 소외 ◎◎운수(주)는 자동차손해배상보장법 제3조의 "자기를 위하여 자동차를 운행한 자"에 해당하므로 같은 규정에 따라 이 사건 교통사고로 인한 피해자에 대한 모든 손해를 배상할 책임이 있다 할 것이며, 피고는 위 사고차량에 관한 공제계약에 따라 원고들의 위 모든 손해를 배상할 책임이 있습니다.

3. 손해배상책임의 범위

가. 소외 망 김◉◉의 일실수입

소외 망 김◉◉는 19○○. ○. ○.생의 신체 건강한 남자로서 통계청 발행의 한국인생명표에 의하면 사망일 현재 기대여명은 ○○년이므로 71세까지는 생존이 추정됩니다.

위 망인은 시골에서 중학교만 졸업하고 위 교통사고로 사망할 때까지 ○○시 ○○동에서 거주하면서 일용직 잡부로 막노동을 하며 생계를 이어온 사람으로 특별한 직업이나 기술은 없었고 일정한 소득을 확인할 수는 없으나 사망일에 가까운 20○○. ○.의 대한건설협회 발행의 월간거래가격에 따르면 평균 도시일용노임이 ○○○원인바, 피해자가 사망하지 않았더라면 도시일용노동자로서 적어도 매월 22일씩 일하여 기대여명내인 60세까지 ○○년 ○개월 동안은 근로하여 소득을 얻을 수 있었을 것인데 이 사건 교통사고로 인하여 사망함에 따라 그 소득을 매월 순차적으로 상실하게 되었습니다.

따라서 상실한 위 소득을 이 사건 교통사고 당시를 기준으로 단리 연 5%의 중간이자를 공제하는 호프만식 계산법으로 그 현가를 계산하면 금 ○○○○○원{도시일용노임 ○○○원×22일×60세까지 ○○○개월에 대한 단리연금현가표상 수치(호프만수치)}이 됩니다.

여기서 위 망인의 생계비로 3분의 1정도를 공제하면 이 사건 교통사고로 인한 소외 망 김◉◉의 일실수입의 총액은 금 ○○○○○원(위 현가 금 ○○○○○×2/3, 원미만 버림)이 됩니다.

나. 소외 망 김◉◉의 위자료

소외 망 김◉◉가 사망함에 있어 심한 정신적 고통을 입었으리라는 사정은 쉽게 짐작되는 바이므로, 피고로서는 이를 위자할 책임이 있다 할 것인데, 망인의 학력과 경력 그리고 이 사건 사고의 경위 및 결과 등 여러 사정을 참작하면 위자료로 금 ○○○○원 정도가 상당하다고 할 것입니다.

다. 상속관계

피고의 소외 망 김◉◉에 대한 배상책임의 액수는 앞서와 같이 합계 금 ○○○○
○원(일실수입 금 ○○○○○원＋위자료 금 ○○○○원)이 되는바, 그와 같은 손
해배상채권은 그의 재산상속인들인 원고 박○○에게 금○○○○원(위 합계 금○
○○○○원×3/7), 원고 김①○, 원고 김②○에게 각 금 ○○○○원(위 합계 금○
○○○○원×2/7)씩 귀속되었습니다.

라. 원고들의 위자료

앞서와 같이 소외 망 김◉◉가 사망함으로써 그의 처 또는 아들인 원고들이 심한
정신적 고통을 입었으리라는 것은 쉽게 짐작되는 바이므로 피고로서는 이를 위자
할 책임이 있다 할 것인바, 원고들의 학력·경력·신분관계 등 여러 사정을 참작하
면 그의 처인 원고 박○○에 대한 위자료는 금 ○○○, 그의 아들인 원고 김①○,
같은 김②○에 대한 위자료는 각 금 ○○○원 정도가 상당하다고 생각됩니다.

마. 소외 망 김◉◉의 장례비

원고 박○○은 위 망인의 처로서 금 ○○○원 정도를 지출하여 그 장례를 치루었
는바, 이러한 지출도 이 사건 교통사고로 인하여 원고 박○○가 입은 손해라 할
것이므로 피고로서는 이를 원고 박○○에게 배상하여야 할 책임이 있다 할 것입니다.

4. 결론

렇다면 피고는 원고 박○○에게 금 ○○○○원(상속분 금 ○○○○원＋위자료 금 ○○
○원＋장례비 금 ○○○원), 원고 김①○, 원고 김②○에게 각 금 ○○○○원(상속분
금 ○○○○원 ＋ 위자료 각 금 ○○○원)씩을 지급하여 배상하여야 할 책임이 있다
할 것이므로 그 지급 및 이에 대한 민법과 소송촉진등에관한특례법에서 정한 각 비
율에 의한 지연손해금의 지급을 구하고자 이 사건 청구에 이른 것입니다.

입 증 방 법

1. 갑 제1호증	기본증명서
	(단, 2007.12.31. 이전 사망한 경우 제적등본)
1. 갑 제2호증	가족관계증명서
	(또는, 상속관계를 확인할 수 있는 제적등본)
1. 갑 제3호증	주민등록등본
1. 갑 제4호증	자동차등록원부
1. 갑 제5호증	교통사고사실확인원
1. 갑 제6호증	사망진단서
1. 갑 제7호증의 1, 2	월간거래가격표지 및 내용
1. 갑 제8호증의 1, 2	한국인표준생명표 표지 및 내용

첨 부 서 류

1. 위 입증방법   각 1통
1. 법인등기사항증명서   1통
1. 소장부본   1통
1. 송달료납부서   1통

20○○.   ○.   ○.

위 원고   1. 박○○   (서명 또는 날인)
          2. 김①○   (서명 또는 날인)
          3. 김②○   (서명 또는 날인)

○○지방법원 귀중

[서식 예] 손해배상(자)청구의 소(월급생활자 사망, 보험가입한 승용차)

소   장

원   고   1. 김○○(주민등록번호)
            2. 박①○(주민등록번호)
            3. 박②○(주민등록번호)
            4. 최○○(주민등록번호)
               원고 2, 3은 미성년자이므로 법정대리인 친권자 모 김○○
               원고들의 주소:○○시 ○○구 ○○길 ○○ (우편번호)
               전화·휴대폰번호:
               팩스번호, 전자우편(e-mail)주소:
피   고   ◇◇화재해상보험주식회사
            ○○시 ○○구 ○○길 ○○(우편번호)
            대표이사 ◇◇◇
            전화·휴대폰번호:
            팩스번호, 전자우편(e-mail)주소:

손해배상(자)청구의 소

청 구 취 지

1. 피고는 원고 김○○에게 금 107,365,776원, 원고 박①○, 원고 박②○에게 각 금 68,577,184원, 원고 최○○에게 금 7,000,000원 및 각 이에 대한 2000. 6. 15.부터 이 사건 소장부본 송달일까지는 연 5%의, 그 다음날부터 다 갚는 날까지는 연 15%의 각 비율에 의한 돈을 지급하라.
2. 소송비용은 피고의 부담으로 한다.
3. 위 제1항은 가집행 할 수 있다.
라는 판결을 구합니다.

청 구 원 인

1. 당사자들의 지위
  가. 원고 김○○는 이 사건 교통사고로 사망한 소외 망 박◉◉의 처, 원고 박①○, 원고 박②○는 소외 망 박◉◉의 자녀들로서 상속인이고, 원고 최○○는 소외 망 박◉◉의 어머니입니다.
  나. 피고 ◇◇화재해상보험주식회사는 이 사건 가해차량인 소외 이◆◆ 소유의 서울

○○바○○○○호 승용차에 관하여 자동차보험계약을 체결한 보험자입니다.

2. 손해배상책임의 발생

가. 교통사고의 발생

(1) 발생일시 : 2000. 6. 15. 22:30경

(2) 발생장소 : ○○시 ○○구 ○○길 ○○ ○○빌딩 앞 4차선도로상 횡단보도

(3) 사고차량 : 서울○○바○○○○호 승용차

(4) 운전자 겸 소유자 : 소외 이◆◆

(5) 피 해 자 : 소외 망 박◉◉

(6) 피해상황 : 위 도로에 설치된 횡단보도를 보행자신호에 따라 건너던 피해자 소외 망 박◉◉는 신호를 무시하고 달리는 소외 이◆◆가 운전하는 위 승용차가 충격되어 뇌진탕 등의 상해를 입고 같은 날 23:50경 ○○병원에서 사망하였음.

나. 피고의 손해배상책임

소외 이◆◆는 신호를 무시한 채 사고차량을 운전한 결과로 피해자 소외 망 박◉◉를 사망하게 하였으므로 민법 제750조에 의한 손해배상책임이 있는바, 피고는 위 사고차량에 대하여 자동차보험계약을 체결한 보험자로서 상법 제726조의2에 의하여 손해배상책임이 있습니다.

3. 손해배상책임의 범위

가. 소외 망 박◉◉의 일실수입

소외 망 박◉◉가 이 사건 사고로 상실한 가동능력에 대한 금전적 총평가액 상당의 일실수입은 다음 (1)과 같은 사실을 기초로 하여 다음 (2)와 같은 월 5/12%의 비율로 계산한 중간이자를 공제하는 단리할인법(호프만식 계산법)에 따라 이 사건 사고 당시의 현가로 계산한 금 191,317,302원입니다.

(1) 기초사실

(가) 성별 : 남자

생년월일 : 1956. 10. 18.생

연령 : 사고당시 43세 7개월 남짓

기대여명 : 31.21년

(나) 직업 경력 : 위 망인은 1990. 5. 15.부터 소외 ◎◎주식회사에서 근무하여 왔고, 사고 당시 영업과장으로 근무하고 있었음.

(다) 정년 및 가동연한 : 위 망인의 소외 ◎◎주식회사에서의 정년은 만 55세가 되는 다음날이고, 그 다음날부터 위 망인이 만 60세가 되는 2016. 10. 17.까지는 도시일용노동에 종사하여 그 임금 상당의 수입을 얻을 수 있었을 것임.

(라) 가동능력에 대한 금전적 평가

- 정년시까지 : 위 망인은 2000. 1. 1.부터 2000. 3. 31.까지 근로소득으로 합계 금 6,900,000원을 지급 받았는바, 장차 승급에 따라 그 수입이 증가되리라고 예상되므로 위 망인은 적어도 2000. 1. 1.부터 2000. 3. 31.까지의 근로소득을 매월로 환산한 금 2,300,000원(금 6,900,000원÷3월) 상당의 월급여를 받을 수 있음.

- 정년 이후 가동연한까지 : 대한건설협회 작성의 2003년 상반기 적용 건설업임

금실태조사보고서 중 보통인부의 2003. 1월 현재 1일 시중노임단가 금 50,683원을 기초로 한 월급여 금 1,115,026원{금 50,683원(시중노임단가)×22일(월평균 가동일수)} 상당을 얻을 수 있다고 봄이 상당함.

　(마) 생계비 : 수입의 1/3

(2) 기간 및 계산(계산의 편의상 월 미만과 원 미만은 버림. 다음부터 같음)

　① 기간 : 2000. 6. 15.부터 2011. 10. 19.까지(11년 4개월 남짓)

　　계산 : 금 2,300,000원 × 2/3 × 107.5674(136개월에 대한 호프만수치) = 금 164,936,679원

　② 기간 : 2011. 10. 20.부터 2016. 10. 17.까지(4년 11개월 남짓)

　　계산 : 금 1,115,026원×2/3×35.4888{143.0562(사고시부터 60세까지 196개월에 대한 호프만수치)-107.5674(사고시부터 정년까지 136개월에 대한 호프만수치)=35.4888}=금 26,380,623원

　③ 합계 : ①+②=금 191,317,302원

나. 일실퇴직금

　소외 망 박◉◉의 이 사건 사고로 인한 일실퇴직금 손해는 다음 (1)과 같은 사실을 기초로 하여 다음 (2)와 같은 월 5/12%의 비율로 계산한 중간이자를 공제하는 단리할인법(호프만식 계산법)에 따라 이 사건 사고 당시의 현가로 계산한 금 8,202,844원입니다.

(1) 기초사실

　(가) 입사일 : 1990. 5. 25.

　(나) 정년에 따른 퇴직예정일 및 근속기간 : 정년인 2011. 10. 19.까지 21년 4개월 남짓

　(다) 이 사건 사고로 인한 퇴직일 및 근속기간 : 2000. 6. 15.까지 10년 남짓

　(라) 퇴직금의 근거와 산정방식 : 소외 ◎◎주식회사는 근로기준법의 규정에 따라 근속년수 1년에 1월분의 평균임금을 퇴직금으로 지급하고 있음.

　(마) 보수월액 : 금 2,300,000원(※원칙적으로는 퇴직 당시의 평균임금을 기초로 하여야 하나 편의상 보수월액으로 하였음)

　(바) 사고시까지의 계산상 퇴직금 : 월급여 금 2,300,000원×(10+22/365)년(1990. 5. 25.부터 2000. 6. 15.까지)=금 23,138,630원

(2) 계산

　(가) 정년퇴직시 예상퇴직금: 금 2,300,000원×(21+148/365)=금 49,232,602원

　(나) 정년퇴직시 예상퇴직금의 사고당시 현가

　　금 49,232,602원×0.6366(사고시부터 정년퇴직시까지 11년 5월에 대한 호프만수치, 1/{1+0.05×(11+5/12)}=금 31,341,474원

　(다) 사고시까지의 계산상 퇴직금공제 : 금 31,341,474원-금 23,138,630원=금 8,202,844원

다. 소외 망 박○○의 위자료

　소외 망 박○○는 이 사건 사고로 사망하는 순간 견딜 수 없는 정신적 고통을 겪었을 것이므로 피고는 소외 망 박○○에게 위자료로 금 30,000,000원을 지급함이 상당하다 할 것입니다.

라. 상속관계

　위와 같이 소외 망 박◉◉가 이 사건 사고로 입은 손해액은 합계 금 229,520,146

원{금 191,317,302원(일실수입) + 금 8,202,844원(일실퇴직금)+금 30,000,000원(위자료)}인바, 이 손해배상채권은 위 망인의 처인 원고 김○○에게 금 98,365,776원(위 손해액×상속지분 3/7), 위 망인의 아들 원고 박①○, 망인의 딸 원고 박②○에게는 각 금 65,577,184원(위 손해액×상속지분 2/7)이 상속되었습니다.

마. 원고들의 위자료

원고들도 소외 망 박○○의 사망으로 인하여 크나큰 정신적 고통을 받았을 것임은 경험칙상 명백하므로 위 망인의 처인 원고 김◉◉에게 금 7,000,000원, 위 망인의 자녀인 원고 박①○, 원고 박②○에게 각 금 3,000,000원, 위 망인의 어머니인 원고 최○○에게 금 7,000,000원씩을 위자료로 지급함이 상당하다 할 것입니다.

바. 장례비 : 금 2,000,000원

　　　　　지출자 : 원고 김○○

4. 결론

이와 같이 피고는 원고 김○○에게 금 107,365,776원(상속분 금 98,365,776원 + 위자료 금 7,000,000원 + 장례비 금 2,000,000원), 원고 박①○, 원고 박②○에게 각 금 68,577,184원(상속분 금 65,577,184원 + 위자료 금 3,000,000원), 원고 최○○에게 금 7,000,000원(위자료)씩을 지급할 책임이 있다 할 것인바, 원고들은 피고로부터 위 돈의 지급과 아울러 이에 대한 소외 망 박◉◉가 사망한 사고일인 2000. 6. 15.부터 이 사건 소장부본 송달일까지는 민법에서 정한 연 5%의, 그 다음날부터 다 갚는 날까지는 소송촉진등에관한특례법에서 정한 연 15%의 각 비율에 의한 지연손해금의 지급을 받고자 이 사건 청구에 이른 것입니다.

입 증 방 법

1. 갑 제1호증	기본증명서
	(단, 2007.12.31. 이전 사망한 경우 제적등본)
1. 갑 제2호증	가족관계증명서
	(또는, 상속관계를 확인할 수 있는 제적등본)
1. 갑 제3호증	주민등록등본
1. 갑 제4호증	자동차등록원부
1. 갑 제5호증	교통사고사실확인원
1. 갑 제6호증	사망진단서
1. 갑 제7호증	근로소득원천징수영수증
1. 갑 제8호증의 1, 2	월간거래가격표지 및 내용
1. 갑 제9호증의 1, 2	한국인표준생명표 표지 및 내용

첨 부 서 류

1. 위 입증방법   각 1통
1. 법인등기사항증명서   1통
1. 소장부본   1통
1. 송달료납부서   1통

20○○.　○.　○.

위 원고　1. 김○○(서명 또는 날인)
　　　　　2. 박①○
　　　　　3. 박②○
　　　　　4. 최○○(서명 또는 날인)
　　　　　원고 2, 3은 미성년자이므로
　　　법정대리인 친권자 모 김○○(서명 또는 날인)

○○지방법원　귀중

[서식 예] 손해배상(자)청구의 소(개인택시 운전기사 사망, 무보험 승용차)

소　　　　장

원　　고　　1. 김○○ (주민등록번호)
　　　　　　　　○○시 ○○구 ○○길 ○○(우편번호)
　　　　　　　　전화·휴대폰번호:
　　　　　　　　팩스번호, 전자우편(e-mail)주소:
　　　　　　　2. 이①○ (주민등록번호)
　　　　　　　　○○시 ○○구 ○○길 ○○(우편번호)
　　　　　　　　전화·휴대폰번호:
　　　　　　　　팩스번호, 전자우편(e-mail)주소:
　　　　　　　3. 이②○ (주민등록번호)
　　　　　　　　○○시 ○○구 ○○길 ○○(우편번호)
　　　　　　　　전화·휴대폰번호:
　　　　　　　　팩스번호, 전자우편(e-mail)주소:
피　　고　　1. 김◇◇ (주민등록번호)
　　　　　　　　○○시 ○○구 ○○길 ○○(우편번호)
　　　　　　　　전화·휴대폰번호:
　　　　　　　　팩스번호, 전자우편(e-mail)주소:
　　　　　　　2. 정◇◇ (주민등록번호)
　　　　　　　　○○시 ○○구 ○○길 ○○(우편번호)
　　　　　　　　전화·휴대폰번호:
　　　　　　　　팩스번호, 전자우편(e-mail)주소:

손해배상(자)청구의 소

청　구　취　지

1. 피고들은 각자 원고 김○○에게 금 54,148,911원, 원고 이①○, 원고 이②○에게 각
　　금 29,099,327원 및 각 이에 대하여 2000. 7. 22.부터 이 사건 소장부본 송달일까지
　　는 연 5%의, 그 다음날부터 다 갚는 날까지는 연 15%의 각 비율에 의한 돈을 지급하라.
2. 소송비용은 피고들의 부담으로 한다.
3. 위 제1항은 가집행 할 수 있다.
라는 판결을 구합니다.

청 구 원 인

1. 당사자들의 지위

소외 망 이◉◉는 이 사건 사고로 사망한 사람인바, 원고 김○○는 소외 망 이◉◉의 처이고, 원고 이①○, 원고 이②○는 소외 망 이◉◉의 아들이고, 피고 김◇◇는 이 사건 가해차량의 운전자, 정◇◇는 이 사건 가해차량의 소유자입니다.

2. 손해배상책임의 발생

가. 피고 김◇◇는 2000. 7. 22. 21:20경 소외 정◇◇ 소유인 서울 ○○고○○○○호 그랜저 승용차를 소외 정◇◇가 시동을 켜둔 채로 잠시 운전석을 이탈한 사이에 절취하여 운전하던 중 서울 ○○구 ○○길 ○○교차로 방면에서 ○○방면으로 편도 3차선 도로를 1차로를 따라 시속 약 80km로 진행하다가 신호등이 있는 횡단보도에서 보행자신호를 따라 횡단보도를 횡단하던 소외 망 이◉◉를 충돌하여 그 충격으로 소외 망 이◉◉가 뇌진탕으로 사고현장에서 사망에 이르게 한 것입니다.

나. 그렇다면 피고 김◇◇는 민법 제750조에 규정한 불법행위자로서 이 사건 사고의 피해자인 소외 망 이◉◉ 및 소외 망 이◉◉의 유족인 원고들이 입은 재산적, 정신적 손해를 배상할 책임이 있다 할 것이고, 피고 정◇◇는 시동을 켜둔 채로 운전석을 이탈함으로써 자동차보유자로서 차량 및 시동열쇠 관리상의 과실이 중대하고, 시간적으로도 피고 김◇◇가 가해차량을 절취한 직후 사고를 야기하였으므로 피고 정◇◇는 자동차손해배상보장법 제3조에서 규정한 자동차보유자로서 운행지배와 운행이익이 잔존하고 있다고 평가할 수 있는 경우에 해당된다고 보아야 할 것이므로 역시 이 사건 사고의 피해자인 소외 망 이◉◉ 및 소외 망 이◉◉의 유족인 원고들이 입은 재산적, 정신적 손해를 배상할 책임이 있다 할 것입니다.

3. 손해배상의 범위

가. 일실수입

소외 망 이◉◉가 이 사건 사고로 입은 일실수입 손해는 다음 (1)과 같은 인정사실 및 평가내용을 기초로 하여, 다음 (2)와 같이 월 5/12%비율에 의한 중간이자를 공제하는 단리할인법(호프만식 계산법)에 따라 이 사건 사고 당시의 현가로 계산한 금 57,847,646원입니다.

(1) 인정사실 및 평가내용

(가) 성 별 : 남자

생년월일 : 1945. 3. 16.생

연령(사고당시) : 55세 4개월 정도

기대여명 : 21.26년

(나) 직업 및 경력

소외 망 이◉◉는 19○○. ○. ○○.부터 개인택시운송사업면허를 얻어 개인택시운송사업을 하고 있는 사람임.

(다) 가동기간 : 개인택시운송사업자로서 적어도 만 62세가 될 때까지는 가동할

수 있을 것으로 예상됨.
  (라) 가동능력에 대한 금전적인 평가
       개인택시운송사업자인 소외 망 이◉◉는 월평균 20일간 영업하면서 1일 평균
       금 85,800원씩 월평균 금 1,716,000(85,800원 × 20일) 상당의 총수입을 얻는
       데, 위 영업을 위하여 매월 평균적 감가상각비를 비롯한 차량유지비, 각종 검
       사비, 세금, 각종 보험료, 공과금 등의 경비로 매월 금 353,105원이 소요되므
       로 월간 순수입은 금 1,362,895원이고, 위 개인택시영업을 하기 위한 투하자
       본은 금 9,000,000원 정도이며, 그에 대한 자본수익율은 연 12%이므로, 위 월
       간순수입 금 1,362,895원에서 위 투하자본에 대한 자본수입금인 월 금 90,000
       원(9,000,000원×12/100×1/12)을 공제한 금 1,272,895원이 됩니다.
  (마) 생계비 : 수입의 1/3
 (2) 계 산
  (가) 호프만 수치 : 68.1686{사고일인 2000. 7. 22.부터 만 62세가 되는 2007. 3.
       15.까지 79개월간(월미만은 버림) 해당분}
  (나) 【계산】
       1,272,895원 × 2/3 × 68.1686=57,847,646원(원미만은 버림, 이하 같음)
나. 소외 망 이◉◉의 위자료
    소외 망 이◉◉가 사망함에 있어 입은 정신적 고통에 대하여 피고는 이를 위자할
    책임이 있다 할 것인데, 위 망인의 학력과 경력 그리고 이 사건 사고의 내용 등
    사정을 참작하면 위자료로 금 30,000,000원 정도가 상당하다고 할 것입니다.
다. 상속관계
 (1) 재산상속인, 상속비율
    원고 김○○ : 3/7
    원고 이①○, 원고 이②○ : 각 2/7
 (2) 상속재산
    금 87,847,646원(재산상 손해 57,847,646원 + 위자료 30,000,000원)
 (3) 상속금액의 계산
    원고 김○○ : 금 37,648,911원(87,847,646원×3/7)
    원고 이①○, 원고 이②○ : 각 금 25,099,327원(87,847,646원×2/7)
라. 원고들의 위자료
    소외 망 이◉◉가 사망함으로써 그의 처와 아들인 원고들이 ㅅ정신적 고통을 입
    었다 할 것이므로 피고는 이를 위자할 책임이 있고, 원고들의 경력·신분관계 등
    사정을 참작하면 위 망인의 처인 원고 김○○에 대한 위자료는 금 12,000,000원,
    위 망인의 아들인 원고 이①○, 원고 이②○에게 각 금 4,000,000원씩을 위자료
    로 지급함이 상당하다 할 것입니다.
마. 장 례 비
    이 사건 사고를 당하여 원고 김○○는 소외 망 이◉◉의 장례를 위하여 장례비
    및 장례를 위한 제반비용 등으로 금 4,500,000원을 지출하였으므로 피고들은 원
    고 김○○에게 이를 배상할 책임이 있다 할 것입니다.

4. 결   론

그렇다면 피고는 원고 김○○에게 금 54,148,911원(상속분 금 37,648,911원 + 본인 위자료 금 12,000,000원 + 장례비 금 4,500,000원), 원고 이①○, 원고 이②○에게 각 금 29,099,327원(상속분 금 25,099,327원 + 본인 위자료 금 4,000,000원) 및 각 이에 대하여 이 사건 사고일인 2000. 7. 22.부터 이 사건 소장부본 송달일까지는 민법에서 정한 연 5%의, 그 다음날부터 다 갚는 날까지는 소송촉진등에관한특례법에서 정한 연 15%의 각 비율에 의한 지연손해금을 지급 받고자 이 사건 청구에 이르게 되었습니다.

<h2 style="text-align:center">입 증 방 법</h2>

1. 갑 제1호증	기본증명서
	(단, 2007.12.31. 이전 사망한 경우 제적등본)
1. 갑 제2호증	가족관계증명서
	(또는, 상속관계를 확인할 수 있는 제적등본)
1. 갑 제3호증	사망진단서
1. 갑 제4호증	사체검안서
1. 갑 제5호증	교통사고사실확인원
1. 갑 제6호증	자동차등록원부
1. 갑 제7호증의 1, 2	한국인표준생명표 표지 및 내용
1. 갑 제8호증	자동차운송사업면허증
1. 갑 제9호증	사업자등록증
1. 갑 제10호증의 1, 2	사실조회 회신 및 내용

<h2 style="text-align:center">첨 부 서 류</h2>

1. 위 입증방법	각 1통
1. 소장부본	2통
1. 송달료납부서	1통

20○○.   ○.   ○.

위 원고   1. 김○○ (서명 또는 날인)
              2. 이①○ (서명 또는 날인)
              3. 이②○ (서명 또는 날인)

○○지방법원 귀중

[서식 예] 손해배상(자)청구의 소(미성년 남자고등학생, 부상)

소　　　장

원　　고　1. 박○○ (주민등록번호)
　　　　　2. 박◉◉ (주민등록번호)
　　　　　3. 이◉◉ (주민등록번호)
　　　　　4. 박◎◎ (주민등록번호)
　　　　　　　원고 1, 4는 미성년자이므로
　　　　　　　법정대리인 친권자 부 박◉◉
　　　　　　　　　　　　　　　　　모 이◉◉
　　　　　　　원고들의 주소:○○시 ○○구 ○○길 ○○ (우편번호)
　　　　　　　전화·휴대폰번호:
　　　　　　　팩스번호, 전자우편(e-mail)주소:
피　　고　◇◇화재해상보험주식회사
　　　　　○○시 ○○구 ○○로 ○○(우편번호)
　　　　　대표이사 ◇◇◇
　　　　　전화·휴대폰번호:
　　　　　팩스번호, 전자우편(e-mail)주소:

손해배상(자)청구의 소

청 구 취 지

1. 피고는 원고 박○○에게 금 26,723,065원, 원고 박◉◉, 원고 이◉◉에게 각 금 2,000,000원, 원고 박◎◎에게 금 1,000,000원 및 각 이에 대하여 2000. 8. 29.부터 이 사건 소장부본 송달일까지는 연 5%의, 그 다음날부터 다 갚는 날까지는 연 15%의 각 비율에 의한 돈을 지급하라.
2. 소송비용은 피고의 부담으로 한다.
3. 위 제1항은 가집행 할 수 있다.
라는 판결을 구합니다.

청 구 원 인

1. 당사자의 지위
　원고 박○○는 이 사건 사고로 인하여 부상을 입고 장해가 발생한 사람인바, 원고 박◉◉, 원고 이◉◉는 원고 박○○의 부모이고, 원고 박◎◎는 원고 박○○의 동생이며, 피고 ◇◇화재해상보험주식회사는 이 사건 가해차량의 자동차종합보험이 가입된 보험회사입니다.

2. 손해배상책임의 발생

　가. 소외 정◆◆는 2000. 8. 29. 22:20경 그의 소유인 이 사건 사고차량인 서울 ○○고○○○○호 레간자 자가용승용차를 운전하여 서울 ○○구 ○○동 ○○교차로 방면에서 ○○방면으로 가변차선 편도 3차선 도로를 1차로를 따라 시속 약 40㎞로 진행 중 ○○시 ○○구 ○○길 ○○ 앞 노상에는 신호등 있는 횡단보도가 설치되어 있는 곳이므로 운전업무에 종사하는 사람으로서 신호에 따라 안전하게 진행함으로써 사고를 미연에 방지하여야 할 업무상 주의의무가 있음에도 불구하고 신호를 위반한 채 진행한 과실로 때마침 보행자신호에 따라 횡단보도를 건너는 원고 박○○를 충돌하여 그에게 우측대퇴골 경부골절, 경부 및 요부 염좌 등의 상해를 입혀 그 후유증으로 고관절 운동제한으로 노동능력상실이 예상되는 장해가 발생하도록 하였습니다.

　나. 그렇다면 위 사고차량의 소유자인 소외 정◆◆는 자동차손해배상보장법 제3조에서 규정한 자기를 위하여 자동차를 운행하는 자로서 이 사건 원고들이 입은 재산적, 정신적 손해를 배상할 책임이 있다 할 것인데, 위 가해 자동차는 피고회사의 자동차종합보험에 가입되어 있으므로 피고회사는 상법 제726조의 2에 의하여 손해배상책임이 있다 할 것입니다.

3. 손해배상의 범위

　가. 원고 박○○의 일실수입

　　(1) 산정요소

　　　(가) 성별 : 남자

　　　(나) 생년월일 : 1983. 3. 21.생

　　　(다) 사고당시 나이 : 만 17세 5개월 남짓

　　　(라) 기대여명 : 55.54년

　　　(마) 거주지 : 도시지역

　　　(바) 소득실태(도시일용노임): 금 37,052원(2000년 하반기 시중노임단가)

　　　(사) 가동연한 : 만 60세가 되는 2043. 3. 20.까지 월 22일씩 가동

　　　(아) 노동능력상실율 : 추후 신체감정결과에 의해 확정될 것이나 일응 12%로 예상됨.

　　　(자) 호프만 수치 : 222.0780(=273.1245 - 51.0465)
　　　　　273.1245{사고일부터 만 60세가 되는 2043. 3. 20.까지 510개월간 해당분, (월미만은 버림. 다음부터 같음)}
　　　　　51.0465(사고일부터 군복무 26개월을 마치는 2005. 5. 21.까지 57개월간 해당분)

　　(2)【계산】

[(37,052원×22일×0.12)×(273.1254-51.0465=222.0780)]=21,723,065원

(월 미만 및 원 미만은 버림)

나. 향후치료비

향후 신체감정결과에 따라 청구하겠습니다.

다. 위자료

원고 박○○는 ○○고등학교 1학년에 재학 중인 학생으로서 이 사건 사고로 인하여 정상적인 수업을 받지 못하였을 뿐만 아니고, 노동력상실이 예상되는 장해를 입었으므로 감수성이 예민한 시기에 그 정신적 고통이 극심하였을 뿐만 아니라, 앞서 기재한 가족관계에 있는 나머지 원고들도 크나큰 정신적 고통을 받았을 것임은 경험칙상 명백하므로 피고는 그 위자료로서 원고 박○○에게 금 5,000,000원, 부모인 원고 박◉◉, 원고 이◉◉에게 각 금 2,000,000원, 동생인 원고 박◎◎에게 금 1,000,000원을 지급함이 상당합니다.

4. 결 론

그렇다면 피고는 원고 박○○에게 금 26,723,065원(향후 신체감정결과에 따라 확장하겠음), 원고 박◉◉, 원고 이◉◉에게 각 금 2,000,000원, 원고 박◎◎에게 금 1,000,000원 및 각 이에 대하여 이 사건 사고일인 2000. 8. 29.부터 이 사건 소장부본 송달일까지는 민법에서 정한 연 5%의, 그 다음날부터 다 갚을 때까지는 소송촉진등에관한특례법에서 정한 연 15%의 각 비율에 의한 지연손해금을 지급할 의무가 있으므로 그 지급을 구하기 위해 이 사건 소제기에 이르렀습니다.

입 증 방 법

1. 갑 제1호증   가족관계증명서
1. 갑 제2호증   교통사고사실확인원
1. 갑 제3호증   자동차등록원부
1. 갑 제4호증   진단서
1. 갑 제5호증   후유장해진단서
1. 갑 제6호증의 1, 2   한국인표준생명표 표지 및 내용
1. 갑 제7호증의 1, 2   월간거래가격표지 및 내용

첨 부 서 류

1. 위 입증방법   각 1통
1. 법인등기사항증명서   1통
1. 소장부본   1통
1. 송달료납부서   1통

20○○.　○.　○.

위 원고　1. 박○○
　　　　　2. 박◉◉　(서명 또는 날인)
　　　　　3. 이◉◉　(서명 또는 날인)
　　　　　4. 박◎◎
원고 1, 4는 미성년자이므로 법정대리인
친권자 부 박◉◉　(서명 또는 날인)
　　　　　모 이◉◉　(서명 또는 날인)

○○지방법원　귀중

[서식 예] 손해배상(자)청구의 소(유아사망, 보험가입한 승용차)

소　　　장

원　고　1. 박◉◉ (주민등록번호)

　　　　2. 이◉◉ (주민등록번호)

　　　　3. 박◎◎ (주민등록번호)

　　　　　원고 박◎◎는 미성년자이므로

　　　　　법정대리인 친권자 부 박◉◉　모 이◉◉

　　　　　원고들의 주소:○○시 ○○구 ○○길 ○○ (우편번호)

　　　　　전화·휴대폰번호:

　　　　　팩스번호, 전자우편(e-mail)주소:

피　고　◇◇화재해상보험주식회사

　　　　○○시 ○○구 ○○로 ○○(우편번호)

　　　　대표이사 ◇◇◇

　　　　전화·휴대폰번호:

　　　　팩스번호, 전자우편(e-mail)주소:

손해배상(자)청구의 소

청　구　취　지

1. 피고는 원고 박◉◉에게 금 97,330,558원, 원고 이◉◉에게 금 72,330,558원, 원고 박
   ◎◎에게 금 4,000,000원 및 각 이에 대하여 2000. 8. 22.부터 이 사건 소장부본
   송달일까지는 연 5%의, 그 다음날부터 다 갚을 때까지는 연 15%의 각 비율에 의한
   돈을 지급하라.
2. 소송비용은 피고의 부담으로 한다.
3. 위 제1항은 가집행 할 수 있다.
라는 판결을 구합니다.

청　구　원　인

1. 당사자들의 지위
   소외 망 박○○는 이 사건 사고로 사망한 사람인바, 원고 박◉◉, 원고 이◉◉는 위
   소외 망 박○○의 부모이고, 원고 박◎◎는 소외 망 박○○의 오빠이고, 피고 ◇◇
   화재해상보험주식회사(다음부터 피고회사라고만 함)는 이 사건 가해차량의 자동차종합
   보험이 가입된 보험회사입니다.
2. 손해배상책임의 발생

가. 소외 정◆◆는 2000. 8. 22. 16:20경 소외 ○○관광(주) 소유인 충남 ○○바○○ ○○호 관광버스를 운전하고 ○○ ○○군 ○○면 ○○길 ○○아파트부근 소외 황◆◆의 집 앞길을 ○○방면에서 ○○아파트 방면으로 시속 약60km의 속도로 진행함에 있어서 그곳은 차선이 그려져 있지 않은 주택가 도로(국도나 지방도 아님)로 사람의 통행이 빈번하여 사고지점 50m 못 미쳐 과속방지 턱이 설치되어 있는 도로이고, 당시 피해자 소외 망 박○○(여, 4세)가 다른 아이의 3륜자전거를 뒤에서 밀면서 놀고 있는 것을 보았으므로 이러한 경우 운전업무에 종사하는 사람은 속도를 줄이고 충분한 간격을 두고 피해가거나 일단 정지하여 사고를 미연에 방지하여야 할 업무상 주의의무가 있음에도 불구하고 이를 게을리 한 채 그대로 진행한 과실로 사고차량을 보고 도로 중앙에서 사고차량 진행방향 좌측으로 급히 달려 피하는 피해자 소외 망 박○○를 사고차량 앞 범퍼 좌측부분으로 들이받아 도로에 넘어뜨린 후 계속 진행하여 좌측 앞바퀴로 피해자 소외 망 박○○의 머리부위를 넘어가 피해자 소외 망 박○○로 하여금 두개골 파열에 의한 뇌출혈로 그 자리에서 사망에 이르게 한 것입니다.

나. 그렇다면 위 사고차량의 소유자인 소외 ○○관광(주)는 자동차손해배상보장법 제3조에서 규정한 자기를 위하여 자동차를 운행하는 자로서 이 사건 사고의 피해자인 소외 망 박○○ 및 소외 망 박○○의 유족인 원고들이 입은 재산적, 정신적 손해를 배상할 책임이 있다 할 것이고, 또한 위 가해자동차는 피고회사의 자동차종합보험에 가입되어 있으므로 상법 제726조의 2에 의하여 피고회사에 손해배상책임이 있다 할 것입니다.

3. 손해배상의 범위

가. 기대수입 상실액

1) 소외 망 박○○는 1996. 1. 5.생 신체 건강한 여자로서 이 사건 사고당시 만 4년 7개월 남짓한 정도이고, 그 기대여명은 75.79년이므로 특단의 사정이 없는 한 79세까지는 생존이 가능하다 할 것입니다.

2) 소외 망 박○○는 미성년자로서 이 사건 사고가 아니었다면 성년이 되는 만 20세가 되는 2016. 1. 5.부터 위 기대여명 내 가동연한인 만 60세가 되는 2056. 1. 4.까지 최소한 도시일용노동자로서 종사하여 도시일용노임상당의 수입을 얻었을 것임에도 불구하고 이 사건 사고로 인하여 매월 순차적으로 이를 상실하였다고 할 것인데, 이를 사고당시를 기준하여 일시에 청구하므로 호프만식 계산법에 따라 월 12분의 5%의 중간이자를 공제하고 이 사건 사고 당시의 현가로 산정하면 아래와 같이 금 98,661,117원이 됩니다.

【계산】 [(37,052원×22일×2/3)×(317.9187-136.3659=181.5528)]=98,661,117원

(월 미만 및 원 미만은 버림)

*성별 : 여자

*생년월일 : 1996. 1. 5.생

*거주지역 : 도시지역

*가동연한 : 만 60세가 되는 2056. 1. 4.까지 월 22일씩 가동

*소득실태(도시일용노임) : 금 37,052원(2000년 하반기 시중노임단가)
*망인의 생계비공제 : 월수입의 1/3정도
*호프만수치 : 181.5528(=317.9187 - 136.3659)
- 317.9187(사고일부터 만 60세가 되는 2056.1.4.까지 664개월간 해당분)
- 136.3659(사고일부터 만 20세가 되는 2016.1.4.까지 184개월간 해당분)

나. 소외 망 박○○의 위자료

  소외 망 박○○는 이 사건 사고로 사망하는 순간 견딜 수 없는 고통과 이제 4세의 어린 나이로 부모를 앞에 둔 채 여명을 다하지 못하고 한을 품은 채 운명하였을 것이므로 피고는 소외 망 박○○에게 금 30,000,000원을 위자료로 지급함이 상당하다 할 것입니다.

다. 상속관계소외 망 박○○의 재산적 손해 및 위자료를 합하면 금 128,661,117원(재산적 손해 금 98,661,117원 + 위자료 금 30,000,000원)인바, 소외 망 박○○의 부모인 원고 박◉◉ 원고 이◉◉에게 각 2분의 1씩 공동상속 되었다 할 것입니다.

라. 위자료

  원고들도 소외 망 박○○의 사망으로 인하여 크나큰 정신적 고통을 받았을 것임은 경험칙상 명백하므로 위 망인의 부모인 원고 박◉◉, 원고 이◉◉에게 각 금 8,000,000원, 위 망인의 오빠인 원고 박◎◎에게 금 4,000,000원씩을 위자료로 지급함이 상당하다 할 것입니다.

마. 장례비

  이 사건 사고를 당하여 원고 박◉◉는 소외 망 박○○의 장례를 위하여 장례비 및 장례를 위한 제반비용 등으로 금 2,500,000원을 지출하였으므로 피고는 원고 박◉◉에게 이를 배상할 책임이 있다 할 것입니다.

4. 결   론

  그렇다면 피고는 원고 박◉◉에게 금 97,330,558원(망인의 일실수익 및 위자료 상속분 금 64,330,558원 + 위자료 금 8,000,000원 + 장례비 금 2,500,000원), 원고 이◉◉에게 금 72,330,558원(망인의 일실수익 및 위자료 상속분 금 64,330,558원 + 위자료 금 8,000,000원), 원고 박◎◎에게 금 4,000,000원 및 각 이에 대하여 이 사건 불법행위일인 2000. 8. 22.부터 이 사건 소장부본 송달일까지는 민법에서 정한 연 5%의, 그 다음날부터 다 갚는 날까지는 소송촉진등에관한특례법에서 정한 연 15%의 각 비율에 의한 지연손해금을 지급할 의무가 있다 할 것이므로, 그 지급을 구하기 위하여 이 사건 청구에 이른 것입니다.

입 증 방 법

1. 갑 제1호증	기본증명서
	(단, 2007.12.31. 이전 사망한 경우 제적등본)
1. 갑 제2호증	가족관계증명서
	(또는, 상속관계를 확인할 수 있는 제적등본)

1. 갑 제3호증	주민등록등본
1. 갑 제4호증	사망진단서
1. 갑 제5호증	사체검안서
1. 갑 제6호증	교통사고사실확인원
1. 갑 제7호증	자동차등록원부
1. 갑 제8호증의 1, 2	한국인표준생명표 표지 및 내용
1. 갑 제9호증의 1, 2	월간거래가격표지 및 내용

첨 부 서 류

1. 위 입증방법	각 1통
1. 법인등기사항증명서	1통
1. 소장부본	1통
1. 송달료납부서	1통

20○○.   ○.   ○.

위 원고 1. 박◉◉ (서명 또는 날인)

2. 이◉◉ (서명 또는 날인)

3. 박◎◎

원고 박◎◎는 미성년자이므로 법정대리인

친권자 부 박◉◉ (서명 또는 날인)

모 이◉◉ (서명 또는 날인)

○○지방법원 귀중

[서식 예] 손해배상(자)청구의 소(성년피해자 부상, 일부청구)

소 장

원 고 ○○○ (주민등록번호)
　　　　○○시 ○○구 ○○길 ○○(우편번호)
　　　　전화·휴대폰번호:
　　　　팩스번호, 전자우편(e-mail)주소:
피 고 ◇◇화재해상보험주식회사
　　　　○○시 ○○구 ○○로 ○○(우편번호)
　　　　대표이사 ◇◇◇
　　　　전화·휴대폰번호:
　　　　팩스번호, 전자우편(e-mail)주소:

손해배상(자)청구의 소

청 구 취 지

1. 피고는 원고에게 금 15,964,090원 및 이에 대한 2000. 5. 26.부터 이 사건 소장부본 송달일까지는 연 5%의, 그 다음날부터 다 갚는 날까지 연 15%의 각 비율에 의한 돈을 지급하라
2. 소송비용은 피고의 부담으로 한다.
3. 위 제1항은 가집행 할 수 있다.
라는 판결을 구합니다.

청 구 원 인

1. 당사자들의 지위
　　원고는 이 사건 교통사고의 피해자 본인으로 ○○시 라○○○○호 오토바이 운전자 이고, 피고 ◇◇화재해상보험주식회사는(다음부터 피고 보험회사라고 함) 이 사건 가해 차량인 충남 ○○나○○○○호 승용차의 소유자인 소외 ◆◆주식회사가 피보험자로 하여 가입한 자동차종합보험회사입니다.

2. 손해배상책임의 발생
　가. 사고경위
　　　소외 박◆◆는 피보험자인 소외 ◆◆주식회사에 근무하는 직원으로, 위 승용차를 운전하여 2000. 5. 26. 11:40경 ○○ ○○시 ○○면 ○○ 소재 ○○삼거리로부

터 500m 떨어진 지점을 ◎◎방면에서 ○○삼거리방면으로 진행 중에 다른 진행차량 여부를 잘 살펴 운전하여야 할 주의의무가 있음에도 불구하고 이를 게을리한 채 그대로 위 차량을 운전한 과실로 갓길에 정차 중이던 원고의 위 오토바이 중앙부분을 충격 하여 원고로 하여금 방광파열 후부요도파열골반골절 및 혈종 등으로 장해가능성이 예상되는 상해를 입게 하였습니다.

나. 그렇다면 위 승용차의 소유자인 소외 ◆◆주식회사는 자동차손해배상보장법 제3조에서 규정한 자기를 위하여 자동차를 운행하는 자로서 이 사건 사고의 피해자인 원고가 입은 재산적, 정신적 손해를 배상할 책임이 있다 할 것이고, 또한 피고 보험회사는 소외 ◆◆주식회사가 피보험자인 자동차보험자로서 상법 제726조의2에 따라 위 사고로 입은 모든 손해를 지급할 책임이 있다 할 것입니다.

3. 손해배상책임의 범위

가. 일실수입

(1) 원고는 19○○. ○. ○.생으로서 위 사고 당시 34세 10월 남짓한 건강한 남자이고 그 평균여명은 33.56년입니다.

(2) 원고는 이 사건 사고 당시 도시일용노동에 종사하여 왔는데, 이 사건 사고로 말미암아 방광파열 후부요도파열골반골절 및 혈종 등의 상해를 입어 장해가능성이 예상되는바, 추후신체감정결과에 따라 정산하기로 하고 우선 금 1,000,000원만 청구합니다.

나. 기왕치료비

원고는 이 사건 사고로 말미암아 사고일인 2000. 5. 26.부터 이 사건 소제기시까지 ○○시 ○○동 소재 ○○재단 ○○병원에서 입원치료를 받으면서 그 치료비로 금 4,964,090원을 지급하였습니다.

다. 향후치료비

추후 신체감정결과에 따라 청구하겠습니다.

라. 위자료

원고는 이 사건 사고로 말미암아 방광파열 후부요도파열골반골절 및 혈종 등의 상해를 입어 장해가능성이 예상되므로 원고가 상당한 정신상 고통을 받았을 것임은 명백하고, 피고는 이를 금전적으로 위로하고 도와줄 의무가 있다 할 것이므로 금 10,000,000원을 위자료로 지급함이 상당하다 할 것입니다.

4. 결 론

따라서 피고 보험회사는 원고에게 금 15,964,090원 및 이에 대하여 이 사건 불법행위일인 2000. 5. 26.부터 이 사건 소장부본 송달일까지는 민법에서 정한 연 5%의, 그 다음날부터 다 갚을 때까지는 소송촉진등에관한특례법에서 정한 연 15%의 각 비율에 의한 지연손해금을 지급할 의무가 있으므로, 원고는 피고 보험회사에 대하여 위 돈의 지급을 구하기 위하여 이 사건 청구에 이른 것입니다.

입 증 방 법

1. 갑 제1호증   교통사고사실확인원
1. 갑 제2호증   교통사고보고실황조사서
1. 갑 제3호증   진단서
1. 갑 제4호증의 1 내지 9   각 치료비영수증
1. 갑 제5호증   자동차등록원부
1. 갑 제6호증의 1, 2   한국인표준생명표 표지 및 내용

첨 부 서 류

1. 위 입증방법   각 1통
1. 법인등기사항증명서   1통
1. 소장부본   1통
1. 송달료납부서   1통

20○○.　○.　○.

위 원고　○○○　(서명 또는 날인)

○○지방법원　귀중

[서식 예] 손해배상(자)청구의 소(군필자사망, 호프만수치 240넘는 경우)

소   장

원   고   1. 김◉◉

  2. 이◉◉

  3. 김◎◎

  원고 김◎◎는 미성년자이므로

  법정대리인 친권자 부 김◉◉

  모 이◉◉

  원고들의 주소:○○시 ○○구 ○○길 ○○ (우편번호)

  전화·휴대폰번호:

  팩스번호, 전자우편(e-mail)주소:

피   고   ◇◇화재해상보험주식회사

  ○○시 ○○구 ○○로 ○○(우편번호)

  대표이사 ◇◇◇

  전화·휴대폰번호:

  팩스번호, 전자우편(e-mail)주소:

손해배상(자)청구의 소

청 구 취 지

1. 피고는 원고 김◉◉에게 금 91,211,520원, 원고 이◉◉에게 금 88,211,520원, 원고 김◎◎에게 금 4,000,000원 및 각 이에 대하여 2000. 8. 2.부터 이 사건 소장부본 송달일까지는 연 5%의, 그 다음날부터 다 갚는 날까지는 연 15%의 각 비율에 의한 돈을 각 지급하라.
2. 소송비용은 피고의 부담으로 한다.
3. 위 제1항은 가집행 할 수 있다.
라는 판결을 구합니다.

청 구 원 인

1. 당사자들의 관계
   피고는 소외 ◇◇◇의 보험사업자이고, 원고 김◉◉는 소외 ◇◇◇의 교통사고에 의하여 사망한 소외 망 김○○의 아버지이고, 원고 이◉◉는 그 어머니이며, 원고 김◎◎는 그 동생입니다.

2. 손해배상책임의 발생

소외 ◆◆◆는 광주○도○○○○호 세피아승용차의 운전업무에 종사하는 사람인바, 2000. 8. 2. 19:40경 위 차량을 운전하여 ○○시 ○○구 ○○길 소재 ◎◎약국 앞 도로상을 ○○동 방면에서 ◎◎경찰서 방면으로 시속 80㎞로 진행하게 함에 있어 전방주시의무를 게을리 하여 같은 방향으로 위 도로가장자리를 보행하던 소외 망 김○○(남, 23세)를 충격 하여 도로에 넘어지게 함으로써 소외 망 김○○가 현장에서 뇌진탕 등에 의하여 사망하게 한 것입니다.

그렇다면 위 사고차량의 소유자인 소외 ◆◆◆는 자동차손해배상보장법 제3조에서 규정한 자기를 위하여 자동차를 운행하는 자로서 이 사건 사고의 피해자인 소외 망 김○○ 및 소외 망 김○○의 유족인 원고들이 입은 재산적, 정신적 손해를 배상할 책임이 있다 할 것인데, 위 가해 자동차는 피고회사의 자동차종합보험에 가입되어 있으므로 피고회사는 상법 제726조의2에 의하여 손해배상책임이 있다 할 것입니다.

3. 손해배상의 범위
   가. 원고 김○○의 일실수입
      (1) 산정요소
         (가) 성별 : 남자
         (나) 생년월일 : 1977. 7. 2.생
         (다) 사고당시 나이 : 만 23세 1개월
         (라) 기대여명 : 49.81년
         (마) 거주지 : 도시지역
         (바) 소득실태(도시일용노임): 금 37,052원(2000년 하반기 시중노임단가)
         (사) 가동연한 : 만 60세가 되는 2037. 7. 2.까지 월 22일씩 가동
         (자) 호프만 수치 : 240{사고일부터 만 60세가 되는 2037. 7. 2.까지 443개월(월 미만은 버림) 해당분 호프만수치는 250.6814이나 240을 초과하므로 240으로 함}
         (아) 생계비공제 : 월수입의 1/3정도
      (2)【계산】
         〔(37,052 × 22) × 240 × 2/3〕=130,423,040원(원 미만은 버림)
   나. 장례비
      이 사건 사고를 당하여 원고 김◉◉는 소외 망 김○○의 장례를 위하여 장례비 및 장례를 위한 제반비용 등으로 금 3,000,000원을 지출하였으므로 피고는 원고 김◉◉에게 이를 배상할 책임이 있다 할 것입니다.
   다. 위자료
      소외 망 김○○는 이 사건 사고로 사망하는 순간 견딜 수 없는 고통과 부모를 앞에 둔 채 여명을 다하지 못하고 한을 품은 채 운명하였을 것이므로 피고는 소외 망 김○○ 및 앞서 본 가족관계가 인정되는 소외 망 김○○의 유족들을 위로

하고 도와줄 의무가 있다 할 것인바, 소외 망 김○○에게 금 30,000,000원, 원고 김◉◉에게 금 8,000,000원, 원고 이◉◉에게 금 8,000,000원, 원고 김◎◎에게 금 4,000,000원씩을 위자료로 지급함이 상당하다 할 것입니다.

라. 상속관계

소외 망 김○○의 재산적 손해 및 위자료를 합하면 금 160,423,040원(재산적 손해 금 130,423,040원 + 위자료 금 30,000,000원)인바, 소외 망 김○○의 부모인 원고 김◉◉ 원고 이◉◉에게 각 2분의 1씩 공동상속 되었다 할 것입니다.

4. 결 론

그렇다면 피고는 원고 김◉◉에게 금 91,211,520원(망인의 일실수입 및 위자료 상속분 금 80,211,520원 + 위자료 금 8,000,000원 + 장례비 금 3,000,000원), 원고 이◉◉에게 금 88,211,520원(망인의 일실수입 및 위자료 상속분 금 80,211,520원 + 위자료 금 8,000,000원), 원고 김◎◎에게 금 4,000,000원 및 각 이에 대하여 이 사건 불법행위일인 2000. 8. 22.부터 이 사건 소장부본 송달일까지는 민법에서 정한 연 5%의, 그 다음날부터 다 갚는 날까지는 소송촉진등에관한특례법에서 정한 연 15%의 각 비율에 의한 지연손해금을 각 지급할 의무가 있다 할 것이므로, 그 지급을 구하기 위하여 이 사건 청구에 이른 것입니다.

입 증 자 료

1. 갑 제1호증	가족관계증명서
1. 갑 제2호증	기본증명서
1. 갑 제2호증	주민등록초본
1. 갑 제3호증	사망진단서
1. 갑 제4호증	사체검안서
1. 갑 제5호증	교통사고사실확인원
1. 갑 제6호증	자동차등록원부
1. 갑 제7호증의 1, 2	한국인표준생명표 표지 및 내용
1. 갑 제8호증의 1, 2	월간거래가격표지 및 내용

첨 부 서 류

1. 위 입증방법	각 1통
1. 법인등기부등본	1통
1. 소장부본	1통
1. 송달료납부서	1통

20○○.   ○.   ○.

위 원고 1. 김◉◉ (서명 또는 날인)
        2. 이◉◉ (서명 또는 날인)
        3. 김◎◎
원고 김◎◎는 미성년자이므로 법정대리인
        친권자 부 박◉◉ (서명 또는 날인)
              모 이◉◉ (서명 또는 날인)

○○지방법원 귀중

[서식 예] 손해배상(자)청구의 소(성직자 사망, 절도차량, 소유자 책임 없음)

소   장

원   고   1. 김○○ (주민등록번호)
　　　　　　　○○시 ○○구 ○○길 ○○(우편번호)
　　　　　　　전화·휴대폰번호:
　　　　　　　팩스번호, 전자우편(e-mail)주소:
　　　　　 2. 이①○ (주민등록번호)
　　　　　　　○○시 ○○구 ○○길 ○○(우편번호)
　　　　　　　전화·휴대폰번호:
　　　　　　　팩스번호, 전자우편(e-mail)주소:
　　　　　 3. 이②○ (주민등록번호)
　　　　　　　○○시 ○○구 ○○길 ○○(우편번호)
　　　　　　　전화·휴대폰번호:
　　　　　　　팩스번호, 전자우편(e-mail)주소:

피   고   ◇◇◇ (주민등록번호)
　　　　　　○○시 ○○구 ○○길 ○○(우편번호)
　　　　　　전화·휴대폰번호:
　　　　　　팩스번호, 전자우편(e-mail)주소:

손해배상(자)청구의 소

청 구 취 지

1. 피고는 원고 김○○에게 금 169,689,019원, 원고 이①○, 원고 이②○에게 각 금
　106,126,012원 및 이에 대하여 2000. 7. 22.부터 이 사건 소장부본 송달일까지는 연 5%
　의, 그 다음날부터 다 갚는 날까지는 연 15%의 각 비율에 의한 돈을 각 지급하라.
2. 소송비용은 피고의 부담으로 한다.
3. 위 제1항은 가집행 할 수 있다.
라는 판결을 구합니다.

청 구 원 인

1. 당사자들의 지위
　소외 망 이◉◉는 이 사건 사고로 사망한 사람인바, 원고 김○○는 소외 망 이◉◉
　의 처이고, 원고 이①○, 원고 이②○는 소외 망 이◉◉의 아들이며, 피고 ◇◇◇는

이 사건 가해차량의 운전자입니다.

2. 손해배상 책임의 발생
  가. 피고 ◇◇◇는 2000. 7. 22. 21:20경 소외 정◆◆를 흉기로 위협하여 자동차 열쇠를 빼앗아 소외 정◆◆ 소유인 서울 ○○고○○○○호 그랜저 승용차를 강제로 빼앗아 운전하던 중 서울 ○○구 ○○길 ○○교차로 방면에서 ○○방면으로 편도 3차선 도로를 1차로를 따라 시속 약 80km로 진행하다가 신호등 있는 횡단보도를 보행자신호에 따라 횡단보도를 건너는 소외 망 이◉◉를 충돌하여 사고차량 앞 범퍼 좌측부분으로 들이받아 도로에 넘어뜨린 후 계속 진행하여 좌측 앞바퀴로 피해자의 머리부위를 넘어가 피해자로 하여금 두개골 파열에 의한 뇌출혈로 그 자리에서 사망에 이르게 한 것입니다.
  나. 그렇다면 피고는 민법 제750조에 규정한 불법행위자로서 이 사건 사고의 피해자인 소외 망 이◉◉ 및 소외 망 이◉◉의 유족인 원고들이 입은 재산적, 정신적 손해를 배상할 책임이 있다 할 것입니다.

3. 손해배상의 범위
  가. 일실수입
    망인이 이 사건 사고로 입은 일실수입 손해는 다음 (1)과 같은 인정사실 및 평가내용을 기초로 하여, 다음 (2)와 같이 월 5/12%의 비율에 의한 중간이자를 공제하는 단리할인법에 따라 이 사건 사고 당시의 현가로 계산한 금327,441,045원입니다.
    (1) 인정사실 및 평가내용
      (가) 성   별 : 남 자
          생년월일 : 1950. 3. 16.생
          연령(사고당시) : 50세 4개월 정도
          기대여명 : 25.28년
      (나) 직업 및 경력
          19○○. ○. ○○. ○○신학교를 졸업하고, 19○○. ○. ○○. 대한예수교 ○○노회에서 목사임직을 받고 19○○. ○. ○○.부터 ○○시 ○○구 ○○동 ○○ 소재 ○○교회의 당회장 목사로 부임한 이래 이 사건 사고시까지 위 교회에서 10년 이상 목회를 하고 있었습니다.
      (다) 가동기간 : 목사(종교관계종사자)로서 70세까지 가동할 수 있을 것으로 예상됨.
      (라) 가동능력에 대한 금전적인 평가
          통계청이 고시한 1992년 한국표준직업분류(통계청고시 제1992-1호)에 따르면 목사 및 부흥사는 24. 기타 전문가. 246. 종교전문가에 속하고, 노동부 발행의 1999년 임금구조기본통계조사보고서(조사기준기간 1999. 6. 1.부터 같은 해 6. 30.까지)에 의하면 24. 기타 전문가, 10년 이상 경력의 남자의 월수입은 금 3,002,300원(월급여액 2,304,775원 + 연간특별급여액 8,370,310원/12, 원 미만은 버림)이 됩니다.
          그런데 소외 망 이◉◉는 10년 이상 목사로서 재직하고 있으나 그 보수가 일정치 않으므로 객관적인 자료에 의해 적정하다고 여겨지는 액수를 소외 망 이◉◉의 금전적인 가동능력으로 평가할 수밖에 없다 할 것인데, 그렇게 볼 때 소외 망 이◉◉과 같은 목사는 앞서 본 한국표준직업분류에 의한 종교전문가(246번)에 속한다 할 것이고 위에서 인정한 임금구조기본통계보고서상의 10년 이상 경력 남자 종교전문가의 월수입을 망인의 가동능력에 대한 금전적인 평가로 인정함이 상당하다고 할 것입니다.

    (마) 생계비 : 수입의 1/3
  (2) 계 산
    (가) 호프만 수치 : 163.5951{사고일인 2000. 7. 22.부터 만 70세가 되는 2020. 3. 15.까지 235개월간(월 미만은 버림) 해당분}
    (나)【계산】
        3,002,300원 × 2/3 × 163.5951=327,441,045원(원 미만은 버림)

나. 소외 망 이◉◉의 위자료

  소외 망 이◉◉가 사망함에 있어 입은 정신적 고통에 대하여 피고는 이를 위자할 책임이 있다 할 것인데, 위 망인의 학력과 경력 그리고 이 사건 사고의 내용 등 사정을 참작하면 위자료로 금 30,000,000원 정도가 상당하다고 할 것입니다.

다. 상속관계

  (1) 재산상속인, 상속비율
    원고 김○○ : 3/7
    원고 이①○, 원고 이②○ : 각 2/7
  (2) 상속재산
    금 357,441,045원(재산상 손해 327,441,045원 + 위자료 30,000,000원)
  (3) 상속금액의 계산
    원고 김○○ : 금 153,189,019원(357,441,045원×3/7)
    원고 이①○, 원고 이②○ : 각 금 102,126,012원(357,441,045원×2/7)

라. 원고들의 위자료

  소외 망 이◉◉가 사망함으로써 그의 처와 아들인 원고들이 심한 정신적 고통을 입었다 할 것이므로 피고는 이를 위자할 책임이 있고, 원고들의 경력·신분관계 등 사정을 참작하면 위 망인의 처인 원고 김○○에 대한 위자료는 금 12,000,000원, 위 망인의 아들인 원고 이①○, 원고 이②○에게 각 금 4,000,000원씩을 위자료로 지급함이 상당하다 할 것입니다.

마. 장 례 비

  이 사건 사고를 당하여 원고 김○○는 소외 망 이◉◉의 장례를 위하여 장례비 및 장례를 위한 제반비용 등으로 금 4,500,000원을 지출하였으므로 피고는 원고 김○○에게 이를 배상할 책임이 있다 할 것입니다.

4. 결론

  그렇다면 피고는 원고 김○○에게 금 169,689,019원(상속분 금 153,189,019원 + 본인 위자료 금 12,000,000원 + 장례비 금 4,500,000원), 원고 이①○, 원고 이②○에게 각 금 106,126,012원(상속분 금 102,126,012원 + 본인 위자료 금 4,000,000원) 및 이에 대하여 이 사건 사고일인 2000. 7. 22.부터 이 사건 소장부본 송달일까지는 민법에서 정한 연 5%의, 그 다음날부터 다 갚는 날까지는 소송촉진등에관한특례법에서 정한 연 15%의 각 비율에 의한 지연손해금을 각 지급 받고자 이 사건 청구에 이르게 되었습니다.

입 증 방 법

1. 갑 제1호증	기본증명서	
	(단, 2007.12.31. 이전 사망한 경우 제적등본)	
1. 갑 제2호증	가족관계증명서	
	(또는, 상속관계를 확인할 수 있는 제적등본)	
1. 갑 제3호증	주민등록등본	
1. 갑 제4호증	사망진단서	
1. 갑 제5호증	사체검안서	
1. 갑 제6호증	교통사고사실확인원	
1. 갑 제7호증	자동차등록원부	
1. 갑 제8호증의 1, 2	한국인표준생명표 표지 및 내용	
1. 갑 제9호증의 1, 2	한국표준직업분류 표지 및 내용	
1. 갑 제10호증의 1, 2	임금구조기본통계조사보고서 표지 및 내용	

첨 부 서 류

1. 위 입증서류	각 1통
1. 소장부본	1통
1. 송달료납부서	1통

20○○.   ○.   ○.

위 원고   1. 김○○ (서명 또는 날인)
2. 이①○ (서명 또는 날인)
3. 이②○ (서명 또는 날인)

○○지방법원 귀중

[서식 예] 조정신청서{손해배상(자)청구}

조 정 신 청 서

신 청 일 20○○. ○○. ○○.

사 건 명 손해배상(자)

신 청 인 ○○○(주민등록번호)
　　　　○○시○○구○○길○○(우편번호)
　　　　전화·휴대폰번호:
　　　　팩스번호, 전자우편(e-mail)주소:
피신청인 ◇◇◇(주민등록번호)
　　　　○○시○○구○○길○○(우편번호)
　　　　전화·휴대폰번호:
　　　　팩스번호, 전자우편(e-mail)주소:

조정신청사항 가액	금 3,736,876원	수수료	금 1,800원	송달료	금 32,500원
(인지첩부란)					

신 청 취 지

1. 피신청인은 신청인에게 금 3,736,876원 및 이에 대한 20○○. ○. ○.부터 이 사건 신청서부본 송달일까지는 연 5%의, 그 다음날부터 다 갚는 날까지는 연 15%의 각 비율에 의한 돈을 지급한다.
2. 조정비용은 피신청인의 부담으로 한다.
라는 조정을 구합니다.

신 청 원 인

1. 신분관계
　신청인은 이 사건 교통사고의 직접 피해자이고, 피신청인은 울산○○다○○○○호 베스타 승합자동차의 소유자겸 이 사건 교통사고를 야기한 불법행위자입니다.

2. 손해배상책임의 발생

신청인은 ○○시 ○○구 ○○길 소재 올림피아호텔 뒤편 소방도로를 걸어가고 있을 즈음, 피신청인이 울산○○다○○○○호 베스타 승합차를 운행하여 위 호텔 주차장 쪽에서 호텔 뒤편 공터로 진행하게 되었는바, 이러한 경우 운전업무에 종사하는 피신청인으로서는 전후 좌우를 잘 살펴 안전하게 운전함으로써 사고를 미리 방지하여야 할 주의의무가 있음에도 불구하고 이를 게을리 한 채 운전한 과실로 위 차량 운전석 앞 백밀러 부위로 보행 중이던 신청인을 충격, 전도케 하여 신청인으로 하여금 염좌, 견관절, 좌상 등의 중상해를 입게 하였습니다.

그렇다면 피신청인은 자기를 위하여 자동차를 운행하는 자로서, 위 교통사고를 발생시킨 불법행위자로서 신청인이 입게 된 모든 손해를 배상할 책임이 있다 할 것입니다.

3. 손해배상의 범위

가. 일실수입

신청인은 이 사고로 치료를 위하여 통원치료 47일간 아무런 일에도 종사하지 못하여 금 1,736,876원의 일실손해를 입었습니다.

【계 산】

20○○. 9.경. 도시일용노임(건설업보통인부) : 금 50,683원

월평균 가동일수 : 22일

47일의 호프만지수 : 1.5577[=1개월의 호프만지수(0.9958) + {2개월의 호프만지수 (1.9875) - 1개월의 호프만지수(0.9958)}×17/30]

금 1,736,876원[=금 50,683원×22일×1.5577, 원미만 버림]

나. 치료비

치료비는 피신청인이 가입한 책임보험회사에서 전액 지급하였으므로 향후 치료비 금 1,000,000원을 청구합니다.

다. 위자료

신청인의 나이, 이 사건 사고의 경위 및 그 결과, 치료기간 등 신청인의 모든 사정을 감안하여 금 1,000,000원은 지급되어야 할 것입니다.

4. 결론

그렇다면 피신청인은 신청인에게 금 3,736,876원(일실수입금 1,736,876원 + 향후치료비 금 1,000,000원 + 위자료 금 1,000,000원) 및 이에 대하여 이 사건 사고발생일인 20○○. ○. ○.부터 이 사건 신청서부본 송달일까지는 민법에서 정한 연 5%의, 그 다음날부터 다 갚는 날까지는 소송촉진등에관한특례법에서 정한 연 15%의 각 비율에 의한 지연손해금을 지급할 의무가 있다 할 것이므로 이 사건 신청에 이른 것입니다.

입 증 방 법

1. 갑 제1호증   주민등록표등본
1. 갑 제2호증   진단서
1. 갑 제3호증   치료확인서
1. 갑 제4호증   향후치료비추정서
1. 갑 제5호증   자동차등록원부
1. 갑 제6호증의1, 2   월간거래가격표지 및 내용

첨 부 서 류

1. 위 입증방법   각 1통
1. 신청서부본   1통
1. 송달료납부서   1통

20○○.   ○○.   ○○.

위 신청인 ○○○ (서명 또는 날인)

○○지방법원 귀중

답 변 서

사　　건　20○○가단○○○○ 손해배상(자)
원　　고　○○○
피　　고　◇◇보험주식회사

　위 사건에 관하여 피고는 원고의 청구에 대하여 아래와 같이 답변합니다.

청구취지에 대한 답변

1. 원고의 청구를 기각한다.
2. 소송비용은 원고의 부담으로 한다.
라는 재판을 구합니다.

청구원인에 대한 답변

1. 원고의 주장
　원고는 20○○. ○. ○. ○○:○○경 소외 ◆◆◆ 운전의 경남 ○고○○○○호 승용차가 ○○시 ○○구 ○○길 소재 ○○숯불갈비 앞에서 공사용 가드레일을 들이받아 그 파편이 원고에게 팅기면서 다발성 좌상, 미골탈구, 추간판탈출증 등의 상해를 입게 하였으므로 위 승용차의 보험자인 피고로서는 원고의 손해를 배상할 책임이 있다고 주장하고 있습니다.

2. 채무의 부존재
　가. 위와 같은 원고의 주장과는 달리 이 사건 사고로 인하여 원고가 입은 상해는 장기간의 치료를 요하거나 후유장해를 남기는 상해가 아니라 경미한 좌상에 불과하였습니다.
　나. 이에 피고는 이 사건 소제기 전에 원고의 치료요청에 따라 원고가 입은 손해의 전부인 치료비 전액 금 3,133,970원을 지급함으로써 이 사건 사고로 인한 배상책임을 모두 이행하였습니다.
　(피고는 추후 신체감정 및 형사기록이 송부되는 대로 원고가 주장하고 있는 사고발생 경위, 일실수입, 치료비 및 위자료에 대하여 적극적으로 다툴 예 정입니다)

3. 결 어
　피고는 그 지급책임이 있는 범위내의 모든 채무를 이행하였으므로 원고의 이 사건 청구는 마땅히 기각되어야 할 것입니다.

20○○.　○.　○.
위 피고　◇◇보험주식회사
대표이사 ◇◇◇ (서명 또는 날인)

○○지방법원 제○○민사단독　귀중

답 변 서

사　　건　20○○가단○○○ 손해배상(자)
원　　고　○○○
피　　고　◇◇◇

　위 사건에 관하여 피고는 다음과 같이 답변합니다.

청구취지에 대한 답변

1. 원고의 청구를 기각한다.
2. 소송비용은 원고의 부담으로 한다.
라는 판결을 구합니다.

청구원인에 대한 답변

1. 원고의 주장사실 가운데 이 사건 사고발생사실과 원고가 교통사고로 상해를 입은
   사실은 인정합니다.
2. 과실상계의 주장
   원고는 오토바이를 무면허로 운전하였고, 안전모를 착용하지 않았으며 사고발생시
   과속운전을 한 사실로 보아 이 사건 사고발생에 원고의 과실이 경합하여, 원고의 손
   해발생과 손해범위의 확대에 기여하였으므로 손해배상액산정에 있어서 원고의 과실
   부분은 참작되어야 할 것입니다.
3. 채무의 부존재
   가. 원고의 주장과는 달리 이 사건 사고로 인하여 원고가 입은 상해는 장기간의 치료를
   　　요하거나 후유장해를 남기는 상해가 아니라 단순 좌측 팔골절상에 불과하였습니다.
   나. 이에 피고는 이 사건 소제기 전에 원고의 치료 요청에 따라 원고가 입은 손해의 전
   　　부인 치료비 전액 금 ○○○원 및 위자료로 금 ○○○원을 지급함으로써 이 사
   　　건 사고로 인한 배상책임을 모두 이행하였습니다.
   　　(피고는 추후 신체감정 및 형사기록이 송부되는 대로 원고가 주장하고 있는 사고발
   　　생 경위, 일실수입, 치료비 및 위자료에 대하여 적극적으로 다툴 예 정입니다)
4. 결 어
   피고는 피고에게 지급책임이 있는 범위내의 모든 채무를 이행하였으므로 원고의 이 사
   건 청구는 마땅히 기각되어야 할 것입니다.

20○○.   ○.   ○.

위 피고   ◇◇◇ (서명 또는 날인)

○○지방법원 제○민사단독 귀중

[서식 예] 준비서면{손해배상(자), 원고}

준 비 서 면

사　　건　　20○○가단○○○○ 손해배상(자)
원　　고　　황○○ 외 2
피　　고　　◇◇화재해상보험주식회사

　위 사건에 관하여 원고들은 다음과 같이 변론을 준비합니다.

다　　　　음

1. 원고 황○○의 과실이라고 주장하는 부분에 관하여

　　피고는 '이 사건 교통사고에서 택시운전자 소외 김◆◆를 비롯하여 원고와 같이 택시에 승차하였던 소외 이◉◉, 소외 박◉◉ 등은 경미한 부상을 입은 점, 피해차량의 파손부분 등 대물손해가 손해인 점에도 불구하고 원고 황○○는 전치 4주간의 요추부 등의 수핵탈출증의 중상해를 입은 점에 비추어 볼 때 그 스스로의 안전을 게을리 하였다고 추정된다 할 것'이라고 주장하며 원고 황○○의 과실비율은 20%를 상회한다는 취지로 주장합니다.

　　황○○의 전치 4주의 상해에 비해 소외 이◉◉의 전치 3주의 상해(갑 제7호증의 4 범죄인지보고 참조)가 도대체 어떠한 근거에서 경미한 부상이라고 주장하는지, 그리고 금 426,690원의 차량손괴가 어떠한 근거에서 소액이라는 것인지를 알 수 없다는 사실은 차치 하더라도, 피고의 위와 같은 주장은 탑승위치에 따라서 그 부상의 정도가 크게 차이가 날 수 있다는 사실을 알지 못하고, 만연이 원고 황○○의 상해정도가 다른 탑승인에 비해 심하다는 사실로부터 원고 황○○에게도 과실이 있다는 식으로 추론을 하여 버림으로서 그 추론에 있어서 논리적 과오를 범하고 있는 것입니다.

2. 손익공제 주장에 관하여

　　피고는 원고 황○○의 치료비로 ○○병원 등에 합계 금 13,848,270원을 지급하였으므로 이를 공제하여야 한다고 주장합니다.

　　그러나 원고들은 그 치료비의 청구에 있어서 피고가 이미 지급한 치료비를 공제하고 원고들 자신이 지급한 치료비만을 청구하고 있으므로 피고의 위 주장은 이유 없는 주장이라 할 것입니다.

20○○.　　○.　　○.

위 원고　　1. 황○○ (서명 또는 날인)
　　　　　　2. 정○○ (서명 또는 날인)
　　　　　　3. 황①○ (서명 또는 날인)

○○지방법원 제○○민사단독　귀중

■ 고속도로에서 보행중 교통사고가 발생한 경우 보행자는 어떤 책임이 있나요?

Q. 동생이 음주후 고속도로를 보행 중 뒤에 오던 외제차와 추돌하였다는 소식을 들었습니다. 이로 인하여 동생은 왼손 골절, 다리 양다리 골절, 왼쪽 갈비뼈 7개 골절, 머리 뇌출혈 등으로 사경을 헤매고 있습니다. 그러나 보험사측에서 고속도로 보행자 야간 사고시에는 무조건 보행자가 전부 책임을 져야 한다고 합니다. 이에 동생이 가해자가 되어 동생의 병원치료비는 물론 고가의 외제차 수리비와 운전자 치료비까지 막대한 금액의 소요가 예상됩니다. 그러나 상대 외제차량 블랙박스는 고장이 났다고 하는 등 어디서 어떻게 사고가 났는지 확인할 방법은 없고, 출동 당시 구급대원과 경찰 진술만 확인할 수 있었으며, 고속도로경찰대에 사진 확인결과 차량은 갓길에 똑바로 주차되어 있고 운전석 유리가 심하게 파손된 상태인데, 동생은 가해차량 약 4-5m앞에 갓길에 누워있었습니다. 이에 사고경위에 관하여 여러 의심이 드는 상황인데, 어찌해야 하는지요?

A. 술에 취한 보행자가 야간에 고속도로상에서 무단횡단을 하여 교통사고가 발생한 경우, 고속도로를 운행하는 운전자에게 어떠한 과실이 인정되기 어려운 것이 일반적입니다 ("도로교통법 제58조는 보행자는 고속도로를 통행하거나 횡단할 수 없다고 규정하고 있으므로 고속도로를 운행하는 자동차의 운전자로서는 특별한 사정이 없는 한 보행자가 고속도로를 통행하거나 횡단할 것까지 예상하여 급정차를 할 수 있도록 대비하면서 운전할 주의의무는 없다 할 것이고, 따라서 고속도로를 무단횡단하는 피해자를 충격하여 사고를 발생시킨 경우라도 운전자가 상당한 거리에서 그와 같은 무단횡단을 미리 예상할 수 있는 사정이 있었고, 그에 따라 즉시 감속하거나 급제동하는 등의 조치를 취하였다면 피해자와의 충돌을 면할 수 있었다는 등의 특별한 사정이 인정되지 아니하는 한 자동차 운전자에게 과실이 있다고는 볼 수 없다.", 대법원 1996.10.15. 선고 96다22525 판결, 대법원 1998.4.28. 선고 98다5135 판결 등 참조).

다만 자동차사고에 있어서 과실비율 및 그에 따른 손해배상의 책임분배는 사건양태가 다양하고 복잡한 특수성상 일률적으로 이르기는 어려운 것이므로, 가령 사고 당사자인 운전자 또한 과속하여 운전(과속운전)하고 있었거나, 술에 취한 상태로 운전(음주운전)을 하고 있던 상태였던 경우, 혹은 본래 주행차로로 인정되지 아니하는 갓길에서 사고가 발생한 경우(갓길주행), 보행자에게 이유가 있는 경우(가령 주간에 편도2차로의 고속도로에서 A차량이 중앙분리대를 들이받은 사고를 내 1, 2차로에 걸쳐 정차한 상태에서 차량에서 내려 수신호를 보낼 뿐 안전표지를 설치하거나 차량의 비상등을 켜는 등의 안전조치의무를 태만히 하고 있는 사이, 마침 2차로에서 주행 중인 B차량이 전방주시의무를 태만하여 뒤늦게 A차량을 발견하고 1차로로 차선을 바꾸었으나 갓길에 있던 A차량 운전자를 충격한 사안에서 B차량의 과실을 60%

로 판단한 사례, 대법원 2012.1.12. 선고 2011다80180 판결 참조) 등 구체적인 상황에 따라서는 운전자에게 일정 부분의 책임이 발생할 수도 있습니다.

사안의 경우, 보행자의 음주, 야간(새벽 2-3시)이라는 시기, 고속도로라는 장소(보행자의 존재를 예견하기 어려워 운전자의 주의의무가 경감되는 곳) 등의 요소는 매우 불리한 사정으로 보이나 실제 사고발생의 경위가 의심스러운 사정이 있는 경우, 그에 관한 증거자료가 있다면 책임이 경감될 여지도 있어 보입니다. 즉 사안에서는 사고가 '갓길'에서 발생하였는지 '2차로'에서 발생하였는지가 관건일 것으로 보이는바, 그에 관한 자료확보가 중요할 것으로 보입니다. 따라서 상황에 따라서는 고장난 블랙박스의 복원이나 기타 다양한 자료확보방법을 강구하시는 것도 필요하고 이에 관한 선행 수사절차에서 최대한 유리한 사실확정 및 자료확보에 주력하셔야 하며, 이에 기초하여 민사절차에서도 일관적으로 다투셔야 합니다. 한편 위와 같은 자료확보가 어렵고 관련 수사절차가 불리하게 진행되는 경우에는 상대방과 최대한 협의하는 것이 적절할 것으로 보입니다.

■ 교통사고 피해자 가족은 위자료 청구가 가능한지요?

Q. 교통사고로 상해 피해를 입은 피해자의 가족들이 가해자가 가입한 자동차보험사를 상대로 그들의 정신적 고통에 대한 위자료의 지급을 청구할 수 있는지요?

A. 자동차손해배상 보장법 제10조는 보험가입자에게 손해배상책임이 발생한 경우에 피해자로 하여금 보험자에게 책임보험금의 한도 내에서 보험금을 직접 청구할 수 있도록 규정하고 있는바, 위 규정에 의한 피해자의 책임보험자에 대한 직접청구권의 법적 성질은 책임보험자가 피보험자의 피해자에 대한 손해배상채무를 병존적으로 인수한 것으로서 피해자가 책임보험자에 대하여 가지는 손해배상청구권이고, 피보험자의 책임보험자에 대한 보험금청구권의 변형 내지 이에 준하는 권리가 아니라고 할 것이므로(대법원 1999.2.12. 선고 98다44956 판결 참조), 피해자가 책임보험자를 상대로 자배법 제10조 에 의한 직접청구권을 행사하는 경우에 있어서 책임보험자가 피해자에게 지급하여야 할 금액은 단순히 보통약관의 보험금 지급기준에 의하여 산출된 보험금이 아니라 자배법시행령에 정하여진 책임보험금의 한도 내에서 피해자가 실제로 입은 손해액이라고 할 것입니다.

또한 민법 제750조 내지 제752조 에 의하면, 불법행위 피해자의 가족은 그 정신적 고통에 관한 입증을 함으로써 가해자에게 위자료의 지급을 청구할 수 있다고 할 것이고, 경험칙상 타인의 불법행위로 부당하게 신체상해를 입은 피해자의 처와 자식은 특별한 사정이 없는 한 그로 인하여 정신적 고통을 받았다고 보아야 할 것이므로, 그 경우 피해자의 처와 자식은 가해자에게 그들의 정신적 고통에 대한 위자료의 지급을 청구할 수 있다고 할 것입니다(대법원 1999.4.23. 선고 98다41377 판결 참조).

따라서 교통사고로 상해 피해를 입은 피해자의 가족들은 자배법 제10조 에 의하여 가해자의 손해배상채무를 병존적으로 인수한 책임보험자인 보험사에게 그들의 정신적 고통에 대한 위자료의 지급을 청구할 권리가 있다고 할 것입니다.

■ 소멸시효를 이유로 공동불법행위자의 구상권을 거절할 수 있는지요?

Q. 乙은 야간에 甲을 그의 차량에 동승시키고 비가 내려 시계가 불량한 상태인 편도 2차선인 고속도로를 달리던 중 차도를 약 1미터 침범한 상태로 갓길에 정차한 트럭을 피하려다 가드레일에 충돌하는 교통사고를 발생시켰습니다. 사고당시 정차되어 있던 트럭은 丙의 소유로 丙은 트럭이 고나 운행을 할 수 없게 되자 전원장치의 고장으로 차폭등과 미등이 들어오지 않았음에도 불구하고 그 후방에 아무런 경고표지나 고장표지를 하지 않은 채 그대로 운전석에 앉아있던 상태였습니다. 甲은 위 교통사고로 인하여 노동력이 상실되는 장애를 입었으나, 丙에게는 전혀 배상청구를 한 사실이 없고, 乙이 가입한 丁보험회사를 상대로 손해배상청구소송을 제기하여 3년이 지난 후 승소하여 승소금을 지급 받았습니다. 그런데 丁보험회사에서는 3년이 지난 후에 甲의 손해배상금을 지급하고서 丙을 상대로 구상금청구소송을 제기해왔는바, 이 경우 丙은 소멸시효가 이미 경과되었다는 사실로 항변할 수 있는지요?

A. 민법 제425조에서 어느 연대채무자가 변제 기타 자기의 출재로 공동면책이 된 때에는 다른 연대채무자의 부담부분에 대하여 구상권을 행사할 수 있고, 이 구상권은 면책된 날 이후의 법정이자 및 피할 수 없는 비용 기타 손해배상을 포함한다고 규정하고 있습니다.

그리고 공동불법행위자 상호간 부담부분 산정방법 및 구상권에 관한 판례를 보면, 공동불법행위자는 채권자에 대한 관계에서는 연대책임(부진정연대채무)을 지되, 공동불법행위자들 내부관계에서는 일정한 부담부분이 있고, 이 부담부분은 공동불법행위자의 과실정도에 따라 정하여지는 것으로서 공동불법행위자 중 1인이 자기의 부담부분 이상을 변제하여 공동의 면책을 얻게 하였을 때에는 다른 공동불법행위자에게 그 부담부분의 비율에 따라 구상권을 행사할 수 있다고 하였습니다(대법원 2002.9.24. 선고 2000다69712 판결).

따라서 위 사안에서 丙에게도 그의 차량의 왼쪽 바퀴부분이 위 차도를 약 1미터 침범한 상태로 갓길에 정차하면서 전원장치고장으로 차폭등과 미등이 들어오지 않았음에도 불구하고 그 후방에 아무런 경고표지나 고장표지를 하지 않은 채 그대로 운전석에 15분 동안이나 앉아 있었으므로, 그에 상응한 과실이 인정될 것으로 보여 乙과 丙은 공동불법행위자로서 부진정연대채무관계에 있다고 할 것인바, 丁보험회사가 甲의 손해를 전액 변제하였다면 丙의 부담부분에 대하여는 구상권을 행사할 수 있을 것입니다.

그런데 연대채무자간의 소멸시효의 효력에 관하여「민법」제421조에서는 어느 연대채무자에 대하여 소멸시효가 완성한 때에는 그 부담부분에 한하여 다른 연대채무자도 의무를 면한다고 규정하고 있으므로, 甲이 3년이 다 지나도록 丙에게는 전혀 손해배상을 청구한 사실이 없었고, 그로 인하여 甲의 丙에 대한 손해배상청구권은 소멸시효가 완성된 것으로 보이는데, 이러한 경우 丁보험회사가 甲의 丙에 대한 손해배상청구권이 소멸시효가 완성된 후 甲에게 배상을 하고서도 丙에게 그 부담부분에 대하여 구상을 할 수 있는지 문제됩니다.

그러나 공동불법행위자 중 1인의 손해배상채무가 시효로 소멸한 후 다른 공동불법행위자가 피해자에게 자기 부담부분을 넘는 손해를 배상했을 경우, 손해를 배상한 공동불법행위자는 손해배상채무가 시효소멸 한 다른 공동불법행위자에게 구상권을 행사할 수 있는지 판례를 보면, 공동불법행위자의 다른 공동불법행위자에 대한 구상권은 피해자의 다른 공동불법행위자에 대한 손해배상채권과는 그 발생원인 및 성질을 달리하는 별개의 권리이고, 연대채무에 있어서 소멸시효의 절대적 효력에 관한「민법」제421조의 규정은 공동불법행위자 상호간의 부진정연대채무에 대하여는 그 적용이 없으므로, 공동불법행위자 중 1인의 손해배상채무가 시효로 소멸한 후에 다른 공동불법행위자 1인이 피해자에게 자기의 부담부분을 넘는 손해를 배상하였을 경우에도, 그 공동불법행위자는 다른 공동불법행위자에게 구상권을 행사할 수 있다고 하였습니다(대법원 1997.12.23. 선고 97다42830 판결, 2010.12.23. 선고 2010다52225 판결).

이것은 소멸시효가 완성된 공동불법행위자에 대하여 피해자로부터 배상청구를 받고 이를 이행한 다른 공동불법행위자가 위와 같은 소멸시효완성을 이유로 내부분담비율에 따른 구상권을 행사할 수 없다고 한다면 공동불법행위자 상호간의 배상책임을 분담하고자 하는 구상관계 본래의 취지를 몰각시키는 결과가 될 것일 뿐만 아니라, 피해자가 공동불법행위자들 중의 누구를 상대로 소송을 제기하였는지의 우연한 사정에 의하여 소송을 제기 당한 당사자는 손해배상채무전부를 부담하는 반면, 소송을 제기 당하지 않은 당사자는 소멸시효완성을 이유로 그 채무전부를 면하게 한다는 것은 형평을 잃은 부당한 결과가 되어 타당하지 않으므로(소송을 제기 당한 당사자가 소송을 제기 당하지 않은 다른 공동불법행위자의 소멸시효완성을 제지할 수 있는 별다른 방법이 없는 점에 비추어 더욱 그러함) 허용될 수 없다는 취지로 보입니다.

따라서 위 사안에서도 丙은 丁보험회사에게 그의 과실에 따른 부담부분에 한해서는 책임을 면하지 못할 것으로 보입니다. 참고로 부진정연대채무자 중 1인이 한 상계 내지 상계계약이 다른 부진정연대채무자에 미치는 효력에 관해서는, 부진정연대채무자 중 1인이 자신의 채권자에 대한 반대채권으로 상계를 한 경우에도 채권은 변제, 대물변제, 또는 공탁이 행하여진 경우와 동일하게 현실적으로 만족을 얻어 그 목적을 달성하는 것이므로, 그 상계로 인한 채무소멸의 효력은 소멸한 채무전액에 관하여 다른 부진정연대채무자에 대하여도 미친다고 보아야 하고, 이는 부진정연대채무자 중 1인이 채권자와 상계계약을 체결한 경우에도 마찬가지이며, 나아가 이러한 법리는 채권자가 상계 내지 상계계약이 이루어질 당시 다른 부진정연대채무자의 존재를 알았는지 여부에 의하여 좌우되지 아니한다고 하였습니다(대법원 2010.9.16. 선고 2008다97218 전원합의체 판결).

■ 피보험자로 취급되는 자가 사고를 낸 경우 보험자의 보험자대위에 의한 구상금을 청구할 수 있는지요?

Q. 甲보험회사는 乙회사의 차량에 대해 업무용자동차종합보험계약을 체결하였습니다. 그런데 乙회사의 직원 丙이 위 차량을 운전하던 중 그의 과실로 丁을 충격 하여 중상을 입히는 교통사고를 야기하였습니다. 이 경우 丁에 대하여 보험금을 지급한 甲보험회사가 회사 직원 丙에 대하여 보험자대위에 의한 구상금을 청구할 수 있는지요?

A. 제3자에 대한 보험대위에 관하여 「상법」제682조는 "손해가 제3자의 행위로 인하여 생긴 경우에 보험금액을 지급한 보험자는 그 지급한 금액의 한도에서 그 제3자에 대한 보험계약자 또는 피보험자의 권리를 취득한다. 그러나 보험자가 보상할 보험금액의 일부를 지급한 때에는 피보험자의 권리를 해하지 아니하는 범위 내에서 그 권리를 행사할 수 있다."라고 규정하고 있습니다.

그런데 자동차종합보험 보통약관상 피보험자에 포함되어 있는 승낙피보험자 등의 행위로 보험사고가 발생한 경우 보험자가 보험자대위권을 행사할 수 있는지에 관하여 판례는 "보험자대위의 법리에 의하여 보험자가 제3자에 대한 보험계약자 또는 피보험자의 권리를 행사하기 위해서는 손해가 제3자의 행위로 인하여 생긴 경우라야 하고, 이 경우 제3자라고 함은 피보험자 이외의 자가 되어야 할 것인바, 자동차종합보험보통약관에 피보험자는 기명피보험자 외에 기명피보험자의 승낙을 얻어 자동차를 사용 또는 관리중인 자 및 위 각 피보험자를 위하여 피보험자동차를 운전중인 자(운행보조자를 포함함) 등도 포함되어 있다면, 이러한 승낙피보험자 등의 행위로 인하여 보험사고가 발생한 경우 보험자가 보험자대위의 법리에 의하여 그 권리를 취득할 수 없다."라고 하였으며, "자동차종합보험보통약관에서 말하는 '각 피보험자를 위하여 피보험자동차를 운전중인 자(운행보조자를 포함함)'라 함은 통상 기명피보험자 등에 고용되어 피보험자동차를 운전하는 자를 의미하고 있으며, 한편 자동차종합보험보통약관에서 위와 같이 피보험자를 위하여 당해 피보험자동차를 운전하는 자까지 피보험자의 범위를 확대하여 규정하고 있는 취지와 위와 같은 운전자와 '기명피보험자의 승낙을 얻어 자동차를 사용 또는 관리 중인 자'를 별도의 항목에서 피보험자로 보고 있는 점 등에 비추어 본다면, 위와 같은 운전자의 경우에는 당해 운행에 있어서의 구체적이고 개별적인 승낙의 유무에 관계없이 위 약관상의 피보험자에 해당한다고 보아야 한다."라고 하였습니다(대법원 2000.9.29. 선고 2000다33331 판결).

또한, "자신의 계약상 채무이행으로 보험금을 지급한 보험자는 민법 제481조에 의한 변제자 대위를 주장할 수 있는 자에 해당하지 아니한다."라고 하였습니다(대법원 1993.1.12. 선고 91다7828 판결).

따라서 위 사안에서 甲보험회사는 乙회사의 직원인 丙에 대하여 보험자대위권 또는 민법상의 변제자 대위권을 행사할 수 없을 것으로 보입니다.

■ 면책사유인 '피보험자의 고의에 의한 사고'에서 '고의'에 해당하여 보험금이 지급될 수 없는 경우인지요?

Q. 甲은 승용차를 운행하던 중 제1차 접촉사고를 내고 도주하다가 정지신호에 따라 정차하고 있을 때 접촉사고를 당한 乙이 추격해 와서 승용차 앞을 가로막고 있던 중 교차로의 신호가 진행신호로 바뀌자 甲은 위 승용차를 2-3미터 가량 후진하였고 乙이 이에 놀라 승용차의 앞 유리창의 와이퍼를 붙잡고 보닛 위에 엎드려 매달리게 되었는데, 甲은 그 상태에서 승용차를 지그재그로 운행하는 바람에 乙이 도로로 떨어지면서 승용차 뒷바퀴로 충격 당하여 상해를 입게 된 제2차 사고를 발생하게 하였습니다. 이 경우 甲의 위와 같은 행위가 자동차보험의 약관에서 규정하고 있는 '고의'에 해당하여 보험금이 지급될 수 없는 경우인지요?

A. 상법 제659조 제1항은 "보험사고가 보험계약자 또는 피보험자나 보험수익자의 고의 또는 중대한 과실로 인하여 생긴 때에는 보험자는 보험금액을 지급할 책임이 없다."라고 규정하고 있으며, 자동차보험의 약관에는 '보험계약자, 피보험자의 고의로 인한 손해'에 대하여는 보상하지 아니한다고 정하고 있습니다.

그런데 자동차보험약관상 면책사유인 '피보험자의 고의에 의한 사고'에서의 '고의'의 의미와 그 입증방법에 관하여 판례는 "자동차보험약관상 면책사유인 '피보험자의 고의에 의한 사고'에서의 '고의'라 함은 자신의 행위에 의하여 일정한 결과가 발생하리라는 것을 알면서 이를 행하는 심리상태를 말하고, 여기에는 확정적 고의는 물론 미필적 고의도 포함된다고 할 것이며, 고의와 같은 내심의 의사는 이를 인정할 직접적인 증거가 없는 경우에는 사물의 성질상 고의와 상당한 관련성이 있는 간접사실을 증명하는 방법에 의하여 입증할 수밖에 없고, 무엇이 상당한 관련성이 있는 간접사실에 해당할 것인가는 사실관계의 연결상태를 논리와 경험칙에 의하여 합리적으로 판단하여야 할 것이다."라고 하면서 "출발하려는 승용차 보닛 위에 사람이 매달려 있는 상태에서 승용차를 지그재그로 운행하여 도로에 떨어뜨려 상해를 입게 한 경우, 운전자에게 상해 발생에 대한 미필적 고의가 있다."라고 한 사례가 있습니다(대법원 2001.3.9. 선고 2000다67020 판결).

다만, "책임보험은 피보험자의 법적 책임부담을 보험사고로 하는 손해보험이고 보험사고의 대상인 법적 책임은 불법행위책임이므로 어떠한 것이 보험사고인가는 기본적으로는 불법행위의 법리에 따라 정하여야 할 것인바, 책임보험 계약당사자간의 보험약관에서 고의로 인한 손해에 대하여는 보험자가 보상하지 아니하기로 규정된 경우에 고의행위라고 구분하기 위해서는 특별한 사정이 없는 한 구체적인 정신능력으로서의 책임능력이 전제되어 있다고 볼 것이어서 '피보험자의 고의에 의한 손해'에 해당한다고 하려면 그 피보험자가 책임능력에 장애가 없는 상태에서 고의행위를 하여 손해가 발생된 경우이어야 한다."라고 하면서, "피보험자가 사고 당시 심신미약의 상태에 있었던 경우, 사고로 인한 손해가 '피보험자의 고의로 인한 손해'에 해당하지 아니하여 보험자가 면책되지 아니한다."라고 한 사례도 있습니다(대법원 2001.4.24. 선고 2001다10199 판결).

한편, "사람이 승용차 보닛 위에 엎드려 매달리자 그를 차량에서 떨어지게 할 생각으로 승용차를 지그재그로 운전하다가 급히 좌회전하여 위 사람을 승용차에서 떨어뜨려 사망에 이르게 한 사안에서, 위 사고의 경위, 피해자가 전도된 지점의 도로 여건, 사고 당시 가해차량 운전자의 음주상태, 목격자의 진술 등 여러 사정에 비추어, 가해차량 운전자로서는 피해자가 달리던 차에서 떨어지면서 어느 정도의 큰 상해를 입으리라는 것은 인식·용인하였다고 할 것이나, 나아가 피해자가 사망하리라는 것까지를 인식하고 용인하였다고는 볼 수 없으므로, 피해자의 사망으로 인한 손해는 가해차량 운전자의 '고의에 의한 손해'라고 할 수 없어 자동차보험의 면책약관이 적용되지 않는다."라고 한 사례가 있습니다(대법원 2010.11.11. 선고 2010다62628 판결).

따라서 위 사안에서 甲의 제2차 사고에 관하여는 甲의 미필적 고의에 의한 사고로 보아 보험금이 지급되지 않을 것이지만, 乙이 제2차 사고로 인하여 사망에 이르렀다면 보험금이 지급될 수 있습니다.

■ 뺑소니의 경우 국가가 피해를 보상하면 국가기관이 보험사에게 이를 다시 구상하는 것인가요?

Q. 자동차 보유자를 알 수 없는 뺑소니 자동차 또는 무보험 자동차에 의한 교통사고를 당하게 되었습니다. 이 경우 어떻게 하면 국가로부터 피해를 보상받을 수 있는 것인지요? 국가가 피해를 보상하면 국가기관이 보험사에게 이를 다시 구상하는 것인가요?

A. 자배법 제30조 제1항은 "정부는 다음 각 호의 어느 하나에 해당하는 경우에는 피해자의 청구에 따라 책임보험의 보험금 한도에서 그가 입은 피해를 보상한다. 다만, 정부는 피해자가 청구하지 아니한 경우에도 직권으로 조사하여 책임보험의 보험금 한도에서 그가 입은 피해를 보상할 수 있다."고 규정하고 제1호에 "1. 자동차보유자를 알 수 없는 자동차의 운행으로 사망하거나 부상한 경우"를 규정하여, 뺑소니 또는 무보험 자동차에 의한 사고의 경우 정부가 피해자에게 손해를 보상하도록 정하고 있습니다("피해자에게 손해를 보상하고 있는 근거규정이 바로 자배법 제30조입니다."를 수정).

따라서 국가기관은 해당 법 규정에 따라서 귀하의 피해를 보상할 수 있습니다. 다만, 이와 관련 보상금을 지급한 국민건강보험공단이 보험사에 다시 구상할 수 있는지 문제가 발생합니다. 대법원(2013.01.16. 선고 2012다79521) 판결에 따르면, 자동차손해배상보장법(이하 '자배법'이라 한다) 제30조 이하에서 규정하고 있는 보장사업의 목적과 취지, 성격 등에 비추어 보면, 자동차 보유자를 알 수 없는 뺑소니 자동차 또는 무보험 자동차에 의한 교통사고의 경우 자배법 제30조 제1항에 따라 피해자가 가지는 보장사업에 의한 보상금청구권은 피해자 구제를 위하여 법이 특별히 인정한 청구권으로서, 구 국민건강보험법(2011.12.31. 법률 제11141호로 전부 개정되기 전의 것, 이하 '국민건강보험법'이라 한다) 제53조 제1항에서 말하는 제3자에 대한 손해배상청구의 권리에 해당한다고 볼 수 없습니다(대법원 2012.12.13. 선고 2012다200394 판결 참조).

비록 국민건강보험법 제53조 제1항에서 국민건강보험공단은 제3자의 행위로 보험급여사유가 생겨 가입자 또는 피부양자에게 보험급여를 한 경우에는 그 급여에 들어간 비용 한도에서 그 제3자에게 손해배상을 청구할 권리를 얻는다고 규정하고 있으나, 자동차손해보상보장법 제30조 이하에서 규정하고 있는 "보장사업"에는 국민건강보험법 제53조 제1항이 해당하지 않는다고 판단한 것입니다.

따라서 자동차 보유자를 알 수 없는 뺑소니 자동차 또는 무보험 자동차에 의한 교통사고의 경우 보상금을 지급한 국가가 보험사에 구상할 수 없습니다.

■ 기존 기왕증이 악화된 신체손해에 관한 자동차손해배상청구권 중 해당 기왕증에 대해
자동차손해배상으로 보험회사에 얼마를 청구할 수 있을까요?

Q. 저는 자동차 사고를 당한 병원 환자로서, 사고로 인한 신체 피해에 대하여 요추 3-4
번 간 추간판을 제거하고 인공디스크를 삽입하는 수술을 시행한 사실했는데, 사실은
요추 3-4번 간 지속적 통증은 그의 기존 퇴행성 질환이 이 사건 교통사고로 인하여
악화된 것이었습니다. 해당 기왕증에 대해 자동차손해배상으로 보험회사에 얼마를 청
구할 수 있을까요?

A. 대법원 2013.04.26. 선고 2012다107167 판결에 따르면, 피해자의 기왕증이 교통
사고와 경합하여 악화된 경우에는 기왕증이 그 결과 발생에 기여하였다고 인정되는
정도에 따라 피해자의 손해 중 그에 상응한 배상액을 피해자에게 부담하게 하는 것
이 손해의 공평 부담이라는 견지에서 타당하다는 점과 자동차보험 진료수가의 인정
범위에 관한 위 각 규정의 내용 등을 종합하여 보면, 의료기관은 기왕증을 가지고
있는 교통사고 환자를 진료한 경우에는 교통사고로 인한 기왕증의 악화로 인하여 추
가된 진료비의 범위 내에서 보험회사 등에 자동차보험 진료수가를 청구할 수 있다고
봄이 합리적이라고 판시하였습니다.

자동차손해배상 보장법(이하 '법'이라 한다) 제12조 제2항 역시 '보험회사 등으로부
터 자동차보험 진료수가의 지급 의사와 지급 한도를 통지받은 의료기관은 그 보험회
사 등에 국토해양부장관이 고시한 기준에 따라 자동차보험 진료수가를 청구할 수 있
다'고 규정하고 있고, 법 제15조에 따라 국토해양부장관이 고시한 '자동차보험 진료
수가에 관한 기준'(국토해양부 고시 제2008-39호) 제5조는 제1항에서 '교통사고 환
자에 대한 진료 기준과 진료에 따른 비용의 인정 범위는 보건복지가족부장관이 일반
환자의 진료에 관하여 의학적으로 보편·타당한 방법·범위 및 기술 등으로 인정한 진
료 기준 및 국민건강보험법령에 의하여 보건복지가족부장관이 고시하는 건강보험 요
양급여 행위 및 그 상대가치 점수에 의한다'고 규정하면서, 제2항 제2호에서 '제1항
의 규정에 의하여 인정되는 범위 내의 비용인 경우에도 교통사고가 있기 전에 가지
고 있던 증상(이하 '기왕증'이라 한다)에 대한 진료비는 그 인정 범위에서 제외되고,
다만 기왕증이라 하여도 교통사고로 인하여 악화된 경우에는 그 악화로 인하여 추가
된 진료비는 그러하지 아니하다'고 규정하고 있습니다.

따라서 귀하의 경우, 자동차 사고로 인한 3-4번 추간판 제거 및 인공디스크 삽입
시술 결과가 인정되기는 하나, 기존 퇴행성 질환이 인정되는 부분을 전체 손해에서
공제한 나머지 부분에 대해 보험회사에 진료비를 청구할 수 있을 것입니다. 의료기
관이 진료수가를 보험회사에 직접 청구하는 경우도 마찬가지라고 할 것입니다.

■ 보험사가 교통사고 가해자에게 구상할 수 있는 범위는 어디까지 입니까?

Q. 제가 교통사고의 가해자이고, 피해자에게 1억원의 손해를 입히게 되었습니다. 자동차상해보험계약에 따른 보험금액 7천만원을 보험사가 지급하고, 자배법 상의 책임공제금 2천만원을 제가 지급한 결과, 피해자는 아직 1천만원의 손해액이 회복이 되지 않은 상태입니다. 이와 같이 피해자가 전부 손해가 배상되지 않은 상황에서 보험사가 가해자인 저에게 보험자대위를 통하여 직접 7천만원을 구상할 수 있는지요?

A. 피해자가 전부 손해를 회복한 것이 아니라 일부 회복하지 못하고 남는 손해가 있게 되므로, 귀하에 대한 관계에서 보험사가 보험자대위로 취득할 수 있는 권리는 존재하지 않는다고 보는 것이 판례입니다. 자동차상해보험은 피보험자가 피보험자동차를 소유·사용·관리하는 동안에 생긴 피보험자동차의 사고로 인하여 상해를 입었을 때에 보험자가 보험약관에 정한 사망보험금이나 부상보험금 또는 후유장해보험금 등을 지급할 책임을 지는 것으로서 그 성질상 상해보험에 속하므로, 자동차상해보험계약에 따른 보험금을 지급한 보험자는 상법 제729조 단서에 의하여 보험자대위를 허용하는 취지의 약정이 있는 때에 한하여 피보험자의 권리를 해하지 않는 범위 내에서 그 권리를 대위할 수 있는 것입니다(대법원 2005.9.9. 선고 2004다51177 판결, 대법원 2015.11.12. 선고 2013다71227 판결 등 참조).

즉, 보험약관에 보험사가 피보험자에게 자동차상해 특별약관에 따라 보험금을 지급한 경우 그 보험금의 한도 내에서 피보험자의 제3자에 대한 권리를 취득한다고 정하고 있다 하더라도, 피보험자인 피해자가 이 사건 교통사고로 인하여 총 1억원의 손해를 입고 보험사로부터 7천만원의 보험금을 지급받아 나머지 1천만원의 손해를 회복하지 못하고 있는 이 사례에서, 피해자로서는 자동차손해배상 보장법 시행령 제3조 제1항 제2호 본문에 의하여 귀하께서 지급할 의무가 있는 책임공제금 2천만원을 전부 지급받더라도 역시 회복하지 못하고 남는 손해가 있게 되므로, 가해자인 귀하에 대한 관계에서 보험사가 보험자대위로 취득할 수 있는 권리는 존재하지 않는다고 보아야 하는 것입니다.

■ 자동차손해배상보장법 제3조 '운행으로 인하여'의 판단기준은 무엇인지요?

Q. 甲은 乙의 차량에 동승하여 가던 중 乙의 차량이 교통사고가 발생하였고, 甲은 乙의 지시에 따라 후행차량들에 대한 수신호를 하던 중 후행차량에 충격당한 사고가 발생하였습니다. 甲은 乙의 자동차보험사로부터 보험금을 수령할 수 있는지요?

A. 자동차손해배상 보장법 제3조는 "자기를 위하여 자동차를 운행하는 자는 그 운행으로 인하여 다른 사람을 사망하게 하거나 부상하게 한 때에는 그 손해를 배상할 책임을 진다."라고 규정하고 있고, 위 법조에서 '운행으로 인하여'라 함은 운행과 사고 사이에 상당인과관계를 인정할 수 있는지의 여부에 따라 결정되어야 합니다(대법원 1997.9.30. 선고 97다24276 판결, 대법원 2006.4.13. 선고 2005다73280 판결 등 참조).

한편, 자동차의 운전자는 고장이나 그 밖의 사유로 고속도로나 자동차전용도로에서 그 자동차를 운행할 수 없게 된 때에는 도로교통법 시행규칙에 규정된 '고장 등 경우의 표지'를 그 자동차로부터 100m 이상의 뒤쪽 도로상에 하여야 하고, 특히 야간에는 위 표지와 함께 사방 500m 지점에서 식별할 수 있는 적색의 섬광신호·전기제등 또는 불꽃신호를 그 자동차로부터 200m 이상의 뒤쪽 도로상에 추가로 설치하여야 하며, 그 자동차를 고속도로 또는 자동차전용도로 외의 곳으로 이동하는 등의 필요한 조치를 하여야 합니다.

따라서 乙은 고속도로에는 자동차를 정차할 수 없으므로 다른 차량의 진행에 방해를 주지 않도록 즉시 피보험차를 안전한 장소로 이동시켰어야 함에도 그대로 방치하여 두었을 뿐만 아니라, 단순히 甲으로 하여금 후행차량에 대하여 수신호를 하도록 요구만 한 채 '고장 등 경우의 표지'를 해태하였으므로, 乙의 이러한 형태의 정차는 불법 정차에 해당한다 할 것이고, 따라서 乙로서는 후행차량들이 1차로에 정차한 피보험차를 충돌하고, 나아가 그 주변의 다른 차량이나 사람들을 충돌할 수도 있다는 것을 충분히 예상할 수 있었다고 할 것이므로, 결국 乙의 불법 정차와 이 사건 사고 사이에는 상당인과관계가 있다고 할 것이다. 결국 이 사건 사고는 乙의 차량 운행으로 인하여 발생한 사고이므로 을이 가입한 자동차보험사는 甲의 사고로 인한 보험금을 지급할 의무가 있다고 할 것입니다.

■ **가해자를 알 수 없는 차량에 치어 사망한 경우에 국가에서 피해보상을 해준다고 하는데 사실인지요?**

Q. 저의 부친은 며칠 전 마을 앞 도로에서 번호를 알 수 없는 승용차에 치어 사망하였습니다. 저는 농사만 짓고 살아왔고, 법에 대해서는 아무것도 모르고 있었기 때문에 의사로부터 사망확인서를 받거나, 경찰에 신고하는 등의 절차를 취하지도 아니한 채 이장과 마을주민들의 보증 하에 곧바로 사망신고를 하고 장례를 마쳤습니다. 장례를 마친 후 주위사람들로부터 들으니 이와 같이 가해자를 알 수 없는 차량에 치어 사망한 경우에도 국가에서 피해보상을 해준다고 하는데 사실인지, 사실이라면 보상금을 어디에 어떻게 청구해야 하는지요?

A. 자동차손해배상 보장법 제30조 제1항 제1호에서 정부는 자동차보유자를 알 수 없는 자동차의 운행으로 사망하거나 부상한 경우에는 피해자의 청구에 따라 책임보험의 보험금의 한도에서 그가 입은 피해를 보상한다고 규정하고 있으므로, 이를 근거로 피해보상금을 청구할 수 있다고 하겠습니다. 같은 법 시행령 제3조 제1항에 의한 책임보험금 한도를 보면 ①사망한 경우에는 최고 1억 5천만원의 범위에서 피해자에게 발생한 손해액. 다만, 그 손해액이 2천만원 미만인 경우에는 2천만원, ②부상의 경우에는 최고 3,000만원에서 최저 50만원{같은 법 시행령 [별표1] 상해의 구분과 책임보험금의 한도금액(제3조 제1항 제2호 관련)} ③후유장해가 생긴 경우에는 최고 1억원 5천만원에서 최저 1천만원{같은 법 시행령 [별표2] 후유장애의 구분과 책임보험금의 한도금액(제3조 제1항 제3호 관련)}으로 정하고 있습니다.

그리고 피해자가 자동차손해배상 보장법에 근거하여 보상을 청구하는 때에는 ①소정 양식의 청구서, ②진단서 또는 사망진단서(사체검안서), ③사망으로 인한 청구에 있어서는 청구인과 사망한 자와의 관계를 알 수 있는 증빙서류{제적등본(2008.1.1. 이전에 사망한 자의 경우), 가족관계등록부에 따른 각종 증명서, 주민등록등·초본 등}, ④사고발생의 일시장소 및 그 개요를 증빙할 수 있는 서류(관할 경찰서장 발행의 보유자불명 교통사고사실확인원 등), ⑤피해자 본인 또는 보상금청구(수령)자의 인감증명서, ⑥그 외 국토해양부장관이 정하는 증빙서류(자동차손해배상보장사업에 의한 손해보상금지급청구권 양도증 및 위임장, 면책사고로 판명되면 수령한 손해보상금을 반환한다는 손해보상금수령자의 각서, 무보험자동차사고의 경우 보유자의 자인서, 치료비영수증 및 명세서, 향후치료비추정서 등) 등을 현재 위 보상에 관한 업무를 위탁받은 보장사업시행 보험회사(삼성화재, 동부화재 등 국내 손해보험회사 중 한 곳)에 제출하면 됩니다.

그런데 귀하의 경우에는 부친의 사망 직후 장례를 치루었기 때문에 의사의 사망확인서와 경찰에서 발급하는 교통사고사실확인원을 발급받지 못하여 보험회사에서 그 보상금의 지급을 거부한다면 귀하로서는 소송을 통하여 구제받는 방법 밖에 없습니다. 소송을 통하여 피해보상금의 지급을 청구하는 방법과 관련하여, 실무상 자동차손해배상 보장법 제45조에 따라 자동차손해배상보상사업에 관한 업무를 위탁받은 보험회사 등 또는 보험관련단체를 상대로 민사소송을 제기하여 다투는 것이 통례인 것 같습니다(대법원 2003.7.25. 선고 2002다2454 판결, 2009.3.26. 선고 2008다93964 판결). 물론 어느 쪽을 선택하든 간에 귀하의 부친이 가해자의 신원을 알 수 없는 차량에 의해 사고를 당하여 사망하였다는 사실을 입증할 수 있는 증인이 확보되어야 하겠습니다.

참고로 보유자를 알 수 없는 뺑소니사고나 무보험자동차사고의 경우 구 자동차손해배상 보장법(2008.3.28. 법률 제9065호로 전문 개정되기 전의 것) 제26조 제1항에 의하여 지급하는 피해보상은 실손해액을 기준으로 배상하는 책임보험과는 달리 책임보험의 보험금 한도액 내에서 책임보험의 약관이 정하는 보험금 지급기준에 의한 금액만을 지급하여야 한다고 하였으며(대법원 2009.3.26. 선고 2008다93964 판결), 위의 자동차손해배상보장사업에 의한 보상금의 청구권은 3년간 행사하지 않으면 시효로 소멸한다고 규정되어 있습니다(같은 법 제41조).

■ 무면허운전 중 상대방의 과실에 의해 부상당한 경우 국민건강보험이 적용되는지요?

Q. 저는 저의 오토바이를 운전하던 중 甲이 운전하는 무보험오토바이와 정면충돌하여 다발성늑골골절상의 상해를 입고 乙대학교부속병원에서 입원치료를 받고 있으며, 위 사고는 甲의 과실로 발생되었는데, 국민건강보험공단에서는 사고당시 제가 원동기장치자전거운전면허 없이 오토바이를 운전하다 부상을 입었기 때문에 국민건강보험혜택을 받을 수 없다고 합니다. 위와 같이 무면허운전 중 부상을 당한 경우 무조건 국민건강보험혜택을 받을 수 없는지요?

A. 국민건강보험법 제1조에서, 이 법은 국민의 질병·부상에 대한 예방·진단·치료·재활과 출산·사망 및 건강증진에 대하여 보험급여를 실시함으로써 국민보건을 향상시키고 사회보장을 증진함을 목적으로 한다고 규정하고 있으며, 같은 법 제53조 제1항 제1호에서 공단은 보험급여를 받을 수 있는 자가 '고의 또는 중대한 과실로 인한 범죄행위'에 기인하거나 고의로 사고를 발생시킨 때에는 보험급여를 하지 아니한다고 규정하고 있습니다.

그런데 국민건강보험법 제53조 제1항 제1호에서 보험급여의 제한사유로 규정한 '고의 또는 중대한 과실로 인한 범죄행위에 기인한 경우'의 의미에 관하여 판례를 보면, 국민건강보험법(2011.12.31 법률 제11141호로 개정되기 이전의 것) 제48조 제1항 제1호에서는 고의 또는 중대한 과실로 인한 범죄행위에 기인하거나 고의로 보험사고를 발생시킨 경우 이에 대한 보험급여를 제한하도록 규정하고 있는데, 같은 법 제1조에 명시하고 있는 바와 같이 국민의 질병·부상에 대한 예방·진단·치료·재활과 출산·사망 및 건강증진에 대하여 보험급여를 실시함으로써 국민보건을 향상시키고 사회보장을 증진함을 목적으로 하고 있음에 비추어 볼 때 위 법조 소정의 급여제한사유로 되는 요건은 되도록 엄격하게 해석하여야 할 것이므로, 같은 법 제48조 제1항 제1호에 규정된 '고의 또는 중대한 과실로 인한 범죄행위에 기인한 경우'는 '고의 또는 중대한 과실로 인한 자기의 범죄행위에 전적으로 기인하여 보험사고가 발생하였거나 고의 또는 중대한 과실로 인한 자신의 범죄행위가 주된 원인이 되어 보험사고가 발생한 경우'를 말하는 것으로 해석함이 상당하다고 하였으며, 타인의 폭행으로 상해를 입고 병원에서 치료를 받으면서, 상해를 입은 경위에 관하여 거짓말을 하여 국민건강보험공단으로부터 보험급여처리를 받아 사기죄로 기소된 사안에서, 위 상해는 '전적으로 또는 주로 피고인의 범죄행위에 기인하여 입은 상해'라고 할 수 없다고 보아 위 공소사실을 무죄로 판단한 원심을 수긍한 사례가 있습니다(대법원 2010.6.10. 선고 2010도1777 판결).

또한, 국민건강보험법 제48조 제1항 제1호의 급여제한 사유로 되는 '중대한 과실'이라는 요건은 되도록 엄격하게 해석하여야 할 것이라고 하면서, 甲이 일몰직후 오토바이를 운전하여 편도 1차로 도로를 다소 빠른 속도로 진행하다가 전방에 주차되어 있던 화물차의 적재함뒷부분을 추돌하여 부상을 입었는데, 화물차운전자가 차폭등·미등이나 비상등도 켜지 아니하고 후방에 안전삼각대도 설치하지 아니한 채 도로우측에 화물차를 주차시켜 두었고, 甲은 2종 원동기장치자전거면허를 소지하고 있으며, 이 사고에 대하여 안전운전 의무불이행을 이유로 범칙금납부 통고처분을 받았는바, 이 사고는 甲의 과실과 화물차운전자의 과실이 경합되어 발생한 것일 뿐 甲의 중대한 과실로 발생하였다고는 볼 수 없다고 하여, 같은 법 제48조 제1항 제1호에서 정한 보험급여제한사유에 해당된다고 볼 수 없다고 한 사례가 있습니다(대법원 2003.2.28. 선고 2002두12175 판결).

따라서 귀하의 경우 운전면허 없이 오토바이를 운전하다 부상을 입었더라도 그 보험사고가 전적으로 또는 주로 귀하의 범죄행위에 기인하여 입은 상해가 아니라면 단순히 위 보험사고가 무면허운전 중에 발생하였다는 사실만으로 귀하에 대한 보험급여가 제한된다고 할 수는 없을 것으로 보입니다.

■ 교통사고의 손해배상청구 시 보험회사를 상대로 바로 할 수 있는지요?

Q. 저는 교통사고를 당하여 치료를 끝낸 후 가해자를 상대로 손해배상청구소송을 제기하려고 하였으나 가해자가 주민등록지에 거주하지 아니하고, 소재도 파악이 안되고 있습니다. 이 경우 보험회사를 상대로 직접 소송을 제기하는 것이 가능한지요?

A. 상법 제724조 제2항은 "제3자는 피보험자가 책임을 질 사고로 입은 손해에 대하여 보험금액의 한도 내에서 보험자에게 직접 보상을 청구할 수 있다. 그러나 보험자는 피보험자가 그 사고에 관하여 가지는 항변으로써 제3자에게 대항할 수 있다."라고 규정하고 있습니다. 이러한 직접청구권의 법적 성질에 관하여 판례는 "상법 제724조 제2항에 의하여 피해자에게 인정되는 직접청구권의 법적 성질은 보험자가 피보험자의 피해자에 대한 손해배상채무를 병존적(竝存的)으로 인수한 것으로서, 피해자가 보험자에 대하여 가지는 손해배상청구권이고 피보험자의 보험자에 대한 보험금청구권의 변형 내지는 이에 준하는 권리가 아니다."라고 하였습니다(대법원 1999.2.12. 선고 98다44956 판결, 2000.6.9. 선고 98다54397 판결).

또한, 위 규정의 취지가 법원이 보험회사가 보상하여야 할 손해액을 산정함에 있어서 자동차종합보험약관상의 지급기준(과실상계, 위자료, 장례비, 일실수입에 관한 기준)에 구속되는 것도 아니며(대법원 1994.5.27. 선고 94다6819 판결), 피보험자에게 지급할 보험금액에 관하여 확정판결에 의하여 피보험자가 피해자에게 배상하여야 할 지연손해금을 포함한 금액으로 규정하고 있는 자동차종합보험약관의 규정 취지에 비추어 보면, 보험자는 피해자와 피보험자 사이에 판결에 의하여 확정된 손해액은 그것이 피보험자에게 법률상 책임이 없는 부당한 손해라는 등의 특별한 사정이 없는 한 원본이든 지연손해금이든 모두 피보험자에게 지급할 의무가 있습니다(대법원 2000.10.13. 선고 2000다2542 판결).

따라서 위 사안에서도 귀하는 가해자가 가입한 보험회사를 상대로 직접 보험금을 청구할 수 있을 것입니다.

■ 지입차량이 교통사고를 낸 경우 지입회사가 피해자에 대하여 손해배상책임이 있는지요?

Q. 甲은 乙의 피용자인데 사실상의 소유자인 乙이 丙운수회사에 지입한 트럭을 운전하다가 횡단보도상을 횡단하던 丁을 치어 중상을 입혔습니다. 이러한 경우 지입회사인 丙이 피해자에 대하여 손해배상책임이 있는지요?

A. 자동차손해배상 보장법 제3조 본문은 "자기를 위하여 자동차를 운행하는 자는 그 운행으로 다른 사람을 사망하게 하거나 부상하게 한 경우에는 그 손해를 배상할 책임을 진다."고 규정하고 있습니다.

그런데 판례는 "자동차손해배상 보장법 제3조에서 자동차사고에 대한 손해배상책임을 지는 자로 규정하고 있는 '자기를 위하여 자동차를 운행하는 자'란 사회통념상 당해 자동차에 대한 운행을 지배하여 그 이익을 향수(享受)하는 책임주체로의 지위에 있다고 할 수 있는 자를 말하고, 이 경우 운행의 지배는 현실적인 지배에 한하지 아니하고 간접지배 내지는 지배가능성이 있다고 볼 수 있는 경우도 포함한다."라고 하였습니다(대법원 2002.11.26. 선고 2002다47181 판결).

또한, 운행지배 및 운행이익이 있는지 여부를 판단하는 기준으로 "①평소의 자동차나 자동차열쇠의 관리상태, ②소유자의 의사와 관계없이 운행이 가능하게 된 경우에는 소유자와 운행자의 관계, ③무단운전인 경우 운전자의 차량반환의사의 유무와 무단운전 후의 보유자의 승낙가능성, ④무단운전에 대한 피해자의 주관적 인식유무 등 객관적이고 외형적인 여러 사정을 사회통념에 따라 종합적으로 평가하여 이를 판단해야 한다."라고 하였습니다(대법원 1995.2.24. 선고 94다41232 판결, 1999.4.23. 선고 98다61395 판결).

그리고 "지입차량의 차주 또는 그가 고용한 운전자의 과실로 타인에게 손해를 가한 경우에는 지입회사는 명의대여자로서 제3자에 대하여 지입차량이 자기의 사업에 속하는 것을 표시하였을 뿐 아니라, 객관적으로 지입차주를 지휘·감독하는 사용자의 지위에 있다 할 것이므로 이러한 불법행위에 대하여는 그 사용자책임을 부담한다."라고 판결하고 있습니다(대법원 2000.10.13. 선고 2000다20069 판결). 따라서 丙은 피해자 丁의 인적 피해에 대해 손해배상책임이 있다 할 것입니다. 만약 지입차량의 운전자가 물적 피해를 가한 경우에도 지입회사는 사용자로서 손해배상책임이 인정될 것으로 보입니다.

참고로 위와 달리 "지입차주가 자기 명의로 사업자등록을 하고 사업소득세를 납부하면서 기사를 고용하여 지입차량을 운행하고 지입회사의 배차담당 직원으로부터 물건을 적재할 회사와 하차할 회사만을 지정하는 최초 배차배정을 받기는 하나 그 이후 제품 운송에 대하여 구체적인 지시를 받지는 아니할 뿐만 아니라 실제 운송횟수에 따라 운임을 지입회사로부터 지급받아 온 경우, 지입차주가 지입회사의 지시·감독을 받는다거나 임금을 목적으로 지입회사에 종속적인 관계에서 노무를 제공하는 근로자라고 할 수 없다는 이유로 지입회사와 지입차주 사이에 대내적으로 사용자와 피용자의 관계가 있다고 볼 수 없다."고 한 사례도 있습니다(대법원 2000.10.6. 선고 2000다30240 판결).

■ 화물차에서 하역작업 중 부상한 경우 자동차손해배상 보장법이 적용되는지요?

Q. 저는 甲소유 화물자동차가 정차하여 그 적재함에서 철근 하역작업을 하던 중 甲의 피용자 乙이 잘못 떨어뜨린 철근에 맞아 우측다리에 중상해를 입었습니다. 甲과 乙은 집행 가능한 재산이 파악되지 않으므로 甲의 위 차량이 가입된 보험회사를 상대로 손해배상청구를 할 수 있는지요?

A. 자동차손해배상 보장법 제3조 본문은 "자기를 위하여 자동차를 운행하는 자는 그 운행으로 다른 사람을 사망하게 하거나 부상하게 한 경우에는 그 손해를 배상할 책임을 진다."라고 규정하고 있으며, 같은 법 제2조 제2호는 "운행이란 사람 또는 물건의 운송여부에 관계없이 자동차를 당해 장치의 용법에 따라 사용하거나 관리하는 것을 말한다."라고 규정하고 있습니다. 그리고 보험회사는 피보험자인 甲의 자동차 운행으로 인하여 발생한 교통사고에 대하여 자동차손해배상 보장법에 의한 손해배상책임을 짐으로써 입은 손해를 배상하기로 하는 보험계약을 체결한 것이므로, 위 사고가 차량의 운행으로 인한 것인지 문제됩니다.

이에 관하여 판례는 "가해자가 화물차량의 적재함에 철근을 싣고 목적지인 공사장으로 운전하여 가서 골목길 도로상에 차량을 정차시키고 적재함에 올라가 철근다발을 화물차량 우측편 도로상으로 밀어 떨어뜨리는 방법으로 하역작업을 하던 중 그 철근다발을 화물차량의 뒤편에서 다가오던 피해자의 등위로 떨어지게 함으로써 그를 사망에 이르게 한 경우, 그 사고는 가해자가 주위를 잘 살피지 아니하고 철근다발을 밀어 떨어뜨린 행위로 인하여 일어난 것이고, 차량의 적재함이나 기타 차량의 고유장치의 사용으로 인하여 일어난 것이 아니므로, '차량의 운행'으로 말미암아 일어난 것으로 볼 수 없다."라고 하였습니다(대법원 1996.9.20. 선고 96다24675 판결).

이를 해석해 보면, 자동차를 운행하는 자는 운행 중에 일어난 모든 사고에 대하여 자동차손해배상 보장법에 의한 손해배상책임을 지는 것이 아니라 그 중에서 운행으로 말미암아 일어난 사고에 대하여서만 그 책임을 지는 것이라고 할 수 있습니다.

따라서 귀하의 경우에도 차량의 운행으로 인한 사고가 아니어서 보험회사를 상대로 한 교통사고로 인한 손해배상청구는 어려울 것으로 보입니다. 다만, 가해자인 乙에게는 「민법」 제750조에 의한 손해배상을, 乙의 사용자인 甲에게는 같은 법 제756조에 의한 사용자책임을 물어 손해배상청구를 하는 수밖에 없을 것으로 보입니다.

■ **정차한 버스에서 내리던 승객이 넘어져 다친 경우 운행 중의 사고인지요?**

Q. 甲은 乙회사 소속 버스를 타고 목적지 버스정류장에 이르러 정차한 후 위 버스의 뒷문으로 하차하다가 넘어져 땅에 머리를 부딪쳐 상해를 입었습니다. 甲은 사고 당시 버스정류장에서 위 버스의 뒷문 출구쪽 맨 앞에서 손잡이를 잡고 서 있다가 버스가 완전히 정차한 후 뒷문이 열리자 하차하기 위하여 출구쪽 계단을 밟고 내려서던 중 몸의 중심을 잃고 넘어져 지면에 머리를 부딪쳐서 위 사고를 당하였고, 위 사고 당시 버스 안에는 승객도 그다지 많지 않았습니다. 이 경우 乙회사는 「자동차손해배상 보장법」에 의하여 甲의 상해로 인한 손해를 배상하여야 하는지요?

A. 자동차손해배상 보장법 제3조는 "자기를 위하여 자동차를 운행하는 자는 그 '운행으로' 다른 사람을 사망하게 하거나 부상하게 한 경우에는 그 손해를 배상할 책임을 진다. 다만, ①승객이 아닌 자가 사망하거나 부상한 경우에 자기와 운전자가 자동차의 운행에 주의를 게을리 하지 아니하였고, 피해자 또는 자기 및 운전자 외의 제3자에게 고의 또는 과실이 있으며, 자동차의 구조상의 결함이나 기능상의 장해가 없었다는 것을 증명한 경우, ②승객이 고의나 자살행위로 사망하거나 부상한 경우에는 그러하지 아니하다."라고 규정하고 있습니다. 그리고 같은 법 제2조 제2호는 "운행이란 사람 또는 물건의 운송여부에 관계없이 자동차를 그 용법에 따라 사용하거나 관리하는 것을 말한다."라고 규정하고 있습니다.

그러므로 위 사안에서 乙회사가 승객인 甲의 상해로 인한 손해를 배상하여야 하는지에 관하여는 위와 같은 사고가 위 버스의 '운행으로 인하여' 발생된 것인지에 따라서 결론이 달라질 것입니다. 왜냐하면 위 사고가 승객인 甲의 고의로 인하여 발생된 것이 아니고 위 버스의 '운행으로 인하여' 발생된 것이라면, 乙회사는 자동차손해배상 보장법 제3조에 의하여 배상책임을 부담할 수 있을 것이기 때문입니다.

그런데 버스승객이 버스가 정차한 상태에서 열린 출입문을 통하여 하차하다가 넘어져 사고가 난 경우 자동차 운행으로 인하여 발생된 사고인지에 관하여 판례는 "자동차손해배상 보장법 제2조 제2호는 '운행'이라 함은 사람 또는 물건의 운송여부에 관계없이 자동차를 당해 장치의 용법에 따라 사용하는 것이라고 정의하고 있는바, 자동차를 당해 장치의 용법에 따라 사용한다는 것은 자동차의 용도에 따라 그 구조상 설비되어 있는 각종의 장치를 각각의 장치목적에 따라 사용하는 것을 말하는 것으로서 자동차가 반드시 주행상태에 있지 않더라도 주행의 전후단계로서 주·정차상태에서 문을 열고 닫는 등 각종 부수적인 장치를 사용하는 것도 포함되지만, 자동차를 운행하는 자는 운행 중에 일어난 모든 사고에 대하여 책임을 지는 것이 아니라 그 중에서 운행으로 말미암아 일어난 사고에 대하여만 책임을 지는 것이므로, 버스가 정류소에 완전히 정차한 상태에서 심신장애자복지법(현행 장애인복지법) 소정의 장애 2급 해당자인 승객이 열린 출입문을 통하여 하차하다가 몸의 중심을 잃고 넘어져 부상한 경우, 이것은 자동차 운행중의 사고이기는 하나, 운행으로 말미암아 일어난 것이라고는 볼 수 없다."는 이유로 자동차손해배상책임을 부인한 사례가 있습니다(대법원 1994.8.23. 선고 93다59595 판결, 1999.11.12. 선고 98다30834 판결).

따라서 위 사안에서도 乙회사가 「자동차손해배상 보장법」에 의하여 甲의 상해에 대한 손해배상을 하여야 한다고 할 수는 없을 것으로 보입니다.

참고로 자동차의 운행으로 말미암아 발생된 사고인지에 관하여 판례는 "인부가 통나무를 화물차량에 내려놓는 충격으로 지면과 적재함 후미 사이에 걸쳐 설치된 발판이 떨어지는 바람에 발판을 딛고 적재함으로 올라가던 다른 인부가 땅에 떨어져 입은 상해가 자동차의 운행으로 말미암아 일어난 사고가 아니다."라고 한 사례가 있으며(대법원 1993.4.27. 선고 92다8101 판결), "화물하차작업 중 화물고정용 밧줄에 오토바이가 걸려 넘어져 사고가 발생한 경우, 화물고정용 밧줄은 적재함 위에 짐을 실을 때에 사용되는 것이기는 하나 물건을 운송할 때 일반적·계속적으로 사용되는 장치가 아니고 적재함과 일체가 되어 설비된 고유장치라고도 할 수 없다."라고 한 바 있습니다(대법원 1996.5.31. 선고 95다19232 판결).

■ 친구 아버지의 차량을 무면허로 운전하던 중 사고 낸 경우 보험회사에 보상을 청구할 수 없는지요?

Q. 저는 丙이 운전하던 차량이 신호를 위반하여 횡단보도를 횡단하던 저를 충격 하는 사고로 인하여 장애가능성이 있는 상해를 입었습니다. 그런데 丙은 친구인 乙의 아버지 甲소유 차량을 乙이 동승한 상태에서 무면허임에도 불구하고 운전하다가 위와 같은 사고를 야기한 것인바, 甲·乙·丙 모두 재산이 별로 없는 상태이므로 위 차량이 종합보험에 가입되어 있지만 丙이 무면허운전이므로 보험처리 될 수 없다면 저는 손해배상을 받을 수 없는 형편인데, 이러한 경우 제가 보험회사에 보상을 청구할 수 없는지요?

A. 자동차보험의 무면허운전면책약관의 적용범위 및 무면허운전에 대한 보험계약자나 피보험자의 '묵시적 승인'의 존부에 관한 판단기준에 대하여 판례는 "자동차보험에 있어서 '피보험자의 명시적·묵시적 승인하에서 피보험자동차의 운전자가 무면허운전을 하였을 때 생긴 사고로 인한 손해에 대하여는 보상하지 않는다.'는 취지의 무면허운전면책약관은 무면허운전이 보험계약자나 피보험자의 지배 또는 관리 가능한 상황에서 이루어진 경우에 한하여 적용되는 것으로서, 이 경우에 있어서 묵시적 승인은 명시적 승인의 경우와 동일하게 면책약관이 적용되므로 무면허운전에 대한 승인 의도가 명시적으로 표현되는 경우와 동일시 할 수 있는 정도로 그 승인의도를 추단할 만한 사정이 있는 경우에 한정되어야 하고, 무면허운전이 보험계약자나 피보험자의 묵시적 승인하에 이루어졌는지 여부는 보험계약자나 피보험자와 무면허운전자의 관계, 평소 차량의 운전 및 관리상황, 당해 무면허운전이 가능하게 된 경위와 그 운행목적, 평소 무면허운전자의 운전에 관하여 보험계약자나 피보험자가 취해 온 태도 등의 여러 사정을 함께 참작하여 인정하여야 하며, 보험계약자나 피보험자가 과실로 운전자가 무면허임을 알지 못하였다거나 무면허운전이 가능하게 된 데에 과실이 있었다거나 하는 점은 무면허운전면책약관의 적용에서 고려할 사항이 아니다."라고 하였습니다(대법원 2000.10.13. 선고 2000다2542 판결).

또한, "기명피보험자의 승낙을 받아 자동차를 사용하거나 운전하는 자로서 보험계약상 피보험자로 취급되는 자(이른바 승낙피보험자)의 승인만이 있는 경우에는 보험계약자나 피보험자의 묵시적인 승인이 있다고 할 수 없어 무면허운전면책약관은 적용되지 않는다."라고 하였습니다(대법원 2000.5.30. 선고 99다66236 판결).

또한, 최근의 자동차보험약관도 '피보험자 본인이 무면허운전을 하였거나, 기명피보험자의 명시적·묵시적 승인하에서 피보험자동차의 운전자가 무면허운전을 하였을 때'에 그 손해를 보상하지 아니한다고 정하고 있는 것으로 보입니다.

따라서 위 사안은 승낙피보험자인 丙의 승인만으로 甲의 묵시적 승인이 있다고 할 수 없어 무면허면책약관이 적용되지 않은 경우이므로, 귀하는 해당 보험회사에 손해의 보상을 청구할 수 있을 것으로 보입니다.

■ 도로에서 역주행 중이던 자전거와 자동차가 충돌한 경우의 과실비율은 어떻게 되는지요?

Q. 저는 날씨가 맑은 날 자동차를 운전하여 직선도로인 편도 2차로 중 2차로를 시속 약 70km로 진행하던 중, 마침 맞은 편 사거리 교차로에서 중앙선을 넘어 역주행하여 오던 상대방의 자전거를 발견하고 급제동조치를 취하였으나 충격하여, 상대방을 사망하게 하는 사고를 일으켰습니다. 이 경우 도로를 역주행한 자전거의 과실비율은 어떻게 되는지요?

A. 과실상계에 관하여 민법 제396조는 '채무불이행에 관하여 채권자에게 과실이 있는 때에는 법원은 손해배상의 책임 및 그 금액을 정함에 이를 참작하여야 한다.'라고 규정하고 있고, 같은 법 제763조에 의하면 민법 제396조를 불법행위로 인한 손해배상에 준용하도록 규정하고 있습니다.

한편, 판례는 "불법행위로 인한 손해배상에 있어서의 피해자의 과실이라는 것은 엄격한 법률상 의의로 새길 것은 아니라고 하더라도 그것이 손해배상액산정에 참작된다는 점에서 적어도 신의칙(信義則)상 요구되는 결과발생 회피의무로서 일반적으로 예견 가능한 결과발생을 회피하여 피해자 자신의 불이익을 방지할 주의를 게을리 함을 말한다."라고 하였습니다(대법원 1999.9.21. 선고 99다31667 판결). 역주행 중이던 상대방 자동차와 충돌한 경우에 대하여 판례는 "일반적으로 중앙선이 설치된 도로를 자기 차로를 따라 운행하는 자동차 운전자로서는 마주 오는 자동차도 자기 차로를 지켜 운행하리라고 신뢰하는 것이 보통이므로, 상대방 자동차의 비정상적인 운행을 예견할 수 있는 특별한 사정이 없다면, 상대방 자동차가 중앙선을 침범해 들어올 경우까지 예상하여 미리 2차로나 도로 우측 가장자리로 붙여 운전하여야 할 주의의무는 없고, 또한 운전자가 제한속도를 초과하여 운전하는 등 교통법규를 위반하였다고 하더라도 그와 같이 과속운행 등을 하지 아니하였다면 상대방 자동차의 중앙선 침범을 발견하는 즉시 감속하거나 피행함으로써 충돌을 피할 수 있었다는 사정이 있던 경우에 한하여 과속운행을 과실로 볼 수 있다. 중앙선 침범 사고에서 자기 차선을 따라 운행한 자동차 운전자의 지정차로 위반과 과속운행의 과실이 사고발생 또는 손해확대의 한 원인이 되었다."라고 하였습니다(대법원 2001.2.9. 선고 2000다67464 판결).

참고로 판례 중에는, 날씨가 맑은 날에 거의 직선도로인 중앙선을 넘어 역주행하여 오던 자전거를 발견하고 급제동조치를 취하였으나 30.1m의 스키드 마크(skid mark, 노면에 타이어가 미끄러진 검은 자국)를 남기고 이를 충격하여, 상대방을 사망에 이르게 한 사안에서, 상대방은 자전거를 타고 중앙선을 넘어 역주행한 잘못이 있고, 이러한 상대방의 잘못이 이 사건 사고로 인한 손해의 발생에 크게 기여하였다고 할 것이므로, 이를 손해배상액 산정에서 참작하기로 하되 그 과실비율은 80% 정도로 봄이 상당하다고 한 사례(전주지방법원 2014.1.24. 선고 2013가단27536 판결)가 있습니다. 따라서 이 사건 사고의 발생에 기여한 상대방의 과실을 고려하여 귀하의 손해배상책임은 크게 감경될 것으로 판단됩니다.

■ 중앙분리대를 넘어 무단횡단하던 행인을 차량으로 충격한 경우의 과실비율은 어떻게 되는지요?

Q. 저는 야간에 승용차를 운전하여 도로 양쪽에 공장이 밀집하여 있고 전방에는 횡단보도가 설치된 시속 80㎞이하가 제한속도인 편도 2차로 중 1차로를 따라 시속 약 60㎞로 진행하던 중, 때마침 승용차 진행방향 왼쪽에서 오른쪽으로 중앙분리대 화단을 넘어 무단 횡단하던 상대방을 저의 승용차 왼쪽 앞부분으로 들이받아 도로에 넘어지게 하여 상해를 입게 하였습니다. 이 경우 무단횡단한 상대방의 과실비율은 어떻게 되는지요?

A. 과실상계에 관하여 민법 제396조는 "채무불이행에 관하여 채권자에게 과실이 있는 때에는 법원은 손해배상의 책임 및 그 금액을 정함에 이를 참작하여야 한다."라고 규정하고 있고, 같은 법 제763조에 의하면 민법 제396조를 불법행위로 인한 손해배상에 준용하도록 규정하고 있습니다.

한편, 판례는 '불법행위로 인한 손해배상에 있어서의 피해자의 과실이라는 것은 엄격한 법률상 의의로 새길 것은 아니라고 하더라도 그것이 손해배상액산정에 참작된다는 점에서 적어도 신의칙(信義則)상 요구되는 결과발생 회피의무로서 일반적으로 예견 가능한 결과발생을 회피하여 피해자 자신의 불이익을 방지할 주의를 게을리 함을 말한다.'라고 하였습니다(대법원 1999.9.21. 선고 99다31667 판결). 귀하와 같이 무단횡단하던 보행자를 충격하여 상해를 입힌 사안에서 판례는 '보행자에게도 야간에 시속 80㎞이하가 제한속도인 편도 2차로의 도로에서, 약 70m 떨어진 곳에 횡단보도가 설치되어 있고 도로 중앙에는 가로수가 심어진 중앙분리대가 설치되어 있었음에도 차량의 진행상황을 제대로 살피지 아니한 채 무단 횡단하다가 이 사건 사고를 당한 잘못이 있고, 이러한 보행자의 과실은 가해차량 운전자의 과실과 경합하여 이 사건 사고 발생의 한 원인이 되었으므로, 운전자가 배상할 손해액의 산정에 있어 이를 참작하되, 위 사실관계에 비추어 그 비율을 50%로 보아 운전자의 책임을 50%로 제한한다.' 고 판시한 바 있습니다(전주지방법원 2014.1.24. 선고 2013가단27536 판결).

따라서 이 사건 사고의 발생에 기여한 상대방의 과실을 고려하여 귀하의 손해배상책임은 감경될 것으로 판단됩니다.

■ 자동차전용도로에서 오토바이 사고난 경우 손해배상의 청구가 가능한지요?

Q. 저는 자동차 전용도로인 ○○순환도로를 따라 귀가하다 ○○시 ○○교 근처에서 상대방 소유 대형화물차와 충돌해 상해를 입었습니다. 사고 지점은 오토바이의 통행이 금지된 자동차 전용도로이기는 하지만 갓길이 갑자기 줄어드는 곳이고, 두 개의 진입로가 있어 비록 불법이라고 하더라도 오토바이의 통행이 잦은 곳이었습니다. 저는 대형화물차 소유자에게 손해배상을 청구하고 싶은데 가능할까요.

A. 대법원은 원동기 장치 자전거의 통행이 금지된 자동차 전용도로이기는 하나 평소 원동기 장치 자전거의 출입이 잦은 곳이고 두개의 진·출입로와 버스정류장이 설치되어 있는 곳에서 대형 화물차량 운전자가 우측에서 근접하던 원동기 장치 자전거를 발견하지 못하고 그대로 진행하다가 사고를 낸 경우 그 운전자는 사고에 따른 손해배상 책임이 있다고 판시한 바 있습니다(대법원 2002.10.11. 선고 2002다43127 판결). 귀하의 경우 비록 자동차 전용도로에서 오토바이를 운전한 것이라 할지라도 전혀 손해배상을 받을 수 없다고 단정할 수는 없습니다. 당시 사고 지점의 상태, 상대방 자동차 운전자의 주의의무가 필요한 정도 및 위반여부 등에 따라 자동차 운전자에게 손해배상을 청구할 수도 있을 것입니다.

■ 교통사고 피해자가 기 지급받은 치료비가 감액될 수도 있나요?

Q. 교통사고 피해자인데, 병원 치료비의 경우 가해자의 보험사로부터 이미 지급받았습니다. 기타 손해에 대하여 손해배상 소송을 진행하고자 하는데 기 지급받은 치료비가 감액될 수도 있나요?

A. 판례는 교통사고의 피해자가 가해자가 가입한 자동차보험회사로부터 치료비를 지급받은 경우 그 치료비 중 피해자의 과실비율에 상당하는 부분은 가해자의 재산상 손해배상액에서 공제되어야 한다(대법원 1999.3.23. 선고 98다64301 판결 , 대법원 2002.9.4. 선고 2001다80778 판결 등 참조)고 보고 있습니다..
따라서 교통사고 발생에 있어서 피해자의 과실이 인정된다면 기 지급받은 치료비가 감액될 수 있습니다. 예를 들어 교통사고 발생에 가해자의 과실이 70%, 피해자의 과실이 30%가 인정되고, 기 지급받은 치료비가 1,000만원이라면 피해자의 과실에 해당하는 30% 상당의 치료비 300만원이 공제되어야 합니다.

■ 교통사고로 인한 손해배상청구권 시효소멸기간의 진행시점은 언제 부터인지요?

Q. 甲은 2006.경 교통사고로 상해를 입고 그에 따른 치료비 등을 받았으나, 약 11년 후 예기치 못한 교통사고 후유증이 발생하였습니다. 이런 경우에도 손해배상 청구가 가능한지요?

A. 불법행위로 인한 손해배상청구권은 민법 제766조 제1항 에 의하여 피해자나 그 법정대리인이 그 손해 및 가해자를 안 날로부터 3년간 행사하지 아니하면 시효로 인하여 소멸하게 됩니다. 그러나 여기에서 그 손해를 안다는 것은 손해의 발생사실을 알면 되는 것이고 그 손해의 정도나 액수를 구체적으로 알아야 하는 것은 아니므로, 통상의 경우 상해의 피해자는 상해를 입었을 때 그 손해를 알았다고 보아야 할 것이지만, 그 후 후유증 등으로 인하여 불법행위 당시에는 전혀 예견할 수 없었던 새로운 손해가 발생하였다거나 예상외로 손해가 확대된 경우에 있어서는 그러한 사유가 판명된 때에 새로이 발생 또는 확대된 손해를 알았다고 보아야 할 것이고, 이와 같이 새로이 발생 또는 확대된 손해 부분에 대하여는 그러한 사유가 판명된 때로부터 민법 제766조 제1항 에 의한 시효소멸기간이 진행된다고 할 것입니다.

따라서 11년 후에 甲에게 발생한 후유증이 교통사고로 인한 것이고, 그 후유증이 교통사고 시점에 예측할 수 없었던 것이라면 그 후유증이 발생한 때부터 소멸시효기간이 진행된다고 할 것이므로 손해배상 청구가 가능합니다.

■ 불법행위로 훼손된 물건을 수리한 후에도 수리가 불가능한 부분이 남아있는 경우, 수리비 외에 수리불능으로 인한 교환가치의 감소액도 통상의 손해에 해당하는지요?

Q. 甲은 乙의 과실로 발생한 교통사고로 자신의 자동차가 크게 파손되어 수리비가 2,000만원이 넘게 나왔고 현재 위 자동차의 시세는 1억 4,000만원 정도입니다. 甲은 乙이 가입한 보험사에 수리비와 시세 하락분 상당의 손해에 대해 손해배상청구를 하려고 하는데, 보험사에서는 시세 하락분에 대해서는 보상을 해주지 못하겠다고 합니다. 이 경우 시세 하락분 상당의 손해배상도 청구할 수 있는지요?

A. 위와 유사한 사안에서 판례는, "불법행위로 인하여 물건이 훼손되었을 때 통상의 손해액은 수리가 가능한 경우에는 그 수리비, 수리가 불가능한 경우에는 교환가치의 감소액이 되고, 수리를 한 후에도 일부 수리가 불가능한 부분이 남아있는 경우에는 수리비 외에 수리불능으로 인한 교환가치의 감소액도 통상의 손해에 해당한다(대법원 1992.2.11. 선고 91다28719 판결 , 대법원 2001.11.13. 선고 2001다52889 판결 참조). 한편 자동차가 사고로 인하여 엔진이나 차체의 주요 골격 부위 등이 파손되는 중대한 손상을 입은 경우에는, 이를 수리하여 차량의 외관이나 평소의 운행을 위한 기능적·기술적인 복구를 마친다고 하더라도, 그로써 완전한 원상회복이 되었다고 보기 어려운 경우가 생긴다. 사고의 정도와 파손 부위 등에 따라서는 수리 후에도 외부의 충격을 흡수·분산하는 안정성이나 부식에 견디는 내식성이 저하되고, 차체 강도의 약화나 수리 부위의 부식 또는 소음·진동의 생성 등으로 사용기간이 단축되거나 고장발생률이 높아지는 등 사용상의 결함이나 장애가 잔존·잠복되어 있을 개연성이 있기 때문이다. 자동차관리법에서도 자동차매매업자가 자동차를 매매 또는 매매 알선을 하는 경우에는 자동차성능·상태점검자가 해당 자동차의 구조·장치 등의 성능·상태를 점검한 내용 등을 그 자동차의 매수인에게 서면으로 고지하도록 하고 있고(제58조 제1항), 그에 따라 발급하는 중고자동차성능·상태점검기록부에는 사고 유무를 표시하되, 단순수리(후드, 프론트 휀더, 도어, 트렁크리드 등 외판 부위 및 범퍼에 대한 판금, 용접수리 및 교환 포함)가 아니라 주요 골격 부위의 판금, 용접수리 및 교환이 있는 경우(쿼터패널, 루프패널, 사이드실패널 부위는 절단, 용접 시에만 해당)에는 사고전력이 있다는 사실 및 그 수리 부위 등을 반드시 표시하도록 하고 있다(자동차관리법 시행규칙 제120조 제1항, 별지 제82호 서식).

그러므로 자동차의 주요 골격 부위가 파손되는 등의 사유로 중대한 손상이 있는 사고가 발생한 경우에는, 기술적으로 가능한 수리를 마치더라도 특별한 사정이 없는 한 원상회복이 안 되는 수리 불가능한 부분이 남는다고 보는 것이 경험칙에 부합하고, 그로 인한 자동차 가격 하락의 손해는 통상의 손해에 해당한다고 보아야 한다. 이 경우 그처럼 잠재적 장애가 남는 정도의 중대한 손상이 있는 사고에 해당하는지 여부는 사고의 경위 및 정도, 파손 부위 및 경중, 수리방법, 자동차의 연식 및 주행거리, 사고 당시 자동차 가액에서 수리비가 차지하는 비율, 중고자동차 성능·상태점검기록부에 사고 이력으로 기재할 대상이 되는 정도의 수리가 있었는지 여부 등의 사정을 종합적으로 고려하여, 사회일반의 거래관념과 경험칙에 따라 객관적·합리적으로 판단하여야 하고, 이는 중대한 손상이라고 주장하는 당사자가 주장·증명하여야 한다."고 판시하였습니다(대법원 2017.5.17. 선고 2016다248806 판결). 따라서 위 사안에서 사고의 경위 및 정도, 파손 부위 및 경중, 수리방법, 자동차의 연식 및 주행거리, 사고 당시 자동차 가액에서 수리비가 차지하는 비율, 중고자동차 성능·상태점검기록부에 사고 이력으로 기재할 대상이 되는 정도의 수리가 있었는지 여부 등을 종합적으로 고려하여 중대한 손상이 있는 사고에 해당하는 사실이 입증될 경우 甲은 乙보이 가입한 보험사에 시세 하락분 상당의 손해배상도 청구할 수 있습니다.

■ 구급차에 비치된 들것으로 환자를 하차시키던 도중 들것을 잘못 조작하여 환자를 땅에 떨어뜨려 상해를 입게 한 경우, 자동차의 운행으로 인하여 발생한 사고에 해당하는지요?

Q. 甲은 구급차로 환자 乙을 병원에 후송한 후 구급차에 비치된 들것(간이침대)으로 乙을 하차시키던 중 함께 들것을 잡고 있던 간병인과 협력이 제대로 이루어지지 않아 들것에 누워 있던 乙을 땅에 떨어뜨려 상해를 입게 하였습니다. 乙은 구급차가 가입된 보험사 丙에게 손해배상을 청구하였으나, 丙은 들것은 구급차에 계속적으로 고정된 장치로서 구급차의 구조상 설비된 장치가 아니라는 이유로 배상금 지급을 거절하였습니다. 乙은 丙에게 손해배상을 청구할 수 있는지요?

A. 이와 유사한 사례에서 판례는, "자동차손해배상보장법 제3조 본문 및 제2조 제2호에 의하면, 자기를 위하여 자동차를 운행하는 자는 그 운행으로 인하여 다른 사람을 사망하게 하거나 부상하게 한 때에는 그 손해를 배상할 책임을 지고, 그 '운행'이라 함은 사람 또는 물건의 운송 여부에 관계없이 자동차를 그 용법에 따라 사용 또는 관리하는 것을 말한다고 규정되어 있는바, 여기서 '자동차를 그 용법에 따라 사용한다.'는 것은 자동차의 용도에 따라 그 구조상 설비되어 있는 각종의 장치를 각각의 장치목적에 따라 사용하는 것을 말하는 것으로서, 자동차가 반드시 주행 상태에 있지 않더라도 주행의 전후단계로서 주·정차 상태에서 문을 열고 닫는 등 각종 부수적인 장치를 사용하는 것도 포함하는 것이다(대법원 1988.9.27. 선고 86다카2270 판결, 1999.11.12. 선고 98다30834 판결, 2003.12.26. 선고 2003다21865 판결 등 참조).

한편, 자동차의 용도에 따라 그 구조상 설비되어 있는 각종의 장치는 원칙적으로 당해 자동차에 계속적으로 고정되어 사용되는 것이지만 당해 자동차에서 분리하여야만 그 장치의 사용목적에 따른 사용이 가능한 경우에는, 그 장치가 평상시 당해 자동차에 고정되어 있는 것으로서 그 사용이 장치목적에 따른 것이고 당해 자동차의 운행목적을 달성하기 위한 필수적인 요소이며 시간적·공간적으로 당해 자동차의 사용에 밀접하게 관련된 것이라면 그 장치를 자동차에서 분리하여 사용하더라도 자동차를 그 용법에 따라 사용하는 것으로 볼 수 있다 할 것이다"고 설시하면서, "이 사건 들것과 같이 구급차에 장치되는 '간이침대'는 환자후송시 차량에 견고하게 부착된 상태에서 그 위에 누워 있는 환자를 띠로 고정하여 환자를 안전하게 후송하기 위한 목적과 아울러 보행이 불가능한 환자를 위 간이침대에 누워 있는 상태에서 그대로 승하차시키기 위한 목적을 가지고 있다 할 것인바, 원심이 그 채용 증거들에 의하여 적법하게 인정하고 있는 바와 같이 이 사건 사고는 백○○가 병원 입구에서 보행이 불가능한 피고를 이 사건 들것(간이침대)에 누워있는 상태에서 그대로 구급차에서 내리기 위하여 이 사건 들것을 차 밖으로 빼내어 들것 밑에 달려 있는 접이식 다리가 모두 펴진 직후 방향전환을 하는 과정에서 들것을 잘못 조작하여 들것의 앞쪽 다리가 꺾이게 되어 피고가 땅에 떨어지게 됨으로써 발생한 것이므로, 이 사건 사고는 이 사건 들것을 그 장치목적인 하차작업에 사용하던 도중에 발생한 것으로 볼 것이다. 이와 같이 이 사건 들것은 평상시 이 사건 구급차에 고정되어 있는 것으로서 이 사건 당시 백○○는 이 사건 들것을 그 장치목적에 따라 사용하고 있었고, 구급차에 들것을 장치하여 환자를 들것에 뉘어 후송하고 승하차시키는 것은 구급차의 사용목적을 달성하기 위한 필수적인 요소라 할 것이며, 이 사건 사고는 병원에 도착한 직후 이 사건 구급차에서 환자를 하차시키던 도중에 발생하여 시간적·공간적으로 이 사건 구급차의 사용과 밀접한 관계에 있었다고 볼 수 있으므로, 이 사건 들것이 이 사건 사고 당시 이 사건 구급차에서 분리되어 사용되었더라도 이는 자동차를 그 용법에 따라 사용한 것으로서 자동차손해배상보장법 제2조 제2호 소정의 운행에 해당한다고 할 것이고, 따라서 이 사건 사고는 이 사건 구급차의 운행으로 인하여 발생한 사고에 해당한다 할 것이다"고 판시하였습니다(대법원 2004.7.9. 선고 2004다20340 판결).

따라서 위 사안에서도 구급차에 비치된 들것으로 환자 乙을 하차시키던 중 들것을 잘못 조작하여 乙을 땅에 떨어뜨린 경우 이는 구급차를 그 용법에 따라 사용한 것으로서 자동차손해배상보장법 제2조 제2호 소정의 운행에 해당한다고 할 것이고, 乙은 구급차가 가입된 보험사 丙에게 자동차손해배상보장법상의 손해배상을 청구할 수 있습니다.

■ 친목계원이 운전한 차량에 탑승하여 다른 친목계원의 부친상에 다녀오다 사망한 망인의 호의동승감액 비율은 어떻게 되는지요?

Q. 저의 아버지는 절친한 친목계원 甲이 운전한 차량을 타고 다른 친목계원인 乙의 부친상에 다녀오던 중에, 甲이 졸음운전으로 전방주시를 소홀히 한 잘못으로 차량 진행 방향 왼쪽에 있는 중앙분리대 충격흡수대를 충돌하여, 그 충격으로 사망하게 되었습니다. 甲은 가해차량에 관하여 丙보험회사와 자동차종합보험계약을 체결한 상태였으며, 이 사건 사고는 자동차종합보험계약에 따른 보험기간 중에 발생하였습니다. 저를 비롯한 일가족은 丙보험회사를 상대로 보험금을 청구했는데, 보험회사는 아버지께서 무상으로 호의동승하였다는 이유를 내세워 손해배상액 중 40%를 감액 지급하겠다고 합니다. 이러한 보험회사의 주장이 타당한지요?

A. 위 사안은 자동차소유자의 승낙 하에 무상으로 호의동승 한 경우 손해배상액이 감경되느냐 하는 것으로, 이에 관하여 판례는 '사고 차량에 단순히 호의로 동승하였다는 사실만 가지고 바로 이를 배상액 경감사유로 삼을 수 있는 것은 아니나(대법원 1999.2.9. 선고 98다53141 판결 등 참조), 차량의 운행자가 아무런 대가를 받지 아니하고 동승자의 편의와 이익을 위하여 동승을 허락하고, 동승자도 그 자신의 편의와 이익을 위하여 그 제공을 받은 경우, 운행의 목적, 동승자와 운행자의 인적 관계, 그가 차에 동승한 경위, 특히 동승을 요구한 목적과 적극성 등 제반 사정에 비추어 가해자에게 일반의 교통사고와 같은 책임을 지우는 것이 신의칙이나 형평의 원칙에 비추어 매우 불합리한 것으로 인정되는 경우에는 그 배상액을 감경할 사유로 삼을 수 있다(대법원 1997.11.14. 선고 97다35344 판결 등 참조)고 하였습니다.

한편 귀하와 같은 사안에서, 판례는 '망인과 운전자의 관계, 망인이 가해차량에 동승하게 된 경위, 운전자가 가해 차량을 운행한 목적 등에 비추어 보면, 이 사건사고에 관하여 운전자에게 일반의 교통사고와 같은 책임을 지우는 것은 신의칙이나 형평의 원칙에 비추어 불합리해 보이므로, 보험회사가 배상하여야 할 손해액을 산정함에 있어 이와 같은 사정을 참작하기로 하여, 보험회사의 책임을 90%로 판단하였습니다(울산지방법원 2014.1.24. 선고 2012가단34114 판결 참조).

따라서 귀하의 아버지께서 무상으로 호의동승 하였다는 이유를 내세워 손해배상액 중 40%를 감액 지급하겠다는 보험회사의 주장은 지나친 것으로 판단됩니다.

제3장

산재사고의 손해배상은
이렇게 청구하세요

제3장 산재사고의 손해배상은 이렇게 청구하세요

1. 업무상 재해

1) 업무상 재해의 의의
① '업무상 재해'란 업무상의 사유에 따른 근로자의 부상·질병·장해 또는 사망을 말합니다.
② 근로자가 업무상 사고 또는 업무상 질병으로 부상, 질병, 장해가 발생하거나 사망(고의·자해행위나 범죄행위 또는 그것이 원인이 되어 발생한 경우는 제외)하면 업무상 재해로 봅니다. 다만, 업무와 재해 사이에 상당인과관계가 인정되지 않으면 업무상 재해로 보지 않습니다.
③ 위의 업무상 재해 인정기준을 모두 갖춘 경우에도 근로자의 고의·자해행위나 범죄행위 또는 그것이 원인이 되어 발생한 부상·질병·장해 또는 사망은 업무상 재해로 보지 않습니다.
③ 업무상 재해를 당한 근로자가 일정한 요건을 갖추면 요양급여, 휴업급여, 장해급여, 간병급여, 유족급여, 상병보상연금, 장의비, 직업재활급여 등의 보험급여를 받습니다.
④ 산재보험료는 원칙적으로 사업주가 전액 부담합니다. 고용보험법에 따른 고용보험료는 사업주와 근로자가 반반씩 부담합니다.
⑤ 보험급여는 업무상 재해에 대한 손해 전체를 보상하는 것이 아니라 평균임금을 기초로 하여 산정된 일정한 금액을 보상합니다.

2) 사고로 인한 업무상 재해의 인정기준
근로자가 다음의 어느 하나에 해당하는 업무상 사고로 부상 또는 장해가 발생하거나 사망하면 업무상 재해로 봅니다.
① 근로자가 근로계약에 따른 업무나 그에 따르는 행위를 하던 중 발생한 사고
② 사업주가 제공한 시설물 등을 이용하던 중 그 시설물 등의 결함이나 관리소홀로 발생한 사고
③ 사업주가 제공한 교통수단이나 그에 준하는 교통수단을 이용하는 등 사업주의 지배관리 하에서 출퇴근 중 발생한 사고

④ 사업주가 주관하거나 사업주의 지시에 따라 참여한 행사나 행사준비 중에 발생한 사고

⑤ 휴게시간 중 사업주의 지배관리 하에 있다고 볼 수 있는 행위로 발생한 사고

⑥ 그 밖에 업무와 관련하여 발생한 사고

2. 업무상 재해에 대한 손해배상

① 업무상 재해를 당한 근로자는 근로복지공단에 산업재해보상보험법에 따른 보험급여를 지급받는 외에 사업주 등을 상대로 민사상 손해배상을 청구할 수 있는데, 이 경우 근로자는 사업주의 고의 또는 과실로 업무상 재해를 입은 경우에만 민사상 손해배상을 청구할 수 있으며, 민사상 손해배상액은 근로자가 실제로 받은 손해액입니다.

② 그러나 업무상 재해를 당한 근로자가 민사상 손해배상을 받은 경우 근로복지공단은 손해배상을 받은 금품만큼 보험급여의 금액의 한도 안에서 보험급여를 지급하지 않습니다.

③ 따라서 업무상 재해를 당한 근로자는 산업재해보상보험법에 따른 보험급여를 우선 청구하고, 민사상 손해배상액과 차액이 있으면 민사소송을 제기하는 것이 일반적으로 가장 유리한 방법입니다.

④ 업무상 재해를 당한 근로자가 산업재해보상보험법에 따라 보험급여를 받았거나 받을 수 있으면 보험가입자는 동일한 사유에 대해 근로기준법에 따른 재해보상 책임이 면제됩니다.

⑤ 산재보험은 사용자가 근로자의 업무상 재해에 대해 고의 또는 과실이 있는지 여부에 대해 묻지 않고 산업재해보상 보험급여를 지급합니다. 그러나 민사상 손해배상은 사용자 등의 고의 또는 과실이 있는 경우에만 지급받을 수 있습니다.

[서식 예] 손해배상(산)청구의 소(추락사고, 사망)

소 장

원   고   1. 김○○(주민등록번호)
              2. 이○○(주민등록번호)
              3. 김◎◎(주민등록번호)
                 원고3은 미성년자이므로 법정대리인 친권자 부 김○○, 모 이○○
                 원고들의 주소:○○시 ○○구 ○○길 ○○ (우편번호)
                 전화·휴대폰번호:
                 팩스번호, 전자우편(e-mail)주소:
피   고   ◇◇건설(주)
              ○○시 ○○구 ○○길 ○○(우편번호)
              대표이사 ◇◇◇
              전화·휴대폰번호:
              팩스번호, 전자우편(e-mail)주소:

손해배상(산)청구의 소

청 구 취 지

1. 피고는 원고 김○○에게 금○○○원, 원고 이○○에게 금○○○원, 원고 김◎◎에게 금
   ○○○원 및 각 이에 대하여 20○○. ○○. ○○.부터 이 사건 소장부본 송달일까지는
   연 5%의, 그 다음날부터 다 갚는 날까지는 연 15%의 각 비율에 의한 돈을 지급하라.
2. 소송비용은 피고의 부담으로 한다.
3. 위 제1항은 가집행 할 수 있다.
라는 판결을 구합니다.

청 구 원 인

1. 당사자의 지위
   소외 망 김◉◉는 피고 ◇◇건설(주)(다음부터 피고회사라고 함)에 고용되어 작업을
   하던 중 ○○소재 건설현장의 5층에서 추락하여 사망한 피해자 본인이고, 원고 김
   ○○는 소외 망 김◉◉의 아버지, 원고 이○○는 소외 망 김◉◉의 어머니이며, 원
   고 김◎◎는 소외 망 김◉◉의 여동생이며, 피고 ◇◇건설(주)는 소외 망 김◉◉의
   고용주로 건설업을 전문으로 하는 건설회사입니다.

2. 사건의 개요
  (1) 소외 망 김◉◉는 피고회사에 20○○. ○. ○. 고용되어 피고회사가 서울 ○○구 ○○길 ○○에서 시공중인 ○○아파트 건설현장에 투입되었습니다.
  (2) 소외 망 김◉◉는 위 아파트 공사에 투입되어 작업을 하던 중 20○○. ○○. ○○. 40kg의 시멘트를 어깨에 메고 아파트 외곽에 설치되어 있는 패널을 이용하여 만든 이동통로(다음부터 비계라 함)를 따라 4층에서 5층으로 이동하던 중 피고회사의 직원인 소외 이◆◆가 잘못 설치한 패널이 밑으로 빠지면서 약 15m 정도의 높이에서 추락하여 과다출혈 및 심장 파열로 인해 그 자리에서 사망하였습니다.

3. 손해배상의 책임
  (1) 피고회사는 건설업을 전문으로 하는 회사로서, 소속직원 및 다른 근로자들이 작업을 함에 있어 안전하게 할 수 있도록 사전에 필요한 조치를 취해 사고를 미연에 방지해야 할 업무상 주의의무가 있음에도 불구하고, 비계에 부착해 있는 패널을 수시로 점검하여 교체, 수리 등의 적절한 조치를 취하지 않은 채 작업을 시킨 과실로 인해 이 사건 피해자 소외 망 김◉◉로 하여금 위 공사장의 15m 높이에서 떨어져 사망하게 하였습니다.
  (2) 따라서 이 사건 사고는 전적으로 피고회사의 감독소홀과 안전배려의무위반 및 공작물의 설치보존상의 하자 등으로 인해 발생된 것으로서, 피고회사는 공작물 등의 소유자, 점유자 및 소외 망 김◉◉의 사용자로서 이 사건 사고로 인하여 소외 망 김◉◉ 및 원고들이 입은 모든 손해를 배상할 책임이 있다 할 것입니다.

4. 손해배상의 범위
  (1) 일실수입
    소외 망 김◉◉는 19○○. ○. ○○.생으로 이 건 사고로 사망한 20○○. ○○. ○○. 현재 만 33세 5개월 남짓한 신체 건강한 대한민국 남자로 기대여명은 40.33년이 되며, 만약 서울시내에 거주하고 있는 소외 망 김◉◉가 이 사건 사고로 사망하지 않았다면 사고일로부터 60세에 도달하는 날까지 향후 약○○개월간은 최소한 도시일용노동자로 종사하면서 매월 금 ○○○원(도시일용 보통인부 1일노임단가 금 ○○○원×22)의 수입을 얻을 수 있으나 이 사건 사고로 사망하는 바람에 수입의 전부를 상실하게 되었습니다.
    따라서 월 5/12%의 비율로 계산한 중간이자를 공제한 호프만식 계산법에 따른 소외 망 김◉◉의 일실수입을 계산하고 소외 망 김◉◉의 생활비를 그 소득에서 1/3을 공제해보면 이 사건 사고 당시의 현가금이 금 ○○○○원이 됩니다.
    【계산】
    금○○○원(도시일용보통인부 1일노임단가 금 ○○○원×22일)×202.2081(사고일부터 60세에 이르는 날까지 318개월에 해당하는 호프만계수)×2/3(생활비 1/3 공제)=금○○○원
  (2) 소외 망 김◉◉의 위자료
    소외 망 김◉◉는 평소 신체 건강한 미혼남자였는데 이 사건 사고로 부모를 남겨

둔 채 불의에 사망하였으므로 상당한 정신적 고통을 받았을 것은 경험칙상 명백하고, 소외 망 김◉◉의 나이, 가족관계, 이 사건 사고경위 등을 고려할 때 피고회사는 소외 망 김◉◉에게 금 ○○○원을 위자료로 지급함이 마땅하다 할 것입니다.

(3) 상속관계

소외 망 김◉◉의 손해배상채권 금○○○원(일실수입: 금○○○원+위자료: 금○○○원)은 그의 상속인인 원고 김○○에게 1/2(금○○○원=소외 망 김◉◉의 손해배상채권 금○○○원×1/2), 이○○에게 1/2(금○○○원=소외 망 김◉◉의 손해배상채권 금○○○원×1/2)의 비율로 각 상속되었습니다.

(4) 원고들의 위자료

원고들도 소외 망 김◉◉의 사망으로 인하여 크나큰 정신적 고통을 받았을 것임은 경험칙상 명백하므로 피고회사는 소외 망 김◉◉의 부모인 원고 김○○, 원고 이○○에게 각 금 ○○○원, 소외 망 김◉◉의 여동생인 원고 김◎◎에게 금 ○○○원씩을 위자료로 지급함이 마땅하다 할 것입니다.

(5) 장례비

원고 김○○는 소외 망 김◉◉의 장례비로 금 ○○○원을 지출하였습니다.

5. 결론

따라서 피고회사는 원고 김○○에게 금 ○○○원(상속분 : 금 ○○○원+장례비 : 금 ○○○원+위자료 : 금 ○○○원), 원고 이○○에게 금 ○○○원(상속분 : 금 ○○○원+위자료 : 금 ○○○원), 원고 김◎◎에게 금○○○원 및 각 위 돈에 대하여 이 사건 사고 발생일인 20○○. ○○. ○○.부터 이 사건 소장부본 송달일까지는 민법에서 정한 연 5%의, 그 다음날부터 다 갚는 날까지는 소송촉진등에관한특례법에서 정한 연 15%의 각 비율에 의한 지연손해금을 지급할 의무가 있다 할 것이므로, 원고들은 청구취지와 같은 판결을 구하고자 이 사건 청구에 이르게 되었습니다.

입 증 방 법

1. 갑 제1호증   기본증명서
(단, 2007.12.31. 이전 사망한 경우 제적등본)
1. 갑 제2호증   가족관계증명서
(또는, 상속관계를 확인할 수 있는 제적등본)
1. 갑 제3호증   주민등록등본
1. 갑 제4호증   사체검안서
1. 갑 제5호증   사망진단서
1. 갑 제6호증의 1, 2   한국인표준생명표 표지 및 내용
1. 갑 제7호증의 1, 2   월간거래가격표지 및 내용
1. 갑 제8호증의 1 내지 5   각 장례비 영수증

첨 부 서 류

1. 위 입증서류   각 1통
1. 법인등기사항증명서   1통
1. 소장부본   1통
1. 송달료납부서   1통

20○○.　　○.　　○.

위 원고　1. 김○○(서명 또는 날인)

　　　　　2. 이○○(서명 또는 날인)

　　　　　3. 김◎◎

　　　　원고 3은 미성년자이므로

　　법정대리인 친권자 부 김○○(서명 또는 날인)

　　　　　　　　　모 이○○(서명 또는 날인)

○○지방법원 ○○지원　귀중

[서식 예] 손해배상(산)청구의 소(추락사고, 부상)

소　　　장

원　　고　○○○ (주민등록번호)
　　　　　○○시 ○○구 ○○길 ○○(우편번호)
　　　　　전화·휴대폰번호:
　　　　　팩스번호, 전자우편(e-mail)주소:
피　　고　주식회사◇◇주택
　　　　　○○시 ○○구 ○○길 ○○(우편번호)
　　　　　대표이사 ◇◇◇
　　　　　전화·휴대폰번호:
　　　　　팩스번호, 전자우편(e-mail)주소:

손해배상(산)청구의 소

청 구 취 지

1. 피고는 원고에게 금 11,000,000원 및 이에 대하여 1993. 2. 12.부터 이 사건 소장부
   본 송달일까지는 연 5%의, 그 다음날부터 다 갚는 날까지는 연 15%의 각 비율에
   의한 돈을 지급하라.
2. 소송비용은 피고의 부담으로 한다.
3. 위 제1항은 가집행 할 수 있다.
라는 판결을 구합니다.

청 구 원 인

1. 당사자 신분관계
   원고는 피고회사가 시공하는 건설현장에서 작업중 이 사건 사고로 부상을 입은 직접 피
   해자이고, 피고회사는 건설공사업 등을 목적으로 설립된 주식회사입니다.
2. 손해배상책임의 발생
   원고는 2001. 3. 11. 피고회사가 시공 중이던 ○○시 ○○구 ○○길 ○○ ◎◎아파
   트 신축공사현장에 철근공으로 고용되어 일해오던 중 2001. 4. 8. 07:00시경 위 현
   장에 출근하여 피고회사의 작업감독 소외 김◆◆로부터 작업원 철근공 소외 이◆◆,
   박◆◆, 최◆◆, 정◆◆, 양◆◆과 원고 등 6명의 작업원들은 위 공사현장 아파트단
   지내 사회복지관 지하층 공사장(깊이 약 12m 가로 약 100m 세로 약 80m 정도)에
   서 철근 배근작업을 하라는 지시를 받고 건물기둥 시공을 위한 철근 배근작업을 하
   게 되었던 바, 원고와 소외 이◆◆는 같은 조가 되어서 작업을 하게 되었는데, 소외
   이◆◆는 지면에서 철근배근작업을 하고 있었고, 원고는 잡부들이 설치해놓은 비계

틀작업대(가로 1.5m, 세로 1.2m, 높이 약 5.6m 정도로 조립식 3단으로 설치하였음) 위에 올라가서 철근 배근작업에 열중하고 있는데 같은 날 16시경 갑자기 비계틀작업대가 옆으로 쓰러지는 바람에 위 원고는 지면으로 떨어지면서

  1) 우경, 비골(하1/3) 분쇄골절(수술후)

  2) 우하퇴부 비골 신경마비

  3) 우경골 골수염 등의 중상해를 입게 되었습니다.

위 사고는 잡부들이 철근 배근작업에 앞서 비계틀작업대를 설치하면서 조립을 제대로 하지 아니하고 그것을 견고히 고정도 시키지 아니한 채 불안정하게 설치한 점과 작업감독이 철근공들이 작업대 위에 올라가서 작업에 앞서 작업대에 대한 안전점검을 철저히 실시하지 아니한 점과 공작물설치보존상의 하자 등이 결합되어 발생된 사고로서 피고회사는 위 업무상 과실을 범한 작업감독 소외 김◆◆와 비계틀을 설치한 잡부들의 사용자인 동시에 하자있는 공작물의 소유관리자로서 이 사건 사고로 인하여 원고가 입은 모든 손해에 대하여 법에 따라 배상할 책임이 있다 할 것입니다.

3. 손해배상의 범위

가. 원고 ○○○의 일실수입

  (1) 위 원고는 1954. 4. 6.생의 신체 건강했던 남자로서 이 사건 사고 발생일인 2001.4. 8. 당시 47세 남짓 되어 그 나이 한국인 평균기대여명은 향후 27.77년이고 특별한 사정이 없는 한 만74세까지 생존할 수 있습니다.

  (2) 원고는 약 25여년전부터 국내 여러 건설현장을 전전하면서 철근공으로 일해오다가 2001. 3. 11. 피고회사가 시공하는 아파트신축공사현장에 철근공으로 고용되어 이 사건 사고 당시까지 일해오면서 일당 금 75,000원씩을 지급 받아 왔는바, 이 사건 사고만 없었더라면 경험칙상 철근공으로 노동가능한 만 60세 되는 날(2014. 4. 5.)까지 앞으로 12년 11개월(155개월)동안을 더 일하면서 위 실제 수익금은 이 사건 공사에 한정된 것이므로 이를 무시하더라도 최소한 2001. 1. 현재 우리나라 건설현장의 철근공의 평균임금 상당인 1일 금 68,758원씩 지급 받으면서 월평균 22일 정도씩 가동하여 월 금 1,512,676원(금 68,758원×22일) 상당씩을 수익할 수 있을 것입니다.

  (3) 그런데 원고는 이 사건 사고시 우측다리 등에 심한 부상을 입고 사고일로부터 2002. 2. 12.까지 10개월 남짓 입원치료를 받느라 아무런 노동에 종사하지 못하여 위 수익금 전부를 일실하게 되었고, 치료가 종결된 현재에 이르러서도 그 후 유증으로 인하여 철근공으로서 약 40% 상당의 노동력이 감퇴됨으로서 위 수익금 중 이에 상응하게 월 금 605,070원(금 1,512,676원×40/100)씩을 60세가 될 때까지 매월 순차적으로 일실하는 손해를 입게 되었다 할 것입니다.

  (4) 그러므로 위와 같은 사실들을 기초로 호프만식 계산법에 따라 월 5/12%의 비율에 의한 중간 이자를 공제하고 이 사건 사고 당시를 기준으로 일시에 청구할 수 있는 현가를 계산하면 금 81,109,172원【금 14,789887원{금 1,512,676원×9.7773(입원치료기간 10개월에 상당한 호프만수치)} + 금 66,319,285원[금 1,512,676원×109.6059{119.38932(사고시부터 60세가 될 때까지 155개월에 대한 호프만수치)-9.7773(입원치료기간 10개월에 상당한 호프만수치)}×40/100]임이 계산상 명백하나, 소송형편상 우선 금 20,000,000원만 청구하고 이후 신체감정결과에 따라

확장 청구코자 합니다.

나. 위자료

원고는 이 사건 사고로 우측다리 등에 심한 부상을 입고 10개월이 넘도록 병상에서 요양가료 하였으나 더 이상 치유에 가망이 없어 그 장해가 심하게 남게 되었는바, 원고가 그 동안 받아온 고통은 지대하게 컸을 것이고 그와 같은 고통은 향후에도 계속적으로 심적 고통을 받을 것임이 경험칙에 비추더라도 분명한 사실이라 할 것입니다. 피고회사는 위와 같은 원고의 막대한 정신적 피해에 대하여서도 위자할 책임이 있다 할 것이므로 이를 다소나마 위자하려면 최소한 이 사건 사고의 직접 피해자인 원고에게 금 10,000,000원의 위자료를 지급함이 상당하다 할 것입니다.

4. 결론

그렇다면 위에서 밝힌 바와 같이 피고회사는 원고에게 우선 금 30,000,000원{금 20,000,000원(일실수입의 일부금)＋금 10,000,000원(위자료)} 및 각 이에 대하여 사고 발생일인 2001. 4. 8.부터 이 사건 소장부본 송달일까지는 민법에 정해진 연 5%의, 그 다음날부터 다 갚는 날까지는 소송촉진등에관한특례법에 정해진 연 15%의 각 비율에 의한 지연손해금을 지급할 책임이 있다 할 것이므로 원고는 청구취지와 같은 돈을 지급 받고자 이 사건 소제기에 이른 것입니다.

입 증 방 법

1. 갑 제1호증	기본증명서
1. 갑 제2호증의 1, 2	각 진단서
1. 갑 제3호증의 1, 2	한국인표준생명표 표지 및 내용
1. 갑 제4호증	휴업급여 청구서
1. 갑 제5호증	장해보상 청구서
1. 갑 제6호증	장해급여 지급증서
1. 갑 제7호증	진술서
1. 갑 제8호증의 1, 2	월간거래가격표지 및 내용

첨 부 서 류

1. 위 입증방법	각 1통
1. 법인등기사항증명서	1통
1. 소장부본	1통
1. 송달료납부서	1통

20○○.　○.　○.

위 원고　○○○　(서명 또는 날인)

○○지방법원 귀중

[서식 예] 손해배상(산)청구의 소(건축자재에 의한 충격, 장해발생)

소   장

원   고   1. 김○○(주민등록번호)
            2. 이○○(주민등록번호)
            3. 김◎◎(주민등록번호)
              원고3은 미성년자이므로 법정대리인 친권자 부 김○○, 모 이○○
              원고들의 주소:○○시 ○○구 ○○길 ○○ (우편번호)
              전화·휴대폰번호:
              팩스번호, 전자우편(e-mail)주소:
피   고   ◇◇건설(주)
            ○○시 ○○구 ○○길 ○○(우편번호)
            대표이사 ◇◇◇
            전화·휴대폰번호:
            팩스번호, 전자우편(e-mail)주소:

손해배상(산)청구의 소

청 구 취 지

1. 피고는 원고 김○○에게 금 ○○○원, 원고 이○○에게 금 ○○○원, 원고 김◎◎에게 금 ○○○원 및 각 이에 대하여 20○○. ○○. ○○.부터 이 사건 소장부본 송달일까지는 연 5%의, 그 다음날부터 다 갚는 날까지는 연 15%의 각 비율에 의한 돈을 지급하라.
2. 소송비용은 피고의 부담으로 한다.
3. 위 제1항은 가집행 할 수 있다.
라는 판결을 구합니다.

청 구 원 인

1. 당사자의 지위
   원고 김○○은 피고 ◇◇건설(주)(다음부터 피고회사라고 함)에 고용되어 작업을 하던 중 서울 ○○구 ○○길 ○○ 소재 건설현장의 10층에서 떨어진 철골조각에 머리를 맞아 중상을 입은 피해자 본인이고, 원고 이○○는 원고 김○○의 처, 원고 김○○는 원고 김○○의 자녀이며, 피고 ◇◇건설(주)는 원고 김○○의 고용주로 건설업을 전문으로 하는 건설회사입니다.
2. 사건의 개요
   (1) 원고 김○○는 피고회사에 20○○. ○. ○.부터 일용근로자로 고용되어 피고회사

가 시행하는 건축공사현장에서 일해왔습니다.

(2) 원고 김○○는 20○○. ○○. ○○. 서울 ○○구 ○○길 ○○에서 시공중인 ○○ 아파트공사 작업장에 투입되어 건물의 1층에서 건물바닥청소를 하던 중 갑자기 10층에서 가로 10㎝, 세로 10㎝ 정도의 철골조각이 허술한 안전망을 뚫고 아래로 떨어지면서 원고 김○○의 머리를 충격하였는바, 이로 인해 원고 김○○는 의식을 잃고 그 자리에서 쓰러졌습니다.

(3) 피고회사는 원고 김○○가 심한 출혈을 하자 즉시 인근병원으로 옮겨 치료를 하였으나 담당의사인 소외 ◉◉◉의 말에 의하면 원고 김○○는 과다한 뇌출혈로 인해 의식을 회복하더라도 상당한 장해가 있을 것이라 하였고, 결국 원고 김○○는 이 사건 사고로 인하여 발생된 뇌출혈로 인한 ○○증세를 보여 결국 영구적으로 20%의 노동력을 상실하게 되었습니다.

3. 손해배상의 책임

(1) 피고회사는 건설업을 전문으로 하는 회사로서, 소속직원 및 다른 근로자 들이 안전하게 작업할 수 있도록 사전에 필요한 조치를 취해 사고를 미연에 방지해야 할 업무상 주의의무가 있음에도 불구하고, 있으나 마나한 허술한 안전망을 설치해 놓고 또한 피고회사의 피용인인 소외 이◆◆가 아래에 사람이 있는지 여부를 확인하지도 않은 채 10층에서 무거운 철골조각을 떨어뜨려 피해자인 원고 김○○로 하여금 영구적으로 20%의 노동력을 상실케 하는 장애를 입혔습니다.

(2) 따라서 이 사건 사고는 전적으로 피고회사의 감독소홀과 안전배려의무위반 및 공작물의 설치보존상의 하자 등으로 인해 발생된 것으로서, 피고회사는 공작물 등의 소유자, 점유자 및 소외 이◆◆의 사용자로서 이 사건 사고로 인하여 원고 김○○ 및 나머지 원고들이 입은 모든 손해를 배상할 의무가 있다 할 것입니다.

4. 손해배상의 범위

(1) 치료비

가. 기존치료비

원고 김○○는 이 사건 사고로 ○개월간 입원하면서 수술비 및 치료비로 금 ○○○원을 지출하였습니다.

나. 향후치료비

원고 김○○는 향후 1달에 1번씩 물리치료가 필요하여 이에 필요한 비용이 지출될 것으로 예상되는바, 향후치료비는 추후 신체감정결과에 따라 추후에 청구하도록 하겠습니다.

(2) 개호비

원고 김○○는 의식불명의 상태로 있었던 약 ○○일 동안 전혀 거동을 하지 못하여 반드시 한 사람의 개호가 필요하였는데, 개호비는 추후 신체감정결과에 따라 청구하도록 하겠습니다.

(3) 일실수입

원고 김○○는 19○○. ○○. ○○.생으로 이 사건 사고로 장애를 입은 20○○. ○○. ○○. 현재 만 ○○세 ○○개월 남짓한 신체 건강한 대한민국 남자로 기대여명은 ○○년이 되며, 만약 서울시에 거주하고 있는 원고 김○○가 이 사건 사고로 장애를 입지 않았다면 사고일로부터 60세에 도달하는 날까지 향후 약 ○○개월간은 최소한 도시일용노동자로 종사하면서 매월 금 ○○○원(도시일용 보통인부 1일노임단가 금 ○○○원×22일)의 수입을 얻을 수 있으나 이 사건 사고로 인해 영구적으로 20%의 노동력을 상실하게 되어 수입의 일부를 영구적으로 상실하게 되었습니다.

따라서 월 5/12%의 비율로 계산한 중간이자를 공제한 호프만계산방식에 따른 원고 김○○의 일실수입을 계산해보면 이 사건 사고 당시의 현가금이 금 ○○○원에 이르나, 구체적인 액수는 신체감정결과에 따라 확장청구하기로 하고 우선 일부금으로 금 ○○○원을 청구합니다.

【계산】

가. 사고일부터 퇴원일까지(노동력상실율 100%)

금 ○○○원(도시일용 보통인부 1일노임단가 금 ○○○원×22일)×○○.○○○○(사고일부터 퇴원일까지의 개월수에 해당하는 호프만계수)×100% = 금 ○○○원

나. 그 다음날부터 60세에 도달하는 날까지(노동력상실율 20%)

금 ○○○원(도시일용 보통인부 1일노임단가 금 ○○○원×22일)×[(사고일부터 60세에 도달하는 날까지의 개월수에 해당하는 호프만계수)-(사고일부터 퇴원일까지의 개월수에 해당하는 호프만 계수)×20% = 금 ○○○원

다. 합계

가+나=금 ○○○원+금 ○○○원=금 ○○○원

(4) 위자료

원고 김○○은 이 사건 사고 전에는 10세의 자녀를 둔 신체 건강한 남자였으나 이 사건 사고로 인해 예측치 못한 장애를 입은 원고 김○○ 및 장애의 몸으로 세상을 살아가는 모습을 지켜봐야 하는 원고 가족들이 정신적인 고통을 입을 것은 경험칙상 명백하므로, 피고회사는 원고 김○○에게 금 ○○○원, 원고 김○○의 처인 원고 이○○에게 금 ○○○원, 자녀인 원고 김◎◎에게는 금 ○○○원을 각 지급하여 원고들의 정신적인 고통을 금전으로나마 위자하여야 마땅하다 할 것입니다.

5. 결론

따라서, 피고는 원고 김○○에게는 금 ○○○원(치료비: 금 ○○○원+일실수입: 금 ○○○원 +위자료: 금 ○○○원)을, 원고 이○○에게는 금 ○○○원(위자료), 원고 김◎◎에게는 금 ○○○원(위자료) 및 각 이에 대하여 이 사건 사고일인 20○○. ○○. ○○.부터 이 사건 소장부본 송달일까지는 민법에서 정한 연 5%의, 그 다음날부터 다 갚는 날까지는 소송촉진등에관한특례법에서 정한 연 15%의 각 비율에 의한 지연손해금을 지급할 의무가 있다 할 것이므로, 원고들은 부득이 청구취지와 같은 판결을 구하고자 부득이 이 사건 청구에 이르게 되었습니다.

입 증 방 법

1. 갑 제1호증   가족관계증명서
1. 갑 제2호증   기본증명서
1. 갑 제4호증의 1, 2   한국인표준생명표 표지 및 내용
1. 갑 제5호증의 1, 2   월간거래가격표지 및 내용
1. 갑 제6호증의 1 내지 5   각 영수증
1. 갑 제7호증   사고확인서

첨 부 서 류

1. 위 입증서류   각 1통
1. 법인등기사항증명서   1통
1. 소장부본   1통
1. 송달료납부서   1통

20○○.　○.　○.

위 원고　1. 김○○(서명 또는 날인)
　　　　　2. 이○○(서명 또는 날인)
　　　　　3. 김◎◎
　　　　원고 3은 미성년자이므로
　　　　법정대리인 친권자 부 김○○(서명 또는 날인)
　　　　　　　　　　모 이○○(서명 또는 날인)

○○지방법원 ○○지원　귀중

[서식 예] 손해배상(산)청구의 소(절단기에 의한 사고, 부상, 일부청구)

소　　장

원　　고　○○○ (주민등록번호)
　　　　　○○시 ○○구 ○○길 ○○(우편번호)
　　　　　전화·휴대폰번호:
　　　　　팩스번호, 전자우편(e-mail)주소:
피　　고　◇◇전자산업주식회사
　　　　　○○시 ○○구 ○○길 ○○(우편번호)
　　　　　대표이사 ◇◇◇
　　　　　전화·휴대폰번호:
　　　　　팩스번호, 전자우편(e-mail)주소:

손해배상(산)청구의 소

청 구 취 지

1. 피고는 원고에게 금 21,529,740원 및 이에 대하여 2000. 7. 7.부터 이 사건 소장부본 송달일까지는 연 5%의, 그 다음날부터 다 갚는 날까지는 연 15%의 각 비율에 의한 돈을 지급하라.
2. 소송비용은 피고의 부담으로 한다.
3. 위 제1항은 가집행 할 수 있다.
라는 판결을 구합니다.

청 구 원 인

1. 당사자들의 신분관계
　　원고는 이 사건 산재사고의 피해자 본인이고, 피고 ◇◇전자산업주식회사(다음부터 피고회사라고만 함)는 전자제품 및 목상제조판매업 등을 목적으로 하는 회사입니다.
2. 손해배상책임의 발생
　가. 원고는 피고회사의 기계부 사원으로 근무하던 중 2000. 7. 7. 18:45경 동료 사원인 소외 ◆◆◆와 짝을 이루어 목재절단기(G/M-2400 N/C)로 판재절단작업을 하고 있었습니다. 원고는 작업도중 목재가루, 먼지 등을 흡입하는 집진기의 흡인력이 약하다는 소리를 전해듣고 1회 작업이 끝난 후 소외 ◆◆◆에게 집진기를 점검하겠으니 목재절단기의 재 작동을 잠시 중단하자고 요청하였습니다. 원고가 집진기

의 흡인력을 확인하고 있던 중 소외 ◈◈◈는 작업장의 소음 및 목재절단기가 일으킨 먼지 등으로 인한 시야장애로 원고가 집진기의 점검을 마친 것으로 오인하여 목재절단기를 가동시켰으며, 그 순간 절단기의 기계 회전톱에 원고의 오른쪽 손이 빨려 들어가는 사고가 발생하였습니다. 이로 인해 원고는 오른쪽 제2, 3수지 절단 및 제4수지 연조직 결손의 상해를 입었습니다.

나. 피고회사의 공장은 위험한 기계를 다루는 곳으로 항상 안전사고의 위험이 상존하고 있습니다. 따라서 피고회사는 평소 직원들에게 안전의식을 주지시켜야하고 절단기, 소음방지시설 등의 기계 및 작업환경에 대한 사전점검을 하여야 할 뿐만 아니라 작업 중 그 감시감독을 철저히 하여야 할 것이나 그와 같은 안전교육, 안전점검, 감시감독을 제대로 다 하지 못한 잘못이 있습니다. 그렇다면 피고회사는 위 작업현장의 안전관리 등의 총책임자이자 원고 및 소외 ◈◈◈의 사용자로서 민법 제750조, 제756조에 의해 작업도중 소외 ◈◈◈가 원고에게 입힌 모든 손해를 배상할 책임이 있습니다.

3. 손해배상의 범위

가. 일실수입

(1) 원고는 1968. 10. 29.생으로 사고 당시인 2000. 7. 7. 현재 31세 8개월 남짓된 신체 건강하였던 남자로서 그 나이에 이른 한국인 남자의 기대여명은 42.21년으로 특단의 사정이 없는 한 73세까지는 생존하리라 추정됩니다.

(2) 원고는 1999. 10. 1. 피고회사에 입사하여 사고 당시 월평균 금 1,360,620원의 소득을 얻고 있었습니다. 원고는 이 사건 사고로 인하여 장해를 입어 상당한 비율의 노동능력을 상실하게 되었는바, 요양기간이 끝난 다음날인 2001. 2. 6.부터 60세가 달할 때까지 그 상실비율에 따른 월수입을 잃게 되었습니다. 그 상실액에 대해서는 원고에 대한 신체감정결과에 따라 추후 정확한 금액을 청구하기로 하고, 우선 금 25,000,000원을 청구합니다.

나. 위자료

원고는 성실하게 사회생활을 영위하여 오는 것은 물론 가족들과 단란한 생활을 영위하여 오다가 이 사건 사고로 상해를 입고 불구의 몸이 됨으로써 현재 및 장래에 형언할 수 없는 실의와 비탄에 잠겨 있는바, 경험칙상 인정되는 원고의 고통을 위자하려면 최소한 금 10,000,000원은 지급되어야 할 것입니다.

다. 손익상계

원고는 이 사건 산재사고로 인한 장해급여로 금 13,470,260원을 수령하였으며 이에 대해서는 청구금액에서 공제하겠습니다.

4. 결 론

그렇다면 피고는 원고에게 금 21,529,740원(일실수입 금 25,000,000원+ 위자료 금 10,000,000원 - 손익상계 금 13,470,260원) 및 이에 대하여 사고 발생일인 2000. 7. 7.부터 이 사건 소장부본 송달일까지는 민법에서 정한 연 5%의, 그 다음날부터 다 갚는 날까지는 소송촉진등에관한특례법에서 정한 연 15%의 각 비율에 의한 지연손해금을 지급할 의무가 있다고 할 것입니다.

입 증 방 법

1. 갑 제1호증   기본증명서
1. 갑 제2호증   사고경위서
1. 갑 제3호증   장해진단서
1. 갑 제4호증   근로소득원천징수영수증
1. 갑 제5호증   보험급여지급확인원
1. 갑 제6호증의 1, 2   한국인표준생명표 표지 및 내용

첨 부 서 류

1. 위 입증방법   각 1통
1. 법인등기사항증명서   1통
1. 소장부본   1통
1. 송달료납부서   1통

20○○.　○.　○.

위 원고　○○○ (서명 또는 날인)

○○지방법원 ○○지원　귀중

[서식 예] 손해배상(산)청구의 소(건축물 붕괴로 인한 사고)

소　　장

원　　고　○○○ (주민등록번호)
　　　　　　○○시 ○○구 ○○길 ○○(우편번호)
　　　　　　전화·휴대폰번호:
　　　　　　팩스번호, 전자우편(e-mail)주소:
피　　고　◇◇토건주식회사
　　　　　　○○시 ○○구 ○○길 ○○(우편번호)
　　　　　　대표이사 ◇◇◇
　　　　　　전화·휴대폰번호:
　　　　　　팩스번호, 전자우편(e-mail)주소:

손해배상(산)청구의 소

청 구 취 지

1. 피고는 원고에게 금 48,217,114원 및 이에 대한 2002. 6. 16.부터 이 사건 소장부
　 본 송달일까지는 연 5%의, 그 다음날부터 다 갚는 날까지는 연 15%의 각 비율에
　 의한 돈을 지급하라.
2. 소송비용은 피고의 부담으로 한다.
3. 위 제1항은 가집행 할 수 있다.
라는 판결을 구합니다.

청 구 원 인

1. 당사자들의 지위
　 원고는 이 사건 사고를 당한 피해자 본인으로 피고에게 고용된 근로자이고, 피고회
　 사는 이 사건 사고를 야기한 불법행위자로 원고를 고용한 사용자입니다.
2. 손해배상책임의 발생
　 피고 ◇◇토건주식회사(다음부터 피고회사라고만 함)는 중부고속도로건설공사를 하
　 는 소외 ◆◆건설주식회사로부터 ○○도 ○○군 소재 위 공사의 일부구간을 도급
　 받은 회사인바, 원고는 피고회사에 철근공으로 고용되어 고속도로건설현장에서 고속
　 도로 교량날개 옹벽공사작업을 하던 중 2002. 6. 16. 16:00경 피고회사 소속 현장
　 책임자 성명불상자(이사급)의 독려로 원고가 안전조치가 미비한 위 옹벽을 잡고서

작업을 하다가 옹벽의 철근이 무너지면서 원고를 덮쳐 원고는 제 4요추 압박골절상을 입었습니다.

그런데 이러한 위험한 교량옹벽공사에 인부를 투입하는 피고회사로서는 작업인부들의 안전을 고려하여 안전망을 설치하고 안전교육을 실시하는 등 사고를 미연에 방지하여야 함에도 불구하고 이를 게을리 한 점과 위 현장감독자의 무리한 공사독려 등이 이 사건 사고의 직접적인 원인을 제공하였다 할 것입니다.

따라서 피고회사는 자기회사의 불법행위책임 내지 위 현장감독자의 사용자책임에 의하여 이 사건 사고로 원고가 입은 모든 손해를 배상할 책임이 있다 할 것입니다.

3. 손해배상책임의 범위

가. 원고의 일실수입

원고가 이 사건 사고로 상실한 가동능력에 대한 금전적 총평가액 상당의 일실수입손해는 (1)과 같은 기초사실을 근거로 월 12분의 5%의 비율에 의한 중간이자를 공제하는 단리할인법(호프만식 계산법)에 따라 이 사건 사고발생 당시의 현가로 (2)와 같이 계산하면 금 43,217,114원이 됩니다.

(1) 기초사실

(가) •성별: 남자
•생년월일: 1951. 10. 23.생
•연령(사고당시): 50세 7월 남짓
•기대여명: 25.28년

(나) 직업: 철근공

(다) 가동능력에 대한 금전적 평가: 대한건설협회에서 작성한 건설업임금실태조사보고서에 의한 시중노임단가에 의함(계산의 편의상 사고시점의 시중노임과 2002. 9. 1.이후의 일용노임으로 계산함).

① 이 사건 사고일인 2002. 6. 16.부터 2002. 8. 31.까지 : 월 금 1,850,486원(2002. 5. 당시 철근공 시중노임 금 84,113원×월가동일수 22일)

② 2002. 9. 1.부터 가동연한까지 : 월 금 2,064,766원(2003년 상반기 적용 철근공 시중노임 금 93,853원×월가동일수 22일)

(라) 치료기간 : 사고일(2002. 6. 16.)부터 같은 해 7. 18.까지 입원치료

(마) 후유장해 및 가동능력상실율(신체감정결과)
•후유장해 : 제4요추 압박골절
•맥브라이드 불구평가표상 장해등급 : 척추손상부 I-A-d
•가동능력상실율 : 22%

(바) 가동기간 : 만 60세가 될 때까지(경험칙)

(2) 계산

(가) 사고일(2002. 6. 16.)부터 2002. 7. 18.까지 일실수입 (33일간)
1,850,486원×1.09502417(33일의 호프만지수) = 2,026,326원(원미만 버림)
* 33일의 호프만지수 : 1.09502417 = 1개월의 호프만지수 + (2개월의 호프만지수 - 1개월의 호프만지수)×3/30

(나) 2002. 7. 19.부터 2002. 8. 31.까지의 일실수입(1개월 13일)

1,850,486원×1.38638915(2개월 15일의 호프만지수 - 33일의 호프만지수)×0.22(노동능력상실율) = 564,408원(원미만 버림)

* 2개월 15일의 호프만지수 2.48141332 = 2개월의 호프만지수 + (3개월의 호프만지수 - 2개월의 호프만지수)×15/30

(다) 2002. 9. 1.부터 가동연한(2011. 10. 22.)까지의 일실수입(109개월 22일)

2,064,766원×89.43646234(112개월 7일의 호프만지수 - 2개월 15일의 호프만지수)×0.22(노동능력상실율) = 40,626,380원(원미만 버림)

* 112개월 7일의 호프만지수 91.91787566 = 112개월의 호프만지수 + (113개월의 호프만지수 - 112개월의 호프만지수)×7/30

∴ ① + ② + ③ = 43,217,114원

나. 위자료

원고는 이 사건 사고로 장기간 치료 및 후유장해로 고생하여 정신적인 고통을 입었을 것임은 경험칙상 명백하므로 피고회사는 원고에게 금 5,000,000원을 지급함이 상당하다 할 것입니다(위 금원은 원고의 자들인 ○①○,○②○,○③○ 3인이 위자료 청구를 하지 않았음을 고려한 금액임).

4. 결론

그렇다면 피고회사는 원고에게 금 48,217,114원 및 이에 대한 이 사건 사고일인 1994. 6. 16.부터 이 사건 소장부본 송달일까지는 민법에서 정한 연 5%의, 그 다음 날부터 다 갚는 날까지는 소송촉진등에관한특례법에서 정한 연 15%의 각 비율에 의한 돈을 지급할 의무가 있다 할 것이므로 그 지급을 구하기 위하여 이 사건 청구에 이른 것입니다.

입 증 방 법

1. 갑 제1호증	기본증명서
1. 갑 제2호증	주민등록등본
1. 갑 제3호증	후유장해진단서
1. 갑 제4호증	보험급여지급증명원
1. 갑 제5호증	확인서
1. 갑 제6호증	신체감정서
1. 갑 제7호증의 1, 2	한국인표준생명표 표지 및 내용
1. 갑 제8호증의 1, 2	월간거래가격 표지 및 내용

첨 부 서 류

1. 위 입증방법	각 1통

　　　　　1. 법인등기사항증명서　　　　　　　1통
　　　　　1. 소장부본　　　　　　　　　　　　1통
　　　　　1. 송달료납부서　　　　　　　　　　1통

　　　　　　　　　　20○○.　　○.　　○.

　　　　　　　　　　　위 원고　　○○○　(서명 또는 날인)

○○지방법원　귀중

[서식 예] 손해배상(산)청구의 소(안전시설 미비, 공동불법행위)

소   장

원   고   1. 박○○(주민등록번호)
            2. 서○○(주민등록번호)
            3. 박①○(주민등록번호)
            4. 박②○(주민등록번호)
            원고3, 4는 미성년자이므로 법정대리인 친권자 부 박○○, 모 서○○
              원고들의 주소:○○시 ○○구 ○○길 ○○ (우편번호)
              전화·휴대폰번호:
              팩스번호, 전자우편(e-mail)주소:
피   고   1. 주식회사◇◇주택
              ○○시 ○○구 ○○길 ○○(우편번호)
              대표이사 ◇◇◇
              전화·휴대폰번호:
              팩스번호, 전자우편(e-mail)주소:
            2. 주식회사◆◆기업
              ○○시 ○○구 ○○길 ○○(우편번호)
              대표이사 ◆◆◆
              전화·휴대폰번호:
              팩스번호, 전자우편(e-mail)주소:

손해배상(산)청구의 소

청 구 취 지

1. 피고들은 각자 원고 박○○에게 금 28,000,000원, 원고 서○○에게 금 3,000,000원, 원고 박①○, 원고 박②○에게 각 금 1,000,000원 및 각 이에 대한 2001. 2. 15.부터 이 사건 소장부본 송달일까지는 연 5%의, 그 다음날부터 다 갚는 날까지는 연 15%의 각 비율에 의한 돈을 지급하라.
2. 소송비용은 피고들의 부담으로 한다.
3. 위 제1항은 가집행 할 수 있다.
라는 판결을 구합니다.

청 구 원 인

1. 당사자들의 지위
    원고 박○○는 이 사건 사고를 당한 피해자 본인이고, 원고 서○○는 원고 박○○의 처,

원고 박①○, 원고 박②○는 원고 박○○의 자녀들이며, 피고들은 이 사건 사고를 발생시킨 불법행위자들입니다.

2. 손해배상책임의 발생

피고 주식회사◇◇주택(다음부터 피고 ◇◇주택이라고만 함)은 ○○시 ○○구 ○○길 ○○에서 신축중인 ○○○○타운 아파트의 건축주이고, 피고 주식회사◆◆기업(다음부터 피고 ◆◆기업이라고만 함)은 피고 ◇◇주택으로부터 위 아파트 공사 중 철근 골조공사 등을 도급 받은 회사인바, 원고 박○○는 1993년경부터 각종 공사장에서 형틀목공으로 일해오다 1998. 11.경부터는 피고 ◆◆기업에 고용되어 일해 왔습니다.

원고 박○○는 2001. 2. 15. 위 아파트의 지하주차장 옹벽을 설치하기 위하여 유리폼(옹벽을 설치하기 위하여 옹벽 양쪽에 미리 설치하는 조립식 합판)과 유리폼 사이를 고정시키는 후크(조립식 유러폼에 U자 모양의 후크를 부착하고 비계파이프를 위 후크에 고정하여 유러폼과 유러폼을 고정시키게 하는 것)를 피고 ◇◇주택 현장사무실에서 지하 옹벽공사현장으로 옮기어 지하 옹벽공사장에 적재하던 중 위 후크를 싼 포대 밖으로 돌출한 후크 고리에 원고 박○○의 손장갑이 걸려서 원고는 3-4m 높이의 위 공사현장에 추락함으로서 약 1개월간의 치료를 요하는 양측성 족부 종골골절 등의 상처를 입었습니다.

그런데 이러한 위험한 지하 옹벽공사에 인부를 투입하는 피고들로서는 지하 웅덩이에 작업인부들의 안전을 고려하여 안전망을 설치하고 지하 웅덩이 주변을 드나드는 통로를 정비하여 공사진행에 차질이 없도록 하여야 함에도 불구하고 원고 박○○가 노면이 고르지 않고 협소한 이 사건 공사통로 위에서 후크를 던지다 떨어져 이 사건 사고를 당하게 하였고, 더군다나 이 ◇◇주택은 후크를 부대속에 넣을 경우 돌출부분이 없도록 하여야 함에도 부대 밖으로 후크의 고리가 돌출 되게 함으로써 원고가 추락하는 직접적인 원인을 제공하였다 할 것입니다.

따라서 피고들은 민법 제750조 규정에 의하여 이 사건 사고로 인하여 원고 박○○ 및 나머지 원고들이 입은 모든 손해를 배상할 책임이 있다 할 것입니다.

3. 손해배상책임의 범위

가. 원고 박○○의 일실수입

원고 박○○은 1961. 1. 5.생으로 사고 당시 40세 1월 남짓한 신체 건강한 남자로서 한국인의 표준생명표에 의하면 그 나이 되는 한국남자의 평균여명이 33.87년 가량이므로 73세까지는 생존할 수 있다 할 것이므로, 원고 박○○는 이 사건 사고를 당하지 아니하였다면 그 잔존여명 이내인 60세가 될 때까지인 2021. 1. 4.까지 238개월(월미만은 버림)동안 각종 건설현장에서 형틀목수로서 종사하여 매월 금 1,428,746원{64,943원(2001년 상반기 적용 형틀목공 시중노임단가)×22일}의 수입을 얻을 수 있을 것이나, 이 사건 사고로 인하여 노동능력을 상실하여 그에 상당한 수입손실을 입게 되었는바, 이는 차후에 신체감정결과에 따라 그 손해액을 확정하기로 하고 우선 금 23,000,000원만 기대수입 상실금으로 청구합니다.

나. 위자료

원고 박○○는 이 사건 사고를 당하여 장기간 치료를 받았고, 치료종결 이후에도 중대한 장해가 남게 됨으로써 원고 박○○는 물론 위에서 본 바와 같은 신분관계에 있는 나머지 원고들이 심한 정신적 고통을 받았을 것입니다.

따라서 원고들의 신분관계, 연령, 생활환경 및 이 사건 사고의 발생경위와 치료종결 이후의 후유장해의 정도 등 여러 사정을 참작한다면 피고들은 위자료로서 원고 박 ○○에게 금 5,000,000원 원고 서○○에게 금 3,000,000원 원고 박①○, 원고 박② ○에게 각 금 1,000,000원씩을 지급함이 상당하다 하겠습니다.

4. 결론

그렇다면 피고들은 각자 원고 박○○에게 금 28,000,000원 원고 서○○에게 금 3,000,000원 원고 박①○, 원고 박②○에게 각 금 1,000,000원 및 각 이에 대한 이 사건 사고일인 2001. 2. 15.부터 이 사건 소장부본 송달일까지는 민법에서 정한 연 5%의, 그 다음날부터 다 갚는 날까지는 소송촉진등에관한특례법에서 정한 연 15%의 각 비율에 의한 지연손해금을 지급할 의무가 있는바, 원고들은 그 지급을 구하기 위 하여 이 사건 청구에 이른 것입니다.

입 증 방 법

1. 갑 제1호증   가족관계증명서
1. 갑 제2호증의 1, 2   각 진단서
1. 갑 제3호증의 1, 2   한국인표준생명표 표지 및 내용
1. 갑 제4호증의 1, 2   월간거래가격 표지 및 내용

첨 부 서 류

1. 위 입증서류   각 1통
1. 법인등기사항증명서   2통
1. 소장부본   2통
1. 송달료납부서   1통

20○○.   ○.   ○.

위 원고 1. 박○○(서명 또는 날인)
         2. 서○○(서명 또는 날인)
         3. 박①○
         4. 박②○
원고 3, 4는 미성년자이므로
법정대리인 친권자 부 박○○(서명 또는 날인)
                 모 서○○(서명 또는 날인)

○○지방법원 귀중

[서식 예] 손해배상(산)청구의 소(프레스에 의한 사고)

소 장

원 고 ○○○ (주민등록번호)
　　　　○○시 ○○구 ○○길 ○○(우편번호)
　　　　전화·휴대폰번호:
　　　　팩스번호, 전자우편(e-mail)주소:
피 고 ◇◇산업주식회사
　　　　○○시 ○○구 ○○길 ○○(우편번호)
　　　　대표이사 ◇◇◇
　　　　전화·휴대폰번호:
　　　　팩스번호, 전자우편(e-mail)주소:

손해배상(산)청구의 소

청 구 취 지

1. 피고는 원고에게 금 50,254,154원 및 이에 대한 2002. 4. 24.부터 이 사건 소장부
   본 송달일까지는 연 5%의, 그 다음날부터 다 갚을 때까지는 연 15%의 각 비율에 의
   한 돈을 지급하라.
2. 소송비용은 피고의 부담으로 한다.
3. 위 제1항은 가집행 할 수 있다.
라는 판결을 구합니다.

청 구 원 인

1. 원, 피고의 신분관계
   원고 ○○○은 산업재해사고의 피해자이며, 피고회사는 원고 ○○○이 근무하던
   회사입니다.
2. 손해배상책임의 발생
   1) 피고회사는 ○○시 ○○구 ○○길 ○○에서 특수운동화 및 부품제조를 하는 회사
      입니다. 원고는 2000. 3. 13. 피고회사의 생산부에 입사하여 사고당일에도 프레스
      기로 인솔드(운동화 바닥부분에 붙이는 발바닥 모양의 고무)를 찍어내는 작업을
      해왔습니다.
   2) 프레스기는 유압 4단으로 1대당 4단의 형틀이 있어 한 단에 1장씩 고무판을 넣

고 프레스기 작동 스위치를 누르면 프레스기가 아래쪽 형틀부분부터 차례로 4개의 형틀이 올라가면서 인솔드 4장을 찍어냅니다. 이 같은 프레스기 작업은 이같이 2인이 1조가 되어 1조당 프레스기 8대를 작업하는데 그 중 1인은 프레스기 형틀에 한 장씩 고무판 4장을 각 형틀에 넣고 프레스기 스위치를 작동시키고 다른 한 사람은 고무판에 운동화의 발바닥 형태가 찍혀지면 이것을 프레스기에서 꺼내 상자에 담는 작업을 합니다.

3) 원고는 사고 당일인 2002. 4. 24. 14:40경부터 피고회사의 직원인 소외 ◉◉과 한 조를 이루어 작업을 하였고 같은 작업을 하던 중 소외 ◉◉가 고무판을 프레스기 형틀에 넣었으나, 고무판이 형틀 위에 똑바로 있지 않아 이를 원고는 이를 똑바로 맞추기 위하여 두 손으로 고무판을 형틀에 맞추는 작업을 하고 있는데, 소외 ◉◉가 원고의 작업이 종료되었는지 확인도 하지 않고 프레스기 스위치를 작동시켜 갑자기 프레스기 형틀이 올라와 동인의 왼손에 충격을 가하는 바람에 좌전완부 이하 압궤 마멸창 등 중증의 상해를 입은 것입니다.

4) 이러한 경우 피고회사 직원인 소외 ◉◉는 원고가 형틀에 고무판을 맞추고 손을 빼냈는지를 확인하고 안전하게 프레스기 스위치를 작동하여야 함에도 이를 게을리 한 잘못으로 이 사건 사고가 발생하였는바, 피고회사는 직원인 소외 ◉◉의 사용자로서 원고에게 가한 육체적, 정신적 손해를 배상할 책임이 있다고 할 것입니다.

3. 손해배상의 범위

가. 일실수입

1) 기초사실

가) 성별, 연령 및 기대여명: 원고는 1947. 5. 2.생의 신체 건강한 남자로서 이 사건 사고당시 54세 11개월 남짓 되고, 그 기대여명은 22.04년 가량입니다.

나) 소득실태: 프레스공의 시중노임단가는 사고일에 가까운 2001. 9.경에는 1일 금 29,112원(중소기업협동조합중앙회의 제조부문 직종별평균조사노임)으로서, 원고는 이 사건 사고가 없었더라면 매월 22일씩 가동하여 60세까지 수입을 올릴 수 있었습니다.

다) 치료기간: 원고는 위 상해에 관하여 전남 ○○군 ○○읍 ○○리 ○○○ 소재 ○○병원에서 2002. 4. 24부터 같은 해 10. 20까지 입원치료 하였고, 현재도 통원치료중입니다.

라) 후유장해: 원고는 이 사건 사고로 인하여 왼손에 충격을 받는 바람에 좌전완부 이하 압궤 마멸창 등 중증의 상해를 입어 운동범위 제한 등의 후유장해가 발생하였는바, 그 장해율은 일응 약 37%정도라고 판단되는 바, 추후 신체감정결과에 따라 확장하겠습니다.

2) 계산

(계산의 편의상 중간기간의 월미만은 수입이 적은 기간에 산입하고, 마지막 월미만과 원미만은 버림)

가) 사고일(2002. 4. 24)로부터 퇴원(2002. 10. 20)까지의 일실수입: 금 29,112원 ×22일×4.9384(5개월에 대한 호프만수치)=금 3,162,867원

나) 그 이후부터 60세(2007.5.1.)까지의 일실수입 : 금 29,112원×22일×48.5161{53.4545(사고일로부터 60세까지 60개월에 대한 호프만수치) - 4.9384(사고일로부터 2002.10.20.까지 입원기간 5개월에 대한 호프만수치)}×0.37(노동능력상실율)=금 11,496,941원

다) 위 가), 나)의 합계: 금 14,659,808원

나. 치료비

원고의 상해에 대한 현재까지의 총치료비는 금 3,592,127원이고, 그 중 금 1,468,978원은 이미 변제를 받았으며, 현재 금 2,123,149원이 남아 있습니다.

다. 치료기간 중의 개호비

원고가 위 입원기간 중 3개월 동안 스스로 거동을 하지 못하여 성인남자 1인의 개호가 필요하였습니다. 개호비용은 금 3,703,263원{금 40,922원(2002년 상반기 적용 건설업보통인부 시중노임)×365/12×2.9752(3개월간의 호프만수치)}로 계산합니다.

라. 위자료

원고가 이 사건 사고로 인하여 상해를 입고 완치가 매우 어려운 정신장애가 생겨 원고는 심한 정신적 고통을 받았을 것임은 경험칙상 명백하므로 피고는 이를 금전적으로나마 위자할 의무가 있다고 할 것인바, 피고는 최소한 금 10,000,000원을 지급하여야 할 것입니다.

4. 결론

구체적인 손해액은 추후 신체감정결과에 따라 확정하기로 하고 피고는 원고에게 금 30,486,220원(일실수익 금 14,659,808원+치료비 금 2,123,149원+개호비 금 3,703,263원+위자료 금 10,000,000원) 및 이에 대하여 이 사건 사고일인 2002. 4. 24.부터 이 사건 소장부본 송달일까지는 민법에서 정한 연 5%의, 그 다음날부터 다 갚는 날까지는 소송촉진등에관한특례법에서 정한 연 15%의 각 비율에 의한 지연손해금을 지급할 의무가 있다고 할 것이므로 원고는 이 사건 청구에 이른 것입니다.

입 증 방 법

1. 갑 제1호증   기본증명서
1. 갑 제2호증   건설기계등록원부
1. 갑 제3호증   입퇴원확인서
1. 갑 제4호증의 1, 2   각 치료비영수증
1. 갑 제5호증   소견서(개호에 관한)
1. 갑 제6호증의 1, 2   한국인표준생명표 표지 및 내용
1. 갑 제7호증의 1, 2   월간거래가격 표지 및 내용

첨 부 서 류

1. 위 입증방법   각 1통

1. 법인등기사항증명서   1통
1. 소장부분   1통
1. 송달료납부서   1통

2000. ○. ○.

위 원고   ○○○ (서명 또는 날인)

○○지방법원 귀중

[서식 예] 손해배상(산)청구의 소(압박사고, 부상)

소 장

원 고 　1. 김○○(주민등록번호)
　　　　2. 이○○(주민등록번호)
　　　　3. 김①○(주민등록번호)
　　　　4. 김②○(주민등록번호)
　　　　원고3, 4는 미성년자이므로 법정대리인 친권자 부 김○○, 모 이○○
　　　　　원고들의 주소:○○시 ○○구 ○○길 ○○ (우편번호)
　　　　　전화•휴대폰번호:
　　　　　팩스번호, 전자우편(e-mail)주소:
피 고 　◇◇주식회사
　　　　○○시 ○○구 ○○길 ○○(우편번호)
　　　　대표이사 ◇◇◇
　　　　전화•휴대폰번호:
　　　　팩스번호, 전자우편(e-mail)주소:

손해배상(산)청구의 소

청 구 취 지

1. 피고는 원고 김○○에게 금 53,000,266원, 원고 이○○에게 금 10,000,000원, 원고 김①○, 원고 김②○에게 각 금 5,000,000원 및 각 이에 대하여 2000. 2. 23.부터 이 사건 소장부본 송달일까지는 연 5%의, 그 다음날부터 다 갚는 날까지는 연 15%의 각 비율에 의한 돈을 각 지급하라.
2. 소송비용은 피고의 부담으로 한다.
3. 위 제1항은 가집행 할 수 있다.
라는 판결을 구합니다.

청 구 원 인

1. 원고 김○○는 1991. 6. 1.경부터 피고회사에 근무하여 온 피고회사의 피용자이고, 원고 이○○는 원고 김○○의 처이며, 원고 김①○, 원고 김②○는 각 원고 김○○의 자녀들입니다.
2. 그런데 원고 김○○는 2000. 3. 23. 15:00경 피고회사의 생산현장에서 압력용기 마

킹작업을 하던 중 압력용기를 지탱하던 로울러의 한 쪽이 넘어지면서 위 압력용기가 원고 김○○의 왼쪽 손등에 떨어지는 사고(다음부터 "이 사건 사고"라고 함)를 당하였습니다.

3. 원고 김○○는 이 사건 사고로 인하여 상해(맥브라이드 장해평가방식에 의할 때 노동능력상실율이 34.89%인 영구장해)를 입었는바, 아래에서 보는 바와 같이 피고회사는 원고 김○○에게 손해배상금 53,000,266원을 지급할 의무가 있다고 할 것입니다.

가. 기초사실
  - 생년월일 : 1966. 2. 14.생
  - 사고당시 나이 : 34세 1개월 남짓
  - 기대여명 : 39.39년
  - 요양기간 : 2000. 3. 23.부터 같은 해 12. 20.까지(8개월 남짓)
  - 노동능력상실율 : 34.89%
  - 월수입 : 1,572,605원(18,871,260원×1/12)
  - 요양기간에 대한 호프만수치 : 7.8534(8개월에 대한 호프만수치)
  - 사고일부터 만 60세가 될 때(2026. 2. 13.)까지의 기간에 대한 호프만수치 : 193.4560(298개월에 대한 호프만수치)

나. 요양기간의 일실수입 : 금 12,350,296원(금 1,572,605원×7.8534)

다. 사고일부터 만 60세가 될 때까지의 일실수입 추정치 : 금 101,836,784원 {1,572,605원×185.6026(193.4560-7.8534)×0.3489} 중 추후 신체감정결과에 따라 특정하여 확장 청구하기로 하고 우선 금 60,000,000원을 청구합니다.

라. 치료비 : 금 6,982,600원

마. 위자료 : 금 20,000,000원(이 사건의 경위 및 결과, 원고 김○○의 나이 및 직업, 재산정도 등 제반 사정 참작)

바. 공제 : 산재보험금 48,045,300원 수령

사. 합계 : 금 51,287,596원(금 12,350,296원 + 금 60,000,000원 + 금 6,982,600원 + 금 20,000,000원-금 48,045,300원)

4. 한편, 한 집안의 가장인 원고 김○○가 영구장애인이 됨으로써 원고 이○○, 원고 김①○, 원고 김②○는 상당한 정신적 고통을 당하였고 앞으로도 계속 정신적 고통을 받게 될 것임이 분명하므로 피고회사는 이를 금전적으로나마 위자할 의무가 있다고 할 것인바, 위자료액수는 이 사건 사고의 경위 및 결과, 원고 김○○의 나이 및 직업, 재산정도, 원고들의 관계 등 제반 사정을 참작하여 볼 때 원고 이○○에게 금 10,000,000원, 원고 김①○, 원고 김②○에게 각 금 5,000,000원이 적정하다 할 것입니다.

5. 따라서 피고회사는 원고 김○○에게 금 51,287,596원, 원고 이○○에게 금 10,000,000원, 원고 김①○, 원고 김②○에게 각 금 5,000,000원 및 각 이에 대하여 이 사건 사고발생일인 2000. 2. 23.부터 이 사건 소장부본 송달일까지는 민법에서 정한 연 5%의, 그 다음날부터 다 갚는 날까지는 소송촉진등에관한특례법

에서 정한 연 15%의 각 비율에 의한 지연손해금을 각 지급할 의무가 있다고 할 것입니다.

그럼에도 불구하고 피고회사는 현재 이를 거절하고 있으므로 원고들은 부득이 위와 같은 각 돈의 지급을 구하기 위하여 이 사건 청구에 이른 것입니다.

입 증 방 법

1. 갑 제1호증   가족관계증명서
1. 갑 제2호증   소견서
1. 갑 제3호증   후유장해진단서
1. 갑 제4호증   근로소득원천징수내역
1. 갑 제5호증   입퇴원확인서
1. 갑 제6호증의 1, 2   각 치료비영수증
1. 갑 제7호증의 1, 2   한국인표준생명표 표지 및 내용
1. 갑 제8호증의 1, 2   월간거래가격 표지 및 내용

첨 부 서 류

1. 위 입증방법   각 1통
1. 법인등기사항증명서   1통
1. 소장부본   1통
1. 송달료납부서   1통

20○○.   ○.   ○.

위 원고   1. 김○○(서명 또는 날인)
         2. 이○○(서명 또는 날인)
         3. 김①○
         4. 김②○
         원고 3, 4는 미성년자이므로
         법정대리인 친권자 부 김○○(서명 또는 날인)
                     모 이○○(서명 또는 날인)

○○지방법원 ○○지원   귀중

[서식 예] 손해배상(산)청구의 소(업무차량에 의한 사고, 도급자의 책임)

소　　　장

원　　고　○○○ (주민등록번호)
　　　　　○○시 ○○구 ○○길 ○○(우편번호)
　　　　　전화·휴대폰번호:
　　　　　팩스번호, 전자우편(e-mail)주소:
피　　고　1. ◇◇건설주식회사
　　　　　　○○시 ○○구 ○○길 ○○(우편번호)
　　　　　　대표이사 ◇◇◇
　　　　　　전화·휴대폰번호:
　　　　　　팩스번호, 전자우편(e-mail)주소:
　　　　　2. ◉◉토건주식회사
　　　　　　○○시 ○○구 ○○길 ○○(우편번호)
　　　　　　대표이사 ◉◉◉
　　　　　　전화·휴대폰번호:
　　　　　　팩스번호, 전자우편(e-mail)주소:
　　　　　3. ◆◆◆(주민등록번호)
　　　　　　○○시 ○○구 ○○길 ○○(우편번호)
　　　　　　전화·휴대폰번호:
　　　　　　팩스번호, 전자우편(e-mail)주소:

손해배상(산)청구의 소

청 구 취 지

1. 피고들은 각자 원고에게 금 59,216,240원 및 이에 대하여 1999. 3. 31.부터 이 사건 소장부본 송달일까지는 연 5%의, 그 다음날부터 다 갚는 날까지는 연 15%의 각 비율에 의한 돈을 지급하라.
2. 소송비용은 피고들의 부담으로 한다.
3. 위 제1항은 가집행 할 수 있다.
라는 판결을 구합니다.

청 구 원 인

1. 당사자들의 신분관계

피고 ◉◉토건주식회사(다음부터 ◉◉토건(주)라 함)는 ○○도 ○○군 ○○읍에서 ○○면까지 도로확장공사를 맡은 원수급권자이고 피고 ◇◇건설주식회사(다음부터 ◇◇건설(주)라 함)는 피고 ◉◉토건(주)로부터 위 도로의 축조 및 포장공사 등을 하도급 받은 회사이며, 피고 ◈◈◈는 피고 ◇◇건설(주)의 사원인 사람이고 원고는 농업에 종사하면서 농한기를 이용하여 피고 ◇◇건설(주)에 일용청소인부로 고용된 사람입니다.

2. 손해배상책임의 발생

가. 피고 ◈◈◈는 1999. 3. 31. 10:30.경 ○○도 ○○군 ○○면 ○○길 ○○마을앞 노상을 이 사건 사고차량인 전남○마○○○○호 화물차량을 운전하여 ○○군 ○○면 방면에서 ○○읍 방면으로 후진하였던 바, 당시 그곳은 편도 1차선 중앙선이 황색실선의 직선도로였고 한편 도로상에는 당시 흙 등 쓰레기를 청소하던 원고가 있었으므로 이러한 경우 피고 ◈◈◈는 후방을 잘 살피고 안전하게 후진해야 할 업무상 주의의무가 있음에도 불구하고 이를 게을리 한 채 진행한 과실로 위 사고차량의 우측 뒷바퀴 부분으로 원고의 좌측다리부분을 1회 역과한 후 다시 앞으로 재역과하여 원고에게 좌측비골 개방성 분쇄골절상 등을 입히는 불법행위를 저질렀습니다.

나. 피고 ◇◇건설(주)는 피고용인인 피고 ◈◈◈의 사용자로서 피고 ◈◈◈가 피고 ◇◇건설(주)의 사무집행에 관하여 원고에게 가한 이 사건 손해에 대하여 민법 제756조에 기한 사용자책임을 면할 수 없다 할 것이며, 피고 ◉◉토건(주) 또한 위 도로공사현장에서 구체적인 공사의 운영 및 시행을 직접 지시, 지도하고 감시, 독려함으로써 시공자체를 관리하는 지위에 있었으므로, 위와 같은 안전사고를 미연에 방지하여야 할 관리·감독의 의무가 있음에도 불구하고 이를 게을리 하여 이 사건과 같은 사고를 발생시켰다 할 것이므로 역시 민법 제756조에 의한 불법행위책임을 진다 할 것입니다.

다. 그렇다면 피고들은 각자 원고에 대한 불법행위로 인한 모든 손해를 배상할 책임이 있다 할 것입니다.

3. 손해배상의 범위

가. 일실수입

(1) 기초사실

　성별: 여자

　생년월일: 1957. 1. 4.생

　사고당시 연령: 42세 3개월 남짓

　직업 및 소득실태: 농업에 종사하면서 농한기에 일용청소인부로 고용되었으며, 농업에 대한 객관성 있는 소득자료는 없음.

　입원치료기간: 1999. 3. 31. ~ 2000. 4. 1.(12개월 남짓)

　가동연한: 63세

　기대여명: 38.77

　노동력상실기간: 1999. 3. 31 ~ 2020. 1. 3.까지(20년 9개월 남짓)

　농촌일용노동자 월 가동일수: 25일

　1999. 4.경 성인 여자 농촌일용노임: 금 27,936원

2000. 4.경 성인 여자 농촌일용노임: 금 32,053원

노동능력상실율: 28.8%

(2) 계산

(가) 입원치료기간(12개월)의 일실수입

금 27,936원(농촌일용노임)×25일×11.6858(12개월에 상당하는 호프만수치)

= 금 8,161,362원(원미만 버림. 다음부터 같음)

(나) 2000. 4. 2.부터 63세가 될 때(2020. 1. 3.)까지(20년 9개월 남짓)

금 32,053원(농촌일용노임)×25일×158.8735{170.5593(1999.3.31.부터 2020. 1. 3. 까지 249개월에 대한 호프만수치)-11.6858(입원치료기간 12개월에 대 한 호프만수치)}×0.288= 금 36,665,080원

(다) 합계: 금 8,161,362원 + 금 36,665,080원=금 44,826,442원

나. 원고의 치료비

(1) 기왕 치료비

원고에 대한 기왕의 치료비는 별도로 청구하지 않겠습니다.

(2) 향후 치료비

원고에게 예상되는 향후 증세 및 치료과정 등을 살피어 정확히 산출하여 청구하 도록 하겠습니다.

다. 위자료

원고는 이 사건 사고로 말미암아 자신의 유일한 생계수단인 신체에 대하여 큰 장해 를 입고 말았습니다. 원고는 이 사건으로 인하여 현재 14-5세가 된 자신의 두 자녀의 뒷바라지도 하여야 함에도 불구하고 불구가 된 다리로 인해 항상 누워 있어야만 하 는 생활을 하고 있습니다. 이에 따른 원고의 정신적 고통은 매우 크다 할 것이므로 원고는 피고들에 대하여 위자료로 금 20,000,000원을 청구하는 바입니다.

라. 손익상계

원고는 산업재해보상보험법에 의거하여 장해보상일시금으로 금 7,151,760원을 근 로복지공단으로부터 지급 받았으므로 이에 위 돈을 공제하여 청구하는 바입니다.

4. 결론

원고의 위 사건으로 인한 손해는 일실수입 금 44,826,442원 및 위자료 금 20,000,000원 과 액수 미상의 향후치료비에서 위 장해보상일시금을 공제한 금액이라 할 것입니다.

이에 원고는 피고들에 대하여 향후치료비에 대하여는 증세발현과 치료진행과정, 신 체감정결과 등에 따라 추후 정확히 산출하여 청구하기로 하며 우선 그 일부로 위 일실 수입 및 위자료 금액의 합계인 금 64,826,442원에서 위 장해보상일시금7,151,760원 을 공제한 금 57,674,682원 및 이에 대하여 이 사건 사고발생일인 1999. 3. 31.부 터 이 사건 소장부본 송달일까지는 민법에서 정한 연 5%의, 그 다음날부터 다 갚는 날까지는 소송촉진등에관한특례법에서 정한 연 15%의 각 비율에 의한 지연손해금을 각자 지급할 것을 청구합니다.

입 증 방 법

1. 갑 제1호증   기본증명서
1. 갑 제2호증   진단서
1. 갑 제3호증   후유장해진단서
1. 갑 제4호증   입·퇴원확인서
1. 갑 제5호증   장해보상청구서
1. 갑 제6호증   장해급여 지급증서
1. 갑 제7호증의 1, 2   한국인표준생명표 표지 및 내용
1. 갑 제8호증의 1, 2   농협조사월보 표지 및 내용

첨 부 서 류

1. 위 입증방법   각 1통
1. 법인등기사항증명서   2통
1. 소장부본   3통
1. 송달료납부서   1통

20○○.   ○.   ○.

위 원고   ○○○ (서명 또는 날인)

○○지방법원 ○○지원 귀중

항 소 장

항소인(원고) 1. ○○○

2. ◉◉◉

3. ○①○

    원고들 1 내지 3 주소 ○○시 ○○구 ○○길 ○○(우편번호)

    원고3 ○①○은 미성년자이므로 법정대리인

    친권자 부 ○○○, 모 ◉◉◉

    전화·휴대폰번호:

    팩스번호, 전자우편(e-mail)주소:

4. ○②○

5. ○③○

    원고들 4, 5 주소　○○시 ○○구 ○○길 ○○○(우편번호)

    전화·휴대폰번호:

    팩스번호, 전자우편(e-mail)주소:

피항소인(피고) ◇◇◇

    ○○시 ○○구 ○○길 ○○(우편번호)

    전화·휴대폰번호:

    팩스번호, 전자우편(e-mail)주소:

  위 당사자간 ○○지방법원 20○○가단○○○ 손해배상(산)청구사건에 관하여 같은 법원에서 20○○. ○○. ○. 판결선고 하였는바, 원고는 위 판결에 모두 불복하고 다음과 같이 항소를 제기합니다(원고는 위 판결정본을 20○○. ○○. ○○. 송달 받았습니다).

제1심판결의 표시

주문 : 원고들의 청구를 모두 기각한다.

   소송비용은 원고들의 연대 부담으로 한다.

불복의 정도 및 항소를 하는 취지의 진술

 항소인(원고)들은 위 판결에 모두 불복하고 항소를 제기합니다.

항 소 취 지

1. 원심판결을 취소한다.
2. 피고(피항소인)는 원고(항소인) ○○○에게 금 78,800,411원, 원고(항소인) ◉◉◉에게 금 5,000,000원, 원고(항소인) ○①○, 원고(항소인) ○②○, 원고(항소인) ○③○에게 각 금 2,500,000원 및 위 각 금액에 대하여 20○○. ○. ○.부터 이 사건 제1심 판결선고일까지는 연 5%의, 그 다음날부터 다 갚는 날까지는 연 15%의 각 비율에 의한 돈을 지급하라.
3. 소송비용은 1, 2심 모두 피고(피항소인)의 부담으로 한다.
4. 위 제2항은 가집행할 수 있다.
라는 판결을 구합니다.

항 소 이 유

1. 이 사건 사고의 원인에 관하여
   제1심 판결은 이유 1의 다항에서 원고(항소인, 다음부터 원고라고만 함) ○○○가 로울러에 감긴 틀줄이 서로 엉키게 되자 이를 풀기 위해 로울러의 작동을 멈추었다가 로울러가 거꾸로 회전하도록 클러치를 작동하는 순간 틀줄이 끊어지면서 오른손이 틀줄과 함께 로울러에 빨려 들어가 우측 제2, 3, 4, 5 수지 절단창을 입게 되었다고 판시하였습니다. 그렇다면 제1심 판결도 이 사건 사고가 틀줄이 서로 엉키게 되었음에 기인함을 인정하였다고 할 것입니다.
   로울러의 한가운데가 마모되어 홈이 패어 있음은 을 제1호증(사진), 갑 제5호증의 9(소외 선장 김■■의 진술), 갑 제5호증의 17(소외 이■■의 진술)에 의하여 인정할 수 있습니다. 그리고 이처럼 패여진 로울러의 홈이 틀줄을 엉키게 하는 하나의 원인이 되었다고 보아야 할 것입니다.
   그런데 제1심 판결은 틀줄이 엉키게 된 원인에 대하여는 아무런 설시도 없이 이 사건 사고에 대하여 피의자로서 조사를 받았던 소외 선장 김■■와 피고(피항소인, 다음부터 피고라고만 함)의 남편인 소외 이■■의 증언을 기초로 하여 원고(항소인) ○○○의 과실로 이 사건 사고가 발생한 것처럼 설시하고 있습니다.
   그러나 제1심 판결이 설시하고 있는 원고 ○○○의 과실은 사실과 다를 뿐 아니라 부득이 사실로 인정된다고 하더라도 그 내용이 틀줄을 여러 번 감아 말뚝에 감아놓고 앉아서 작업하던 중 로울러를 역회전시키다가 틀줄이 끊어져 사고를 당하였다는 것으로서 과실상계로서 참작됨은 별론으로 하고 피고를 면책하도록 할 정도에 이른다고는 할 수 없는 것입니다.
2. 안전교육에 관하여
   증인 박■■는 선원들에게 조심하여 일하라고 할 뿐 정기적으로 안전교육을 실시하지는 아니한다고 증언하였습니다.

산업안전보건법 제3조 제1항, 같은 법 시행령 제2조의2 제1항의 별표1에 따르면 어업에도 같은 법을 일부 적용하도록 되어 있습니다.

같은 법 제14조에 의하면 사업주는 당해 사업장의 관리감독자에게 당해 직무와 관련된 안전·보건상의 업무를 수행하도록 하여야 한다고 하며, 같은 법 제31조 제1항에 의하면 사업주는 당해 사업장의 근로자에 대하여 노동부령이 정하는 바에 의하여 정기적으로 안전·보건에 관한 교육을 실시하여야 한다고 합니다.

같은 법 시행규칙 제33조 제1항의 별표8에 의하면 매월 2시간이상의 정기교육을 하여야 한다고 하며 별표8의2에 의하면 산업안전보건법령에 관한 사항, 작업공정의 유해·위험에 관한 사항, 표준안전작업방법에 관한 사항 등을 교육내용으로 하여야 한다고 합니다.

사업주인 피고는 물론 관리감독자라 할 수 있는 소외 선장 김■■도 근로자인 원고 ○○○에게 위와 같은 정기적인 안전교육을 실시하지 아니하여 안전배려의무를 다하지 아니하였으므로 이 사건 사고에 대하여 책임을 져야 할 것입니다.

첨 부 서 류

1. 항소장부본   1통
1. 송달료납부서   1통

20○○.   ○○.   ○○.

위 항소인(원고) 1. ○○○ (서명 또는 날인)
　　　　　　　　 2. ◉◉◉ (서명 또는 날인)
　　　　　　　　 3. ○①○
　　　　　　　　 원고3 ○①○은 미성년자이므로
　　　　　　　　　　　 법정대리인 친권자
　　　　　　　　　　　 부 ○○○ (서명 또는 날인)
　　　　　　　　　　　 모 ◉◉◉ (서명 또는 날인)
　　　　　　　　 4. ○②○ (서명 또는 날인)
　　　　　　　　 5. ○③○ (서명 또는 날인)

○○지방법원 귀중

■ **노동조합 간부가 노동조합업무를 수행하던 중 재해를 입은 경우 업무상 재해에 해당하는지요?**

Q. 저는 노동조합 전임자가 아닌 노동조합 간부입니다. 그런데 회사 대회의실에서 개최된 노동조합 임시대의원대회 및 상무집행위원회에 참석하였다가, 회의 보고자료를 가지러 가기 위하여 계단을 내려가다가 발을 헛디뎌 주저앉는 바람에 상해를 입었습니다. 이 경우 산업재해보상보험법 제5조 제1호 에서 정한 업무상 재해에 해당하는지 여부가 궁금합니다.

A. 판례는 "이 사건 회사 노동조합 ○○지부장이 단체협약에 따라 미리 이 사건 회사에 이 사건 회의 참석자 명단을 통보하면서 원고 등 노동조합 간부에 대한 공가처리를 요청하자, 이에 이 사건 회사는 원고 등 참석자에 대하여 유급공가 처리를 하고 이 사건 회의 장소도 제공한 점, 이 사건 단체협약상 대의원대회와 상무집행위원회는 근무시간으로 인정되고 있는 점, 노동조합업무 전임자가 아닌 원고는 상무집행위원으로서 이 사건 회사 노동조합의 통상적인 활동에 해당하는 이 사건 회의에 참석한 것인 점 등을 고려하여 보면, 노동조합업무 전임자가 아닌 원고가 노조 간부로서 사용자인 이 사건 회사의 승낙을 얻어 이 사건 회의에 참석한 것으로 보아야 하고, 원고의 이 사건 회의 참석은 통상적인 노동조합업무에 해당하여 이 사건 회사의 노무관리업무와 밀접한 관련을 가지는 것으로서 그 자체를 바로 이 사건 회사의 업무로 볼 수 있으므로, 이 사건 상병은 원고가 사용자인 이 사건 회사의 승낙에 의하여 노동조합업무를 수행하거나 이에 수반하는 통상적인 활동을 하는 과정에서 그 업무로 인하여 입은 것으로 산업재해보상보험법 제5조 제1호 소정의 업무상 재해에 해당한다고 보아야 한다."라고 판시한 바 있습니다(대법원 2014.5.29. 선고 2014두35232 판결 참조).

그러므로 노동조합업무 전임자가 근로계약상 본래 담당할 업무를 면하고 노동조합의 업무를 전임하게 된 것이 단체협약 혹은 사용자인 회사의 승낙에 의한 것이라면, 이러한 전임자가 담당하는 노동조합업무는, 업무의 성질상 사용자의 사업과는 무관한 상부 또는 연합관계에 있는 노동단체와 관련된 활동이나 불법적인 노동조합활동 또는 사용자와 대립관계로 되는 쟁의단계에 들어간 이후의 활동 등이 아닌 이상, 회사의 노무관리업무와 밀접한 관련을 가지는 것으로서 사용자가 본래의 업무 대신에 이를 담당하도록 하는 것이어서 그 자체를 바로 회사의 업무로 볼 수 있고, 따라서 전임자가 노동조합업무를 수행하거나 이에 수반하는 통상적인 활동을 하는 과정에서 업무에 기인하여 발생한 재해는 산업재해보상보험법 제5조 제1호 소정의 업무상 재해에 해당한다고 보입니다. 또한 이러한 법리는 노동조합업무 전임자가 아닌 노동조합 간부가 사용자인 회사의 승낙에 의하여 노동조합업무를 수행하거나 이에 수반하는 통상적인 활동을 하는 과정에서 업무에 기인하여 발생한 재해의 경우에도 마찬가지로 적용된다고 보입니다.

■ 기존 질환이 자연적인 경과를 넘어서 급격히 악화되었다고 보아, 업무상 재해에 해당한다고 볼 수 있는지요?

Q. 송유관 보수작업을 하던 근로자가 흙더미가 목 뒷부분에 떨어져 그 충격으로 넘어지면서 가슴 부분을 배관에 부딪히는 사고를 당한 후 급성심근경색 등의 진단과 경추간판탈출증이 발견된 사안에서, 근로자의 급성심근경색이나 경추간판탈출증이 위 사고로 인한 충격으로 기존 질환이 자연적인 경과를 넘어서 급격히 악화되었다고 보아, 업무상 재해에 해당한다고 볼 여지가 있는지 궁금합니다.

A. 판례는 "구 산업재해보상보험법(2007. 4. 11. 법률 제8373호로 전부 개정되기 전의 것, 이하 '법'이라 한다)에 규정된 업무상 재해라 함은 근로자가 업무수행에 기인하여 입은 재해를 뜻하는 것이어서 업무와 재해발생과의 사이에 인과관계가 있어야 하지만, 그 재해가 업무와 직접 관련이 없는 기존의 질병이더라도 그것이 업무와 관련하여 발생한 사고 등으로 말미암아 더욱 악화되거나 그 증상이 비로소 발현된 것이라면 업무와의 사이에는 인과관계가 존재한다고 보아 악화된 부분이 악화 전의 상태로 회복하기까지 또는 악화 전의 상태로 되지 않고 증상이 고정되는 경우는 그 증상이 고정되기까지를 업무상의 재해로서 취급할 것이며, 그의 인과관계에 관하여는 이를 주장하는 측에서 입증하여야 하는 것이나 반드시 의학적, 자연과학적으로 명백하게 입증되어야 하는 것은 아니고, 근로자의 취업 당시의 건강상태, 발병 경위, 질병의 내용, 치료의 경과 등 제반 사정을 고려할 때 업무와 질병 사이에 상당인과관계가 있다고 추단되는 경우에도 그의 입증이 있다고 보아야 할 것이다.

그리고 법에 규정된 요양급여는 업무상 재해로 상실된 노동능력을 일정 수준까지 보장하는 것을 주목적으로 하는 장해급여 등과는 달리 업무상 재해에 의한 상병을 치유하여 상실된 노동능력을 원상회복하는 것을 주목적으로 하는 것이므로, 요양급여는 재해 전후의 장해 상태에 관한 단순한 비교보다는 재해로 말미암아 비로소 발현된 증상이 있고 그 증상에 대하여 최소한 치료효과를 기대할 수 있는 요양이 필요한지에 따라서 그 지급 여부나 범위가 결정되어야 한다(대법원 1999.12.10. 선고 99두10360 판결 , 대법원 2000.6.9. 선고 2000두1607 판결 등 참조)."라고 하면서, "비록 원고의 이 사건 상병 중 급성심근경색증이나 경추간판탈출증이 피고 자문의 등의 소견과 같이 질병의 자연경과에 의한 퇴행성 변화로 볼 수 있는 면이 없지 않더라도, 원고가 이 사건 사고 전까지는 별다른 이상 증세를 보이지 않았던 점과 이 사건 사고의 내용은 흙더미가 원고의 목 뒷부분에 떨어져 그 충격으로 넘어지면서 가슴 부분을 배관에 부딪힌 것으로서 목 부분과 가슴 부분에 직접적인 충격이 가해졌던 점, 원고 주치의 등의 소견 및 피고가 원고의 늑골골절 및 경추부염좌에 대해서는 요양승인을 하였던 점 등에 비추어 볼 때, 원고의 급성심근경색이나 경추간판탈출증 역시 이 사건 사고로 인한 충격으로 기존질환이 자연적인 진행경과를 넘어서 급격히 악화되었다고 봄이 상당하고, 따라서 원고의 위 상병을 업무상 재해에 해당하는 것으로 볼 여지가 충분하다고 할 것이다."라고 판시한 바 있습니다(대법원 2009.8.20. 선고 2009두6919 판결 참조).
그러므로 위와 같은 경우 업무상 재해로 인정될 가능성이 있습니다.

■ 업무상 부담으로 중압감을 느낀 나머지 출근하였다가 자살한 사안에서, 업무와 사망 사이에 상당인과관계를 인정할 수 있는지요?

Q. 은행원 甲은 지점장으로 부임한 후 영업실적 등에 관한 업무상 부담과 스트레스로 중증의 우울병 에피소드 등을 진단받고 정신과 치료를 받다가 계속된 업무상 부담으로 중압감을 느낀 나머지 출근하였다가 자살하고 말았습니다. 甲의 업무와 사망 사이에 상당인과관계를 인정할 수 있는지요? 또 개인적인 취약성이 자살을 결의하게 된 데에 일부 영향을 미쳤을 가능성이 있고 자살 직전에 정신병적 증상을 보인 바 없다면 달리 판단하게 되는지요?

A. 판례는 "산업재해보상보험법 제37조 제1항 에서 말하는 '업무상의 재해'란 업무수행 중 업무에 기인하여 발생한 근로자의 부상·질병·신체장애 또는 사망을 뜻하는 것이므로 업무와 재해발생 사이에는 인과관계가 있어야 한다. 그 인과관계는 이를 주장하는 측에서 증명하여야 하지만, 반드시 의학적·자연과학적으로 명백히 증명되어야 하는 것이 아니며 규범적 관점에서 상당인과관계가 인정되는 경우에는 증명이 있다고 보아야 한다. 따라서 근로자가 극심한 업무상의 스트레스와 그로 인한 정신적인 고통으로 우울증세가 악화되어 정상적인 인식능력이나 행위선택능력, 정신적 억제력이 현저히 저하되어 합리적인 판단을 기대할 수 없을 정도의 상황에 처하여 자살에 이르게 된 것으로 추단할 수 있는 경우라면 망인의 업무와 사망 사이에 상당인과관계가 인정될 수 있고, 비록 그 과정에서 망인의 내성적인 성격 등 개인적인 취약성이 자살을 결의하게 된 데에 영향을 미쳤다거나 자살 직전에 환각, 망상, 와해된 언행 등의 정신병적 증상에 이르지 않았다고 하여 달리 볼 것은 아니다." 라고 하면서, "은행원 갑이 지점장으로 부임한 후 영업실적 등에 관한 업무상 부담과 스트레스로 중증의 우울병 에피소드 등을 진단받고 정신과 치료를 받다가 계속된 업무상 부담으로 중압감을 느낀 나머지 출근하였다가 자살한 사안에서, 우울증 발현 및 발전 경위에 망인의 유서내용, 자살 과정 등 제반 사정을 종합하여 보면, 갑이 우울증으로 정상적인 인식능력이나 행위선택능력, 정신적 억제력이 현저히 저하되어 합리적인 판단을 기대할 수 없을 정도의 상황에 처하여 자살에 이르게 된 것으로 추단되므로 갑의 업무와 사망 사이에 상당인과관계를 인정할 수 있고, 비록 갑이 다른 지점장들에 비해 지나치게 과다한 업무를 수행하였다거나 회사로부터 지속적인 압박과 질책을 받는 등 특별히 가혹한 환경에서 근무하였던 것이 아니어서 업무상 스트레스라는 객관적 요인 외에 이를 받아들이는 망인의 내성적인 성격 등 개인적인 취약성이 자살을 결의하게 된 데에 일부 영향을 미쳤을 가능성이 있고, 자살 직전에 환각, 망상, 와해된 언행 등의 정신병적 증상을 보인 바 없다고 하여 달리 볼 것은 아니다."라고 판시한 바 있습니다(대법원 2017.5.31. 선고 2016두58840 판결 참조). 그러므로 甲의 업무와 사망 사이에 상당인과관계를 인정할 수 있고, 또 개인적인 취약성이 자살을 결의하게 된 데에 일부 영향을 미쳤을 가능성이 있고 자살 직전에 정신병적 증상을 보인 바 없더라도 이를 달리 판단하지는 않으리라 보입니다.

■ 근로자가 사업주의 카풀권장책에 호응하여 자신의 승용차에 다른 근로자를 동승시켜 출근하다가 교통사고로 부상을 입은 경우 업무상의 재해에 해당하는지요?

Q. 근로자가 사업주의 카풀권장책에 호응하여 자신의 승용차에 다른 근로자를 동승시켜 출근하다가 교통사고로 부상을 입은 경우, 산업재해보상보험법 제4조 제1호의 업무상의 재해에 해당하는지요?

A. 하급심 판례는 "산업재해보상보험법 제4조 제1호 에서도 '업무상의 재해'를 업무상의 사유에 의한 근로자의 부상, 질병, 신체장해 또는 사망을 말한다고 정의하고 있을 뿐 사업주의 지배·관리하에 있는 경우에만 업무상 재해로 본다고 규정하고 있지 않고, 사업주의 지배·관리하에 있는 통근과 관련하여 통근 중 사고 가운데 사용자가 제공한 안전하고 편리한 교통수단을 이용한 근로자의 교통사고는 사업주의 지배·관리하에 있는 경우로 보아 업무상 재해로 인정하는 데 반해 불안전하고 불편한 대중교통이나 도보로 통근하는 근로자의 교통사고는 그렇지 않은 경우로 보아 업무상 재해로 인정하지 않는 것은 불합리하며, 산업재해보상보험제도는 무과실책임의 특수한 손해배상제도라는 성격 외에 근로자의 생존권을 보장하기 위한 사회보장적 성격도 갖고 있으므로 사회보장적 관점에서 볼 때에도 일정한 범위의 통근재해를 산업재해의 하나로 보호할 필요가 있고, 입법에 의하지 않더라도 통근행위의 업무 관련성, 법의 통일적 해석, 법 적용의 형평성 등을 고려할 때 통근재해가 업무상 재해에 해당한다는 해석이 가능하며, 공무원연금법 시행규칙 제14조 와의 법체계, 공무원과 일반 근로자의 형평 등을 고려한다면 적어도 근로자가 통상적인 경로와 방법에 의하여 통근 중 발생한 사고로 인하여 부상 또는 사망한 경우를 업무상 재해로 보아야 한다."라고 하면서 "근로자가 사업주의 카풀권장책에 호응하여 자신의 승용차에 다른 근로자를 동승시켜 출근하다가 교통사고로 부상을 입은 경우, 승용차가 적어도 출·퇴근시에는 사업주에 의하여 근로자들의 출·퇴근에 제공된 차량에 준하는 교통수단으로서 출·퇴근시 승용차에 대한 사용·관리권은 근로자에게 전속된 것이 아니라 사업주인 회사에 속해 있었으므로, 근로자의 출·퇴근이 사업주의 지배·관리하에 있었다고 볼 수 있어 위 부상이 산업재해보상보험법 제4조 제1호 의 업무상의 재해에 해당한다."라고 판시한 바 있습니다(서울행정법원 2006.6.14. 선고 2006구합7966 판결 참조).

그러므로 근로자가 사업주의 카풀권장책에 호응하여 자신의 승용차에 다른 근로자를 동승시켜 출근하다가 교통사고로 부상을 입은 경우, 산업재해보상보험법 제4조 제1호의 업무상의 재해에 해당할 수 있습니다.

■ 퇴근하기 위하여 자전거를 타고 재직 중인 회사 내 도로를 지나던 중 급정거로 자전거와 함께 넘어지는 사고 발생하였는데, 산재사고인지요?

Q. 甲 주식회사에 재직 중인 乙이 퇴근하기 위하여 자전거를 타고 甲 회사 내 도로를 지나던 중 급정거로 자전거와 함께 넘어지는 사고를 당하여 요골 하단의 골절 등의 상해를 입었습니다. 그런데 사고 장소 옆으로 출퇴근 시 자전거 등을 이용할 수 있는 도로가 있었음에도 乙은 단지 자신의 편의를 위하여 사고 장소를 이용하여 퇴근하다가 사고가 발생한 것입니다. 이 경우 위 사고를 산업재해보상보험법에 정한 업무상 사고로 볼 수 있는지요?

A. 하급심 판례는 "甲 주식회사에 재직 중인 乙이 퇴근하기 위하여 자전거를 타고 甲 회사 내 도로를 지나던 중 급정거로 자전거와 함께 넘어지는 사고를 당하여 요골 하단의 골절 등을 입자 요양급여를 신청하였는데 근◑□⑁공단이 불승인처분을 한 사안에서, 사고 장소 옆으로 출퇴근 시 자전거 등을 이용할 수 있는 도로가 있었음에도 乙은 단지 자신의 편의를 위하여 사고 장소를 이용하여 퇴근하다가 사고가 발생한 점 등을 고려하면, 甲회사는 사고 장소에서 자전거 등을 이용하지 못하도록 적절한 관리를 해왔고 위 사고는 乙이 甲 회사의 지시를 위반하여 발생한 것이므로 위 사고를 산업재해보상보험법에 정한 업무상 사고로 볼 수 없고, 乙이 교통수단으로 사용한 자전거는 사업주인 甲회사가 제공한 것으로 볼 수 없는 점 등을 고려하면 위 사고가 甲 회사의 지배·관리 하에서 이루어지는 출퇴근 중 발생한 것이라고 볼 수 없으므로, 乙이 입은 상해는 업무상 재해에 해당하지 않는다."고 판시한 바 있습니다(울산지방법원2015.9.10. 선고 2014구합5846 판결). 그러나 2018. 1. 1.부터 시행되는 개정 산업재해보상보험법에서 산업재해의 한 종류로 '출퇴근재해'를 신설(제37조제1항제3호 신설)하였으므로 2018. 1. 1. 이후 근로자가 통상적인 경로와 방법으로 출퇴근 하던 중 발생한 사고에 대하여는 산업재해보상보험법에서 정하는 '업무상 재해'에 해당된다고 할 것입니다.

■ 오토바이 퀵서비스업체 배송기사가 노동관계법에 의한 보호를 받을 필요성이 있는 경우에는 근로자에 해당한다고 볼 수 있는지요?

Q. 甲은 오토바이 퀵서비스업체의 배송기사로서, 오토바이를 운전하여 서류를 배송하다가 차량정체로 일시 정지해 있던 승용차를 추돌하여 넘어지는 사고가 발생하여, 그로 말미암아 우측 대퇴골 간부 분쇄골절, 좌측 주관절부 심부 열상, 두부 좌상 등의 상해를 입었습니다. 위 사고가 업무상 재해에 해당함을 이유로, 위 각 상병에 관한 요양신청을 하려고 합니다. 甲은 수행한 업무의 내용상 근로자에 해당하지요? 또 퀵서비스업체도 산업재해보상보험 적용사업체에 해당하는지요?

A. 하급심 판례는 "원고가 수행한 오토바이 배송업무는 사업주의 개별적 지시에 의하여 정해졌고, 원고에게는 그 업무내용을 자율적으로 결정하여 수행할 권한이 없었던 것으로 보인다. 근무시간과 장소도 사업주에 의하여 정해졌고, 계약서상 개인사정으로 조퇴나 결근을 할 경우에는 그의 승낙을 얻도록 되어 있었으며, 지각을 할 경우 1회당 5,000원의 벌금을 징수하고 일방적으로 일을 그만둘 경우에는 그 달의 보수와 공탁금 등을 몰취할 권한이 사업주에게 주어져 있어서, 원고는 그 근무시간과 장소에 원칙적으로 구속되었던 것으로 보인다. 그리고 원고가 물품배송업무를 수행하고 받은 배송료 중 75%를 자신의 보수로 받은 것은 사업주에 대한 관계에서 볼 때 근무시간 중에 수행한 업무의 대가로서 실질상 성과급적 성격을 가진다고 할 수 있으며, 계약서상 근무실적이 좋고 근무기간이 1년을 넘어서면 퇴직금 명목의 급여를 받을 수도 있었던 것으로 보인다. 한편 계약기간이 1년으로 정해져 원칙적으로는 근로제공관계의 계속성이 확보되어 있었고, 근무시간 동안에는 물품배송이 없더라도 그 의뢰가 들어와 자신에게 일이 배당될 때까지 계속 대기하고 있어야 했으므로 그 한도 내에서 사업주에 대한 전속성도 인정된다. 그리고 사업주는 원고를 비롯한 배송기사들로 하여금 배송업무를 수행하는 동안 사업체 상호와 전화번호가 새겨진 유니폼을 착용하게 함으로써 그 사업체의 일원으로서 업무를 수행한다는 사실이 외견상으로도 명백하게 드러나도록 하였다." 라고 하면서, "원고의 업무내용이 사업주에 의하여 정해지고 업무수행과정에서도 사업주의 개별적 지시를 받았던 점, 사업주에 의하여 근무시간과 장소가 지정되고 원고가 원칙적으로 이의 구속을 받았던 점, 원고가 받은 보수가 배송업무라는 근로의 대가적 성격을 가지는 점, 근로관계의 계속성과 사업주에의 전속성도 인정되는 점 등에 비추어, 원고는 전체적으로 보아 물품배송료의 75%에 상당하는 임금을 받는 것을 목적으로 하여 사업주에게 종속적인 관계에서 오토바이 배송업무라는 근로를 제공함으로써 노동관계법에 의한 보호를 받을 필요성이 있는 근로자에 해당한다고 봄이 상당하다. 그리고 원고가 2003. 6. 10.경

부터 위 사고 발생일까지 30일 이상 배송기사로 근무하였고, 그 외에도 원고와 동일한 지위에 있는 배송기사가 더 있었던 것으로 나타나는 이상, 위 퀵서비스업체는 상시 근로자수가 1인 이상 되는 사업체서 산업재해보상보험의 당연가입대상에 해당한다고 할 것이다." 라고 판시한 바 있습니다(부산지방법원 2006.10.18. 선고 2005구단 4261 판결 참조). 그러므로 甲은 수행한 업무의 내용에 따라 근로자에 해당할 수 있고, 또 퀵서비스업체도 산업재해보상보험 적용사업체에 해당할 수 있다고 보입니다.

■ 화재 발생 우려가 많은 작업을 하던 중 화재가 발생하여 피용자가 사망한 사고에서 공사수급인, 사용자 등은 어떤 책임이 있는지요?

> Q. 인화성 물질 등이 산재한 밀폐된 신축 중인 건물 내부에서 용접작업 등 화재 발생 우려가 많은 작업을 하던 중 화재가 발생하여 피용자가 사망한 사고에서 공사수급인, 사용자 등은 어떠한 손해배상책임을 각 부담하며, 그 채무의 성질은 어떻게 되나요?
>
> A. 판례는 "인화성 물질 등이 산재한 밀폐된 신축 중인 건물 내부에서 용접작업 등 화재 발생 우려가 많은 작업을 하던 중 화재가 발생하여 피용자가 사망한 사고에서 공사수급인은 건물의 점유자로서 그 보존상의 하자에 따른 불법행위로 인한 손해배상책임을, 사용자는 피용자의 안전에 대한 보호의무를 다하지 아니한 채무불이행으로 인한 손해배상책임을 각 부담하며, 그 채무는 부진정연대채무의 관계에 있다"고 인정한 사례가 있습니다(대법원 1999.2.23. 선고 97다12082 판결 참조).
> 그러므로 공사수급인은 건물의 점유자로서 그 보존상의 하자에 따른 불법행위로 인한 손해배상책임을, 사용자는 보호의무를 다하지 아니한 채무불이행책임을 각 부담할 수 있고, 그 채무의 성질은 부진정연대채무로 보입니다.

■ 회사의 트럭 운전기사가 술이 깬 후 회사의 생산물을 운반하라는 상사의 구두 지시에 위배하여 트럭을 운행하다가 교통사고로 사망한 경우 업무상 재해에 해당할 수 없는 것인지요?

> Q. 乙 회사의 트럭 운전기사 甲은, 술이 깬 후 회사의 생산물을 운반하라는 상사의 구두 지시에 위배하여 트럭을 운행하다가 교통사고로 사망하고 말았습니다. 이러한 경우, 음주운전으로 인해 바로 업무수행행위가 부정되는 것이어서 업무상 재해에 해당할 수 없는 것인지요?
>
> A. 판례는 "회사의 트럭 운전기사가 술이 깬 후 회사의 생산물을 운반하라는 상사의 구두 지시에 위배하여 트럭을 운행하다가 교통사고로 사망한 경우, 그 운행이 회사의 지배·관리하의 업무수행을 벗어난 자의적·사적인 행위에 해당한다고 보기 어렵고, 음주운전이라 하여 바로 업무수행행위가 부정되는 것은 아닌데다가 교통사고는 그 운전기사의 업무수행을 위한 운전 과정에서 통상 수반되는 위험의 범위 내에 있는 점 등에 비추어 그 운전기사의 사망은 업무수행 중 그에 기인하여 발생한 것으로서 업무상 재해에 해당한다." 라고 판시한 바 있습니다(대법원 2001.7.27. 선고 2000두5562 판결 참조). 그러므로 음주운전이라 하여 바로 업무수행행위가 부정되는 것은 아니라고 보입니다.

■ '의족 파손'이 산업재해보상보험법상 요양급여의 대상인 근로자의 부상에 포함되는지요?

Q. 저는 아파트 경비원으로 근무하고 있습니다. 그런데 제설작업 중 넘어져 의족이 파손되는 등의 재해를 입어 요양급여를 신청하고자 합니다. 업무상 사유로 근로자가 장착한 의족이 파손된 경우 산업재해보상보험법상 요양급여의 대상인 근로자의 부상에 포함되는 것인지요?

A. 판례는 "○○아파트 경비원으로 근무하던 甲이 제설작업 중 넘어져 의족이 파손되는 등의 재해를 입고 요양급여를 신청하였으나, 근로복지공단이 '의족 파손'은 요양급여 기준에 해당하지 않는다는 이유로 요양불승인처분을 한 사안에서, 산업재해보상보험법과 장애인차별금지 및 권리구제 등에 관한 법률의 입법 취지와 목적, 요양급여 및 장애인보조기구에 관한 규정의 체계, 형식과 내용, 장애인에 대한 차별행위의 개념 등에 의하면, 산업재해보상보험법의 해석에서 업무상 재해로 인한 부상의 대상인신체를 반드시 생래적 신체에 한정할 필요는 없는 점 등을 종합적으로 고려하면, 의족은 단순히 신체를 보조하는 기구가 아니라 신체의 일부인 다리를 기능적. 물리적. 실질적으로 대체하는 장치로서, 업무상의 사유로 근로자가 장착한 의족이 파손된 경우는 산업재해보상보험법상 요양급여의 대상인 근로자의 부상에 포함된다."고 판시한 바 있습니다(대법원 2014.7.10. 선고 2012두20991 판결 참조). 그러므로 업무상 사유로 근로자가 장착한 의족이 파손된 경우 산업재해보상보험법상 요양급여의 대상인 근로자의 부상에 포함될 가능성이 높습니다.

■ '이미 장해가 있던 사람'에서 말하는 '장해'가 업무상 재해로 인한 장해로 한정되는지요?

Q. 저는 이미 장해가 있었는데, 업무상 부상으로 같은 부위에 장해의 정도가 더 심해졌습니다. 이러한 경우 산업재해보상보험법 시행령 제53조 제4항 중 '이미 장해가 있던 사람'에서 말하는 '장해'가 업무상 재해로 인한 장해로 한정되는지 여부가 궁금합니다.

A. 판례는 "산업재해보상보험법 제5조 제1항 제5호에서 "장해란 부상 또는 질병이 치유되었으나 정신적 또는 육체적 훼손으로 인하여 노동능력이 손실되거나 감소된 상태를 말한다."고 정의하고 있다. 한편 산업재해보상보험법 시행령 제53조 제4항(이하 '이 사건 규정'이라 한다)은 '이미 장해가 있던 사람이 업무상 부상 또는 질병으로 같은 부위에 장해의 정도가 심해진 경우에'그 심해진 장해에 대한 장해급여에 관하여 규정하고 있다. 이 사건 규정은 이미 장해가 있는 부위에 업무상 재해로 그 정도가 더 심해진 경우 그 부분에 한하여 장해보상을 한다는 데 그 취지가 있다.

한편 이 사건 규정은 구 산업재해보상보험법 시행령(2008.6.25.대통령령 제20875호로 전부 개정되기 전의 것, 이하 같다)제31조 제4항 (이하 '종전 규정'이라 한다)과 같은 내용이다. 종전 규정에는 기존 장해와 관련하여 괄호 안에 '업무상 재해 여부를 불문한다.' 고 명시적으로 규정되어 있었는데 이 사건 규정에는 괄호 부분이 삭제되었다. 이는 산업재해보상보험법이 2007.12.14.법률 제8694호로 전부 개정되면서 '장해'에 관한 정의 규정이 위와 같은 내용으로 신설되었고, 그 시행령 역시 전부 개정되면서 상위법에 '장해'에 관한 정의 규정이 있게 됨으로써 이 사건 규정에서 종전 규정의 괄호 부분이 필요 없게 되어 삭제된 것으로 봄이 타당하고, 산업재해보상보험법과 그 시행령의 전부 개정에도 불구하고 장해급여에 관한 내용은 거의 같아 종전 규정의 '업무상 재해 여부를 불문한다.' 는 부분이 불합리하다는 반성적 고려에 의한 것이라고도 보기 어렵다. 이 사건 규정의 문언, 취지 및 그 개정 경과 등에 비추어 보면, 이 사건 규정 중 '이미 장해가 있던 사람'에서 말하는 '장해'란 업무상 재해로 인한 장해 여부를 불문한다고 해석함이 타당하다." 라고 판시한 바 있습니다(대법원 2011.10.27. 선고 2011두15640 판결 참조). 그러므로 산업재해보상보험법 시행령 제53조 제4항 중 '이미 장해가 있던 사람'에서 말하는 '장해'가 업무상 재해로 인한 장해로 한정되지는 않는다고 보입니다.

■ 파견근로자의 산재사고에 관하여 사용사업주 등에게 과실이 있는 경우에 파견사업주도 산재사고로 인한 손해배상책임을 부담하는지요?

Q. 파견근로자의 산재사고에 관하여 사용사업주 등에게 과실이 있는 경우에 파견사업주도 산재사고로 인한 손해배상책임을 부담하는지요?

A. 하급심 판례는 "파견사업의 성격상 파견사업주가 파견근로자의 작업현장에서 직접적으로 근로자를 관리·감독할 지위에 있다고 볼 수는 없으나, 파견근로자보호 등에 관한 법률 제34조 , 제35조 제2항 에 따라 재해보상에 관한 근로기준법, 산업재해예방에 관한 산업안전보건법 제5조를 적용함에 있어서는 파견사업주를 사용자 내지 사업주로 보도록 되어 있는 점과 사용자책임에 관한 민법 제756조 의 취지 등을 종합해 보면, 산재사고에 관하여 파견사업주 자신에게 직접적인 과실이 있는 경우는 물론이고, 파견사업주 자신에게 직접적인 과실이 없는 경우에도 파견근로자를 사용하는 사용사업주 등에게 과실이 있다면 파견사업주도 산재사고로 인한 손해배상책임을 져야 한다. "고 판시한 바 있습니다(수원지방법원 2008.7.11. 선고 2008나6950 판결 참조). 그러므로 파견근로자의 산재사고에 관하여 사용사업주 등에게 과실이 있는 경우에 파견사업주도 산재사고로 인한 손해배상책임을 부담하게 될 수 있다고 보입니다.

■ 여러 개의 건설공사 사업장을 옮겨 다니며 근무한 근로자가 작업 중 질병에 걸린 경우, 업무상 재해에 해당하는지요?

Q. 산업재해보상보험법의 적용 대상인 여러 개의 건설공사 사업장을 옮겨 다니며 근무한 근로자가 작업 중 질병에 걸린 경우, 질병이 업무상 재해에 해당하는지를 판단할 때 근로자가 복수의 사용자 아래서 경험한 모든 업무를 포함시켜 판단의 자료로 삼아야 하는지요?

A. 판례는 "여러 개의 건설공사 사업장을 옮겨 다니며 근무한 근로자가 작업 중 질병에 걸린 경우 그 건설공사 사업장이 모두 산업재해보상보험법의 적용 대상이라면 당해 질병이 업무상 재해에 해당하는지 여부를 판단할 때에 그 근로자가 복수의 사용자 아래서 경험한 모든 업무를 포함시켜 판단의 자료로 삼아야 한다."고 판시한 바 있습니다(대법원 2017.4.28. 선고 2016두56134 판결 참조). 그러므로 당해 상병이 업무상 재해에 해당하는지 여부는 당해 공사현장에서 수행한 업무뿐만 아니라 최소한 산업재해보상보험법이 적용되는 것으로 확인되는 그 이전 건설공사 사업장들에서 수행한 업무도 모두 포함하여 판단하여야 할 것입니다.

■ '근로자의 범죄행위가 원인이 되어 사망 등이 발생한 경우'의 의미는 무엇입니까?

Q. 산업재해보상보험법 제37조 제2항 에서 규정하고 있는 '근로자의 범죄행위가 원인이 되어 사망 등이 발생한 경우'에 근로자의 폭행으로 자극을 받은 제3자가 그 근로자를 공격하여 사망 등이 발생한 경우와 같이 간접적이거나 부수적인 원인이 되는 경우까지 포함되는 것인지요?

A. 판례는 "산업재해보상보험법 제37조 제2항 에서 규정하고 있는 '근로자의 범죄행위가 원인이 되어 사망 등이 발생한 경우'란 근로자의 범죄행위가 사망 등의 직접 원인이 되는 경우를 의미하는 것이지, 근로자의 폭행으로 자극을 받은 제3자가 그 근로자를 공격하여 사망 등이 발생한 경우와 같이 간접적이거나 부수적인 원인이 되는 경우까지 포함된다고 볼 수는 없다."고 판시한 바 있습니다(대법원 2017.4.27. 선고 2016두55919 판결 참조). 그러므로 근로자의 폭행으로 자극을 받은 제3자가 그 근로자를 공격하여 사망 등이 발생한 경우와 같이 간접적이거나 부수적인 원인이 되는 경우까지 포함되는 것은 아니라고 보입니다.

제4장

의료사고 손해배상
이렇게 해결하세요

제4장 의료사고 손해배상 이렇게 해결하세요

1. 개요

① 의료인의 치료행위 과정에서 환자에게 손해를 발생시킨 경우 환자 측은 의료인의 채무불이행 또는 불법행위로 인한 손해배상을 청구할 수 있습니다.

> ※ 채무불이행 책임 : 의료인이 환자에게 진료비 등을 받고 의료행위를 하기로 한 계약(의료계약)을 충실히 이행치 않았음을 이유로 손해배상을 청구하는 것입니다.

> ※ 불법행위 책임 : 의료행위 중에 의료인이 마땅히 취했어야 할 최선의 주의를 기울이지 않았음을 이유로 손해배상을 청구하는 것입니다.

② 민법상 채무불이행 또는 불법행위를 이유로 손해배상을 청구하기 위해서는 의료인의 과실, 위법성, 손해의 발생, 그리고 의료인의 과실로 인해 의료사고가 발생한 사실(인과관계)의 입증이 있어야 합니다.

③ 채무불이행 또는 불법행위를 이유로 소송을 제기하는 경우, 법원에서는 요건에 충족하는지, 그에 대한 입증을 할 수 있는지 등 여러 가지를 판단하게 됩니다.

④ 의료사고를 당해 의료인에게 손해배상 청구를 할 때에는 치료비·개호비·장례비 등의 적극적 손해부분과 일실이익·일실 퇴직금 등 소극적 손해, 위자료 등을 합산하여 손해배상금을 계산하게 됩니다.

⑤ 환자가 재판에서 승소하더라도 환자가 주장하는 손해배상금 전부가 인정되는 것은 아닙니다. 재판장은 환자의 과실비율, 환자의 노동능력 상실률 등을 포함하여 전체 손해배상금을 조정합니다.

2. 의료사고로 인한 전체 손해액의 산정

1) 손해액의 산정

① 의료사고로 인한 손해배상금 또는 합의금을 산출하기 위해서는 먼저 외형상의 총 손해액을 확정해야 합니다.

② 의료사고로 인해 발생하는 민법상의 손해배상 형태는 적극적 손해, 소극적 손해, 위자료 등으로 나눠집니다.

2) 전체 손해배상금

전체 손해배상액을 계산하는 방식은 다음과 같습니다.

> ※ {(적극적 손해 + 소극적 손해) X (1 — 환자의 과실비율)} + 위자료 ③ 치료비 개호비 장례비 등(적극적 손해)

3. 치료비, 개호비 장례비 등(적극적 손해)

1) 적극적 손해의 의미

① 적극적 손해라고 하는 것은 의료사고로 인해 존재하던 이익이 없어지거나 감소되는 것으로서, 치료비의 지급을 위하여 재산이 감소되거나 부담하게 된 채무를 말합니다. 그 예로 치료비 개호비 장례비 등을 들 수 있습니다.

② 적극적 손해를 계산하는 방식은 다음과 같습니다.

> ※ 적극적 손해 = 치료비 + 개호비 + 장례비

2) 치료비

① 치료비는 해당 의료인의 과실로 인해 발생하게 된 치료행위 범위에서만 배상청구 가능합니다. 예를 들어 의료사고 이전부터 앓고 있던 질병(기왕증)의 치료를 위한 비용이나 과잉치료를 받은 비용은 법원에서 인정되지 않습니다.

② 입원 당시 일반 병실이 아닌 특실 입원, 특별 진찰료, 특실 식대 등은 치료행위의 특성상 반드시 특실에 입원하여 진료를 받아야 할 필요성(예를 들어 다른 환자들에 비해 감염의 위험성이 높다라는 담당의사의 진단 소견에 따른 특실입원 등)이 인정되지 않는다면 청구할 수 없고, 일반 병실에 있었던 정도의 범위 내로 청구할 수 있습니다.

3) 개호비(介護費)

① 개호비란 피해자가 중상을 입어 그 치료기간 동안 다른 사람의 간호를 받아야 할 경우 또는 치료를 마친 후에도 고칠 수 없는 후유장애로 다른 사람의 도움을 받아야 할 경우 이에 필요한 비용을 말합니다.

② 개호비를 산정할 때는 개호를 필요로 하는 기간의 전 일수에 해당하는 노임액

을 기준으로 합니다. 다만, 직업적인 간병인이 아닌 가족이 환자를 돌보는 개호의 경우 통상 도시일용노임을 기초로 하되 1일 개호에 투입되는 시간이 4시간 정도라고 보아 0.5인의 개호로 인정한 판례가 있습니다.

③ 법원에서 인정하는 개호비를 식으로 정리하면 다음과 같습니다.

> ※ 개호비 = 1일 개호비용 X 12개월(365일) X 개호인원 X 여명 기간까지 월 수에 대한 단리이자(호프만수치)

> ※ 호프만수치란 이자를 계산함에 있어서 단리로 적용하는 것입니다. 다만, 환자가 과잉배상을 받지 않도록 이자 계산 기간이 414개월을 초과하는 경우(연 단위에 있어서는 36개월을 초과하는 경우) 수치표상의 단리연금현가율이 얼마인지를 불문하고 일정수준(연단위는 단리연금현가율 수치 20으로, 월단위는 단리연금현가율 수치 240)으로 정하여 적용하도록 하고 있습니다.

4) 장례비

의료사고로 인해 사망이 발생한 경우에 한정하여 장례비의 청구를 인정하고 있습니다. 장례비의 경우 가족의 풍습 등에 따라 지출된 비용이 다를 수 있는데, 법원에서는 통상 2,000,000원~3,000,000원의 범위에서 장례비의 청구를 인정하고 있습니다.

4. 일실이익 일실 퇴직금 등(소극적 손해)

1) 소극적 손해의 의미

① 소극적 손해라고 하는 것은 의료사고가 없었더라면 얻을 수 있었는데, 의료사고가 발생해서 얻을 수 없게 된 이익을 말합니다. 그 예로 직장인이었다면 퇴직까지 받을 수 있었던 월급 등을 들 수 있습니다.

② 소극적 손해를 계산하는 방식은 다음과 같습니다.

> ※ 소극적 손해 = [{일실이익 X 노동능력 상실률 X 앞으로 일할 수 있는 월수(가동연령) X 생계비공제(사망의 경우 2/3이고 생존의 경우 1/3)} — 중간이자]

2) 일실이익

① 일실이익이란 환자가 의료사고로 인해 수입을 얻을 수 없는 경우, 의료사고를 당하지 않았으면 얻었을 이익(예를 들어 월급 등)을 말합니다.

② 일실이익을 산정하기 위해서는 우선 사고당시의 월 소득을 산정하고, 다음으로 노동능력상실률을 밝히고, 앞으로 일할 수 있었던 기간(가동기간)을 정하여야 합니다.

③ 월 소득은 사고당시의 실제 소득 기준으로 산정할 수 있고, 통계상의 소득(예를 들어 임금실태조사보고서)을 기준으로 산정할 수도 있습니다. 만약 직장이 없어 실제 수입이 없는 무직자, 취업전의 학생, 가정주부, 일용노무자 등에 대해서는 보통 인부의 일용 노임을 그 일실이익으로 인정하고 있습니다.

3) 노동능력상실률

노동능력상실률이란 신체기능의 영구적 장해 또는 훼손 상태를 말하는 것으로, 환자가 부상하여 치료를 받은 결과 신체에 정신적 또는 육체적 훼손상태가 영구적으로 남게 되어 생긴 노동능력의 감소를 말하는 것입니다.

① 하나의 장애가 있는 경우

하나의 장애에 따른 노동능력상실의 정도는 「산업재해보상보험법」,「국가배상법」등의 장해등급표를 사용하고 있습니다. 예를 들어 노동능력을 30퍼센트 상실한 환자의 평균 월 급여가 1,000,000원이라고 한다면 월 손해액은 1,000,000 X 30퍼센트 = 300,000원이 되는 것입니다.

② 장애 부위가 둘 이상 있는 경우

장애 부위가 둘 이상 있는 경우 복합장애로 노동능력 상실률의 계산이 문제가 됩니다. 보통 상실률이 큰 장애와 작은 장애가 있는데 이 경우 아래와 같이 계산합니다.

> ※ 복합 장애가 있는 경우 총 상실률 = 큰 상실률 + (1 — 큰 상실률) X 작은 상실률
> 예를 들어 A장애로 60퍼센트 노동능력의 상실과, B장애로 30퍼센트의 노동능력 장애가 있을 때, 총 상실률은 60/100 + (1 — 60/100) X 30/100 = 72/100 으로 72퍼센트가 되는 것입니다.

③ 기왕증(환자가 경험했던 질병)이 의료사고에 영향을 끼친 경우

기왕증이 환자가 의료사고 후 겪는 증상의 일부에 기여한 경우에는 기여한 정도 (퍼센트) 에 따라 의료인의 손해배상액을 줄여 줍니다.

4) 앞으로 일할 수 있는 기간(가동연한)

① 가동개시연령

가동개시연령은 원칙적으로 성년이 되는 19세부터이고, 남자의 경우 병역복무기간이 제외됩니다. 미성년자의 경우 의료사고 당시 현실로 수입을 얻고 있었고, 그러한 수입을 계속 얻을 수 있으리라는 사정이 인정되는 경우에는 사고 당시부터의 수입 상실을 인정합니다.

② 가동종료연령

정년제도가 있는 공무원이나 회사의 종사자인 경우 그 기간을 가동연령으로 인정합니다. 이 때 ○○세라 함은 ○○세에 도달하는 날을 말합니다. 정년에 관한 규정이 없는 회사의 직원의 경우 동일·유사한 직종의 퇴직 연한으로 인정합니다. 판례에서는 일반 도시 일용노동자의 경우 만 60세가 될 때까지 일할 수 있는 것으로 보고 있습니다.

5) 중간이자공제방식

① 중간이자의 의미

장래에 주어야 할 돈을 현시점으로 앞당겨서 준다면 당겨진 기간만큼의 이자를 감안해야 합니다. 즉 10년 후에 750만원을 받아야 할 것을 현재 받게 된다면 얼마를 받아야 할 것인가의 문제입니다. 이와 같이 돈이 사용되는 시기와 돈을 받는 시기 사이의 기간을 중간기간이라고 하고, 그 기간에 해당하는 이자를 중간이자라고 합니다.

② 호프만식과 라이프니치식

㉮ 호프만식 : 중간이자를 단리로 적용하여 계산하는 방식으로 현재 민사소송에서는 호프만식을 따르고 있습니다.

㉯ 라이프니치식 : 중간이자를 복리로 적용하여 계산하는 방식입니다.

③ 복리계산으로 인해 이자에 이자까지 합쳐서 공제하는 것으로 손해배상금을 갚는 사람이 유리한 방식입니다. 그러나 현재 민사소송에서는 라이프니치식을 따르고 있지 않습니다.

5. 위자료

1) 위자료의 의미

위자료는 정신상의 고통을 금전으로 보상하기 위하여 지급되는 비용입니다. 이 때 정신상의 고통은 과거와 현재의 것뿐만 아니라 장래의 고통도 포함시키고 있습니다.

2). 위자료 청구권자

위자료의 청구는 일반적으로 환자의 배우자, 직계존속, 직계비속이 청구할 수 있고, 이때는 정신적 고통에 대한 특별한 입증을 요하지 않습니다. 다만, 환자의 형제, 자매, 며느리나 사위 등 친족들이 청구하는 경우에는 그 정신적 고통에 대한 입증을 하여야 합니다.

3) 위자료의 산정

① 법원의 위자료 산정 기준을 보면 환자가 사망한 경우에 피해자 전체에 대해 50,000,000원을 인정하되, 이에 환자의 노동능력상실율을 곱하고 환자의 과실비율 중 10분의 6을 곱하여 최종 위자료를 산정하고 있습니다. 이렇게 나온 금액에서 신분 관계에 따라 배분하게 됩니다.
② 위자료 산정기준을 식으로 정리하면 다음과 같습니다.

※위자료=법원의 위자료기준금액 X 노동능력상실율 X {1 — (환자의 과실비율 X 6/10)}

6. 의료사고로 인한 민사(손해배상청구)소송 비용

① 소송비용은 소송에서 패소한 당사자가 부담하게 됩니다.
② 의료소송에 드는 비용은 변호사 선임료 이외에 소장 접수시 납부해야 하는 인지대, 송달료, 신체감정비, 기록감정비 및 사실조회비 등이 있습니다.

7. 승소 또는 패소에 따른 소송비용 부담

1) 승소 시 소송비용

① 승소 시 소송비용은 패소한 당사자가 부담하게 됩니다.

② '원고승소'가 아닌 '원고일부승소'일 경우, 원고(환자) 및 피고(의료인)가 부담해야 할 소송비용은 승소 비율에 따라 판결문에서 결정해 줍니다.

2) 패소 시 소송비용

소송비용은 패소한 당사자가 부담하도록 하는 원칙에 따라 소송 일체의 비용을 부담하게 됩니다.

소   장

원   고   1. 김○○ (주민등록번호)

   2. 이○○ (주민등록번호)

   위 원고들 주소: ○○시 ○○구 ○○길 ○○(우편번호)

   전화·휴대폰번호:

   팩스번호, 전자우편(e-mail)주소:

피   고   ◇◇◇ (주민등록번호)

   ○○시 ○○구 ○○길 ○○(우편번호)

   전화·휴대폰번호:

   팩스번호, 전자우편(e-mail)주소:

손해배상(의)청구의 소

청 구 취 지

1. 피고는 원고 김○○에게 금 ○○○원, 원고 이○○에게 금 ○○○원 및 각 이에 대하여 20○○. ○○. ○○.부터 이 사건 소장부본 송달일까지는 연 5%의, 그 다음날부터 다 갚는 날까지는 연 15%의 각 비율에 의한 돈을 지급하라.
2. 소송비용은 피고의 부담으로 한다.
3. 위 제1항은 가집행 할 수 있다.

라는 판결을 구합니다.

청 구 원 인

1. 당사자 관계

   원고들은 이 사건 의료사고로 출산 중에 사망한 태아의 친부모들이며, 피고는 이 사건 출산을 주도한 산부인과 의사입니다.
2. 사건의 진행과정

   (1) 원고 이○○는 출산을 하기 위하여 20○○. ○○. ○○. 피고가 운영하고 있는 서울시 ○○구 ○○길 ○○○ 소재 ○○산부인과에 입원을 하였고, 입원 후 얼마 되지 않아 양수가 터져 급히 출산을 하고자 분만실로 갔습니다.

   (2) 분만실에 이르러 태아의 건강상태를 확인해보니 아무런 이상이 없음이 확인되었고 또한 분만과정을 통하여도 아무런 이상이 없었는데, 태아가 거꾸로 나오는 바

람에 분만에 상당한 어려움이 발생하였습니다. 결국 분만의 고통을 견디지 못한 원고 이○○는 제왕절개수술을 해달라며 애원을 하였으나 당시 분만을 주도하던 피고는 자신의 경험상 조금만 참으면 될 것 같다며 원고 이○○의 애원을 뿌리치고는 무리하게 자연분만을 강행하였습니다.

(3) 그러나 태아가 나오지 못한 채 많은 시간이 흘러 산모인 원고 이○○가 실신하기에 이르자 그때서야 위험을 느낀 피고는 제왕절개수술을 준비하였으나 결국 태아는 나오지도 못한 채 분만진행정착에 빠져 결국 저산소증에 의한 뇌손상으로 사망을 하였습니다.

3. 손해배상의 책임

(1) 피고는 산부인과 전문의로 분만전후를 통하여 분만의 상황에 따른 적절한 분만방법을 택하여 제때에 필요한 조치를 취해야 할 의무가 있음에도 불구하고, 이를 게을리 한 과실로 인해 분만 전 검사결과 아무런 이상이 없었고 또한, 분만 중 전자태아심음측정기 등 태아감시장치를 통하여 아무런 이상이 없었던 태아를 사망하게 하였습니다.

(2) 따라서 피고는 의료법 및 민법상 불법행위자로서 원고들 및 사망한 태아가 입은 모든 피해를 배상하여야 할 의무가 있다 할 것입니다.

4. 손해배상의 범위

(1) 위자료

원고 이○○ 및 사망한 태아는 이 사건 분만사고 전에는 모두 건강한 상태였는데, 이 사건 사고로 태아가 출생하기 전에 사망하는 바람에 원고들이 정신적 고통을 당한 것은 경험칙상 명백하므로, 피고는 원고 김○○에게 금 ○○○원, 원고 이○○에게 금 ○○○원을 각 지급하여 원고들의 정신적인 고통을 금전으로나마 위자하여야 마땅하다 할 것입니다.

(참고로, 위자료산정에 있어 우리나라 대법원은 태아의 권리능력에 대해 전부노출설 및 정지조건부주의를 취하고 있어 사산한 태아의 경우 권리능력이 없는 관계로 위자료만 인정하고 있음. 따라서 태아가 살아서 출생하느냐의 여부에 따라 태아의 손해배상범위에 차이가 많음. 그런데 사산시 태아는 권리능력이 없어 손해배상금이 적어지므로 이를 고려하여 사산시 위자료는 만일 태아가 출생 후 사망하였을 경우의 일실수입을 계산하여 이를 위자료의 청구금액으로 산정하는 것이 좋을 듯함)

(2) 분만비 및 치료비

원고 이○○는 이 사건 분만비 및 치료비로 금 ○○○원을 지출하였습니다.

5. 결론

따라서 피고는 원고 김○○에게 금 ○○○원(위자료), 원고 이○○에게 금 ○○○원 (위자료: 금 ○○○원 + 분만비 및 치료비: 금 ○○○원) 및 각 이에 대하여 이 사건 사고일인 20○○. ○○. ○○.부터 이 사건 소장부본 송달일까지는 민법에서 정한 연 5%의, 그 다음날부터 다 갚는 날까지는 소송촉진등에관한특례법에서 정한 연 15%의 각 비율에 의한 지연손해금을 지급할 의무가 있다 할 것이므로, 원고들은 부득이 청구취지와 같은 돈을 각 청구하고자 이 사건 청구에 이르게 되었습니다.

입 증 방 법

1. 갑 제1호증   가족관계증명서
1. 갑 제2호증   ○○산부인과 접수증
1. 갑 제3호증   사망진단서
1. 갑 제4호증   태아수첩
1. 갑 제5호증   영수증
1. 갑 제6호증의 1, 2   한국인표준생명표 표지 및 내용
1. 갑 제7호증의 1, 2   월간거래가격표지 및 내용

첨 부 서 류

1. 위 입증방법   각 1통
1. 소장부본   1통
1. 송달료납부서   1통

20○○.   ○.   ○.

위 원고   1. 김○○ (서명 또는 날인)
          2. 이○○ (서명 또는 날인)

○○지방법원 ○○지원 귀중

[서식 예] 손해배상(의)청구의 소(출산 중 사고, 장해발생, 채무불이행책임)

소   장

원   고   1. 김○○ (주민등록번호)
        2. 김◉◉ (주민등록번호)
        3. 이◉◉ (주민등록번호)
       위 원고들 주소: ○○시 ○○구 ○○길 ○○(우편번호)
       위 원고1 김○○는 미성년자이므로
               법정대리인 친권자 부 김◉◉ 모 이◉◉
               전화·휴대폰번호:
               팩스번호, 전자우편(e-mail)주소:
피   고   ◇◇◇ (주민등록번호)
        ○○시 ○○구 ○○길 ○○(우편번호)
       전화·휴대폰번호:
       팩스번호, 전자우편(e-mail)주소:

손해배상(의)청구의 소

청 구 취 지

1. 피고는 원고 김○○에게 금 32,000,000원, 원고 김◉◉에게 금 5,000,000원, 원고 이◉◉에게 금 5,000,000원 및 각 이에 대하여 2002. 5. 30.부터 이 사건 소장부본 송달일까지는 연 5%의, 그 다음날부터 다 갚는 날까지는 연 15%의 각 비율에 의한 돈을 지급하라.
2. 소송비용은 피고의 부담으로 한다.
3. 위 제1항은 가집행 할 수 있다.
라는 판결을 구합니다.

청 구 원 인

1. 당사자 관계
 가. 원고 김○○는 피고의 의료과오로 인하여 신체에 상해를 입은 당사자이고, 원고 김◉◉는 원고 김○○의 아버지, 원고 이◉◉는 원고 김○○의 어머니입니다.
 나. 피고 ◇◇◇는 산부인과 전문의 자격을 취득한 뒤 ○○시 ○○구 ○○길 ○○에서 ◇◇산부인과의원을 개설하여 경영, 유지하는 사람으로서 이 사건 의료시술상의 과오로 원고 김○○에게 상해를 입힌 사람입니다.

2. 손해배상책임의 발생 또는 피고의 귀책사유

가. 사고의 발생경위

　　이 사건 사고를 일으킨 산부인과전문의인 피고는 2002. 5. 30. 15:04경 ○○시 ○○구 ○○길 ○○ 소재 피고 경영의 산부인과의원 분만실에서 몸무게가 5.3kg이나 되는 원고 김○○의 출산시술을 하였던 바, 이러한 경우 피고로서는 태아와 산모의 상태를 면밀히 진찰하고 원고 김○○의 체중이 5.3kg이나 되는 과체중출생아(거대아)였으면 그에 따라 적절한 방법으로 출산시술을 하여야 할 주의의무가 있음에도 이를 게을리 한 채 무리하게 자연분만을 유도하여 원고 김○○가 원고 이◉◉의 자궁(미골 및 치골 등)에 오른쪽 어깨가 걸려 빠져 나오지 못하자 그곳에 있던 소외 성명불상 간호사에게 원고 이◉◉의 배를 마구 누르게 하고 피고는 원고 김○○의 머리를 잡고 회전시키면서 어깨를 세우려는(견갑분만) 등 견인하는 중에 무리하게 과도한 힘을 가하여 분만을 유도하다가 그만 원고 김○○의 경추 제5번, 제6번 신경(C5, C6)을 손상시켜 원고 김○○로 하여금 오른손을 전혀 쓰지 못하는 우상완 신경총마비(일명 Erb's palsy)의 상해를 입게 한 것입니다.

나. 피고의 과실

(1) 임산부에 대한 검사의무 해태

　　성공적인 유도분만을 위한 전제조건은 정상적인 아두골반관계인데, 피고로서는 원고 이◉◉가 출산경험이 있는 임산부이더라도 원고 김○○의 골반크기, 미골과 치골의 간격, 산도 등을 측정하여 원고 이◉◉의 골산도의 크기, 형을 파악한 뒤 원고 김○○가 모체로부터 자연분만이 자연스럽게 이루어질 수 있는지 검사하여야 합니다.

　　이를 위해 피고는 원고 이◉◉의 골산도의 크기, 형 등에 대해 개략적인 것을 알기 위하여 계측기를 이용하여 골반의 외계측을 실시하고 또한 복위 및 자궁저를 계측하고 나아가 손을 이용한 내진을 통해 개구도를 측정하여야 합니다. 그리고 방사선기기 및 초음파측정기 등 정밀 산부인과 기계를 이용하여 골반 및 자궁경부에 대한 정확한 이해가 있어야 했음에도 이를 게을리 하였습니다.

　　또한, 임산부의 뇨 및 혈중의 호르몬(E3)을 검사하여 태반의 기능상태를 파악해야 했음에도 이를 게을리 하였습니다. 특히 위 호르몬(E3)검사는 태아의 기능상태도 동시에 파악이 되는 검사방법입니다.

(2) 태아에 대한 검사의무의 해태

　　피고는 산부인과 의사로서 산모 및 태아에 대하여 문진, 내·외진, 초음파진단, 심박동측정, 양수진단, 뇨 및 혈중의 에스트리올 농도측정 등을 실시하여 산모의 이상유무 및 태아의 성숙도를 비롯하여 태아의 선천성이상, 선천성기형 등을 확인하여야 함에도 이를 게을리 하였습니다.

　　특히 초음파검사는 doppler법에 의한 태아의 심박음측정, B scope, electron scanning에 의한 태아의 크기, 성장정도, 태낭유무 등을 확인할 수 있는 검사기법입니다.

　　또한, 양수진단을 하여야 합니다. 이는 양수상의 염색체검사, 효소검사, 양수세포

중 대사물질측정, 호르몬 치정량, 부하시험, 지방염색세포 출현률측정, 양수량 측정을 하여 태아의 상태에 대한 사전 정밀검사를 실시하는 것입니다.

(3) 분만방식의 과실

피고는 앞서 살핀 태아의 발육상태와 원고 이◉◉의 골반 및 산도의 크기와 형태 등 구체적인 상태를 파악한 후 상관관계를 고려하여 원고 김○○가 거대아(과체중 출생아)이면 당연히 제왕절개술로 원고를 출산하여야 합니다.

통상 제왕절개술은 태아의 상태가 둔위, 횡위 등의 태위이상, 태반이 자궁입구에 놓여 있는 전치태반 또는 태반조기박리 등인 태반이상의 경우 및 아두골반불균형, 태아질식 등에 적응됩니다.

이 사건의 경우에는 제왕절개술을 실시하여야 할 가장 전형적인 적응증으로서 제왕절개술을 실시하여야 함에도 불구하고 앞서와 같은 원고 김○○와 원고이◉◉의 상태 및 상관관계를 전혀 고려하지 않음으로 인하여 원고 김○○가 분만시 머리부분만 분만되고 견갑(어깨)부분이 자궁경부에 걸려 그만 나오지 못하는 사고가 발생한 것입니다.

특히 피고로서는 양수가 터지고도 시간이 많이 흐를 때는 태아가 양수를 들이마셔 질식사 할 우려가 높아 제왕절개술을 실시하여야 합니다.

또한, 출산시 이 사건과 같이 난산일 때는 태반이 떨어지면서 모체의 피가 태아에게 공급되지 않음으로 산소부족현상이 발생합니다. 그로 인하여 뇌출혈 현상이 나타나고 뇌실에 물이 고이게 되며 결국 뇌기능장애 즉, 뇌성마비현상이 나타날 수도 있습니다.

즉, 지연분만 등은 태내저산소 상태를 조장하여 태아저산소증이 초래되고 태아저산소증은 태아의 호흡곤란을 유발하여 태아가 분만중에 이른바 헐떡호흡(grasp)으로 인해 태변이 함유된 양수를 흡입하여 뇌의 산소부족현상을 가져와 뇌손상을 입게 합니다.

다시 말해 난산→저산소상태→뇌의 산소공급부족→뇌출혈→뇌손상의 순으로 이어지는바 의사로서는 즉시 제왕절개수술을 시술하여야 합니다. 현재 원고 김○○에게 뇌성마비의 증세가 있는지 여부조차 모르고 있으나 피고로서는 원고 김○○과 원고 이◉◉의 상태 및 그 상관관계를 고려하여 제왕절개술을 시술하였다면 이 사건과 같은 비극은 최소한 막을 수 있었을 것입니다.

(4) 분만시술시의 과실

피고로서는 원고가 산모의 자궁경부를 빠져나오지 못할 경우는 흡입만출기와 산과겸자를 적절히 사용하여 자연스럽게 출산할 수 있도록 조치를 취했어야 합니다. 그러나 피고는 여러 차례의 분만유도에 실패한 뒤에도 무리하게 유도분만을 강행, 분만실에 있던 소외 성명불상의 간호사에게 원고 이◉◉의 복부를 강하게 누르게 하였습니다.

또한, 피고는 원고 김○○의 머리를 잡아당기고 어깨를 세우려고 회전시키는 과정에서 과도한 힘을 가하여 원고 김○○의 경추신경을 건드렸습니다. 위와 같은 과정 중에서 피고는 원고 이◉◉의 자궁경부를 압박하고, 원고의 목뼈를 무리하게 회전시킴으로써 원고의 경추신경계통을 손상시켜 위 원고의 신경이 변성 또는 파괴에 이르게 된 것입니다(기능적 해부학 입문서 참조).

위 신경계통은 통상 척추를 통하여 팔, 다리 등 사지로 통하는 것인바, 팔로 가는 신경다발인 제5, 6번 경추신경 등을 건드린 것입니다.

(5) 설명의무위반

피고는 원고 이◉◉에게 아두골반 불균형, 과체중출생아에 따른 출산의 위험성 등에 관하여 전혀 설명한 바 없었습니다.

다. 피고의 채무불이행책임

피고로서는 원고 김○○의 친권자인 원고 김◉◉와 원고 김○○의 분만계약을 체결하였으면, 원고 김○○와 원고 이◉◉의 상태에 따라 성실히 진료하여 적절한 처치 및 분만시킬 채무가 있음에도 위에서 본 바와 같이 태아와 산모에 대한 검사의무를 게을리 하고 무리하게 유도분만을 강행하면서 과도한 견인을 하는 등으로 위 채무를 성실히 이행하지 않았으므로 이에 대하여 채무불이행책임이 있다 할 것입니다.

3. 손해배상의 범위

가. 원고 김○○의 일실수입

(1) 연령, 성별, 기대여명 등

원고 김○○는 2002. 5. 30.생으로 이 사건 사고당시인 2002. 5. 30. 현재 갓 태어난 남자 어린이로서 그 나이에 이른 우리나라 남자의 평균기대여명은 75.55년이므로 특별한 사정이 없는 한 75세까지는 생존이 가능하다 할 것입니다.

(2) 직업 및 수입정도 또는 소득실태

이 사건 피해자인 원고 김○○는 이 사건 사고로 평생 불구의 몸이 되지 않았더라면 앞으로 초, 중, 고등학교 등을 졸업하고 군복무를 마친 뒤 사회의 일원으로 활약하며 그에 상응하는 월소득을 얻을 수 있다 할 것이며, 최소한 원고 김○○는 그의 주소지인 도시에서 거주하면서 도시일반일용노동에 종사하여 얻을 수 있는 월수입은 2002년도 상반기 적용 도시일반일용노동자의 1일 노임은 금 40,922원이고 통상 월 22일간은 가동할 수가 있다 함은 경험칙상 명백하므로 월평균 금 900,284원(금 40,922원×22일)이상의 수익은 예상됩니다.

(3) 가동연한

원고 김○○는 이 사건 사고로 평생불구가 되지 않았더라면 그가 20세가 되는 2022. 5. 30. 군에 입대하여 26개월의 군복무를 마친 다음날인 2024. 8. 1.부터 그의 나이가 만 60세에 이르는 2062. 5. 29.까지 가동할 수 있음은 일반의 경험칙 및 이에 기초한 판례경향에 의하여도 인정할 수 있다 할 것입니다.

(4) 치료기간 등

원고 김○○는 이 사건 사고로 인한 상해로 지금까지도 치료받고 있는 실정입니다.

(5) 후유장해, 가동능력 상실비율 및 일실수입의 계산

원고 김○○는 이 사건 사고로 인한 상해로 지금까지도 치료받고 있으며, 향후치료도 예상되나 그 치료 후에도 잔존이 예상되어 그에 따른 노동능력의 상실이

예견(약 55%)되므로 그에 상응하는 일실손해를 입을 것인바, 그 손해는 장차 월차적으로 입은 손해이므로 이를 월 5/12%의 법정이자를 공제하는 호프만식 계산법에 따라 사고당시의 현가로 구하면 금 76,047,624원{월평균소득 금 900,284원 ×0.55×153.5831{332.3359(720개월 호프만계수)-178.7528(266개월 호프만계수)}이 될 것인바, 이는 추후 귀원의 신체감정결과에 따라 확정청구하기로 하고 우선 일부금으로 금 22,000,000원을 청구합니다.

나. 치료비 등

추후 귀원을 통한 증거수집방법 이후 확정 청구하겠습니다.

다. 개호비용 등

추후 귀원을 통한 증거수집 방법이후 확정 청구하겠습니다.

라. 위자료

원고 김○○는 이 세상에 태어나기 위하여 모체에서 출산하는 순간부터 위와 같은 상해를 입고 영구불구의 몸이 됨으로써 현재 및 장래에 형언할 수 없는 실의와 비탄에 잠겨 있는바, 원고들에게 금전으로나마 위자함에 있어 경험칙상 인정되는 원고들의 고통을 위자함에 있어 원고 김○○에게 금 30,000,000원은 지급함이 상당하다 할 것이나 이는 추후 귀원의 신체감정결과에 따라서 확정청구하기로 하고 우선 일부금으로 금 10,000,000원을 청구하며, 원고 김◉◉ 및 원고 이◉◉는 각 금 5,000,000원의 위자료로 지급함이 상당하다고 할 것입니다.

4. 결론

그렇다면 피고는 원고 김○○에게 금 32,000,000원{금 22,000,000원(재산상 손해) +금 10,000,000원(위자료)}, 원고 김◉◉ 및 원고 이◉◉에게 각 금 5,000,000원 및 각 이에 대하여 이 사건 의료사고일인 2002. 5. 30.부터 이 사건 소장부본 송달일까지는 민법에서 정한 연 5%의, 그 다음날부터 다 갚는 날까지는 소송촉진등에관한특례법에서 정한 연 15%의 각 비율에 의한 지연손해금을 지급할 의무가 있다 할 것이므로 이 사건 청구에 이른 것입니다.

입 증 방 법

1. 갑 제1호증　　　　　　가족관계증명서
1. 갑 제2호증　　　　　　주민등록 등본
1. 갑 제3호증　　　　　　출생증명서
1. 갑 제4호증　　　　　　진단서
1. 갑 제5호증의 1, 2　　한국인표준생명표 표지 및 내용
1. 갑 제6호증의 1, 2　　월간거래가격 표지 및 내용
1. 갑 제7호증의 1　　　　임상산과학 표지
　　　　　　　2　　　　내용(제왕절개술 적응증)
1. 갑 제8호증의 1　　　　소아과학 표지
　　　　　　　2　　　　내용(상지마비)

1. 갑 제9호증의 1   소아과개요 표지
                  2   내용(상지마비)

첨 부 서 류

1. 위 입증방법   각 1통
1. 소장부본   1통
1. 송달료납부서   1통

20○○.　○.　○.

위 원고　1. 김○○
　　　　　2. 김◉◉　(서명 또는 날인)
　　　　　3. 이◉◉　(서명 또는 날인)
원고1은 미성년자이므로
법정대리인 친권자 부 김◉◉(서명 또는 날인)
　　　　　　　　　 모 이◉◉(서명 또는 날인)

○○지방법원　귀중

[서식 예] 손해배상(의)청구의 소(약물쇼크 사고, 공동불법행위책임)

소 장

원 고 1. ○○○ (주민등록번호)
　　　 2. ○①○ (주민등록번호)
　　　 3. ○②○ (주민등록번호)
　　　 위 원고들 주소: ○○시 ○○구 ○○길 ○○(우편번호)
　　　 위 원고2, 3은 미성년자이므로 법정대리인 친권자 부 ○○○
　　　　　　　 전화·휴대폰번호:
　　　　　　　 팩스번호, 전자우편(e-mail)주소:
피 고 1. ◇◇◇ (주민등록번호)
　　　　 ○○시 ○○구 ○○길 ○○(우편번호)
　　　　 전화·휴대폰번호:
　　　　 팩스번호, 전자우편(e-mail)주소:
　　　 2. ◈◈◈ (주민등록번호)
　　　　 ○○시 ○○구 ○○길 ○○(우편번호)
　　　　 전화·휴대폰번호:
　　　　 팩스번호, 전자우편(e-mail)주소:

손해배상(의)청구의 소

청 구 취 지

1. 피고들은 각자 원고 ○○○에게 금 ○○○원, 원고 ○①○, 원고 ○②○에게 각 금 ○○○원 및 각 이에 대하여 20○○. ○. ○.부터 이 사건 소장부본 송달일까지는 연 5%의, 그 다음날부터 다 갚는 날까지는 연 15%의 각 비율에 의한 돈을 지급하라.
2. 소송비용은 피고들의 부담으로 한다.
3. 위 제1항은 가집행 할 수 있다.
라는 판결을 구합니다.

청 구 원 인

1. 당사자들 관계
 가. 원고
　　 원고 ○○○는 이 사건 사고로 사망한 소외 망 ◉◉◉의 남편이고, 원고 ○①○,

원고 ○②○는 소외 망 ◉◉◉의 자식들입니다.

나. 피고들

피고 ◇◇◇는 ○○시 ○○구 ○○길 123의 45에서 ◇◇◇의원이라는 상호를 개설하여 외과 등을 영리목적으로 경영하는 외과전문의사로서 피고 ◈◈◈의 사용자이고, 피고 ◈◈◈는 위 ◇◇◇의원에서 피고 ◇◇◇에게 고용되어 근무한 의사입니다.

2. 손해배상책임의 발생

가. 사건의 경위

피고들은 20○○. ○. ○. 15:00경 ○○시 ○○구 ○○길 123의 45 소재 ◇◇◇의원에서 소외 망 ◉◉◉의 폐렴에 대한 치료를 하였던 바, 이러한 경우 피고들로서는 문진, 사진, 촉진 등의 방법과 아울러 위 망인의 체온 및 혈압측정, 혈액검사 등의 방법을 통하여 소외 망 ◉◉◉의 정확한 병인을 파악하고 이에 대하여 적절한 치료약을 투약하여 약물쇼크사고를 피해야 할 업무상 주의의무가 있음에도 불구하고 소외 망 ◉◉◉가 오한, 구토, 메스꺼움, 두통 등을 호소하자 단순히 위염 및 신경증 증세로 오진한 채 폐렴환자에게는 호흡억제 부작용이 있어 절대로 사용해서는 아니 되는 마약 계통의 진통제인 펜타조신 30㎎을 주사한 과실로 소외 망 ◉◉◉으로 하여금 같은 날 20:15경 펜타조신 약물쇼크에 의한 호흡부전, 심부전 등의 증세로 사망케 한 것입니다.

나. 피고들의 책임

피고 ◇◇◇는 소외 망 ◉◉◉에 대한 검사를 제대로 하지 않고 단순한 위염증세로 오진하였고, 피고 ◈◈◈는 소외 망 ◉◉◉가 재차 같은 증세를 호소하며 다시 위 ◇◇◇의원을 찾아오자 아무런 의심 없이 피고 ◇◇◇가 오진한 위염에 대한 진통을 목적으로 타조신을 주사한 잘못이 있습니다. 피고들은 소외 망 ◉◉◉와 체결한 진료계약에 따라 성실하게 진료하고 진상에 알맞은 처방을 하였어야 함에도 불구하고, 위 진료계약에 따른 의무를 다하지 않은 잘못이 있습니다. 또한, 피고들은 소외 망 ◉◉◉에 대하여 오진 및 잘못된 처방을 한 불법행위책임을 져야 할 것입니다. 피고 ◇◇◇는 피고 ◈◈◈의 과실로 인하여 이 사건 사고가 발생함에 대한 사용자책임도 져야 할 것입니다. 피고들은 소외 망 ◉◉◉에 대한 진찰결과 및 그에 따른 처방방법을 자세히 설명하고, 그 약효는 물론 부작용 등에 대하여 설명하여 소외 망 ◉◉◉의 자기결정권에 기한 승낙을 받은 후 투약하였어야 함에도 불구하고 이를 게을리 하였으므로 설명의무위반에 대한 책임이 있습니다.

3. 손해배상의 범위

가. 연령, 성별, 기대여명

이 사건 사고로 사망한 소외 망 ◉◉◉는 19○○. ○. ○.생으로 이 사건 사고 당시인 20○○. ○. ○. 현재 32년 6개월된 신체 건강한 여자로서 그 또래 우리나라 여자의 평균기대여명은 앞으로 48.38년으로 특별한 사정이 없는 한 80세까지는 생존이 가능하다 할 것입니다.

나. 직업 및 수입관계

소외 망 ◉◉◉는 원고 ○○○와 결혼하여 자녀 2명을 돌보며 생활하는 가정주부로서 그에 대한 수익사실의 입증이 곤란하므로 최소한 대한건설협회에서 조사한 20○○년도 상반기 적용 건설업임금실태조사보고서상의 도시 보통인부의 1일 노임은 금 ○○○원이고, 통상 월 22일간은 가동할 수가 있다 함은 경험칙상 명백하다 할 것이므로 월평균 금 ○○○원{금 ○○○원(도시일용 보통인부 1일노임단가)×22일}의 수익이 예상되나 소외 망 ◉◉◉가 사망하였으므로 망인의 생계비로 1/3을 공제하면 매월 금 ○○○원(월평균 금 ○○○원×2/3, 원미만 버림)의 수익이 예상됩니다.

다. 가동연한 및 일실수익 손해금

소외 망 ◉◉◉는 이 사건 사고로 사망하지 않았더라면 통상 가동연한이 60세가 다할 때까지 27년 6개월, 즉 월로 환산하면 330개월 동안은 위 월평균 수익금 이상을 올릴 수가 있다 할 것이나, 이 사건 사고로 사망하여 위 월평균 수익금을 일차적으로 상실하게 되었는바, 이를 기초로 하여 월 5/12%의 법정중간이자를 공제하는 호프만식 계산법에 따라 사고당시를 기준으로 일시에 그 현가를 산출하면 금 ○○○원{금 ○○○원(월평균수입)×207.3101(330개월에 대한 호프만수치), 원미만 버림}이 됩니다.

4. 장례비

소외 망 ◉◉◉의 사망으로 인한 장례비(영안실비, 장의차량비, 기타 비용 포함)로 금 3,000,000원이 소요되어 망인의 남편인 원고 ○○○가 지불하였으므로 이를 장례비로 청구합니다.

5. 위자료

이 사건 사고로 사망한 소외 망 ◉◉◉는 원고 ○○○와 결혼하여 딸인 원고 ○①○, 원고 ○②○를 낳아 행복하게 살아오다 이 사건 폐렴치료시 피고들의 잘못으로 비참하게 사망하고 말았으니 그 죽음에 이르기까지의 고충과 비애는 두말할 나위가 없었을 것이고, 이러한 광경을 지켜 본 남편과 자녀들 역시 그 슬픔과 괴로움은 이 세상 다하도록 잊을 날이 없다 할 것이 분명하므로 피고들은 이들을 금전으로나마 위자한다면 소외 망 ◉◉◉에게 금 ○○○원, 원고 ○○○에게 금 ○○○원, 원고 ○①○, 원고 ○②○에게 각 금 ○○○원의 위자료를 각자 지급함이 상당하다 할 것입니다.

6. 상속관계

소외 망 ◉◉◉의 손해배상채권 금 ○○○원{금 ○○○원(일실수입)+금 ○○○원 (위자료)}은 그의 상속인인 원고 ○○○에게 3/7(금 ○○○원=소외 망 ◉◉◉의 손해배상채권 금 ○○○원×3/7), 원고 ○①○, 원고 ○②○에게 각 2/7(금 ○○○원=소외 망 ◉◉◉의 손해배상채권 금 ○○○원×2/7)의 비율로 각 상속되었습니다.

7. 결론

따라서 피고들은 각자 원고 ○○○에게 금 ○○○원{금 ○○○원(장례비)+금 ○○○원(위자료)+금 ○○○원(상속채권)}, 원고 ○①○, 원고 ○②○에게 각 금 ○○○원{금 ○○○원(위자료)+금 ○○○원(상속채권)} 및 각 이에 대하여 이 사건 사고일인 20○○. ○○. ○○.부터 이 사건 소장부본 송달일까지는 민법에서 정한 연 5%의, 그 다음날부터 다 갚는 날까지는 소송촉진특례법에서 정한 연 20%의 각 비율

에 의한 지연손해금을 지급할 의무가 있다 할 것이므로, 원고들은 부득이 청구취지
와 같은 돈을 각 청구하고자 이 사건 청구에 이르게 되었습니다.

입 증 방 법

1. 갑 제1호증   기본증명서
                            (단, 2007.12.31.이전에 사망한 경우 제적등본)
1. 갑 제2호증   가족관계증명서
1. 갑 제3호증   주민등록등본
1. 갑 제4호증   사망진단서
1. 갑 제5호증의 1, 2   한국인의표준생명표지 및 내용
1. 갑 제6호증의 1, 2   월간거래가격표지 및 내용

첨 부 서 류

1. 위 입증서류   각 1통
1. 소장부본   2통
1. 송달료납부서   1통

20○○.   ○.   ○.

위 원고   1. ○○○ (서명 또는 날인)
               2. ○①○
               3. ○②○
               원고2, 3은 미성년자이므로
               법정대리인 친권자 부 ○○○(서명 또는 날인)

○○지방법원 귀중

[서식 예] 손해배상(의)청구의 소(뇌수술 사고, 공동불법행위)

소   장

원   고   1. ○○○ (주민등록번호)
          2. ○①○ (주민등록번호)
          3. ○②○ (주민등록번호)
          위 원고들 주소 : ○○시 ○○구 ○○길 ○○(우편번호)
          전화·휴대폰번호:
          팩스번호, 전자우편(e-mail)주소:
피   고   1. 학교법인 ◇◇◇◇
          ○○시 ○○구 ○○길 ○○(우편번호)
          이사장 ◇◇◇
          전화·휴대폰번호 :
          팩스번호, 전자우편(e-mail)주소:
          2. ◈①◈ (주민등록번호)
          ○○시 ○○구 ○○길 ○○(우편번호)
          전화·휴대폰번호 :
          팩스번호, 전자우편(e-mail)주소:
          3. ◈②◈ (주민등록번호)
          ○○시 ○○구 ○○길 ○○(우편번호)
          전화·휴대폰번호 :
          팩스번호, 전자우편(e-mail)주소:

손해배상(의)청구의 소

청 구 취 지

1. 피고들은 연대하여 원고 ○○○에게 금 325,891,618원, 원고 ○①○, 원고 ○②○
   에게 각 금 10,000,000원 및 각 이에 대하여 2000. 3. 23.부터 이 사건 소장부본
   송달일까지는 연 5%의, 그 다음날부터 다 갚는 날까지는 연 15%의 각 비율에 의
   한 돈을 각 지급하라.
2. 소송비용은 피고들의 부담으로 한다.
3. 위 제1항은 가집행 할 수 있다.
라는 판결을 구합니다.

청 구 원 인

1. 당사자들의 관계

가. 원고들

원고 ○○○는 이 사건 사고로 의식불명상태에 이르게 된 사람이고, 원고 ○①○, 원고 ○②○는 원고 ○○○의 자식들입니다.

나. 피고들

피고 학교법인 ◇◇◇◇은 ○○시 ○○구 ○○길 ○○에 산하 부속병원(다음부터 피고산하 부속병원이라고 함)을 운영하면서 원고 ○○○와 진료계약을 체결하고 피용자인 신경외과 전문의 피고 ◆①◆로 하여금 원고 ○○○의 뇌수술을 집도하게 하고, 피용자인 피고 ◆②◆ 당시 레지던트 2년차로 하여금 위 원고의 주치의로서 치료를 담당하게 하였습니다.

2. 손해배상책임의 발생

가. 사고경위

원고 ○○○는 평소 고혈압 증세가 있어 고혈압 약을 복용하여 오던 것 이외에는 건강했던 자로서, 2000. 2.경부터 지속적인 두통증세를 느껴 같은 달 말 ○○의료원 외래 진료 후 같은 해 3. 1. ○○시 ○○구 ○○길 소재 ○○방사선과의원에서 MRI촬영 후 다음날인 3. 2. 피고산하 부속병원 신경외과 ○○○병동 ○○○○호(6인실)에 입원하게 되었습니다.

원고 ○○○는 입원이후 가슴이 답답하고 머리가 계속 아프다는 등 여러 차례 담당주치의인 피고 ◆②◆에게 아픔을 호소하였으나 피고 ◆②◆는 이를 대수롭지 않게 받아들이면서 수술 전 스트레스로 인한 것이라며 별다른 조치를 취하지 않는 등 원고의 고통을 무시하였고 결국 같은 달 17. 08:00경 수술을 강행하였습니다.

원고 ○○○의 수술은 피고 ◆①◆의 집도로 이루어졌는데 생금조직검사 수술이었고 위 수술은 뇌속에 종양이라고 의심되는 부위의 일부를 떼어내어 검사하는 것으로서 마취후 두개골에 구멍을 뚫어 긴 관으로 뇌속의 염증부분을 채취하는 것이었으며, 수술결과 뇌염증이라고 하면서 항생제를 투여하는 이외에는 별다른 조치를 취하지 아니하였습니다.

그런데 수술 후 피고산하 부속병원측에서는 중환자실로 옮겨 안정을 취하게 하지 아니하고 바로 일반병실로 돌려보냈으며 원고 ○○○는 마취에서 매우 늦게 깨어났던 것인데, 마취에서 깨고 난 이후 정신이 매우 혼미하고 몽롱한 상태라면서 식은땀을 비오듯이 흘리고 가슴이 답답한 증세를 호소하였고 심지어 1m 앞에 있는 달력의 큰 글씨조차 구별하지 못하는 등 시력장애 증상까지 나타나기 시작하였습니다.

원고 ○○○의 고통이 수술후유증이라고 판단한 가족들은 여러 차례 위와 같은 후유증세를 담당 주치의인 피고 ◆②◆와 간호사들에게 호소하였으나 피고 ◆②◆는 수술 후 그럴 수도 있다면서 이를 대수롭지 않게 여기는 것은 물론 아무런 조치를 취하지 아니하더니 급기야 같은 달 20. 퇴원해도 된다는 식으로 퇴원을 종용하기에 이르렀습니다. 원고 ○①○와 원고 ○②○는 병원의 이러한 퇴원요구를 거절한 끝에 병실에서 어머니의 고통을 바라만 볼 수밖에 없었는데 결국 3일도 채 지나지 아니한 3. 23. 오후 2시경 병실 침대에서 화장실을 가기 위해 일어나다 쓰러져 현재까지 의식불명상태에 이르게 되었던 것이며 뇌병변으로 장애등급 1급의 식물인간상태의 장애인이 되고 말았습니다.

원고 ○○○는 피고산하 부속병원에서 2001. 2. 23.까지 입원치료를 받다가 퇴원하여 현재는 ○○시 ○○구 소재 ○○병원에서 입원치료를 받고 있습니다.

피고들은 원고 ○○○의 수술 전에 원고가 고통을 호소하는데도 아무런 조치를 취하지 아니하였고 어떠한 연유인지 가슴통증을 호소하였음에도 그 흔한 심전도 검사조차 실시하지 아니하였으며 수술이후에도 환자와 가족들이 그렇게 고통을 호소하였음에도 담당주치의는 무성의하게 환자의 상태를 무시하였고 호흡곤란증세가 있었음에도 산소호흡기 조치도 취하지 아니하였습니다. 원고 ○○○의 수술 전 3. 3. 피고산하 부속병원 신경외과에서 같은 병원 내과에 문의한 결과 내과에서 심장검사, 가슴통증시 혈관확장제(진료기록상 NTG)를 투여하고 그 반응을 체크하라는 등의 내과 의사 소외 ◆③◆의 의견이 있었음에도 불구하고 이를 무시한 채 아무런 조치를 취하지 아니한 채 수술을 강행하였고 수술 후 원고 ○○○가 쓰러질 때까지 원고 ○○○에 대한 어떠한 의료적 조치를 취하였다는 내용이 진료기록상 전혀 나타나 있지 않았으며, 만약 같은 달 20. 퇴원종용에 따라 바로 퇴원결정을 하였더라면 원고 ○○○는 사망에 이르렀을 개연성 또한 높았다고 볼 수 있습니다.

결국 원고 ○○○는 저산소증으로 인한 뇌손상으로 전신마비가 온 것으로 추정되는바(병원측 진단서상 심근경색증이라고 함), 피고산하 부속병원은 위와 같은 내과적 진단이 있었고 이에 따른 최소한의 진료조치를 취하여야 할 의무가 있음에도 망연히 수술 전에는 스트레스라 하면서 수술을 강행하였고 수술 후에 더 심각한 후유증세가 발생하였는데도 이를 무시한 채 심지어 퇴원까지 종용한 피고산하 부속병원은 진료계약에 따른 성실한 진료의무를 다하지 아니하고 무성의한 태도로 일관하여 진료계약상의 책임을 다하지 아니한 결과 위 원고에게 돌이킬 수 없는 식물인간 상태라는 막대한 손해를 발생시켰고, 가족들에게 너무나도 크나큰 고통을 안겨주고 만 것입니다.

나. 손해배상책임의 근거

피고 학교법인 ◇◇◇◇은 원고 ○○○와 진료계약을 체결하였으며 선량한 관리자의 주의의무를 다하여 진료당시의 소위 임상의학의 실천에 있어서의 의료수준에 따라 필요하고도 적절한 진료조치를 다해야 할 채무를 지고 있으며 사람의 생명과 건강을 다루는 의사에게는 그 업무의 성질에 비추어 시술로 인하여 발생 가능한 위험의 방지를 위하여 필요한 최선의 조치를 취할 업무상 주의의무가 요구되는바 수술을 담당하는 의사는 수술 중에 있어서는 물론 수술 전후의 모든 과정을 통하여 발생할 수 있는 모든 위험에 대비하여 환자의 상태를 면밀히 관찰하는 것을 포함하여 최선의 조치를 취할 주의의무가 요구된다고 할 것임에도 이를 게을리 하여 원고 ○○○로 하여금 위와 같이 식물인간 상태에 이르게 하였으므로 채무불이행책임을 져야 합니다.

물론 피고 ◈①◈와 피고 ◈②◈는 민법 제750조의 불법행위책임을, 피고 학교법인 ◇◇◇◇은 피고 ◈①◈와 피고 ◈②◈의 사용자로서 민법 제756조의 사용자책임을 같이 져야 할 것입니다.

3. 손해배상의 범위

가. 기초사실

원고 ○○○는 1950. 3. 3.생으로 이 사건 사고 발생일인 2000. 3. 23. 현재 50년 남짓된 신체 건강한 여자였으나 사고 이후 가동능력을 100% 상실한 사람으로서 그 또래 우리나라 여자의 평균 기대여명은 앞으로 31.25년(375개월)이고 가동연한 60세까지인 2010. 3. 2.까지 119개월의 호프만 계수는 96.4784이며 사고일경 도시노동자 보통인부의 노임은 금 34,360원입니다.

나. 일실수입

금 79,929,950원(금 34,360×22일×96.4784)

다. 개호비

원고 ○○○가 식물인간상태가 된 이후 유일한 가족들인 나머지 원고들이 모두 직장에 다니고 있는 관계로 원고 ○○○를 간병하는 자가 항상 있어야 하는바, 사고 발생일로부터 기대여명까지의 개호비도 이 사건 손해배상에 포함되어야 할 것인데, 기대여명까지 375개월의 호프만 수치는 225.5314이므로 기대여명까지의 개호비는 금 232,477,767원(금 34,360원×30일×225.5314)입니다.

라. 위자료

원고 ○○○는 이 사건 사고로 식물인간 상태에 빠져 헤어날 수 없는 고통에 시달리고 있음은 자명할 것이고, 아버지와 별거 중이던 어머니마저 이와 같은 상태로 지내게 되어 이를 지켜볼 수밖에 없고 앞으로도 이러한 고통을 감내해야만 하는 나머지 원고들 역시 그 슬픔과 괴로움은 이 세상이 다하도록 잊을 날이 없다 할 것이 분명하므로 피고들이 이를 금전적으로나마 위자한다면 원고 ○○○에게 금 20,000,000원, 원고 ○①○, 원고 ○②○에게 각 금 10,000,000원씩을 각 지급함이 상당하다 할 것입니다.

4. 결론

그렇다면 피고들은 연대하여 원고 ○○○에게 금 332,407,717원{금 79,929,950원(일실수입) + 금 232,477,767원(개호비) + 금 20,000,000원(위자료)}, 원고 ○①○, 원고 ○②○에게 각 금 10,000,000원 및 각 이에 대하여 사고 발생일인 2000. 3. 23.부터 이 사건 소장부본 송달일까지는 민법에서 정한 연 5%의, 그 다음날부터 다 갚는 날까지는 소송촉진등에관한특례법에서 정한 연 15%의 각 비율에 의한 지연손해금을 각 지급 받고자 이 사건 소제기에 이른 것입니다.

입 증 방 법

1. 갑 제1호증   가족관계증명서

1. 갑 제2호증   진단서
1. 갑 제3호증   장애인등록증
1. 갑 제4호증의 1, 2   한국인의표준생명표지 및 내용
1. 갑 제5호증의 1, 2   월간거래가격표지 및 내용

첨 부 서 류

1. 위 입증방법   각 1통
1. 법인등기사항증명서   1통
1. 소장부본   3통
1. 송달료납부서   1통

20○○.   ○.   ○.

위 원고 1. ○○○ (서명 또는 날인)
        2. ○①○ (서명 또는 날인)
        3. ○②○ (서명 또는 날인)

○○지방법원 귀중

[서식 예] 손해배상(의)청구의 소(수술거즈 미제거 상태에서 봉합한 사고)

소   장

원   고 1. 최○○ (주민등록번호)
          2. 유○○ (주민등록번호)
          3. 최◎◎ (주민등록번호)
          위 원고들 주소: ○○시 ○○구 ○○길 ○○(우편번호)
          위 원고3 최◎◎는 미성년자이므로
                    법정대리인 친권자 부 최○○ 모 유○○
                    전화·휴대폰번호:
                    팩스번호, 전자우편(e-mail)주소:
피   고 의료법인 ◇◇병원
          ○○시 ○○구 ○○길 ○○(우편번호)
          병원장 ◇◇◇
          전화·휴대폰번호:
          팩스번호, 전자우편(e-mail)주소:

손해배상(의)청구의 소

청 구 취 지

1. 피고는 원고 최○○에게 금 ○○○원, 원고 유○○에게 금 ○○○원, 원고 최◎◎에게 금 ○○○원 및 각 이에 대하여 20○○. ○○. ○○.부터 이 사건 소장부본 송달일까지는 연 5%의, 그 다음날부터 다 갚는 날까지는 연 15%의 각 비율에 의한 돈을 지급하라.
2. 소송비용은 피고의 부담으로 한다.
3. 위 제1항은 가집행 할 수 있다.
라는 판결을 구합니다.

청 구 원 인

1. 당사자의 지위
   원고 최○○는 피고 의료법인 ◇◇병원(다음부터 피고병원이라고만 함)에 맹장염 수술을 받았다가 피해를 입은 피해자 본인이고, 원고 유○○는 원고 최○○의 처, 원고 최◎◎는 원고 최○○의 아들이며, 피고병원은 이 사건 의료사고의 가해자입니다.
2. 사건의 개요

(1) 원고 최○○는 20○○. ○○. 중순경 아랫배 부분에 통증을 느껴 치료를 받기 위하여 피고병원에 가서 피고병원에 재직 중이던 외과의사인 소외 ◆◆◆로부터 진단을 받은 결과 급성맹장염으로 판명이 되어 결국 피고병원에 입원한 후 같은 달 ○○일 소외 ◆◆◆로부터 맹장수술(다음부터 1차수술이라 함)을 받았습니다.

(2) 원고 최○○는 수술이 성공적으로 끝났으므로 안심하라는 소외 ◆◆◆의 말을 믿고 며칠 입원을 하였다가 퇴원을 하였습니다.

(3) 그런데 원고 최○○가 집에 돌아온 지 얼마 되지 않아 수술부위 쪽이 아프기 시작하였는바, 원고 최○○는 처음에는 단순한 수술후유증으로 여겼으나 통증은 갈수록 심해져 갔습니다.

(4) 원고 최○○는 통증을 참을 수가 없어 계속 다니던 ○○공사장의 인부로도 일하지 못하고 집에서 가까운 ○○병원에 가서 진단을 받아 본 결과 일전에 수술한 아랫배 부분에 이상한 물질이 있다는 진단을 받았습니다.

(5) 결국 원고 최○○는 통증을 참을 수 없어 ○○병원에 입원하여 20○○. ○○. ○○.경 수술(다음부터 2차수술이라 함)을 하여 보니 1차수술을 했던 아랫배 부분에 수술거즈가 그대로 남아 있었습니다.

(6) 즉, 1차수술 당시 수술을 담당했던 소외 ◆◆◆가 수술거즈를 수술부위에 그대로 둔 채 봉합수술을 했던 것입니다.

3. 손해배상의 책임

(1) 소외 ◆◆◆는 의사로서 수술 후 봉합을 하기 전에 수술부위에 이 물질이 남아 있는가 확인하고 봉합하여야 할 주의의무가 있음에도 불구하고 이를 게을리 하여 위와 같이 수술용 거즈를 그대로 남겨 두고 봉합수술을 하는 바람에 원고 최○○로 하여금 상해를 입게 하였습니다.

(2) 따라서 피고병원은 피용인인 소외 ◆◆◆의 위와 같은 불법행위에 관하여 사용자로서 원고 최○○ 및 그 가족들인 나머지 원고들이 입은 모든 손해를 배상할 책임이 있다 할 것입니다.

4. 손해배상의 범위

(1) 일실수입

원고 최○○은 19○○. ○○. ○○.생으로 이 사건 발생일인 20○○. ○○. ○○. 당시 ○○세 ○○개월 남짓 된 신체 건강한 남자로서, 한국인의 평균여명에 비춰볼 때 특단의 사정이 없는 한 75세까지는 생존할 것이 기대되고, 위 원고는 서울시에서 공사장 인부로 종사하고 있었는바, 1차수술후 아래배가 심하게 아파 2차수술시까지 아무런 일도 못하고 있었고 2차수술 후에도 완치 불가능한 ○○증의 증세가 나타나 신체장애가 예상되고 있습니다.

따라서 소외 ◆◆◆의 과실로 인해 예측하지 못한 상해를 입은 원고 최○○가 가동연한인 60세에 이르기까지는 장해율에 상당하는 수입상실이 명확한바, 구체적인 상실수입의 청구는 신체감정 후 그 결과를 보고 청구하기로 하고 우선 일부금으로 금 ○○○원을 청구합니다.

(2) 치료비

원고 최○○는 1, 2차 수술을 위한 입원비 및 치료비로 많은 비용을 지출하였고, 향후에도 상당한 치료비의 지출이 예상되는바, 구체적인 치료비 청구액은 향후 신체감정결과를 보고 확정하기로 하고 우선 금 ○○○원을 청구합니다.

(3) 위자료

원고 최○○는 이 사건 의료사고를 당하기 전에는 수술 한번 받은 적이 없는 신체 건강한 남자였으나, 피고병원의 피용인인 소외 ◆◆◆의 과실 있는 수술행위로 인해 원고 최○○ 및 그 가족들은 수술의 고통은 물론이고 잘못하면 불구의 몸이 될지도 모른다는 생각에 심한 정신적 고통을 당함은 경험칙상 명백하므로, 원고들의 사회적 지위를 고려하여 피고병원은 이를 금전으로나마 위자할 의무가 있다 할 것이고, 그 액수는 피해자인 원고 최○○에게 금 ○○○원, 처인 원고 유○○에게 금 ○○○원, 아들인 원고 최○○에게 금 ○○○원이 적당하다 할 것입니다.

4. 결론

따라서 피고병원은 원고 최○○에게 금 ○○○원{금 ○○○원(일실수익 일부금) + 금 ○○○원(치료비 일부금) + 금 ○○○원(위자료)}, 원고 유○○에게 금 ○○○원(위자료: 금 ○○○원), 원고 최○○에게 금 ○○○원(위자료: 금 ○○○원) 및 각 이에 대하여 이 사건 불법행위가 발생한 20○○. ○○. ○○.부터 이 사건 소장부본 송달일까지는 민법에서 정한 연 5%의, 그 다음날부터 다 갚을 때까지는 소송촉진등에관한특례법에서 정한 연 15%의 각 비율에 의한 지연손해금을 지급할 의무가 있다 할 것이므로, 부득이 청구취지와 같은 돈을 지급 받고자 이 사건 청구에 이르렀습니다.

입 증 방 법

1. 갑 제1호증   가족관계증명서
1. 갑 제2호증   진단서
1. 갑 제3호증   소견서
1. 갑 제4호증   ○○병원입원확인서
1. 갑 제5호증   일용근로자 확인서
1. 갑 제6호증의 1, 2   한국인표준생명표 표지 및 내용
1. 갑 제7호증의 1, 2   월간거래가격표지 및 내용

첨 부 서 류

1. 위 입증방법   각 1통
1. 법인등기사항증명서   1통
1. 소장부본   1통

1. 송달료납부서   1통

20○○.   ○.   ○.

위 원고   1. 최○○ (서명 또는 날인)
          2. 유○○ (서명 또는 날인)
          3. 최◎◎
          원고3 최◎◎는 미성년자이므로
          법정대리인 친권자 부 최○○(서명 또는 날인)
                    모 유○○(서명 또는 날인)

○○지방법원 귀중

[서식 예] 손해배상(의)청구의 소(설명의무불이행, 불법행위책임 ①)

소 장

원 고 1. 양○○ (주민등록번호)
        2. 정○○ (주민등록번호)
        3. 양◎◎ (주민등록번호)
        위 원고들 주소: ○○시 ○○구 ○○길 ○○(우편번호)
        위 원고3 양◎◎는 미성년자이므로
                법정대리인 친권자 부 양○○ 모 정○○
                전화•휴대폰번호:
                팩스번호, 전자우편(e-mail)주소:
피 고 의료법인 ◇◇병원
        ○○시 ○○구 ○○길 ○○(우편번호)
        병원장 ◇◇◇
        전화•휴대폰번호:
        팩스번호, 전자우편(e-mail)주소:

손해배상(의)청구의 소

청 구 취 지

1. 피고는 원고 양○○에게 금 ○○○원, 원고 정○○에게 금 ○○○원, 원고 양◎◎에게 금 ○○○원 및 각 이에 대하여 20○○. ○○. ○○.부터 이 사건 소장부본 송달일까지는 연 5%의, 그 다음날부터 다 갚는 날까지는 연 15%의 각 비율에 의한 돈을 지급하라.
2. 소송비용은 피고의 부담으로 한다.
3. 위 제1항은 가집행 할 수 있다.
라는 판결을 구합니다.

청 구 원 인

1. 당사자 신분관계
   소외 망 양◉◉는 피고 의료법인 ◇◇병원(다음부터 피고병원이라고만 함)에서 의료사고로 사망한 피해자 본인이고, 원고 양○○는 소외 망 양◉◉의 아버지, 원고 정○○는 소외 망 양◉◉의 어머니, 원고 양◎◎는 소외 망 양◉◉의 여동생이며, 피고병원은 이 사건 의료사고의 가해자입니다.

2. 사건의 개요

(1) 소외 망 양◉◉는 20○○. ○○. 중순경 아랫배 부분에 통증을 느껴 치료를 받기 위하여 피고 병원에 가서 피고 병원에 재직 중이던 외과의사인 소외 김◆◆로부터 진단을 받은 결과 급성맹장염으로 판명이 되어 결국 피고병원에 입원한 후 같은 달 ○○일 소외 김◆◆로부터 맹장수술을 받았습니다.

(2) 수술이 성공적으로 끝난 뒤 소외 망 양◉◉는 피고병원에 입원하여 링게르를 맞았습니다. 그런데, 갑자기 링게르를 맞고 있던 소외 망 양◉◉가 호흡곤란증세를 보이더니 얼마 지나지 않아 사망을 하였습니다.

(3) 이후 사망원인을 확인해보니 당시 피고병원의 간호사로 있던 소외 이◆◆가 바쁜 나머지 링게르 줄이 새면서 공기가 링게르 줄을 통하여 소외 망 양◉◉의 혈관으로 들어가고 있던 사실을 알지 못하고 그대로 링게르를 소외 망 양◉◉에게 투입하는 바람에 결국 소외 망 양◉◉는 혈관에 공기가 들어가면서 ○○증세로 사망한 것으로 밝혀졌습니다.

3. 손해배상의 책임

(1) 위 소외 이◆◆는 간호사로서 환자에게 링게르를 투입할 경우에 주사바늘에 공기가 남아 있는지 및 링게르에 아무 이상이 없는지 등을 꼼꼼히 확인하여 이로 인한 사고를 미연에 방지할 의무가 있음에도 불구하고 이를 게을리 하여 위와 같이 공기가 통하는 링게르를 위 망인에게 주사하는 바람에 소외 망 양◉◉를 사망하게 하였습니다.

(2) 따라서 피고병원은 피용인인 소외 이◆◆의 사용자로서 소외 망 양◉◉ 및 그 가족들인 나머지 원고들이 입은 모든 손해를 배상할 책임이 있다 할 것입니다.

4. 손해배상의 범위

(1) 일실수입

소외 망 양◉◉는 19○○. ○○. ○○.생으로 이 사건 사고로 사망한 20○○. ○○. ○○. 현재 만 ○○세 ○○개월 남짓한 신체 건강한 대한민국 남자로 기대여명은 ○○.○○년이 되며, 만약 서울시내에 거주하고 있는 소외 망 양◉◉가 이 사건 사고로 사망하지 않았다면 사고일로부터 60세에 도달하는 날까지 향후 약 ○○개월간은 최소한 도시일용노동자로 종사하면서 매월 금 ○○○원(도시일용보통인부 1일노임단가 금 ○○○원×22일)의 수입을 얻을 수 있으나 이 사건 사고로 사망하는 바람에 수입의 전부를 상실하게 되었습니다. 따라서 소외 망 양◉◉의 생활비를 그 소득에서 1/3을 공제하고 월 5/12%의 중간이자를 공제한 호프만방식에 따른 소외 망 양◉◉의 일실수입을 사고당시의 현가로 구하면 금 ○○○원이 됩니다.

【계산】

(도시일용 보통인부 1일노임단가 금 ○○○원×22일)×(사고일부터 60세에 이르는 날까지의 개월수에 해당하는 호프만계수)×100%×2/3(생활비 1/3 공제)=금 ○○○원

(2) 위자료

소외 망 양◉◉는 평소 신체 건강한 남자였는데 이 사건 사고로 불의에 사망하는 바람에 소외 망 양◉◉ 및 그 가족들인 원고들이 정신적 고통을 당한 것은 경험칙상 명백하므로, 피고병원은 소외 망 양◉◉에게 금 ○○○원, 아버지인 원고 양○○에게 금 ○○○원, 어머니인 원고 정○○에게 금 ○○○원, 여동생인 원고 양◎◎에게는 금 ○○○원을 각 지급하여 소외 망 양◉◉ 및 그 가족인 원고들의 정신적인 고통을 금전으로나마 위자하여야 마땅하다 할 것입니다.

(3) 장례비

원고 양○○는 소외 망 양◉◉의 장례비로 금 ○○○원을 지출하였습니다.

4. 상속관계

소외 망 양◉◉의 손해배상채권 금 ○○○원{금 ○○○원(일실수입)＋금 ○○○원(위자료)}은 그의 상속인인 원고 양○○에게 1/2(금 ○○○원=소외 망 양◉◉의 손해배상채권 금 ○○○원×1/2), 원고 정○○에게 1/2(금 ○○○원=소외 망 양◉◉의 손해배상채권 금 ○○○원×1/2)의 비율로 각 상속되었습니다.

5. 따라서 피고병원은 원고 양○○에게 금 ○○○원{금 ○○○원(장례비)＋금 ○○○원(위자료)＋금 ○○○원(상속채권)}, 원고 정○○에게 금 ○○○원{금 ○○○원(위자료)＋금 ○○○원(상속채권)}, 원고 양○○에게 금 ○○○원(위자료) 및 각 이에 대하여 이 사건 사고일인 20○○. ○○. ○○.부터 이 사건 소장부본 송달일까지는 민법에서 정한 연 5%의, 그 다음날부터 다 갚는 날까지는 소송촉진특례법에서 정한 연 15%의 각 비율에 의한 지연손해금을 지급할 의무가 있다 할 것이므로, 원고들은 부득이 청구취지와 같은 돈을 각 청구하고자 이 사건 청구에 이르게 되었습니다.

입 증 방 법

1. 갑 제1호증   가족관계증명서
1. 갑 제2호증   기본증명서
                     (단, 2007.12.31.이전 사망한 경우 제적등본)
1. 갑 제3호증   사망진단서
1. 갑 제4호증   사체검안서
1. 갑 제5호증   사실확인서
1. 갑 제6호증의 1, 2   한국인표준생명표 표지 및 내용
1. 갑 제7호증   영수증
1. 갑 제8호증의 1, 2   월간거래가격표지 및 내용

첨 부 서 류

1. 위 입증방법   각 1통
1. 법인등기사항증명서   1통

　　　　　　1. 소장부본　　　　　　　　　　　1통
　　　　　　1. 송달료납부서　　　　　　　　　　1통

　　　　　　　　　　20○○.　　○.　　○.

　　　　위 원고　　1. 양○○　(서명 또는 날인)
　　　　　　　　　 2. 정○○　(서명 또는 날인)
　　　　　　　　　 3. 양◎◎
　　　　　　　　원고3 양◎◎는 미성년자이므로
　　　　　　법정대리인 친권자 부 양○○(서명 또는 날인)
　　　　　　　　　　　　　　　 모 정○○(서명 또는 날인)

○○지방법원　귀중

[서식 예] 손해배상(의)청구의 소(설명의무불이행, 불법행위책임 ②)

소　　　장

원　　고　1. 김○○ (주민등록번호)
　　　　　2. 이○○ (주민등록번호)
　　　　　3. 김◎◎ (주민등록번호)
　　　　 위 원고들 주소: ○○시 ○○구 ○○길 ○○(우편번호)
　　　　 위 원고3 김◎◎는 미성년자이므로
　　　　　　　　　　법정대리인 친권자 부 김○○ 모 이○○
　　　　　　　　　　전화•휴대폰번호:
　　　　　　　　　　팩스번호, 전자우편(e-mail)주소:
피　　고　1. 김◇◇ (주민등록번호)
　　　　　　○○시 ○○구 ○○길 ○○(우편번호)
　　　　　전화•휴대폰번호:
　　　　　팩스번호, 전자우편(e-mail)주소:
　　　　　2. ◆◆의료법인
　　　　　　○○시 ○○구 ○○길 ○○(우편번호)
　　　　　이사장 ◆◆◆
　　　　　전화•휴대폰번호:
　　　　　팩스번호, 전자우편(e-mail)주소:

손해배상(의)청구의 소

청 구 취 지

1. 피고들은 각자 원고 김○○에게 금 ○○○원, 원고 이○○에게 금 ○○○원, 원고 김◎◎에게 금 ○○○원 및 각 이에 대하여 20○○. ○○. ○○.부터 이 사건 소장 부본 송달일까지는 연 5%의, 그 다음날부터 다 갚는 날까지는 연 15%의 각 비율에 의한 돈을 지급하라.
2. 소송비용은 피고들의 부담으로 한다.
3. 위 제1항은 가집행 할 수 있다.
라는 판결을 구합니다.

청 구 원 인

1. 당사자 관계

   원고 이○○는 피고 ◆◆의료법인(다음부터 피고법인이라고만 함)에 근무하던 피고 김◇◇로부터 수술을 받은 이 사건 피해자이고, 원고 김○○는 원고 이○○의 남편이며, 원고 김◎◎는 원고 이○○의 자녀이고, 피고 김◇◇는 이 사건 의료사고의 가해자로서 피고법인에 재직중인 정형외과 의사입니다.

2. 사건진행과정

   (1) 원고 이○○는 20○○. ○○. ○○. 길을 가다가 넘어졌는데 오른쪽 팔꿈치가 너무 아프고 오른쪽 팔을 제대로 굽힐 수가 없어서 곧 바로 피고법인을 방문하여 진단을 받았습니다.

   (2) 당시 정형외과 의사로 피고법인에 근무하던 피고 김◇◇는 정밀진단 후 오른쪽 팔꿈치 뼈가 골절되었다며, 금속핀으로 고정하는 수술이 필요하다고 하였습니다. 그러면서 금속핀 고정수술은 간단한 수술이니 거의 100%완치가 가능하다며 원고 이○○ 및 그의 가족들을 안심시켰습니다. 원고 이○○는 가족들과 상의 끝에 금속핀 고정수술을 받기로 하였습니다.

   (3) 수술 전 수술의사인 피고 김◇◇는 수술에 대한 후유증 등에 대하여는 전혀 언급이 없이 대수롭지 않은 수술이고 100% 완치할 수 있는 수술이니 아무 걱정 말고 자신을 믿고 수술 동의서에 서명을 하라고 하여 원고 이○○는 이를 믿고 백지로 된 수술 동의서에 서명을 한 후 수술에 임하였습니다.

   (4) 그런데 수술을 마친 후 얼마 되지 않아 원고 이○○는 심한 통증을 느꼈고 담당의사인 피고 김◇◇에게 이 사실을 알리자 피고 김◇◇는 그럴 수도 있으니 조금만 참으면 나을 거라고 말하여 원고 이○○는 이를 믿고 조금 기다리기로 하였습니다.

   (5) 그러나 오른쪽팔꿈치의 통증은 나아지기는커녕 점점 더 악화되어 팔을 펴기도 어려운 상황에 치닫게 되었고 마침내 이를 참다못한 원고 이○○가 다른 병원에서 확인해본 결과 금속핀 고정수술로 인해 수술부위에 염증이 생겨 다른 뼈 부분이 썩어서 새로 치료 및 수술을 하더라도 오른쪽 팔이 굽을 수밖에 없다는 진단을 받게 되었습니다.

   (6) 결국 원고 이○○는 다른 병원에서 재수술을 받았으나 오른쪽 팔을 제대로 펼 수가 없게 되었고 이로 인해 영구적으로 20%의 노동력을 상실하는 장애자가 되고 말았습니다.

   (7) 이로 인해 원고 이○○ 및 원고 가족들은 말할 수 없는 정신적, 물질적인고통에 시달리고 있습니다.

3. 손해배상의 책임

   (1) 위에서 본 바와 같이, 피고 김◇◇는 정형외과 의사로서 수술 후 이에 수반되는 각종 부작용 등을 예의 주시하여 수시로 이에 필요한 조치를 취해야 할 의무 및 수술시 다른 부작용이 있을지도 모른다는 점을 원고 이○○에게 충분히 설명해야 할 의무가 있음에도 불구하고 이를 게을리 한 잘못으로 인해 결국 자기결

정권을 침해당한 원고 이○○를 불구자로 만들고 말았습니다.

(2) 따라서 피고 김◇◇은 민법 제750조의 불법행위자로서, 피고법인은 민법 제756조의 사용자로서 각자 원고들이 입은 모든 정신적, 물질적 손해를 배상해야 할 책임이 있다 할 것입니다.

4. 손해배상의 범위

(1) 치료비

　가. 기존치료비

　　원고 이○○는 금속핀 고정수술에 대한 수술비 및 이후 ◎◎병원에서 재수술을 받으면서 치료비로 금 ○○○원을 지출하였습니다.

　나. 향후치료비

　　원고 이○○는 향후 한 달에 한번씩 물리치료가 필요하여 이에 필요한 비용이 지출될 것으로 예상되는바, 향후치료비는 추후 신체감정결과에 따라 추후에 청구하도록 하겠습니다.

(2) 개호비

원고 이○○는 두 차례의 수술을 받은 약 ○○일 동안 제대로 거동을 하지 못하여 반드시 한 사람의 개호가 필요하였는데, 개호비는 추후 신체감정 결과에 따라 청구하도록 하겠습니다.

(3) 일실수입

원고 이○○는 19○○. ○○. ○○.생으로 이 사건 사고로 장해를 입은 20○○. ○○. ○○. 현재 만 ○○세 ○○개월 남짓한 신체 건강한 대한민국 여자로 기대여명은 ○○.○○년이 되며, 만약 서울시에 거주하고 있는 원고 이○○가 이 사건 사고로 장해를 입지 않았다면 이 사건 사고일로부터 60세에 도달하는 날까지 향후 약 ○○개월간은 최소한 도시일용노동자로 종사하면서 매월 금 ○○○원(도시일용 보통인부 1일단가 금 ○○○원×22일)의 수입을 얻을 수 있으나 이 사건 사고로 인해 영구적으로 20%의 노동력을 상실하게 되어 수입의 일부를 상실하게 되었습니다.

따라서 월 5/12%의 중간이자를 공제한 호프만방식에 따른 원고 이○○의 일실수입을 사고당시의 현가로 구하면 금 ○○○원에 이르나, 구체적인 액수는 신체감정결과에 따라 확장 청구하기로 하고 우선 일부금으로 금 ○○○원을 청구합니다.

【계산】

가. 사고일부터 퇴원일까지(노동력상실율 100%)

　(도시일용 보통인부 1일단가 금 ○○○원×22일)×(사고일부터 퇴원일까지의 개월수에 해당하는 호프만계수)=금 ○○○원

나. 그 다음날부터 60세에 도달하는 날까지 (노동력상실율 20%)

　(도시일용 보통인부 1일단가 금 ○○○원×22일)×{(사고일부터 60세에 도달하는 날까지의 개월수에 해당하는 호프만계수)-(사고일부터 퇴원일까지의 개월수에 해당하는 호프만계수)×0.2=금 ○○○원

다. 합계

　　가 + 나=금 ○○○원 + 금 ○○○원=금 ○○○원

(4) 위자료

원고 이○○는 이 사건 사고 전에는 10세의 자녀를 둔 신체 건강한 여자였으나 이 사건 사고로 인해 예측하지 못한 장해를 입은 원고 이○○ 및 장애자의 몸으로 세상을 살아가는 모습을 지켜봐야 하는 원고 이○○의 가족들이 정신적인 고통을 입을 것은 경험칙상 명백하므로, 피고들은 각자 원고 이○○에게는 금 ○○○원, 원고 김○○에게는 금 ○○○원, 원고 김◎◎에게는 금 ○○○원을 지급하여 원고들의 정신적인 고통을 금전으로나마 위자하여야 마땅하다 할 것입니다.

5. 따라서 피고들은 각자 원고 이○○에게는 금 ○○○원{금 ○○○원(치료비) + 금 ○○○원(일실수입) + 금 ○○○원(위자료)}을, 원고 김○○에게는 금 ○○○원(위자료), 원고 김◎◎에게는 금 ○○○원(위자료) 및 각 이에 대하여 이 사건 사고일인 20○○. ○○. ○○.부터 이 사건 소장부본 송달일까지는 민법에서 정한 연 5%의, 그 다음날부터 다 갚는 날까지는 소송촉진특례법상에서 정한 연 15%의 각 비율에 의한 지연손해금을 지급할 의무가 있다 할 것이므로, 원고들은 부득이 청구취지와 같은 판결을 구하고자 이 사건 청구에 이르게 되었습니다.

입 증 방 법

1. 갑 제1호증　　　　　　　가족관계증명서
1. 갑 제2호증　　　　　　　진단서
1. 갑 제3호증　　　　　　　의사협회 회보
1. 갑 제4호증의 1　　　　　영수증
　　　　　　　　2　　　　　퇴원계산서
1. 갑 제5호증　　　　　　　소견서
1. 갑 제6호증의 1, 2　　　한국인표준생명표 표지 및 내용
1. 갑 제7호증의 1, 2　　　월간거래가격표지 및 내용

첨 부 서 류

1. 위 입증방법　　　　　　각 1통
1. 법인등기사항증명서　　　　1통
1. 소장부본　　　　　　　　　2통
1. 송달료납부서　　　　　　　1통

20○○.　　○.　　○.

                        위 원고   1. 김○○ (서명 또는 날인)
                                 2. 이○○ (서명 또는 날인)
                                 3. 김◎◎
                                 원고3 김◎◎는 미성년자이므로
                                 법정대리인 친권자 부 김○○(서명 또는 날인)
                                                모 이○○(서명 또는 날인)

    ○○지방법원 ○○지원 귀중

[서식 예] 손해배상(의)청구의 소(어깨관절, 인공관절수술 부작용)

소　장

원　고　1. ○○○ (주민등록번호 -　　)
　　　　2. ○○○ (주민등록번호 -　　)
　　　　3. ○○○ (주민등록번호 -　　)
　　　　4. ○○○ (주민등록번호 -　　)
　　　　위 원고들의 주소　서울 ○○구 ○○동 12-3
　　　　소송대리인 변호사 ○○○
　　　　　　　　(전화　　　, 팩스　　　)
　　　　　　　　서울 ○○구 ○○동 12-4 ○○○빌딩 401호
피　고　1. ○○○ (주민등록번호 -　　)
　　　　　　　　(전화　　, 팩스　　, 휴대폰　)
　　　　　　　　서울 ○○구 ○○동 23
　　　　2. 의료법인 ○○○병원(전화　　　, 팩스　　　)
　　　　　　　　서울 ○○구 ○○동 12-50
　　　　　　　　대표자 원장　○　○　○

손해배상청구의 소(의)

청　구　취　지

1. 피고들은 각자 원고 ○○○에게 금60,000,000원, 원고 ○○○에게 금11,000,000
　원, 원고 ○○○, 원고 ○○○에게 각 금4, 000,000원 및 이에 대하여 2006. 4.
　20부터 이 사건 소장이 송달된 날까지는 연 5푼, 그 다음 날부터 다 갚는 날까지
　는 연 2할의 각 비율에 의한 금원을 지급하라.
2. 소송비용은 피고의 부담으로 한다.
3. 위 제1항은 가집행할 수 있다.
라는 판결을 구합니다.

청　구　원　인

1. 당사자의 관계
　피고 ○○○은 피고 의료법인 ○○○병원(이하, '피고법인'이라 함)의 정형외과 전
　문의로 근무하는 자이고, 원고는 어깨부상으로 피고 ○○○으로부터 2006. 3. 25
　경 어깨관절수술과 2006. 4. 20경 인공관절교환수술등 2차례의 수술을 받은 자입

니다. 그리고 원고 ○○○은 원고 ○○○의 남편이고, 나머지 원고들은 그 자녀들입니다.

2. 사건개요

가. 원고 ○○○의 어깨골절

원고 ○○○는 2006. 3. 16. 12:00경 집 앞에서 넘어져 오른쪽 어깨에 통증을 느끼고 서울 ○○○구 ○○○동 소재 ○○○병원에 입원하여 치료를 받고 있던 중 같은 달 3. 20경 이웃에 살고 있는 소외 ○○○이 병문안 차 찾아와서 자신이 잘 아는 피고법인의 ○○○병원에 유명한 전문의가 있다고 하여 같은 달 21일경 피고법인의 ○○○병원에 입원하였습니다.

나. 1차 수술

2006. 3. 25경 피고 ○○○이 집도하여 다리뼈를 깎아내어 이식하는 1차 수술을 하였던 바, 수술 후 원고 ○○○는 팔이 아프지 않고 수술한 오른쪽 팔을 상하좌우로 마음대로 움직일 수 있었습니다. 또한 원고 ○○○의 남편인 원고 ○○○은 당시 고혈압으로 쓰러져 거동이 불편하여 옆에서 식사 및 외출을 도와 주어야 하고, 원고 ○○○의 딸인 원고 ○○○가 대학입시준비 중에 있어 소홀히 할 수 없어서 원고 ○○○는 피고 ○○○에게 하루라도 빨리 퇴원시켜 달라고 부탁하였습니다.

다. 피고 ○○○의 인공관절수술

그러나 피고 ○○○은 2006. 4. 4 "X-ray 판독결과 근육이 약해져서 뼈를 받혀주지 못하기 때문에 어깨뼈가 내려오므로 재수술을 하여야 한다. 그냥 두면 팔이 빠져 움직일 수 없다. 수술도 지금 급히 해야 한다. 그렇지 않으면 1차 수술한 뼈가 굳어 버리면 수술이 어렵게 된다. 지금은 어깨 쪽 뼈만 살짝 들어내서 그 자리에 인공뼈를 집어넣으면 되므로 이 수술은 간단하고 후유증은 만 명에 한 명 생길까 말까하니 걱정하지 말라. 내가 대한민국에서 인공관절수술은 제 1인자다. 인공관절은 평생 보장한다.

수술 후 빠르면 7일만에 퇴원시켜 주겠다" 등등의 말로 약 20일간에 걸쳐서 원고 ○○○의 퇴원요구를 묵살한 체 인공관절수술을 강요했던 것입니다.

라. 원고의 퇴원요구

당시 원고는 퇴원하고자 동 병원 정형외과 수련의들인 소외 ○○○에게 말해 보았으나 헛일이었고 동 병원의 간호사 소외 ○○○에게도 퇴원을 요청하였으나 퇴원할 길이 없었습니다. 당시 원고의 가족들도 피고 ○○○에게 퇴원을 요청하였으나 위와 같이 집요하게 인공관절수술을 강요하였습니다. 이에 원고 ○○○는 어쩔 수 없이 백지로 된 수술동의서에 지장을 찍어 주었습니다. 그러나 원고는 2005. 4. 20. 수술직전까지도 수술을 하지 않겠다. 오직 한 가지 퇴원시켜 달라고 피고 ○○○에게 애원하였으나, 아무런 소용없이 인공관절수술을 받게 되었습니다.

마. 인공관절수술 결과

그러나 간단한 수술이라던 인공관절수술 후 통증이 심함은 물론 진통제를 먹어도 잠들 수 없었고, 7일만에 퇴원시켜 주겠다던 말은 거짓이었고 약 한달 간을 더 입원해야 했습니다. 원고 ○○○는 퇴원한 지금도 통증을 견디지 못해 이 병원 저 병원을 찾아가서 인공관절 수술직전 X-ray 사진을 보여주며 진찰을 받아본 결과 칼슘 부족현상으로 어깨에서 팔굽까지 뼈가 삭아서 엄청난 대수술은 물론 수술 후에도 완치된다는 보장이 없다는 말이었습니다. 또한 평생 보장한다던 인공관절도 수년을 넘기기가 어렵다는 것이었으며, 인공관절수술은 엄청난 후유증에 시달릴 수 밖에 없다는 것이었습니다. 그동안의 치료도 보람도 없이 원고 ○○○는 지금도 수술에 따른 통증과 정신적 고통에 시달리고 있습니다.

3. 손해배상책임

위에서 본 바와 같이 2006. 4. 20경 위 ○○○병원에서의 인공관절수술은 다음과 같은 위법사유가 있습니다.

가. 인공관절수술의 불필요성

당시 1차 수술은 성공적이었고, 수술경과도 매우 좋았으므로, 또 다시 인공관절 수술을 할 필요가 없었다고 하는 점입니다.

나. 기망에 의한 수술동의

피고 ○○○은 인공관절수술에 대한 설명의무를 다하지 않은 것은 물론이고 온갖 감언이설로 원고의 퇴원요청도 묵살하고 기망에 빠진 원고로부터 수술동의서를 받아내어, 원고가 수술을 바라지도 않았음에도 불구하고 인공관절수술을 강행하였다는 점입니다.

다. 수술상의 과실

위에서 본 바와 같이 인공관절수술이 잘못되어 원고는 수술 후부터 지금까지 극심한 고통에 시달려 왔고, 또한 새로이 인공관절을 제거해야 하는 처지에 있다는 점입니다.

이 사건은 단순히 수술상의 과실만이 문제가 아니고 온갖 감언이설로 원고의 퇴원요청을 묵살해가며 원고로부터 강요된 수술동의서를 받아내어 인공관절수술을 강행하였던 사건입니다. 이는 단순한 업무상 과실만이 아니라 사기 및 고의적인 상해도 인정되는 사안이 아닐 수 없습니다.

따라서, 피고 ○○○은 행위자로서, 피고 의료법인 ○○○병원은 그 사용자로서 이러한 위법행위로 인한 원고들의 고통과 그에 따른 손해에 대하여 배상할 책임이 있다할 것입니다.

4. 손해배상의 범위

가. 지출한 치료비

필요하지도 않은 인공관절수술을 행함으로써 원고는 수술비용을 지출하였고, 퇴원 후에도 계속되는 통증을 견딜 수 없어서 여러 병원을 찾아다니며 진료를 받게 되어 추가비용을 지출하였던 바, 이는 피고들의 위법행위에 따른 것으로 배상되어야 마땅할 것이므로 그 구체적 금액은 추후 제출하겠습니다.

나. 향후치료비

피고 ○○○이 규격이 맞지 않은 인공관절을 삽입하는 바람에 원고 ○○○는 극심한 고통에 시달려 왔고, 어쩔 수 없이 다시 인공관절을 제거해야 하는 등의 치료를 계속 받아야 할 것입니다. 이에 소요되는 치료비 역시 배상되어야 할 것입니다. 그 구체적 비용 역시 귀원의 신체감정결과에 따라 추후 제출하고자 합니다.

다. 위 자 료

인공관절수술을 할 필요가 없었음에도 불구하고 피고 ○○○의 감언이설과 강요에 못이겨 수술을 받았다는 것에 대하여 원고들은 분노와 극심한 정신적 충격을 받았고, 또 수술 후에도 심한 통증에 시달리면서 여러 병원을 옮겨 다니면서 치료를 받았으나 아무런 효과도 보지 못하고 '다시 인공관절을 빼어내어야 하며 더구나 완치는 불가능하다는 말만을 들었을 뿐입니다. 따라서, 원고 ○○○는 물론 원고 ○○○와 가족관계에 있는 나머지 원고들 또한 상당한 정신적 고통을 받았을 것임은 경험칙상 명백하다 할 것이므로 피고들은 이를 금전적으로나마 위자하여야 할 것인 바, 그 금액은 이 사건 인공관절수술결과, 상해부위, 불구의 정도, 그동안의 치료노력과 기간, 계속되는 통증, 재수술의 문제 등 모든 사정을 종합하여 볼 때 피고들은 원고 ○○○에게 금60,000,000원, 원고 ○○○에게 금11,000,000원, 원고 ○○○, 원고 ○○○에게 각 금4,000,000원을 지급함이 상당하다 할 것입니다.

5. 결 론

그렇다면, 피고들은 원고 ○○○에게 금60,000,000원, 원고 ○○○ 금11,000,000원, 원고 ○○○, 원고 ○○○에게 각 금4,000,000원 및 이에 대하여 2006. 4. 20부터 이 사건 소장부본이 송달된 날까지는 민법 소정의 연 5푼, 그 다음 날부터 다 갚는 날까지는 소송촉진등에 관한 특례법 소정 연 2할의 각 비율에 의한 지연손해금을 지급할 의무가 있다 할 것이므로, 이를 구하고자 이 사건 청구에 이른 것입니다.

입 증 방 법

1. 갑제1호증	가족관계증명서
1. 갑제2호증의 1, 2	퇴원 및 진료계산서
1. 갑제3호증의 1	진단서
2	진료의뢰서
3	소견서
4	진단서
1. 갑제4호증의 1 내지 5	각 대한정형외과 회보

1. 갑제4호증의 6   대한골절 협회보
1. 갑제5호증   녹취서
1. 기타 입증방법은 추후 소송의 진행에 따라 수시로 제출하고자 합니다.

첨 부 서 류

1. 위 입증방법   각1통
1. 법인등기부등본   1통
1. 소장부본   2부
1. 위임장   1부

20○○.   ○○.   ○○.

위 원고들 소송대리인
　　　변호사   ○○○   (인)

서울○○지방법원   귀중

[서식 예] 손해배상(의)청구의 소(산업재해, 의료과오, 불법행위책임)

소 장

원 　 고　○　　○　　○
　　　　　　서울 ○○구 ○○동 45-4
　　　　　　위 원고 소송대리인 변호사 ○　　○　　○
　　　　　　　　　　　　　서울 ○○구 ○○동 5-4
피 　 고 1.　주식회사 ○○건설
　　　　　　서울 ○○구 ○○동 45-4
　　　　　　대표이사 ○　　○　　○
　　　　 2.　의료법인 동산병원
　　　　　　서울 ○○구 ○○동 5-4
　　　　　　대표자 이사장 ○　　○　　○

손해배상청구의 소(의)

청 구 취 지

1. 피고들은 연대하여 원고 ○○○에게 금40,000,000원 및 이에 대하여 200○. 6. 15
   부터 이 사건 판결 선고일까지는 연 5푼의 그 다음 날부터 완제일까지는 연 2 할
   의 비율에 의한 금원을 지급하라.
2. 소송비용은 피고의 부담으로 한다.
3. 위 제1항은 가집행할 수 있다.
라는 판결을 구합니다.

청 구 원 인

1. 당사자들의 신분관계
 가. 원고
　　원고 ○○○은 이건 산업재해사고로 인하여 신체에 상해를 입은 피해자입니다.
 나. 피고들
 (1) 피고 주식회사 ○○건설(이하 피고회사라 한다)은 토목, 건축업 등을 경영하는
　　회사로서 이건 산업재해사고 피해자인 원고 ○○○의 사용자이고,
 (2) 피고 의료법인 ○○병원은 산업제해사고 피해자인 원고 ○○○에 대한 이 건 의
　　료과오를 일으킨 정형외과 전문의 소외 ○○○의 사용자입니다.

2. 손해배상책임의 발생

가. 사고경위

(1) 산업재해사고

원고 ○○○은 200○. 4. 11. 10:00경 피고회사 건축공사장인 강남오피스텔 전기파이프 배관작업장에서 작업감독자의 지시에 의하여 모타 밸브 파이프 배관 연결 작업을 하기 위하여 높이 3.5m의 각 육교 작업대 위에 임시 깔아놓은 발판(공사용 아나방 : 둥근 구멍이 많이 뚫린 공사용 철제깔판)에 서서 같음 작업자 ○○○등으로부터 길이 3m의 스틸파이프(steel pipe)를 받아 전선관을 설치 중 가설한 발판(아나방)이 미끄러져 전선관 및 발판과 함께 가설작업대 위에서 3.5m 높이의 지상으로 추락하여 우측 슬관절 전방십자인데 결손등의 중상을 입게 하였습니다.

(2) 의료과오

피고병원의 피용자인 정형외과 전문의 소외 ○○○는 200○. 6. 14. 11:00경 위 병원 정형외과 수술실에서 위 원고에 대한우측 슬관절 전방십자인대수술을 시행하게 되었는 바, 척수신경근을 압박하여 신경장애를 일으키는 질병이므로 이러한 경우 정형외과 의사로서는 이를 제거하는 수술을 하기 위하여 원고를 전신 마취시켜 반듯이 눕히고 전면척수동맥, 신경근공맥, 요추신경 등을 과다하게 압박하거나 절단 등의 손상을 입게 하지 말아야 할 주의 의무가 있음에도 불구하고 이를 게을리 한 과실로 인하여 척수혈류장애 및 척수신경 손상을 가하여 위 원고로 하여금 대소변 감각을 상실시키는 등 요통, 요추부, 흉부요추부운동 장해, 하지방사통 등 치료기간 불상의 상해를 입게 한 것입니다.

나. 피고의 귀책사유

(1) 피고회사

위 사고는 첫째, 임시 작업대인 공사용 가설 육교 위에 깔아놓은 발판(아나방)을 움직이지 않도록 고정시키지 않고 임시로 그대로 깔아 놓았기 때문에 작업발판이 흔들려 작업대에서 미끄러져 내린 것이며,

둘째, 작업 감독자는 높은 작업대 위에서 무거운 파이프 등을 들고 작업중에는 작업발판이 움직이지 않도록 고정시키거나 다른 작업자로 하여금 움직이지 않도록 붙잡게 하는 등으로 작업중 추락사고가 나지 않도록 감독지시 해야 하고 기타 안전장치를 설치해야 됨에도 이를 소홀히 하였고, 작업능률만을 독촉하고 안전 대책강구나 안전교육을 시키지 아니한 작업지시 감독상의 과실 등에 기하여 발생한 것입니다.

그러므로 피고는 위 작업대의 소유자겸 점유자로서 공작물인 작업대(가설육교)의 설치, 보존, 관리상의 하자와 작업감독자의 사용으로서 피용자의 작업지시 감독상의 과실이 경합하여 발생한 이건 사고로 인하여 원고들에게 입힌 재삼손해를 배상할 책임이 있다 할 것입니다.

(2) 피고병원

피고는 원고를 성실히 치료하여야 할 주의의무가 있음에도 불구하고 이를 이행치 않았으므로 이에 대하여 채무불이행 책임을 져야 할 것입니다.

또한 피고의 피용자인 정형외과 전문의 위 ○○○는 위와 같은 주의의무가 있음에도 불구하고 이를 게을리 한 과실로 위 원고에 대한 우측슬관관절전방십자인대수술 후 발이 마비가 되는 등 상태를 더욱 악화시켰으므로 피고는 위 ○○○의 사용자로서의 책임을 져야 할 것입니다.

뿐만 아니라 원고의 가족들에게 원고의 상태와 수술방법 등을 설명해 주고 자의에 의하여 시술을 받아야 하는 데도, 이에 대하여 아무런 동의없이 의료행위를 하였으므로 설명의무위반으로 인한 손해배상책임도 있다할 것입니다.

3. 손해배상의 범위

가. 연령, 성별, 기대여명

원고는 190○. 11. 9. 생으로 이건 사고 당시인 200○. 6. 14. 현재 43년 6개월 된 신체 건강한 남자로서 그 또래 우리나라 남자의 평균 기대여명은 33.18년이므로 특별한 사정이 없는 한 77세까지는 생존이 가능하다 하겠습니다.

나. 직업 및 수입관계

원고는 가정주부로서 가사에 보탬이 되는 일을 하기 위하여 1. 피고회사에서 근로자로서 성실히 근무해 오면서 월평균 금 1,200,000원(금40,000원×30일)을 받아 왔었습니다.

다. 가동연한 및 일실수익 손해금

원고는 이건 사고로 부상당하지 않았더라면 경험칙상 최소한 60세가 다 할 때까지 가동할 수가 있다할 것이므로 이건 사고당시를 기준으로 앞으로 위 원고는 16년 17월 즉 월로 환산하면 200개월 동안 위 직종에 종사하여 위와 같이 월평균 수익금 이상의 소득을 올릴 수가 있었을 것이므로 이를 상실하게 되었는바, 위와 같은 사실을 기초로 하여 월 5/12푼의 법정 중간이자를 공제하는 호프만식계산법에 따라 일시에 그 현가를 구하면 금190,000,000원(월평균 금950,000×200개월 호프만수치 150.8579원미만 버림)의 수익상실이 예상되나 앞으로 실시할 원고에 대한 신체감정 결과에 따라 확장 청구키로 하고 우선 금10,000,000원을 청구합니다.

라. 개호비 등

개호비 및 향후치료비는 추후 청구합니다.

4. 위 자 료

이건 사고로 인하여 원고는 평생 불구의 몸이 되어 그 정신적, 육체적 고통은 이루 다 헤아릴 수가 없다 할 것이므로 피고들은 연대하여 원고에게 금30,000,000원을 지급함이 상당하다 할 것입니다.

5. 결 론

피고들은 연대하여 원고에게 금40,000,000원(재산상 손해금 10,000,000원 + 위자료 금30,000,000원)및 이에 대하여 이 사건 발생 다음 날인 200○. 6. 15.부터 이건 판결 선고일까지는 민법 소정의 연 5푼의 지연이자를 그 다음날 완제일까지는 소송촉진 등에 관한 특례법 소정의 연 2할 5푼의 비율에 의한 지연손해금을 지급받고자 본소 청구에 이른 것입니다.

입 증 방 법

1. 갑제1호증   호적등본
1. 갑제2호증   주민등록등본
1. 갑제3호증의 1, 2 각 진단서
1. 갑제4호증의 1, 2 한국인의 표준생명표지, 내용
1. 갑제 5호증의 1, 2 급여결정명세서

첨 부 서 류

1. 위 입증서류   각 1통
1. 등기부등본   2통
1. 소송위임장   1통
1. 소장부본   2통

200○. 8. .

위 원고 소송대리인 변호사　○　○　○　　(인)

서울○○지방법원　　귀중

■ 수술 중 수혈로 인하여 에이즈에 감염된 경우 대한적십자사에 불법행위로 인한 손해배상책임을 물을 수 있는지요?

Q. 수술 중 수혈을 받았는데 에이즈에 감염되었습니다. 혈액을 관리해왔던 대한적십자사에 불법행위로 인한 손해배상책임을 물을 수 있는지요?

A. 대법원은 이에 대하여 "현재의 의학적 수준과 경제적 사정 및 혈액 공급의 필요성 측면에서 항체 미형성 기간 중에 있는 에이즈 감염자가 헌혈한 혈액은 에이즈 바이러스 검사를 시행하더라도 감염 혈액임을 밝혀내지 못하게 되어 이러한 혈액의 공급을 배제할 적절한 방법이 없으므로 위와 같은 경로로 인한 수혈에 따른 에이즈 감염의 위험에 대하여는 무방비 상태에 있다 할 것인데, 수혈로 인한 에이즈 감염이라는 결과와 그로 인한 피침해이익의 중대성에 비추어 볼 때, 혈액원의 업무를 수행하는 대한적십자사로서는 사전에 동성연애자나 성생활이 문란한 자 등 에이즈 감염 위험군으로부터의 헌혈이 배제될 수 있도록 헌혈의 대상을 비교적 건강한 혈액을 가졌다고 생각되는 집단으로 한정하고, 헌혈자가 에이즈 바이러스에 감염되어 있을 위험이 높은 자인지를 판별하여 그러한 자에 대하여는 스스로 헌혈을 포기하도록 유도하기 위하여 그의 직업과 생활관계, 건강 상태 등을 조사하고 필요한 설명과 문진을 하는 등 가두 헌혈의 대상이나 방법을 개선하여야 할 의무가 있음에도 불구하고, 에이즈 감염 위험군을 헌혈 대상에서 제외하기는커녕, 오히려 헌혈시 에이즈 바이러스 감염 여부의 검사를 무료로 해준다고 홍보함으로써 에이즈 감염 위험자들이 헌혈을 에이즈 바이러스 감염 여부를 확인할 기회로 이용하도록 조장하였을 뿐만 아니라, 에이즈 바이러스 감염자로부터 헌혈 받을 당시 헌혈자의 직업이나 생활관계 등에 대하여는 아무런 조사를 하지 아니하고 에이즈 감염 여부에 대하여는 설문사항에 포함시키지도 아니하였으며 전혀 문진을 하지 아니하여 동성연애자인 위 감염자의 헌혈을 무방비 상태에서 허용함으로써 감염자가 헌혈한 혈액을 수혈받은 피해자로 하여금 에이즈 바이러스에 감염되게 하였다는 이유로, 대한적십자사에게 혈액원의 업무를 수행하는 자로서의 주의의무를 다하지 아니한 과실이 있다(대법원 1998.2.13. 선고 96다7854 판결)"고 판시하였습니다. 따라서 대한적십자사에서 위 판례에서 지적한 과실을 모두 시정하는 등 혈액원의 업무를 수행하는 자로서의 주의의무를 다하였다는 등의 특별한 사정이 없는 한 대한적십자사에게 과실로 인한 손해배상책임을 묻는 것도 가능할 수 있다고 판단됩니다.

■ 안과치료를 잘못하여 실명된 경우 병원 및 의사에게 책임을 물을 수 없는지요?

Q. 저는 얼마 전 눈에 통증이 생겨 甲안과의원의 고용의사 乙에게 진찰을 받았는데, 乙은 별것 아니라며 주사를 놓고 약을 조제해주었습니다. 저는 10여일간 계속해서 통원치료를 받았으나 통증은 더욱 심하여졌고 이를 乙에게 말했으나 乙은 괜찮다고만 하였습니다. 그래서 저는 丙종합병원에서 진찰을 받아보았더니 甲안과의원에서 치료를 잘못하여 이미 치료시기가 지났다고 하였고, 그 후 저는 결국 오른쪽 눈을 실명하고 말았습니다. 이제 와서 乙은 "당신의 질환은 현대의학으로는 어쩔 수 없는 일이었다."라고 하면서 책임을 회피하고 있는데 甲과 乙의 책임을 물을 수 없는지요?

A. 위 사안에서 귀하가 실명한데 대해서 甲의원 또는 乙의사에게 손해배상을 청구하기 위해서는 甲의원 또는 乙의사가 귀하의 실명에 고의 또는 과실이 있었음이 입증되어야 합니다. 귀하의 상담내용으로 볼 때 乙에게 고의가 있었다고는 보이지 않으므로, 乙에게 과실이 있었는지가 문제됩니다. 그런데 다른 사건과는 달리 의료과실은 그 전문성·복잡성 등으로 인하여 과실의 입증이 어려운 것이 사실입니다. 乙의 말대로 귀하의 실명이 현대의학기술상 어쩔 수 없는 것이었다면, 乙에게 과실의 책임을 물을 수는 없습니다. 그러나 丙종합병원의 진찰결과를 볼 때 乙의 과실을 다툴 수 있는 여지가 있는 것으로 보입니다.

따라서 귀하는 乙의 과실 여부를 법원에 청구하여 판단을 받아보시는 것이 좋을 것입니다. 그러면 법원에서는 귀하가 치료를 받은 내용이 기록된 카드 등을 근거로 하여 의학적 지식이 높은 전문가에게 감정을 의뢰하여 乙의 과실 여부를 판정할 것입니다. 그 결과 乙의 과실이 밝혀지면 귀하는 乙과 乙을 고용한 甲의원으로부터 손해배상을 받을 수 있을 것입니다.

최근의 판례는 "원래 의료행위에 있어서 주의의무위반으로 인한 불법행위 또는 채무불이행으로 인한 책임이 있다고 하기 위해서는 의료행위상의 주의의무위반과 손해발생과의 사이의 인과관계의 존재가 전제되어야 하나, 의료행위가 고도의 전문적 지식을 필요로 하는 분야이고, 그 의료의 과정은 대개의 경우 환자 본인이 그 일부를 알수 있는 외에 의사만이 알 수 있을 뿐이며, 치료의 결과를 달성하기 위한 의료기법은 의사의 재량에 달려 있기 때문에 손해발생의 직접적인 원인이 의료상의 과실로 말미암은 것인지 여부는 전문가인 의사가 아닌 보통인으로서는 도저히 밝혀낼 수 없는 특수성이 있어서 환자측이 의사의 의료행위상의 주의의무위반과 손해발생과 사이의 인과관계를 의학적으로 완벽하게 입증한다는 것은 극히 어려우므로, 환자가 치료도중에 사망한 경우에 있어서는 피해자측에서 일련의 의료행위과정에 있어서 저질러진 일반인의 상식에 바탕을 둔 의료상의 과실 있는 행위를 입증하고 그 결과와 사이에 일련의 의료행위 외에 다른 원인이 개재될 수 없다는 점, 이를테면 환자에게 의료행위 이전에 그러한 결과의 원인이 될 만한 건강상의 결함이 없었다는 사정을 증명한 경우에 있어서는, 의료행위를 한 측이 그 결과가 의료상의 과실로 말미암은 것이 아니라 전혀 다른 원인으로 말미암은 것이라는 입증을 하지 아니하는 이상, 의료상 과실과 결과 사이의 인과관계를 추정하여 손해배상책임을 지울 수 있도록 입증책임을 완화하는 것이 손해의 공평·타당한 부담을 그 지도원리로 하는 손해배상제도의 이상에 맞는다고 하지 않을 수 없다."라고 하여 입증책임의 정도를 상당히 완화하고 있습니다(대법원 1995.2.10. 선고 93다52402 판결, 2003.1.24. 선고 2002다3822 판결, 2005.9.30. 선고 2004다52576 판결).

그러나 "일반적으로 의사는 환자에게 수술 등 침습을 가하는 과정 및 그 후에 나쁜 결과발생의 개연성이 있는 의료행위를 하는 경우 또는 사망 등의 중대한 결과발생이 예측되는 의료행위를 하는 경우에 있어서 진료계약상의 의무 내지 침습 등에 대한 승낙을 얻기 위한 전제로서 당해 환자나 그 법정대리인에게 질병의 증상, 치료방법의 내용 및 필요성, 발생이 예상되는 위험 등에 관하여 당시의 의료수준에 비추어 상당하다고 생각되는 사항을 설명하여 당해 환자가 그 필요성이나 위험성을 충분히 비교해보고 그 의료행위를 받을 것인가의 여부를 선택할 수 있도록 할 의무가 있는 것이지만, 의사에게 당해 의료행위로 인하여 예상되는 위험이 아니거나 당시의 의료수준에 비추어 예견할 수 없는 위험에 대한 설명의무까지 부담하게 할 수는 없으며, 설명의무의 주체는 원칙적으로 당해 처치의사라 할 것이나 특별한 사정이 없는 한 처치의사가 아닌 주치의 또는 다른 의사를 통한 설명으로도 충분하다."라고 하면서 "안과수술 후 갑자기 나타난 예측불가능한 시신경염으로 환자의 시력이 상실된 경우, 수술 전에 그 수술의 필요성, 방법, 합병증에 대하여 자세히 설명하였고 수술 전후에 걸쳐 환자의 기왕병력인 신경섬유종의 변화유무를 관찰하였으나 아무런 변화가 없었으며, 수술부위가 시신경과는 무관한 안검부위로서 시신경염으로 인한 시력상실은 통상적으로 예견되는 후유증이 아니다."라고 하여 그에 대한 의사의 설명의무 및 의료과실을 부정한 사례가 있습니다(대법원 1999.9.3. 선고 99다10479 판결).

참고로 의료사고로 인한 배상책임이 문제되는 경우 '불법행위로 인한 책임'과 '채무불이행책임(또는 계약책임)'이 경합하게 됩니다. 즉, 치료가 잘못되어 병세가 악화되게 되는 경우 그것은 과실로 인하여 신체를 침해한 것이 되어 불법행위의 성립이 문제될 뿐만 아니라, 완치 또는 병세가 호전되도록 치료해줘야 할 치료계약을 이행하지 못한 결과가 되어 채무불이행이 될 수 있기 때문입니다. 그런데 이처럼 계약상의 채무불이행으로 인한 손해배상청구권과 불법행위로 인한 손해배상청구권을 아울러 취득하면 그 중 어느 쪽의 손해배상청구권이라도 선택적으로 행사할 수 있습니다(대법원 1983.3.22. 선고 82다카1533 전원합의체 판결, 1989.4.11. 선고 88다카11428 판결). 그러나 판례는 "불법행위를 원인으로 한 손해배상을 청구한데 대하여 채무불이행을 원인으로 한 손해배상을 인정한 것은 당사자가 신청하지 아니한 사항에 대하여 판결한 것으로서 위법이다."라고 하였고(대법원 1963.7.25. 선고 63다241 판결), "채무불이행으로 인한 손해배상청구권에 대한 소멸시효항변이 불법행위로 인한 손해배상청구권에 대한 소멸시효항변을 포함한 것으로 볼 수는 없다."라고 하였음에 비추어(대법원 1998.5.29. 선고 96다51110 판결) 손해배상청구 시 불법행위 또는 채무불이행 중 어느 쪽의 책임을 물을 것인지를 선택하여 청구하여야 할 것입니다.

그리고 불법행위책임과 채무불이행책임은 모두 과실책임을 원칙으로 하지만, 불법행위에 있어서는 피해자가 가해자에게 고의·과실 있음을 입증하여야 하고(다만, 사용자책임의 경우는 사용자가 선임·감독에 과실 없음을 입증하여야 함), 채무불이행의 경우는 채권자는 채무자의 채무불이행사실을 입증함으로써 충분하고, 채무자가 책임을 면하려면 그에게 귀책사유 없음을 입증하여야 합니다. 또한, 불법행위책임의 소멸시효기간은 피해자나 그 법정대리인이 그 손해 및 가해자를 안 날로부터 3년, 불법행위시로부터 10년 이내에 청구하여야 하나(민법 제766조), 채무불이행으로 인한 손해배상청구권은 계약채권의 확장 내지 변형이므로 일반채권의 소멸시효기간인 10년이 경과함으로써 소멸합니다(민법 제162조 제1항). 또한, 위 사안과 같은 의료사고에 대한 불법행위책임을 물을 경우 고용의사 乙은 「민법」 제750조의 불법행위자로서, 甲의원은 같은 법 제756조의 사용자로서 책임을 지게 될 것이지만, 채무불이행책임의 경우에는 계약당사자만 책임을 지게 되므로 고용의사인 乙은 이행보조자가 될 뿐이고, 甲의원만이 상대방이 될 것으로 보입니다.

■ **의료 소송에 있어서 의사가 설명의무를 이행했는지 여부는 환자와 의사 중 누가 입증하여야 하는지요?**

> **Q.** 의료 소송에 있어서 의사가 설명의무를 이행했는지 여부는 환자와 의사 중 누가 입증하여야 하는지요?
>
> **A.** 대법원은 이에 대하여 "설명의무는 침습적인 의료행위로 나아가는 과정에서 의사에게 필수적으로 요구되는 절차상의 조치로서, 그 의무의 중대성에 비추어 의사로서는 적어도 환자에게 설명한 내용을 문서화하여 이를 보존할 직무수행상의 필요가 있다고 보일 뿐 아니라, 응급의료에 관한 법률 제9조, 같은 법 시행규칙 제3조 및 [서식] 1에 의하면, 통상적인 의료행위에 비해 오히려 긴급을 요하는 응급의료의 경우에도 의료행위의 필요성, 의료행위의 내용, 의료행위의 위험성 등을 설명하고 이를 문서화한 서면에 동의를 받을 법적 의무가 의료종사자에게 부과되어 있는 점, 의사가 그러한 문서에 의해 설명의무의 이행을 입증하기는 매우 용이한 반면 환자 측에서 설명의무가 이행되지 않았음을 입증하기는 성질상 극히 어려운 점 등에 비추어, 특별한 사정이 없는 한 의사 측에 설명의무를 이행한 데 대한 증명책임이 있다고 해석하는 것이 손해의 공평·타당한 부담을 그 지도 원리로 하는 손해배상제도의 이상 및 법체계의 통일적 해석의 요구에 부합한다(대법원 2007.5.31. 선고 2005다5867 판결)."라고 판시하였습니다. 따라서 특별한 사정이 없는 한 의사에게 설명의무 이행에 대한 입증책임이 있다고 볼 수 있습니다.

■ 의료진이 신속한 의료 조치를 취하지 못한 경우 의사에게 과실이 인정될 수 있는지요?

Q. CT검사를 하기 위해 금식을 하고 있는 甲에게 복막염 증상이 나타났음에도 제때 필요한 의료조치를 하지 않은 의사 乙에게 과실이 인정될 수 있는지요?

A. 의료진이 신속한 의료 조치를 취하지 못한 경우의 과실 인정여부에 관하여 대법원은 "갑이 대장내시경 검사를 받은 지 이틀째 되는 날 심한 복통과 구토 증상으로 을 병원에 입원하였는데, 을 병원 의료진이 CT 검사를 하기 위해서는 금식이 필요하다는 이유로 약 15시간 동안 진통제만 처방하다가, 다음 날 오전 CT 검사를 실시한 결과 복막염이 의심되어 응급수술을 시행하였으나 패혈증으로 사망한 사안에서, CT 검사에 일반적으로 요구되는 6시간의 금식시간이 지났고, 거듭된 진통제 투여에도 극심한 통증을 계속 호소하는 상황이었으므로 을 병원 의사로서는 갑의 상태를 직접 확인하고 압통 여부 등 이학적 검사를 실시하여 CT 검사 등 추가적인 응급검사와 조치가 필요한지 검토할 의무가 있는데, 갑에 대한 경과관찰 등의 의료조치를 소홀히 하여 CT 검사가 가능해진 이후에도 이를 실시하지 아니함으로써 결장 천공 등을 조기에 발견하지 못하고 신속한 수술 등의 조치를 받지 못하게 한 과실이 있음에도, 이와 달리 본 원심판결에 법리오해 등의 잘못이 있다(대법원 2015.7.9. 선고 2014다233190 판결)"고 판시한 바 있습니다. 이와 같은 판례의 태도에 따를 때 사안의 경우 의사 乙에게 과실이 인정될 수 있을 것으로 보입니다.

■ 의사가 설명의무를 다하지 않았다는 점만 입증하면 위자료 뿐만 아니라 재산상 손해 배상까지 받을 수 있는지요?

> **Q.** 의사가 질병의 증상, 치료방법의 내용과 필요성, 발생이 예상되는 위험 등을 제대로 설명을 해주지 않고 의료행위를 한 후에 환자의 증상이 더 악화되었는데 이 경우 환자는 의사가 설명의무를 다하지 않았다는 점만 입증하면 위자료뿐만 아니라 재산 상 손해배상까지 받을 수 있는지요?
>
> **A.** 대법원은 이에 대하여 "의사가 설명의무를 위반한 채 수술 등을 하여 환자에게 중대 한 결과가 발생한 경우에 환자 측에서 선택의 기회를 잃고 자기결정권을 행사할 수 없게 된 데 대한 위자료만을 청구하는 경우에는 의사의 설명 결여 내지 부족으로 인 하여 선택의 기회를 상실하였다는 점만 입증하면 족하고, 설명을 받았더라면 중대한 결과는 생기지 않았을 것이라는 관계까지 입증하여야 하는 것은 아니지만, 그 결과로 인한 모든 손해의 배상을 청구하는 경우에는 그 중대한 결과와 의사의 설명의무 위 반 내지 승낙 취득 과정에서의 잘못과 사이에 상당인과관계가 존재하여야 하며, 그때 의 의사의 설명의무 위반은 환자의 자기결정권 내지 치료행위에 대한 선택의 기회를 보호하기 위한 점에 비추어 환자의 생명, 신체에 대한 구체적 치료과정에서 요구되는 의사의 주의의무 위반과 동일시할 정도의 것이어야 한다(대법원 2013.4.26. 선고 2011 다29666 판결)"라고 판시한 바 있습니다.
>
> 따라서 설명의무를 다하지 않았다는 점을 입증하였다고 하여 무조건 재산상 손해배 상까지 받을 수 있다고 할 수는 없고, 위자료 이외의 재산상 손해까지 배상받기 위 해서는 그 설명의무 위반이 구체적 치료과정에서 요구되는 의사의 주의의무 위반과 동일시할 정도의 것이어야 하고, 그러한 설명의무 위반행위와 나쁜 결과 사이에 인 과관계가 있음을 증명하여야 합니다.

■ 제왕절개수술 후의 임산부를 방치하여 폐전색증으로 사망케 한 경우 의료과실로 인한 손해배상을 청구할 수 있는지요?

Q. 임산부인 甲은 乙병원에서 제왕절개수술로 태아를 출산한 후 임산부 甲을 방치하여 폐전색증으로 사망하였습니다. 甲의 유족들이 乙병원과 담당의사 丙에 대하여 의료과실로 인한 손해배상을 청구할 수 있는지요?

A. 의료과실에 관하여 판례는 "인간의 생명과 건강을 담당하는 의사에게는 그 업무의 성질에 비추어 위험방지를 위하여 필요한 최선의 주의의무가 요구되고, 따라서 의사로서는 환자의 상태에 충분히 주의하고 진료 당시의 의학적 지식에 입각하여 그 치료방법의 효과와 부작용 등 모든 사정을 고려하여 최선의 주의를 기울여 치료를 실시하여야 하며, 이러한 주의의무의 기준은 진료 당시의 이른바 임상의학의 실천에 의한 의료수준에 의하여 결정되어야 하나, 그 의료수준은 규범적으로 요구되는 수준으로 파악되어야 하고, 해당 의사나 의료기관의 구체적 상황을 고려할 것은 아니다." 라고 하였으며, "의료행위에 대하여 주의의무위반으로 인한 불법행위 또는 채무불이행으로 인한 책임이 있다고 하기 위해서는 의료행위상의 주의의무위반과 손해발생과의 사이에 인과관계의 존재가 전제되어야 하나, 의료행위가 고도의 전문적 지식을 필요로 하는 분야이고, 의료행위의 과정은 대개의 경우 환자 본인이 그 일부를 알 수 있는 외에 의사만이 알 수 있을 뿐이며, 치료의 결과를 달성하기 위한 의료기법은 의사의 재량에 달려 있기 때문에 손해발생의 직접적인 원인이 의료상의 과실로 말미암은 것인지 여부는 전문가인 의사가 아닌 보통인으로서는 도저히 밝혀낼 수 없는 특수성이 있어서 환자측이 의사의 의료행위상 주의의무위반과 손해발생과 사이의 인과관계를 의학적으로 완벽하게 입증한다는 것은 극히 어려우므로, 환자가 치료 도중에 사망한 경우 피해자측에서 일련의 의료행위과정에서 저질러진 일반인의 상식에 바탕을 둔 의료상의 과실 있는 행위를 입증하고 그 결과와 사이에 일련의 의료행위 외에 다른 원인이 개재될 수 없다는 점, 이를테면 환자에게 의료행위 이전에 그러한 결과의 원인이 될 만한 건강상의 결함이 없었다는 사정을 증명한 때에는, 의료행위를 한 측이 그 결과가 의료상의 과실로 말미암은 것이 아니라 전혀 다른 원인으로 말미암은 것이라는 입증을 하지 아니하는 이상, 의료상 과실과 결과 사이의 인과관계를 추정하여 손해배상책임을 지울 수 있도록 입증책임을 완화하는 것이 손해의 공평·타당한 부담을 그 지도원리로 하는 손해배상제도의 이상에 맞는다고 하지 않을 수 없을 것이다."라고 하였습니다.

또한, "가해행위와 피해자측의 요인이 경합하여 손해가 발생하거나 확대된 경우에는 그 피해자측의 요인이 체질적인 소인 또는 질병의 위험도와 같이 피해자측의 귀책사유와 무관한 것이라고 할지라도, 그 질환의 태양·정도 등에 비추어 가해자에게 손해의 전부를 배상하게 하는 것이 공평의 이념에 반하는 경우에는, 법원은 손해배상액을 정하면서 과실상계의 법리를 유추적용 하여 그 손해의 발생 또는 확대에 기여한 피해자측의 요인을 참작할 수 있으며, 불법행위로 인한 손해배상청구사건에서 과실상계사유에 관한 사실인정이나 그 비율을 정하는 것은 그것이 형평의 원칙에 비추어 현저히 불합리하다고 인정되지 않는 한 사실심의 전권에 속하는 사항이다."라고 하면서 제왕절개수술을 받은 후 이상증세를 보인 임산부를 방치하여 폐전색증으로 사망케 한 경우, 의료과실을 인정하면서도 폐전색증의 진단이나 사전예방이 용이하지 않은 점 등을 참작하여 손해배상책임을 40%로 제한한 사례가 있습니다(대법원 2000.1.21. 선고 98다50586 판결, 대법원 1998.9.4. 선고 96다11440 판결).

따라서 위 사안의 경우에도 담당의사 丙에게는 「민법」 제750조의 불법행위책임을, 乙병원에 대하여는 같은 법 제756조의 사용자로서의 책임을 물어 손해배상을 청구할 수 있을 것으로 보입니다.

■ 건강진단상의 과오로 인한 손해배상을 의사에게 청구할 수 있는지요?

Q. 의사 丙이 완치불능인 폐암환자 乙이 건강하다고 진단함으로써 평소대로 생활하다가 갑자기 폐암으로 사망한 경우에 乙의 단독상속인인 甲은 丙에 대하여 손해배상을 청구할 수 있는지요?

A. 위 사안의 경우처럼 말기 폐암환자인 乙이 건강진단을 제대로 받았다고 하더라도 생존할 가능성이 적어 丙에게 사망과의 인과관계를 인정하여 손해배상책임을 물을 수 있는지에 관하여 하급심 판례는 "의사 丙이 엑스레이검사결과서의 검토를 빠뜨린 채 엑스레이 소견 역시 아무런 이상이 없는 것으로 생각하고 모든 건강상태를 정상으로 판정함으로써 乙이 이에 따른 건강진단서를 발급받게 되어 결과적으로 건강진단을 통하여 질병을 미리 발견하고 이를 치료할 수 있는 기회를 잃게 한 건강진단상의 과실책임을 면할 수 없고, 건강진단 당시 의사 丙이 乙의 폐암의 여부를 확인하여 치료를 받을 수 있었다고 하더라도 생존기간을 다소 연장시킬 수는 있을지언정 사망의 결과를 피할 수 없었다고 할 것이므로 乙의 이 사건 건강진단상의 과실과 망인의 폐암으로 인한 사망과 사이에는 상당 인과관계를 인정할 수는 없다고 할 것이나, 본인이나 혹은 가족들이 완치불능의 질병상태에서 죽음을 앞두고 개인적으로 또는 가족적, 사회적으로 신변을 정리할 수 있는 기회를 가질 수도 있었다고 할 것인데 의사 丙의 건강진단상의 과실로 인하여 위와 같은 모든 기회를 상실하였다고 할 것이고 이에 대하여 乙과 甲이 정신적 고통을 받았을 것임은 경험칙상 명백하므로 丙은 이를 위자하여 줄 의무가 있다."라고 한 사례가 있습니다(서울지방법원 1993.9.22. 선고 92가합49237 판결). 따라서 甲은 민법 제750조에 의하여 위자료 명목의 손해배상을 丙에 대하여 청구할 수 있을 것입니다.

■ 의사의 수술 지연으로 인하여 태아가 사망한 경우 병원에 불법행위로 인한 손해배상을 청구할 수 있는지요?

Q. 甲은 출산예정일을 1주일 앞둔 날 양수가 터져 乙병원에 도착하자마자 5분 간격의 규칙적인 진통을 호소하면서 제왕절개수술을 요구하였고, 乙병원의 간호사는 태아의 한쪽 손발이 자궁경부까지 나와 있는 것을 확인하고 그 병원 산부인과과장인 丙에게 전화를 걸어 제왕절개수술을 요하는 응급환자가 있으니 병원으로 나와 줄 것을 요청하였으나 응급실에 있던 당직의사 丁의 지시에 따라 丙이 도착하기만을 기다렸을 뿐 별다른 조치를 하지 않았습니다. 丙은 전화를 받고서 1시간여가 지나서야 병원 수술실에 도착하여 진찰한 결과, 이미 태아의 한쪽 발이 밖으로 나온데다가 청색증이 심하여 제왕절개수술이 불가능한 상태여서 자연분만을 유도하여 태아의 몸 전체가 배출되었으나, 태아는 심한 청색증과 함께 호흡곤란증으로 인한 심폐정지로 사망하였습니다. 태아의 부검결과 폐포 내에 다량의 양수가 흡입된 것으로 관찰되었는바, 이 경우 乙병원에 불법행위로 인한 손해배상을 청구할 수 있는지요?

A. 의료사고로 인한 배상책임이 문제되는 경우 '불법행위로 인한 책임'과 '채무불이행책임(또는 계약책임)'이 경합하게 됩니다. 즉, 치료가 잘못되어 병세가 악화되게 되는 경우 그것은 과실로 인하여 신체를 침해한 것이 되어 불법행위의 성립이 문제될 뿐만 아니라, 완치 또는 병세가 호전되도록 치료해줘야 할 치료계약을 이행하지 못한 결과가 되어 채무불이행이 될 수 있기 때문입니다. 그런데 이처럼 계약상의 채무불이행으로 인한 손해배상청구권과 불법행위로 인한 손해배상청구권을 아울러 취득하면 그 중 어느 쪽의 손해배상청구권이라도 선택적으로 행사할 수 있습니다(대법원 1983.3.22. 선고 82다카1533 전원합의체 판결, 1989.4.11. 선고 88다카11428 판결).
그러나 판례는 "불법행위를 원인으로 한 손해배상을 청구한데 대하여 채무불이행을 원인으로 한 손해배상을 인정한 것은 당사자가 신청하지 아니한 사항에 대하여 판결한 것으로서 위법이다."라고 하였고(대법원 1963.7.25. 선고 63다241 판결), "채무불이행으로 인한 손해배상청구권에 대한 소멸시효항변이 불법행위로 인한 손해배상청구권에 대한 소멸시효항변을 포함한 것으로 볼 수는 없다."라고 하였음에 비추어(대법원 1998.5.29. 선고 96다51110 판결) 손해배상청구 시 불법행위 또는 채무불이행 중 어느 쪽의 책임을 물을 것인지를 선택하여 청구하여야 할 것입니다.
그리고 불법행위책임과 채무불이행책임은 모두 과실책임을 원칙으로 하지만, 불법행위에 있어서는 피해자가 가해자에게 고의·과실 있음을 입증하여야 하는데 비하여(다만, 사용자책임의 경우는 사용자가 선임·감독에 과실 없음을 입증하여야 함), 채무불이행의 경우는 채권자는 채무자의 채무불이행사실을 입증함으로써 충분하고, 채무자가 책임을 면하려면 그에게 귀책사유 없음을 입증하여야 합니다. 또한, 불법행위책임의 소멸시효기간은 피해자나 그 법정대리인이 그 손해 및 가해자를 안 날로부터 3년, 불법행위시로부터 10년 이내에 청구하여야 하나(민법 제766조), 채무불이행으로 인한 손해배상청구권은 계약채권의 확장 내지 변형이므로 일반채권의 소멸시효기간인 10년이 경과함으로써 소멸합니다(민법 제162조 제1항).

그런데 위 사안과 관련하여 판례는, 산부인과 의사가 제왕절개수술을 요하는 응급환자가 입원하였다는 보고를 받고도 1시간이 지나 집을 출발하여 수술지연으로 인하여 태아가 사망한 것에 대하여 산부인과 의사의 과실을 인정한 사례가 있으며(대법원 2000.12.22. 선고 99다42407 판결), 또한, 당직의사에게 자신의 전문분야가 아닌 질환으로 응급을 요하는 환자에 대한 처치의무가 있는지에 관하여 판례는 "산부인과 전문의가 아닌 일반외과 의사라고 하더라도 당직의사였다면 산부인과 전문의가 없는 상황에서 산모가 급하게 제왕절개 수술을 요하는 급박한 상태이고, 그러한 상황을 보고 받기까지 한 이상 사람의 생명·신체·건강을 관리하는 의사로서의 업무의 성질에 비추어 의사로서는 환자의 구체적인 증상이나 상황에 따라 위험을 방지하기 위하여 요구되는 최선의 처치를 행하여야 할 주의의무가 있다."라고 하였습니다(대법원 1997.3.11. 선고 96다49667 판결).

따라서 위 사안과 같은 의료사고에 대한 불법행위책임을 물을 경우 丙과 丁은 「민법」 제750조의 불법행위자로서, 乙병원은 같은 법 제756조의 사용자로서 丙·丁·乙병원 모두 민법 제760조의 공동불법행위자로서 甲 등에게 태아의 사망으로 인한 손해를 배상할 책임이 있다고 할 것으로 보입니다. 그러나 채무불이행책임을 물을 경우에는 계약당사자만 책임을 지게 되므로 고용의사인 丙·丁은 이행보조자가 될 뿐이고, 乙병원만이 채무불이행책임을 질 것으로 보입니다.

■ 수인한도를 넘은 현저히 불성실한 진료에 대해 병원에게 손해배상을 청구할 수 있는지요?

Q. 丙은 乙병원에서 전신마취 수술을 받은 후 기면(嗜眠) 내지 혼미의 의식상태에 놓여 있다가 사망하였으나(사인은 뇌동정맥기형이라는 丙의 특이체질에 기한 급성 소뇌출혈이었음), 丙에 대한 수술 및 회복을 위한 입원치료에 있어 충분하고도 최선의 조치를 취하지 아니한 경우에 丙의 단독상속인인 甲은 乙병원에 대하여 손해배상을 청구할 수 있는지요?

A. 위 사안의 경우 丙이 乙병원에서 전신마취 수술을 받은 후 기면 내지 혼미의 의식상태에 놓여 있다가 사망하였으나, 丙의 사망은 뇌동정맥기형이라는 특이체질에 기한 급성 소뇌출혈로 인하여 발생한 것으로서 乙병원 의료진에게 丙의 사망과 상당인과관계가 있는 과실이 있다고 인정할 수 없으므로 丙의 단독상속인인 甲은 乙병원에 대하여 사망에 대한 손해배상책임을 추궁할 수는 없습니다(대법원 2006.9.28. 선고 2004다61402 판결). 다만, 丙의 수술 및 회복을 위한 입원치료를 맡은 乙병원 의료진이 일반적 의학상식 및 임상의학의 현실에 비추어 통상적으로 요구되는 필요한 조치를 스스로 용이하게 취할 수 있었음에도 이를 게을리 하고, 또한 담당 수술 집도의 등에게 보고하여 그로 하여금 즉각 필요한 조치를 취하도록 하였어야 함에도 이를 게을리 하는 등 위 주의의무 위반의 정도가 일반인의 수인한도를 넘어선 경우에는 현저하게 불성실한 진료를 행한 것이라고 평가될 수 있으므로 그 자체로서 불법행위를 구성하여 그로 말미암아 환자나 그 가족이 입은 정신적 고통에 대한 위자료의 배상을 명할 수 있으나, 이때 그 수인한도를 넘어서는 정도로 현저하게 불성실한 진료하였다는 점은 불법행위의 성립을 주장하는 피해자들이 이를 입증하여야 합니다(대법원 2006.9.28. 선고 2004다61402 판결).

따라서 乙병원 의료진이 수인한도를 넘어서는 정도로 현저하게 불성실한 진료를 하였다는 점을 입증하는 경우에 한하여 甲은 乙병원에 대하여 丙과 甲이 입은 정신적 고통에 대한 위자료를 청구할 수 있을 것입니다.

■ 기형아임을 발견하지 못한 산부인과 의사에게 책임이 있는지요?

Q. 甲은 임신을 하여 계속 乙병원에서 진료를 받아왔습니다. 그런데 진료과정에서 전혀 이상증세가 없다고 하였음에도 불구하고 출산 후 태아에게 다운증후군의 증상이 있으므로 이러한 경우 乙병원과 담당의사 丙에게 손해배상청구가 가능한지요?

A. 이와 관련된 판례를 보면, "의사가 기형아 판별확률이 높은 검사방법에 관하여 설명하지 아니하여 임산부가 태아의 기형여부에 대한 판별확률이 높은 검사를 받지 못한 채 다운증후군에 걸린 아이를 출산한 경우, 모자보건법 제14조 제1항 제1호는 인공임신중절수술을 할 수 있는 경우로 임산부 본인 또는 배우자가 대통령령이 정하는 우생학적 또는 유전학적 정신장애나 신체질환이 있는 경우를 규정하고 있고, 모자보건법시행령 제15조 제2항은 모자보건법 제14조 제1항 제1호의 규정에 의하여 인공임신중절수술을 할 수 있는 우생학적 또는 유전학적 정신장애나 신체질환으로 혈우병과 각종 유전성 질환을 규정하고 있을 뿐이므로, 다운증후군은 위 조항 소정의 인공임신중절사유에 해당하지 않음이 명백하여 부모가 태아가 다운증후군에 걸려 있음을 알았다고 하더라도 태아를 적법하게 낙태할 결정권을 가지고 있었다고 보기 어렵다고 할 것이어서 부모의 적법한 낙태결정권이 침해되었다고 할 수 없다."라고 하면서, "인간생명의 존엄성과 그 가치의 무한함에 비추어 볼 때, 어떠한 인간 또는 인간이 되려고 하는 존재가 타인에 대하여 자신의 출생을 막아 줄 것을 요구할 권리를 가진다고 보기 어렵고, 장애를 갖고 출생한 것 자체를 인공임신중절로 출생하지 않은 것과 비교해서 법률적으로 손해라고 단정할 수도 없으며, 그로 인하여 치료비 등 여러 가지 비용이 정상인에 비하여 더 소요된다고 하더라도 그 장애자체가 의사나 다른 누구의 과실로 말미암은 것이 아닌 이상 이를 선천적으로 장애를 지닌 채 태어난 아이 자신이 청구할 수 있는 손해라고 할 수는 없다."라고 하면서 다운증후군을 발견하지 못한 산부인과의사 등의 책임을 부인한 사례가 있습니다(대법원 1999.6.11. 선고 98다22857 판결, 2001.6.15. 선고 2000다17896 판결).

또한, "의사가 오진을 하였다고 하여 곧바로 고의나 과실이 있다고 할 수는 없다. 임산부에 대한 상담과 각종 검사 등을 통하여 태아의 기형을 의심할 만한 아무런 징후가 발견되지 아니하였고, 초음파검사상으로도 태아의 왼쪽손목 이하 발육부전을 발견하는 것이 용이하지 아니한 점 등에 비추어 의사가 태아의 위와 같은 기형을 발견하지 못하였다고 하여 곧바로 의사에게 어떠한 주의의무 위반이 있다고 단정하기 어렵다."라고 한 사례도 있습니다(대법원 1999.6.11. 선고 98다33062 판결).

따라서 위 사안에 있어서도 산부인과의사가 다운증후군증세를 발견하지 못하였다는 사실만으로 손해배상을 청구하기는 어려울 것으로 보입니다.

■ 마취제인 프로포폴을 투여한 후 경과관찰의무를 소홀히 한 의사에게 손해배상을 청구할 수 있는지요?

> Q. 甲은 乙이 운영하는 병원에서 제왕절개 수술을 받았는데, 甲이 심한 통증을 호조하자 乙은 프로포폴 70mg을 일시정맥 주사한 후 시간당 30㎖의 속도로 정맥주사 하면서 수술을 진행하였고, 신생아를 출산하였습니다. 그런데 그 후 甲은 혈압이 80/40mmHg로 감소하고 심장박동수가 120회/분으로 증가하는 등 이상 소견이 나타났음에도 乙은 별다른 조치를 취하지 않은 채 산소포화도만 모니터링 하다가 상태가 심각해지고 나서야 甲을 대학병원으로 응급이송 하였습니다. 현재 甲은 후유증으로 현재 인지기능의 저하와 퇴행, 무력감, 우울감 등의 정신증세 및 행동장애 증세를 보이고 있습니다. 甲의 진료기록부 등에는 위와 같은 경과 과정이 제대로 나와 있지 않은데, 甲은 乙을 상대로 경과관찰의무 소홀에 따른 손해배상 청구를 할 수 있는지요?
>
> A. 의무기록은 진료를 담당하는 의료인으로 하여금 환자의 상태와 치료의 경과에 관한 정보를 빠뜨리지 않고 정확하게 기록하여 이를 그 이후의 계속되는 환자치료에 이용하도록 함과 아울러 다른 관련 의료종사자에게도 그 정보를 제공하여 환자로 하여금 적정한 의료를 제공받을 수 있도록 하고, 의료행위가 종료된 후에는 그 의료행위의 적정성을 판단하는 자료로 사용할 수 있도록 하기 위하여 작성하는 것으로서 의료인은 의료행위에 관한 사항과 소견을 의무기록에 상세히 기록하여야 하므로, 의료사고 발생 후 변개되었다는 등의 특별한 사정이 없는 한 그 신빙성을 쉽게 배척할 수 없다고 할 것이지만, 수술 후 진정제 투여 등을 통하여 진정상태를 계속 유지하고 있던 환자에게 뇌로 공급되는 산소의 전반적인 감소로 인한 저산소성 뇌손상이 발생하였는데, 의사 측이 환자에게 진정상태를 유지하는 기간 중 심전도, 혈압 및 산소포화도를 지속적으로 모니터하여 환자에게 산소가 공급되는 정도를 파악할 수 있었음에도 불구하고 의무기록에는 뇌로 공급되는 산소의 전반적인 감소가 있었다고 볼 만한 아무런 기재가 없는 경우에 있어서는, 의사 측에서 심전도, 혈압 및 산소포화도의 이상 소견이 없이도 다른 원인에 의하여 환자에게 저산소성 뇌손상이 발생할 수 있음을 입증하지 못하는 이상, 진료기록의 기재 여하에 불구하고 산소포화도의 감소 또는 심정지 등 환자에게 뇌로 공급되는 산소의 전반적인 감소를 시사하는 임상상태가 현실적으로 있었다고 추정하는 것이 타당하고, 나아가 임상경과의 관찰을 소홀히 하여 그 임상상태를 제대로 발견하지 못하였다거나 그 임상상태를 발견하였음에도 그 내용을 이 사건 의무기록에 제대로 기재하지 아니함으로 말미암아 그 임상상태에 대응한 적절한 치료가 이루어지지 못한 것으로 추정할 수 있을 것입니다(대법원 2008.7.24. 선고 2007다80657 판결). 甲에게 투여된 프로포폴의 가장 위험한 부작용으로는 호흡억제가 있고, 甲은 위에서

본 바와 같이 乙병원의 프로포폴 투여 이후에 저산소성 뇌손상을 입은 것으로 보입니다. 이 과정에서 乙병원은 수술 중 甲에게 프로포폴을 투여한 후에 甲의 산소포화도, 심전도, 혈압 등을 지속적으로 모니터하여 甲에게 산소가 공급되는 정도를 파악할 수 있었습니다. 그런데 수술 당시 작성한 甲의 진료기록부에는 甲의 산소포화도가 모두 정상적으로 기재되어 있고, 그 밖에 뇌로 공급되는 산소의 전반적인 감소가 있었다고 볼 만한 사정에 관하여 아무런 기재가 없다면, 다른 원인에 의하여 甲에게 저산소성 뇌손상이 발생할 수 있음을 乙입병원 측에서 입증해야 합니다.

따라서 乙병원은 甲에게 위와 같은 경과관찰의무 위반으로 인한 불법행위에 기한 손해배상책임을 부담할 것으로 보입니다.

■ 의료사고 발생의 경우 환자는 의사에게 그 치료비를 지급해야 하나요?

> Q. 의사의 선량한 주의의무 위반으로 인하여 오히려 환자의 신체기능이 회복 불가능하게 손상되었고, 손상 이후에는 후유증세의 치유 또는 더 이상의 악화를 방지하는 정도의 치료만이 계속되어 온 경우 환자는 의사에게 그 치료비를 지급하여야 하는지요?
>
> A. 대법원은 이에 대하여 "의사가 선량한 관리자의 주의의무를 다하지 아니한 탓으로 오히려 환자의 신체기능이 회복불가능하게 손상되었고, 또 손상 이후에는 후유증세의 치유 또는 더 이상의 악화를 방지하는 정도의 치료만이 계속되어 온 것뿐이라면 의사의 치료행위는 진료채무의 본지에 따른 것이 되지 못하거나 손해전보의 일환으로 행하여진 것에 불과하여 병원 측으로서는 환자에 대하여 수술비와 치료비의 지급을 청구할 수 없다. 그리고 이는 손해의 발생이나 확대에 피해자 측의 귀책사유가 없는데도 공평의 원칙상 피해자의 체질적 소인이나 질병과 수술 등 치료의 위험도 등을 고려하여 의사의 손해배상책임을 제한하는 경우에도 마찬가지이다.(대법원 2015.11.27. 선고 2011다28939 판결)"라고 판시하였습니다. 따라서 환자는 손상 이후 더 이상의 악화를 방지하는 정도의 치료에는 치료비를 지불할 의무가 없습니다.

■ 불법행위로 인한 손해배상에 입원비가 포함되는지요?

> Q. 가해자의 불법행위로 인하여 병원에 입원하게 되었는데 일반병실이 아닌 상급병실에 입원하였습니다. 상급병실 입원비를 가해자에게 손해배상 청구할 수 있는지요?
>
> A. 대법원은 이와 관련하여 "불법행위 피해자가 일반병실에 입원하지 아니하고 상급병실에 입원하여 치료를 받음으로써 추가로 부담하게 되는 입원료 상당의 손해는, 당해 진료행위의 성질상 상급병실에 입원하여 진료를 받아야 하거나, 일반병실이 없어 부득이 상급병실을 사용할 수밖에 없었다는 등의 특별한 사정이 인정되지 아니한다면, 그 불법행위와 상당인과관계가 있는 손해라고 할 수 없다(대법원 2010.11.25. 선고 2010다51406 판결)"라고 판시하였습니다. 따라서 상급병실에 입원해야할 특별한 사정이 있어야 상급병실의 입원비 전체를 손해배상 청구할 수 있는 것으로 보입니다.

■ 연명치료 중단을 명하는 판결이 확정된 경우 기존 의료계약의 효력을 인정해야 하나요?

Q. 환자가 병원(의료인)과 의료계약을 체결하고 진료를 받다가 회복 불가능한 사망의 단계에 진입하였고 이에 환자의 가족들은 직접 법원에 연명치료 중단을 구하는 소를 제기하여 연명 치료 중단을 명하는 판결이 확정되었습니다. 그런데 병원측에서는 위 판결이 확정된 이후에도 병원비가 발생하였다고 하며 환자의 가족들에게 병원비를 청구하였습니다. 이러한 청구가 타당한 것인지요?

A. 대법원은 이에 대해서 "의학적으로 환자가 의식의 회복가능성이 없고 생명과 관련된 중요한 생체기능의 상실을 회복할 수 없으며 환자의 신체 상태에 비추어 짧은 시간 내에 사망에 이를 수 있음이 명백한 경우(이하 '회복 불가능한 사망의 단계'라 한다)에 이루어지는 진료행위(이하 '연명치료'라 한다)는 원인이 되는 질병의 호전을 목적으로 하는 것이 아니라 질병의 호전을 사실상 포기한 상태에서 오로지 현 상태를 유지하기 위하여 이루어지는 치료에 불과하므로, 그에 이르지 아니한 경우와는 다른 기준으로 진료중단 허용 가능성을 판단하여야 한다.
그러므로 회복 불가능한 사망의 단계에 이른 후에 환자가 인간으로서의 존엄과 가치 및 행복추구권에 기초하여 자기결정권을 행사하는 것으로 인정되는 경우에는 특별한 사정이 없는 한 연명치료의 중단이 허용될 수 있다.한편 환자가 의료인과 의료계약을 체결하고 진료를 받다가 미리 의료인에게 자신의 연명치료 거부 내지 중단에 관한 의사를 밝히지 아니한 상태에서 회복 불가능한 사망의 단계에 진입을 하였고, 환자 측이 직접 법원에 연명치료 중단을 구하는 소를 제기한 경우에는, 특별한 사정이 없는 한, 연명치료 중단을 명하는 판결이 확정됨으로써 판결 주문에서 중단을 명한 연명치료는 더 이상 허용되지 아니하지만, 환자와 의료인 사이의 기존 의료계약은 판결 주문에서 중단을 명한 연명치료를 제외한 나머지 범위 내에서는 유효하게 존속한다(대법원 2016.1.28. 선고 2015다9769 판결)."고 판시하였습니다.
따라서 환자 측은 병원에서 청구하는 치료비의 내역을 살핀 후 연명치료로 인해 발생한 치료비의 청구에 대하여는 응할 필요가 없을 것으로 보이나 그 외의 치료비 청구는 정당한 청구이므로 그에 응하여 지급을 하여야 할 것으로 판단됩니다.

■ 합병증이 발생한 경우 의사에게 손해배상의 책임을 물을 수 있는지요?

Q. 복강경에 의한 질식 자궁적출술 등을 시행한 후 환자에게 그 합병증으로 요관손상이 발생하게 되었는데 환자는 이러한 합병증에 대한 손해배상책임을 의사에게 물을 수 있는지요?

A. 대법원은 이에 대하여 "의료행위에 의하여 후유장해가 발생한 경우, 그 후유장해가 당시 의료수준에서 최선의 조치를 다하는 때에도 당해 의료행위 과정의 합병증으로 나타날 수 있는 것이거나 또는 그 합병증으로 인하여 2차적으로 발생할 수 있는 것이라면, 의료행위의 내용이나 시술 과정, 합병증의 발생 부위, 정도 및 당시의 의료수준과 담당 의료진의 숙련도 등을 종합하여 볼 때 그 증상이 일반적으로 인정되는 합병증의 범위를 벗어났다고 볼 수 있는 사정이 없는 한, 그 후유장해가 발생하였다는 사실만으로 의료행위 과정에 과실이 있었다고 추정할 수 없다(대법원 2008.3.27. 선고 2007다76290 판결)"라고 판시하였습니다.

그러면서 위 수술 시행 과정에서 일반적 합병증으로 환자의 요관이 손상되는 결과가 발생할 수 있다는 취지로 판시를 하였습니다. 따라서 이러한 판례의 태도에 기초해 보았을 때 사안의 경우 환자가 본인에게 발생한 요관 손상이 일반적인 합병증의 범위를 벗어난 것이라는 점을 입증하지 못하는 한 의사에게 손해배상책임을 묻기는 어려울 것으로 판단됩니다.

■ 환자가 자살한 경우 병원의 운영자에게 손해배상책임이 인정되는지요?

Q. 정신병원에 입원 중이던 정신분열증 환자가 투신한 뒤 신체의 중대한 상해를 수반하는 후유증이 남게 되자 이를 비관하여 자살한 경우 병원의 운영자에게 손해배상책임이 인정되는지요?

A. 대법원은 이에 대하여 "사건 사고로 소외인은 요추부 골절 등의 상해를 입어 장기간 치료를 받았으나 일용노동자로서의 노동능력을 60% 가량 잃었을 뿐 아니라 자발적인 배뇨가 불가능하여 매일 타인의 도움을 받아야만 배뇨를 할 수 있는 등 신체에 중대한 기질적 상해를 수반하는 후유증이 남게 되었고, 이에 소외인이 이러한 자신의 처지와 이 사건 후유장해로 인한 고통을 이기지 못하고 비관하여 자살하였다는 것이니, 이와 같은 사정 아래서는 이 사건 후유장해로 말미암아 소외인이 심신상실 또는 정신착란의 상태에 빠지지 않았다 하더라도 그 후유장해는 소외인이 자살에 이르게 된 주된 원인으로 작용하였다 할 것이어서 이 사건 사고와 자살 사이에는 상당인과관계가 있다고 봄이 상당하고, 비록 소외인이 이 사건 사고 이전부터 정신분열증을 앓고 있었고 그러한 정신분열증이 소외인의 자살에 심인적 요인으로 작용하였다 하더라도, 소외인의 자살이 오로지 그와 같은 정신분열증의 발현에 의한 것이라고 볼 수 없는 이상 위와 같은 심인적 요인은 손해배상액을 산정함에 있어서 참작할 사유가 될 뿐이지 이 사건 사고와 자살 사이의 상당인과관계를 부정하는 사유가 될 수는 없다 할 것이다(대법원 2007.1.11. 선고 2005다44015)"라고 판시하면서 정신분열증 환자가 안전장치 없는 폐쇄병실의 창문을 열고 투신하여 신체에 중대한 기질적 상해를 수반하는 후유증이 남게 되자 이를 비관하여 자살한 사안에서, 위 투신사고와 자살 사이에 상당인과관계가 인정된다고 보아 위 병원의 운영자에게 손해배상책임을 인정하였습니다.

■ **진료과정에서 의사에게 설명의무 위반으로 인한 손해배상책임이 인정될 수 있는지요?**

Q. 의사 乙은 환자 甲을 진료하면서 甲에게 악성종양이 있을 가능성을 인식하면서도 환자 甲에게 아무런 설명도 하지 않고 추가 검사 등을 권유하지도 않았습니다. 추후 결국 환자 甲은 유방암에 걸린 것으로 밝혀졌고 유방암의 치료시기를 놓치게 되었습니다. 이러한 경우 의사 乙에게 설명의무 위반으로 인한 손해배상책임이 인정될 수 있는지요?

A. 대법원은 이에 대해서 "의사는 환자를 진료하는 과정에서 질환이 의심되는 증세가 있는지를 자세히 살피어 그러한 증세를 발견한 경우에는 특별한 사정이 없는 한 그 질환의 발생 여부 및 정도 등을 밝히기 위한 조치나 검사를 받도록 환자에게 설명, 권유할 주의의무가 있다(대법원 2009.1.15. 선고 2008다60162 판결)"라고 판시하였습니다. 구체적으로 "피고가 일단 악성종양일 가능성을 인식하였다면 위 원고에게 악성종양의 가능성을 설명하고, 확진을 위한 추가적인 검사방법으로 조직검사를 적극적으로 권유함과 아울러 위 원고로 하여금 향후 유방암의 존부에 관하여 지속적인 관심과 검사를 받을 수 있도록 유방암의 발병 및 전이속도, 치료방법, 요양방법 등에 관한 충분한 설명을 하여야 할 주의의무가 있다고 할 것인데, 이러한 사항에 대하여 설명하지 아니한 채 더 이상의 검사로 나아가지 아니한 결과 유방암의 진단 및 치료의 적기를 놓치게 한 과실이 있다고 판단한 것은 정당한 것으로 수긍이 가고, 거기에 상고이유의 주장과 같은 채증법칙 위반으로 인한 사실오인, 법리오해 등의 위법이 없다. 이 점에 관한 상고이유의 주장은 이유 없다."라고도 판시하였습니다. 따라서 의사가 진료과정에서 질환이 의심되는 증세를 발견한 경우에는 특별한 사정이 없는 한 그 질환의 발생 여부 및 정도 등을 밝히기 위한 조치나 검사를 받도록 환자에게 설명, 권유할 주의의무가 있다고 할 것이며 의사 乙이 이러한 주의의무를 다하지 않았다면 甲에 대해 손해배상책임을 져야 할 것으로 보입니다.

■ 식물인간이 된 경우 손해배상액 판결 이후 추가적인 손해배상이 가능한지요?

Q. 甲은 乙의 의료과실로 인해 식물인간이 되었고 乙을 상대로 손해배상 청구를 하여 이미 손해배상 판결이 확정되었으나, 손해배상 판결을 받을 당시에 그 판결의 기초자료가 된 여명기간이 지나서도 계속 생존하였습니다. 이에 甲은 여명기간이 지나서 생존하게 됨으로 인하여 추가로 발생하게 되는 향후치료비, 보조구비 및 개호비 등의 손해배상을 구하고자 하는데 이러한 추가적인 손해배상청구가 가능한지요?

A. 대법원은 이에 대하여 "불법행위로 인한 적극적 손해의 배상을 명한 전소송의 변론종결 후에 새로운 적극적 손해가 발생한 경우에 그 소송의 변론종결 당시 그 손해의 발생을 예견할 수 없었고 또 그 부분 청구를 포기하였다고 볼 수 없는 등 특별한 사정이 있다면 전 소송에서 그 부분에 관한 청구가 유보되어 있지 않다고 하더라도 이는 전소송의 소송물과는 별개의 소송물이므로 전소송의 기판력에 저촉되는 것이 아니다(대법원 2007.4.13. 선고 2006다78640 판결)"라고 판시한 바 있습니다. 그리고 대법원은 위 판례 법리를 토대로 식물인간 피해자의 여명이 종전의 예측에 비하여 수년 연장되어 그에 상응한 향후치료, 보조구 및 개호 등이 추가적으로 필요하게 된 것은 전소의 변론종결 당시에는 예견할 수 없었던 새로운 중한 손해로서 전소의 기판력에 저촉되지 않는다고 하여 추가적인 손해배상청구를 인정하였습니다. 따라서 甲은 새롭게 손해배상청구를 할 수 있다고 하겠습니다.

■ 친족의 승낙으로써 환자의 승낙을 갈음할 수 있는지요?

Q. 환자가 성인이고 의사소통, 판단능력에 특별한 문제가 없는 경우, 의사가 환자가 아닌 환자의 아들이자 보호자에게 수술의 내용 및 그로 인한 후유증에 대해 설명한 것이 의사의 설명의무를 이행한 것으로 볼 수 있는지요?

A. 대법원은 이에 대하여 "환자가 성인으로서의 판단능력을 가지고 있는 이상 친족의 승낙으로써 환자의 승낙에 갈음하는 것은 허용되지 아니한다고 할 것이다(대법원 2015.10.29. 선고 2015다13843 판결)"라고 판시한 바 있으므로 환자가 성인으로서의 판단 능력을 가졌다고 할 수 있는 사안과 같은 경우에는 의사의 설명의무를 이행한 것으로 볼 수 없다고 할 것입니다.

형사사건으로 피해를
본 경우 이렇게
손해배상을 청구하세요

제5장 형사사건으로 피해를 본 경우 이렇게 손해배상을 청구 하세요

1. 형사(폭행·상해 등)사건의 민사절차

① 형사사건의 피해자는 가해자와 치료비, 위자료 등이 합의가 되지 않았을 경우 민사조정, 소액사건심판, 민사소송 등을 제기하여 치료비, 위자료 등을 받을 수 있습니다.

② 피해자와 가해자가 피해의 배상에 대해 합의한 경우에는 더 이상의 민사절차가 진행되지 않습니다. 만약 피해자가 합의금을 받고도 민사절차를 진행하면 합의서를 증거로 민사절차에 대응할 수 있습니다.

③ 민사조정, 소액사건심판, 민사소송 등에서 피해자의 치료비, 위자료 등의 청구권이 인정되었으나 가해자가 이를 이행하지 않는 경우에는 강제집행을 할 수 있습니다.

2. 민사소송

1) 민사소송의 개념

합의나 조정, 소액사건심판 등의 방법으로도 피해를 구제받지 못한 피해자는 최종적으로 민사소송을 제기함으로서 분쟁을 해결할 수 있습니다.

2) 민사소송 절차

(1) 소장의 제출

분쟁의 해결을 원하는 분쟁 당사자는 소장을 작성해서 법원에 제출합니다. 민사소송을 제기한 사람을 원고라고 하고, 그 상대방을 피고라고 합니다.

(2) 소장부본의 송달과 답변서 제출

① 소장이 접수되면 법원은 그 소장부본을 피고에게 송달하고, 피고는 30일 이내에 답변서를 제출해야 합니다.

② 피고가 답변서를 제출하지 않거나 자백취지의 답변서를 제출하면, 원고의 청구 내용대로 소송이 완료됩니다.

③ 피고가 청구 내용을 부인하는 취지의 답변서를 제출하는 경우에는 변론준비절차로 이행됩니다.

(3) 변론준비 절차

① 변론준비절차기간에는 피고가 답변서를 제출하고 이에 대해 원고가 반박 준비서면을 제출하는 준비서면 공방이 이루어집니다.

② 또한, 준비서면 및 증거제출과 증인신청, 검증·감정신청을 하는 등 변론기일 전에 증거조사를 모두 끝내야 합니다.

(4) 변론준비기일

① 변론준비절차를 통해 기본서면 공방이 종료되면 재판장은 기록 등을 검토하여 쟁점이 부각되고 변론기일 전 증거제출이 일단 완료되었다고 판단되는 분쟁에 대해 쟁점정리기일(변론준비기일)을 지정할 수 있습니다.

② 원고와 피고는 쟁점정리기일에 출석해서 분쟁의 쟁점을 확인하고 서로의 주장에 대해 반박하게 됩니다.

(5) 변론기일

제1차 변론기일(집중증거조사기일)에서는 쟁점정리기일에 정리된 결과에 따라서 분쟁에 관련된 원고와 피고 및 양측의 증인을 집중적으로 신문(訊問)하고, 신문을 마치면 그로부터 단기간 내에 판결을 선고받게 됩니다.

3) 민사소송의 효력

① 판결에 패소한 당사자가 이의를 제기하지 않으면 판결이 확정됩니다.

② 판결에 이의가 있는 경우에는 판결일부터 2주 이내에 법원에 항소장을 제출할 수 있습니다.

4) 민사소송 비용

(1) 소송비용 패소자 부담 원칙

① 소송비용에는 인지대, 송달료, 증인·감정인 등의 여비, 일당, 숙박료 등 및 변호

사 보수 등이 포함되며 이는 패소자가 부담하는 것이 원칙입니다. ② 다만, 법원은 당사자가 기일이나 기간의 준수를 게을리하거나, 당사자가 소송을 지연시키거나 하는 등의 사유가 있는 경우 승소자에게 소송비용의 일부 또는 전부를 부담하게 할 수 있습니다.

(2) 변호사보수의 소송비용 산입

① 소송을 대리한 변호사에게 당사자가 지급하였거나 지급할 보수는 소송목적의 값(주장하는 값)에 따라 산입할 보수의 기준에 해당하는 금액이 소송비용으로 산입되며, 인정되는 금액을 초과하는 변호사 수임비용은 재판에서 승소하였다고 하더라도 당사자가 부담해야 합니다.

② 다만, 보수의 기준에 따른 금액이 30만원에 미치지 못하는 경우에는 이를 30만원으로 봅니다.

③ 소송비용을 계산할 때에는 여러 명의 변호사가 소송을 대리하였더라도 한 명의 변호사가 대리한 것으로 봅니다.

④ 피고의 전부자백 또는 자백간주에 따른 판결과 무변론 판결의 경우 소송비용에 산입할 변호사의 보수는 「변호사보수의소송비용산입에관한규칙」 별표 1 기준에 따라 산정한 금액의 1/2로 감액됩니다.

⑤ 법원은 소송비용에 산입되는 보수의 전부를 소송비용에 산입하는 것이 현저히 부당하다고 인정되는 경우 상당한 정도까지 감액하여 산정할 수 있습니다.

⑥ 법원은 소송비용에 산입되는 보수의 금액이 소송의 특성 및 이에 따른 소송대리인의 선임 필요성, 당사자가 실제 지출한 변호사보수 등에 비추어 현저히 부당하게 낮은 금액이라고 인정하는 때에는 당사자의 신청에 따라 위 금액의 1/2의 한도에서 이를 증액할 수 있습니다.

[서식 예] 손해배상청구의 소(상해)

소 장

원 고   ○○○ (주민등록번호)
           ○○시 ○○구 ○○길 ○○(우편번호)
           전화·휴대폰번호:
           팩스번호, 전자우편(e-mail)주소:
피 고   ◇◇◇ (주민등록번호)
           ○○시 ○○구 ○○길 ○○(우편번호)
           전화·휴대폰번호:
           팩스번호, 전자우편(e-mail)주소:

손해배상청구의 소

청 구 취 지

1. 피고는 원고에게 금 ○○○원 및 이에 대한 20○○. ○. ○.부터 이 사건 소장부본
   송달일까지는 연 5%의, 그 다음날부터 다 갚는 날까지는 연 15%의 각 비율에 의
   한 돈을 지급하라.
2. 소송비용은 피고의 부담으로 한다.
3. 위 제1항은 가집행 할 수 있다.
라는 판결을 구합니다.

청 구 원 인

1. 손해배상책임의 발생
   피고는 20○○. ○. ○. 16:00 ○○로타리에서 길을 걷고 있던 원고를 불러, 아무 이
   유도 없이 시비를 걸다가 원고가 이에 대꾸하지 않는다는 이유로 각목으로 원고의
   머리를 때려 원고는 그 자리에서 쓰러져 병원으로 후송된 뒤 한 달간의 치료를 받
   은 사실이 있으므로, 피고는 이로 인해 원고가 입은 모든 손해를 배상할 책임이 있
   다고 할 것입니다.
2. 손해배상책임의 범위
  가. 치료비
     원고는 병원 치료비로 금 ○○○원을 지출하는 손해를 입었습니다.
  나. 일실수입

원고는 원래 회사원으로서 월 평균 금 ○○○원을 급여로 받아 왔는데 20○○. ○. ○. 부터 20○○. ○. ○.까지 한 달 동안 병원을 다니며 치료를 받느라 한 달 간 일을 하지 못하였으므로, 이로 인한 일실수입은 금 ○○○원{금 ○○○원×1(100%)×0.9958(1개월간에 상당한 호프만수치)}입니다.

다. 위자료

원고는 위 사고로 인해 대인공포증 등으로 시달리는 등 정신적인 고통을 받았으므로 피고는 이를 금전으로나마 위자할 의무가 있다고 할 것인데, 원고의 나이, 직업, 학력, 가정적인 환경 등을 종합적으로 고려할 때 위자료로는 금 ○○○원이 상당하다고 할 것입니다.

3. 결론

따라서 원고는 피고로부터 금 ○○○원(치료비 금 ○○○원 + 일실수입 금 ○○○원 + 위자료 금 ○○○원) 및 이에 대한 20○○. ○. ○.부터 이 사건 소장부본 송달일까지는 민법에서 정한 연 5%의, 그 다음날부터 다 갚는 날까지는 소송촉진등에관한특례법에서 정한 연 15%의 각 비율에 의한 지연손해금을 지급 받기 위하여 이 사건 청구에 이른 것입니다.

입 증 방 법

1. 갑 제1호증　　　　　　　고소장
1. 갑 제2호증　　　　　　　고소장접수증명원
1. 갑 제3호증　　　　　　　진단서
1. 갑 제4호증　　　　　　　치료비영수증
1. 갑 제5호증　　　　　　　재직증명서
1. 갑 제6호증　　　　　　　급여명세서
1. 갑 제7호증　　　　　　　근로소득세원천징수영수증

첨 부 서 류

1. 위 입증방법　　　　　　　각 1통
1. 소장부본　　　　　　　　1통
1. 송달료납부서　　　　　　1통

20○○. ○. ○.

위 원고　○○○　(서명 또는 날인)

○○지방법원　귀중

[서식 예] 손해배상청구의 소(협박)

소 장

원   고   ○○○ (주민등록번호)
　　　　　　○○시 ○○구 ○○길 ○○(우편번호)
　　　　　　전화·휴대폰번호:
　　　　　　팩스번호, 전자우편(e-mail)주소:
피   고   ◇◇◇ (주민등록번호)
　　　　　　○○시 ○○구 ○○길 ○○(우편번호)
　　　　　　전화·휴대폰번호:
　　　　　　팩스번호, 전자우편(e-mail)주소:

손해배상청구의 소

청 구 취 지

1. 피고는 원고에게 금 ○○○원 및 이에 대한 20○○. ○. ○.부터 이 사건 소장부본 송달일까지는 연 5%의, 그 다음날부터 다 갚는 날까지는 연 15%의 각 비율에 의한 돈을 지급하라.
2. 소송비용은 피고의 부담으로 한다.
3. 위 제1항은 가집행 할 수 있다.
라는 판결을 구합니다.

청 구 원 인

1. 손해배상책임의 발생
　　피고는 20○○. ○. ○. 16:00 원고의 주거지에 찾아와 흉기를 보이며 '빨리 빚을 갚지 않으면 네 아이들까지 전부 죽이겠다'고 원고를 협박하였고, 이로 인해 원고는 충격을 받고 그 자리에서 쓰러져 병원으로 후송된 뒤 치료를 받고 퇴원한 사실이 있으므로, 피고는 이로 인해 원고가 입은 모든 손해를 배상할 책임이 있다고 할 것입니다.
2. 손해배상책임의 범위
　가. 치료비
　　　원고는 위 사고 당일 병원 치료비로 금 ○○원을 지출하는 손해를 입었습니다.
　나. 위자료
　　　원고는 위 사고로 인해 대인공포증 등으로 시달리는 등 정신적인 고통을 받았으므로 피고는 이를 금전으로나마 위자할 의무가 있다고 할 것인데, 원고의 나이, 직업, 학력, 가정적인 환경 등을 종합적으로 고려할 때 위자료로는 금 ○○○원이 상당하다고 할 것입니다.

3. 결론

따라서 원고는 피고로부터 금 ○○○원(치료비 금 ○○○원 + 위자료 금 ○○○원) 및 이에 대한 20○○. ○. ○.부터 이 사건 소장부본 송달일까지는 민법에서 정한 연 5%의, 그 다음날부터 다 갚는 날까지는 소송촉진등에관한특례법에서 정한 연 15% 의 각 비율에 의한 지연손해금을 지급 받기 위하여 이 사건 청구에 이른 것입니다.

입 증 방 법

1. 갑 제1호증   고소장
1. 갑 제2호증   고소장접수증명원
1. 갑 제3호증   진단서
1. 갑 제4호증   치료비영수증

첨 부 서 류

1. 위 입증방법   각 1통
1. 소장부본   1통
1. 송달료납부서   1통

20○○. ○. ○.
위 원고   ○○○ (서명 또는 날인)

○○지방법원 귀중

소 　 장

원　　고　　○○○ (주민등록번호)
　　　　　　○○시 ○○구 ○○길 ○○(우편번호)
　　　　　　전화·휴대폰번호:
　　　　　　팩스번호, 전자우편(e-mail)주소:
피　　고　　◇◇◇ (주민등록번호)
　　　　　　○○시 ○○구 ○○길 ○○(우편번호)
　　　　　　전화·휴대폰번호:
　　　　　　팩스번호, 전자우편(e-mail)주소:

손해배상청구의 소

청 　 구 　 취 　 지

1. 피고는 원고에게 금 ○○○원 및 이에 대한 20○○. ○. ○.부터 이 사건 소장부본
　 송달일까지는 연 5%의, 그 다음날부터 다 갚는 날까지는 연 15%의 각 비율에 의
　 한 돈을 지급하라.
2. 소송비용은 피고의 부담으로 한다.
3. 위 제1항은 가집행 할 수 있다.
라는 판결을 구합니다.

청 　 구 　 원 　 인

1. 손해배상책임의 발생
　 피고는 20○○. ○. ○. 16:00 자신의 승용차 안에서 원고에게 칼을 들이대고 말을
　 듣지 않으면 죽이겠다면서 가지고 있는 돈을 전부 내 놓으라고 하여 원고는 이에
　 두려움을 느끼고 지갑에 있던 금 ○○○원을 피고에게 교부하였고, 간신히 풀려난
　 뒤 병원에서 정신과적 치료를 받고 퇴원한 사실이 있으므로, 피고는 이로 인해 원
　 고가 입은 모든 손해를 배상할 책임이 있다고 할 것입니다.
2. 손해배상책임의 범위
　가. 피고의 강탈행위로 인한 재산상 손해
　　 원고는 위 일시에 피고에게 금 ○○○원을 강탈당하는 손해를 입었습니다.
　나. 치료비

원고는 위 사고 당일 병원 치료비로 금 ○○○원을 지출하는 손해를 입었습니다.
다. 위자료
　원고는 위 사고로 인해 대인공포증 등으로 시달리는 등 정신적인 고통을 받았으므로 피고는 이를 금전으로나마 보상할 의무가 있다고 할 것인데, 원고의 나이, 직업, 학력, 가정적인 환경 등을 종합적으로 고려할 때 위자료로는 금 ○○○원이 상당하다고 할 것입니다.
3. 결론
　따라서 원고는 피고로부터 금 ○○○원(강탈금액 금 ○○○원+치료비 금 ○○○원+위자료 금 ○○○원) 및 이에 대하여 불법행위일인 20○○. ○. ○.부터 이 사건 소장부본 송달일까지는 민법에서 정한 연 5%의, 그 다음날부터 다 갚는 날까지는 소송촉진등에관한특례법에서 정한 연 15%의 각 비율에 의한 지연손해금을 지급받기 위하여 이 사건 청구에 이른 것입니다.

입 증 방 법

1. 갑 제1호증　　　　　　　고소장
1. 갑 제2호증　　　　　　　고소장접수증명원
1. 갑 제3호증　　　　　　　진단서
1. 갑 제4호증　　　　　　　치료비영수증

첨 부 서 류

1. 위 입증방법　　　　　　　각 1통
1. 소장부본　　　　　　　　1통
1. 송달료납부서　　　　　　1통

20○○.　　○.　　○.
위 원고　　○○○　(서명 또는 날인)

○○지방법원　귀중

[서식 예] 손해배상청구의 소(사기)

소 　 장

원　　고　　○○○ (주민등록번호)
　　　　　　　○○시 ○○구 ○○길 ○○(우편번호)
　　　　　　　전화·휴대폰번호:
　　　　　　　팩스번호, 전자우편(e-mail)주소:

피　　고　　◇◇◇ (주민등록번호)
　　　　　　　○○시 ○○구 ○○길 ○○(우편번호)
　　　　　　　전화·휴대폰번호:
　　　　　　　팩스번호, 전자우편(e-mail)주소:

손해배상청구의 소

청 구 취 지

1. 피고는 원고에게 금 ○○○원 및 이에 대한 20○○. ○. ○.부터 이 사건 소장부본 송달일까지는 연 5%의, 그 다음날부터 다 갚는 날까지는 연 15%의 각 비율에 의한 돈을 지급하라.
2. 소송비용은 피고가 부담한다.
3. 위 제1항은 가집행 할 수 있다
라는 판결을 구합니다.

청 구 원 인

1. 피고는 20○○. ○. ○. 원고의 집에서 갚을 의사나 능력이 없음에도 불구하고, 남편이 음주운전 중 교통사고를 내어 사람을 다치게 하여, 피해자와의 합의금이 급히 필요하니 이틀만 빌려주면 곧 갚겠다고 거짓말하여 원고는 피고의 말에 속아 금 ○○○원을 피고에게 무통장으로 입금시켜 주었습니다.
2. 그러나 피고의 말은 모두 거짓말이었고, 이틀이 아니라 현재까지도 위 돈을 갚지 아니하고 있습니다.
3. 그러므로 원고는 피고로부터 금 ○○○원 및 이에 대한 20○○. ○. ○.부터 이 사건 소장부본 송달일까지는 민법에서 정한 연 5%의, 그 다음날부터 다 갚는 날까지는 소송촉진등에관한특례법에서 정한 연 15%의 각 비율에 의한 지연손해금의 지급을

청구하기 위하여 이 사건 소를 제기합니다.

입 증 방 법

1. 갑 제1호증   무통장입금증

첨 부 서 류

1. 위 입증방법   1통
1. 소장부본   1통
1. 송달료납부서   1통

20○○.   ○.   ○.
위 원고   ○○○ (서명 또는 날인)

○○지방법원 귀중

소   장

원   고   주식회사 ○○건설
　　　　　 ○○시 ○○구 ○○로 ○○ (우편번호)
　　　　　 대표이사 ○○○
　　　　　 전화•휴대폰번호:
　　　　　 팩스번호, 전자우편(e-mail)주소:
피   고   ◇◇◇ (주민등록번호)
　　　　　 ○○시 ○○구 ○○로 ○○(우편번호)
　　　　　 전화•휴대폰번호:
　　　　　 팩스번호, 전자우편(e-mail)주소:

손해배상청구의 소

청 구 취 지

1. 피고는 원고에게 금 10,000,000원 및 이에 대한 20○○. 3. 5.부터 이 사건 소장
   부본 송달일까지는 연 5%의, 그 다음날부터 다 갚는 날까지는 연 15%의 각 비율
   에 의한 돈을 지급하라.
2. 소송비용은 피고가 부담한다.
3. 위 제1항은 가집행 할 수 있다.
라는 판결을 구합니다.

청 구 원 인

1. 당사자들의 관계
   피고는 2000. 1. 5. 원고회사의 직원으로 채용되어 20○○. 5. 30. 징계해직 된 사람입니다.
2. 손해배상책임의 발생
   피고는 원고회사의 경리과 직원으로 재직하면서 거래처로부터 물품대금을 받아 원
   고회사 예금계좌에 입금하는 업무를 담당하고 있던 중, 20○○. 3. 5. 원고회사의
   거래처인 주식회사◉◉에서 지급한 금 10,000,000원을 회사통장에 입금하지 아니
   하고 횡령, 개인용도로 소비한 사실이 뒤늦게 밝혀져 같은 해 4. 10.자로 징계해직
   된 사람인바, 횡령을 하여 원고에 손해를 입힌 사실이 명백하므로 금 10,000,000
   원을 원고에게 배상하여야 할 것입니다.

3. 사정이 위와 같으므로 원고는 피고로부터 피고가 횡령한 금 10,000,000원 및 이에 대한 20○○. 3. 5.부터 이 사건 소장부본 송달일까지는 민법에서 정한 연 5%의, 그 다음날부터 다 갚는 날까지는 소송촉진등에관한특례법에서 정한 연 15%의 각 비율에 의한 지연손해금을 지급 받고자 이 사건 소송에 이르게 된 것입니다.

입 증 방 법

1. 갑 제1호증   사실확인서
1. 갑 제2호증   입금표

첨 부 서 류

1. 위 입증방법   각 1통
1. 법인등기사항증명서   1통
1. 소장부본   1통
1. 송달료납부서   1통

20○○. ○. ○.

위 원고   주식회사○○건설
대표이사 ○○○ (서명 또는 날인)

○○지방법원 귀중

[서식 예] 손해배상청구의 소(강간)

소   장

원   고   ○○○ (주민등록번호)
          ○○시 ○○구 ○○길 ○○(우편번호)
          전화•휴대폰번호:
          팩스번호, 전자우편(e-mail)주소:
피   고   ◇◇◇ (주민등록번호)
          ○○시 ○○구 ○○길 ○○(우편번호)
          전화•휴대폰번호:
          팩스번호, 전자우편(e-mail)주소:

손해배상(기)청구의 소

청 구 취 지

1. 피고는 원고에게 금 ○○○○원 및 이에 대한 20○○. ○. ○.부터 이 사건 소장부
   본 송달일까지는 연 5%의, 그 다음날부터 다 갚는 날까지는 연 15%의 각 비율에
   의한 돈을 지급하라.
2. 소송비용은 피고의 부담으로 한다.
3. 위 제1항은 가집행 할 수 있다.
라는 판결을 원합니다.

청 구 원 인

1. 당사자들의 지위

   원고는 피고로부터 강간을 당한 피해자이고 피고는 원고를 강간한 가해자입니다.
2. 손해배상책임의 발생
   원고는 20○○. ○. ○. 23:00경 직장일을 마치고 원고의 집으로 귀가를 하던 중 원
   고의 집 근처 골목길에 이르렀을 때 갑자기 피고로부터 폭행을 당하고 저항할 수
   없는 상태에서 강간을 당한 사실이 있고 이로 인하여 원고는 처녀막이 파열되고,
   소음부 등에 6주간의 치료를 요하는 상해를 입은 사실이 있는바, 따라서 피고는 피
   고 자신의 위와 같은 불법행위로 인하여 원고가 입은 모든 손해에 대하여 배상할
   책임이 있다 할 것입니다.

3. 손해배상의 범위
  가. 치료비
     원고는 피고의 폭행 및 강간으로 인하여 ○○시 ○○구 ○○길 소재 ○○산부인과

의원 및 같은 동 ○○○신경정신과의원, 같은 동 ○○○정형외과의원에서 통원치료를 받으면서 치료비로 금 ○○○원을 지출한 사실이 있습니다.

나. 위자료

원고는 위와 같은 피고의 폭행 및 강간으로 인하여 정신과적 치료에도 불구 심한 정신적인 우울증과 불면증에 시달리고 있으며, 이로 인하여 다니던 직장도 그만두고 현재 집에서 요양중이나 사고가 발생한 날로부터 지금까지도 마찬가지지만 앞으로도 오랫동안 이 사건 사고의 후유증에서 벗어나기 어려운 정신적인 고통을 겪을 것임은 경험칙상 명백하다 할 것이므로, 피고는 원고의 위와 같은 고통에 대하여 금전으로나마 위자하여야 할 것이며, 그 금액은 이사건 사고의 원인과 결과, 상해정도, 치료기간, 원고의 나이 등을 고려할 때 적어도 금 ○○○○원은 되어야 할 것입니다.

4. 결론

따라서 원고는 피고로부터 금 ○○○○원(치료비 금 ○○○원＋위자료 금 ○○○○원) 및 이에 대하여 불법행위일인 20○○. ○. ○.부터 이 사건 소장부본 송달일까지는 민법에서 정한 연 5%의, 그 다음날부터 다 갚는 날까지는 소송촉진등에관한특례법에서 정한 연 15%의 각 비율에 의한 지연손해금을 지급 받기 위하여 이 사건 청구에 이른 것입니다.

<h2 style="text-align:center">입 증 방 법</h2>

1. 갑 제1호증	고소장
1. 갑 제2호증	고소장접수증명원
1. 갑 제3호증의 1 내지 3	각 진단서
1. 갑 제4호증	통원치료확인서
1. 갑 제5호증의 1 내지 3	각 치료비영수증

<h2 style="text-align:center">첨 부 서 류</h2>

1. 위 입증방법	각 1통
1. 소장부본	1통
1. 송달료납부서	1통

20○○. ○. ○.

위 원고 ○○○ (서명 또는 날인)

○○지방법원 귀중

[서식 예] 내용증명 : 손해배상(상해)

내 용 증 명

발 신 인 ○ ○ ○
　　　　　주 소

수 신 인 ○ ○ ○
　　　　　주 소

손해배상금 지급 청구

1. 귀하의 무궁한 발전을 기원합니다.

2. 귀하는 20○○. ○. ○. 16:00경, 서울시 ○○구 ○○길 소재 ○○로타리에서 길을 걷고 있던 본인을 불러, 아무 이유도 없이 시비를 걸다가 본인이 이에 대꾸하지 않는다는 이유로 각목으로 본인의 머리를 때려 본인은 그 자리에서 쓰러져 병원으로 후송된 뒤 뇌지주막하 출혈 등으로 전치 4주간의 상해를 입고 치료를 받은 사실이 있습니다.

3. 사고이후 본인은 귀하에게 수차에 걸쳐 치료비, 입원기간 동안의 일실손실, 위자료로 금○○○원의 손해배상을 요구하였지만 귀하는 현재까지 사과도 하지 않고 배상금도 전혀 지급치 않고 있습니다.

4. 이에 본인은 다시 한번 귀하에게 금○○○원의 손해배상금을 20○○. ○. ○.까지 지급하여 줄 것을 최고하며, 만약 귀하께서 이행치 아니할 시 부득이 민, 형사상 법적인 조치를 취할 수밖에 없음을 통지하니 양지하시기 바랍니다.

20○○.　 ○.　 ○.

위 발신인　 ○○○ (서명 또는 날인)

■ 업무상 횡령을 한 경우 손해배상의 책임이 있나요?

Q. 甲주식회사 대표이사인 丙이, 회사 노조위원장 乙 등이 '대표이사가 개인적으로 불법, 부정, 부실운영을 하면서 노동자의 주식을 빼돌리거나 착복한 사실이 있다'는 취지로 기자회견을 하자, 乙 등을 상대로 명예훼손을 이유로 형사고소를 하거나 손해배상을 구하는 등 민·형사소송을 진행하면서 변호사 선임료 및 인지대의 각 1/2을 甲 회사 자금으로 지급하였습니다. 이에 甲주식회사의 주주 丁이 丙을 업무상 횡령으로 고소하면서 불법행위로 주주대표소송으로써 불법행위로 인한 손해배상을 청구하였습니다. 丙은 손해배상의 책임이 있나요?

A. 기자회견에서 이루어진 발언 중에는 丙 개인에 대한 문제제기뿐만 아니라 丙이 甲회사의 대표이사로서 회사의 노사관계 및 직원 신규채용 등에 관하여 행한 직무행위에 대하여 문제제기를 하는 내용도 포함되어 있는 점 등 제반 사정을 종합하면, 乙등이 기자회견에서 한 발언은 丙뿐만 아니라 甲 회사의 명예와 관련된 내용으로서, 이에 관하여 丙뿐만 아니라 甲 회사도 민·형사상 대응을 할 필요성이 있었으므로, 丙이 변호사 비용 및 인지대 중 절반을 甲 회사 자금으로 지출한 행위는 횡령행위에 해당한다고 보기 어렵고, 피고인에게 업무상횡령의 고의나 불법영득의사가 있었다고 볼 수도 없습니다(청주지법 2016.10.20, 선고, 2016노495, 판결).

따라서 丙의 행위는 불법행위에 해당하지 않으므로 丙에게는 甲회사에 대한 손해배상책임이 없습니다.

■ 교내에서 중학생의 학우에 대한 상해와 이에 대한 부모 및 교사에게 손해배상을 청구할 수 있을까요?

Q. 중학생인 저희 아들은 중학교 계발활동(Club Activity) 시간에 다른 학생들이 얼음조각으로 야구놀이를 하였습니다. 그러던 중 튄 얼음 파편을 눈에 맞은 저희 아들은 실명 등의 상해를 입게 되었습니다. 이에 대해 가해 학생의 부모 또는 학교에게도 관리감독의무 소홀로 상해에 대한 손해배상을 청구하고자 합니다. 청구 할 수 있을까요?

A. 학교 내에서 타인의 안전을 충분히 고려하지 않은 채 좁은 공간에 동료 학생들이 밀집해 있는 상황에서 위 행위를 한 가해학생들의 불법행위책임을 인정하고, 사고 당시 가해학생들이 사물에 대한 변식능력이 있었더라도 미성년자인 자녀가 학교생활을 함에 있어 다른 사람에게 위해를 가함이 없이 정상적으로 사회 및 학교생활에 적응할 수 있도록 일반적, 일상적인 지도·조언 등의 감독·교육의무를 소홀히 한 가해학생의 부모들의 과실 및 학교 내에서 교육활동 중에 발생한 위 사고가 학교생활에서 통상 발생할 수 있다고 예측되는 경우임에도 학생들에 대한 지도·감독의무를 소홀히 한 담당 지도교사의 과실을 인정 할 수 있을 것입니다(수원지법 2010.4.29, 선고, 2009가합9167, 판결). 따라서 질문자께서는 가해학생의 부모 및 지도교사를 상대로 하여 상해에 대한 손해배상을 청구하실 수 있습니다.

■ 통신비밀보호법 위반에 대하여 손해배상을 청구할 수 있는지요?

Q. 아내 甲남이 남편의 차량에 녹음기를 설치하여, 남편 乙과 내연녀 丙의 성행위에 관한 대화를 녹음하였습니다. 이 경우 甲은 丙에게 위자료 배상 책임이 있나요?

A. 통신비밀보호법 제3조 제1항은 누구든지 이 법과 형사소송법 또는 군사법원법의 규정에 따르지 아니하고는 우편물의 검열, 전기통신의 감청 또는 통신사실확인자료의 제공을 하거나 공개되지 아니한 타인 간의 대화를 녹음 또는 청취하지 못하고, 제14조 제1항은 누구든지 공개되지 아니한 타인 간의 대화를 녹음하거나 전자 장비 또는 기계적 수단을 이용하여 청취할 수 없고, 제16조 제1항에서는 위 각 규정을 위반한 자에 대하여 10년 이하의 징역과 5년 이하의 자격정지에 처한다고 규정하고 있습니다. 甲이 乙의 부정행위에 대한 증거를 수집한다는 목적으로, 乙과 丙 사이의 공개되지 않는 대화내용을 녹음하여 통신비밀보호법을 위반하였으므로, 이는 丙에 대하여 불법행위를 구성하고, 甲은 丙이 입은 정신적 고통을 금전으로 위자할 의무가 있습니다.

■ 명예훼손적 기사에 대한 언론사의 정정보도와 손해배상을 받을 수 없나요?

Q. 甲은 범죄 사실로 수사기관에서 조사를 받았고, 乙신문사가 이를 기사로 작성하였습니다. 甲이 乙신문사에 명예훼손으로 인한 손해배상을 청구하자 乙신문사는, 정정보도를 신문에 실어주었으니 책임을 다하였다고 합니다. 甲은 乙신문사에게 정신적 손해배상을 받을 수 없나요?

A. 보도 내용이 수사가 진행중인 피의사실에 관한 것일 경우, 일반 독자들로서는 보도된 피의사실의 진실 여부를 확인할 수 있는 별다른 방도가 없을 뿐만 아니라 언론기관이 가지는 권위와 그에 대한 신뢰에 기하여 보도 내용을 그대로 진실로 받아들이는 경향이 있고, 신문 보도가 가지는 광범위하고도 신속한 전파력으로 인하여 사후 정정보도나 반박보도 등의 조치에 의한 피해구제만으로는 사실상 충분한 명예회복을 기대할 수 없는 것이 보통입니다. 피해자들이 정정보도를 요구하여 신문사가 정정보도를 하였다 하여 당연히 피해자들이 향후 손해배상청구권을 포기할 의사였다고 볼 수는 없다 할 것이고, 또한 위와 같은 피해자들의 명예 침해라는 결과를 고려할 때 언론기관이 정정보도를 내었다는 것만으로 민사상 손해배상책임의 추궁을 피할 수는 없다 할 것이며, 그러한 손해배상책임을 인정한다고 하여 언론의 자유가 질식한다고 할 수도 없습니다. 따라서 乙신문사는 정정보도와는 별도로 甲에게 명예훼손으로 인한 정신적 손해에 대하여 손해를 배상해 줄 책임이 있습니다(대법원 2002.5.10, 선고, 2000다50213, 판결).

■ 회사로 하여금 타인에 대한 채무를 부담하게 한 행위가 회사에 대한 관계에서 업무
상배임죄를 구성하는지요?

> **Q.** 자산관리회사 甲회사의 대표이사 乙이 甲에게 위탁된 자산을 관리 하던 중 고객들
> 의 자산을 이용하여 제3자 丙의 주식을 터무니없는 가격으로 매입하는 계약을 체결
> 하였습니다. 그러자 이를 알게 된 甲회사는 乙을 배임죄로 고소하고 손해배상을 청
> 구하였으나, 乙은 아직 계약을 체결한 것에 지나지 않고, 甲은 단순히 계약에 따른
> 채무를 부담 할 뿐 실질적인 손해가 발생하지 않아 배임죄가 성립하지 않으므로 乙
> 에게는 손해배상책임이 없다며 손해배상책임을 부정하고 있습니다. 甲은 乙에게 손
> 해배상을 청구할 수 있을까요?

> **A.** 회사가 타인의 사무를 처리하는 일을 영업으로 영위하고 있는 경우, 회사의 대표이
> 사가 그 타인의 사무를 처리하면서 업무상 임무에 위배되는 행위를 함으로써 재산상
> 이익을 취득하거나 제3자로 하여금 이를 취득하게 하고 그로 인하여 회사로 하여금
> 그 타인에 대한 손해배상책임 등 채무를 부담하게 한 때에는 회사에 손해를 가하거
> 나 재산상 실해 발생의 위험을 초래한 것으로 볼 수 있으므로, 이러한 행위는 회사
> 에 대한 관계에서 업무상배임죄를 구성합니다(대법원 2014.2.21, 선고, 2011도8870,
> 판결). 따라서 乙이 丙과 계약을 체결함으로 인해 甲에게는 재산상 실해 발생의 위험
> 이 초래되었으므로 乙에게는 배임죄가 성립하고 甲은 乙에게 이로 인한 손해배상을
> 청구 할 수 있습니다.

■ 실내 공연장에서 갑자기 과도하게 높은 볼륨으로 오프닝 뮤직을 내보내 관람자가 귀 신경이 파손되는 상해를 입은 경우, 손해배상 책임이 인정되나요?

Q. 甲은 2016. 12. 25. 乙이 기획하여 개최한 콘서트를 관람하러 가서, 무대 중앙 왼편에 놓여져 있는 대형스피커로부터 약 5-6m 정도 떨어져 있는 좌석에 앉았습니다. 甲이 자리에 앉은 지 얼마 지나지 않아 공연시작을 알리는 팡파르 소리(일명 오프닝 뮤직)가 울려 퍼졌는데, 위 팡파르 소리는 갑자기 크게 터져 나와 무대 주변에 앉아 있던 관람객들이 모두 놀라 귀를 막을 정도였고, 공연장측도 순간 소리를 줄이는 조치를 취하였습니다. 甲은 위 팡파르 소리에 오른쪽 귀 안쪽에서 무언인가 '툭'하는 소리가 들린 후 계속해서 '웅'하는 상태가 지속됨에 따라 다음날 귀 속이 멍하고 현기증 증세가 계속되어 이비인후과를 찾아가게 되었고, 서울대병원 이비인후과 전문의로부터 우측 귀의 신경이 파손되는 "돌발성 감각신경성 난청상(이하 '이 사건 상해'라 한다)"을 입었다는 진단소견을 받고, 2016. 12. 26.부터 2017. 1. 3.까지 입원치료를 받은 후 퇴원하였으며, 그 이후 같은 해 2월말까지 수차례에 걸쳐 통원치료까지 받았습니다. 이에 甲은 乙에게 이 사건 상해에 대한 손해배상책임을 청구하려 합니다. 乙에게는 손해배상책임이 인정되나요?

A. 공연 주최자는 공연장이 실내인 경우 관람자들에게 불필요한 자극을 주지 않도록 오프닝 뮤직을 내보낼 때 처음에는 볼륨을 낮추어 음악을 틀다가 점차 볼륨을 높여 고음으로 진행하는 방법, 오프닝 뮤직을 알리는 안내방송을 실시하는 방법 등으로 보다 세심한 주의를 기울여 공연행위를 하여야 하는데, 관람객들이 크게 놀랄 정도로 갑자기 과도하게 높은 볼륨으로 오프닝 뮤직을 공연장에 내보내 관람자가 귀 신경이 파손되는 상해를 입었다면, 그 상해로 인한 손해를 배상할 책임이 있습니다(서울중앙지법 2007.7.24, 선고, 2005가단282471, 판결).

■ 특정 국회의원에 대한 항의집회의 명예훼손 성부 및 손해배상의 청구가 가능할까요?

Q. TV 토론 프로그램의 발언이 화제가 되어 '고대녀'라고 불리며 일반 국민들에게서 높은 관심과 인기를 얻고 있었던 甲이 위 발언 당시 고려대 재학생 신분을 유지하고 있었음에도, 다음 주 같은 프로그램에 패널로 참여한 국회의원 乙이 甲은 '고려대학교 학생이 아니다. 고려대학교에서 제적을 당한 학생인데, 이력을 보면 민주노동당 당원으로 각종 선거에서 선거운동을 하는 정치인이다'라는 취지의 발언을 하자, 甲이 다른 사람들과 함께 乙이 속한 정당의 당사 앞에서 항의집회를 열어 乙은 '대국민 사기극을 벌였다', '정치적 수준이 한심하다'는 취지의 발언을 하고, 다른 시위참여자들도 '입만 열면 망언' 등의 구호가 적힌 피켓과 '乙의 뇌구조'라는 제목하에 乙의 뇌구조가 그려진 피켓을 들고 있었으며, 甲은 같은 날 라디오 시사 프로그램 인터뷰에서 乙은 '국회의원으로서의 수준과 자질이 의심스럽다'는 취지의 발언을 하였습니다. 이에 乙이 甲을 명예훼손으로 고소하면서 손해배상을 청구하였습니다. 甲에게는 손해배상책임이 인정될까요?

A. 甲이 乙에 대해 '대국민 사기극을 벌였다'고 생각한다는 부분이나 '정치적 수준이 한심하다'거나 '국회의원으로서의 수준과 자질이 의심스럽다'는 취지의 발언 및 '입만 열면 망언'이라는 표현은 그 진위를 결정하는 것이 가능하다고 보이지 않으므로, 단지 甲의 乙에 대한 개인적 생각이나 의견표명이라고 할 것이지, 그 내용이 비판적 관점에서 작성되었다거나 다소 과격한 표현을 사용하였다고 하여 이를 명예훼손에 해당한다고 볼 수 없고, 乙의 뇌구조를 형상화한 피켓의 경우 일반 국민의 보통의 주의로 위와 같은 피켓 내용에 접근하는 것을 전제하여 이에 사용된 어휘, 표현방식, 일반 국민에게 주는 전체적인 인상을 고려할 때, 이는 단순히 乙과 관련된 일련의 사건을 회화적으로 묘사한 것일 뿐 실질적으로 乙이 그와 같은 생각을 하고 있을 것이라는 등의 구체적 사실을 적시하였다고 볼 수 없으므로, 甲의 항의집회 시 발언과 피켓 내용 및 인터뷰 내용 등은 구체적인 사실의 적시로 보기 어려워 명예훼손을 구성하지 않고, 다만 그 표현의 통상적 의미와 용법 등에 비추어 乙을 비하하여 사회적 평가를 저하시킬 만한 추상적 판단이나 경멸적 감정을 표현한 것으로 모욕적 언사에는 해당하나 위 발언 등을 하게 된 동기나 경위 및 배경에 비추어 표현내용이 사회상규에 위배될 정도로 乙의 사회적 평가를 저하시키거나 乙에게 모욕적이고 경멸적인 인신공격을 하였다고 보기 어려워 甲이 乙을 모욕하였다고도 볼 수 없습니다(서울남부지법 2011.4.14, 선고, 2010나1307,1314, 판결).
따라서 甲의 집회행위는 乙에대한 명예훼손에 해당하지 아니하므로 甲에게는 乙에 대한 손해배상책임이 인정되지 않습니다.

■ TV 시사고발프로그램의 고발 내용과 이로 인한 명예훼손과 손해배상을 받을 수 없을까요?

Q. 甲 TV 방송사 시사고발 프로그램이 시중에 유통중인 乙 회사의 황토팩 제품에서 '일반 화장품 기준'을 초과하는 납, 비소 등 중금속이 검출되었는데 이는 피부를 통하여 흡수될 수 있고, 제조과정에서 황토 분쇄기구인 쇠볼의 마모 등으로 제품에 쇳가루가 유입되었는데 이는 피부염증 등을 일으킬 수 있다는 등의 내용을 보도하여 위 제품을 제조·판매하는 乙 회사의 명예를 훼손하였습니다. 이에 乙 회사가 명예훼손으로 고소하면서 손해배상을 청구하자, 甲 방송사는 공공의 이익을 위한 것으로서 진실한 것이라고 믿을만한 사유가 있다고 항변하며 손해배상책임이 없다고 주장합니다. 乙 회사는 손해배상을 받을 수 없을까요?

A. 그 보도의 상당 부분이 일반 대중들에게 황토팩 제품의 위험성을 경고하고, 식품의약품안전청으로 하여금 황토팩 제품에 포함되어 있는 중금속의 허용치에 관하여 좀 더 명확하고도 엄격한 기준을 정립하여 이를 적절히 규제할 것을 촉구하는 데 있는 점 등에 비추어 위 보도는 공공의 이해에 관한 사항으로서 그 목적이 공공의 이익을 위한 것이고, 그 보도 중 위 황토팩 제품에 '일반 화장품 기준'을 초과하는 중금속이 포함되어 있다고 보도한 부분과 그 중금속이 피부를 통하여 흡수될 수 있다고 보도한 부분은 중요한 부분에서 진실이거나 위 방송사 등이 이를 진실하다고 믿을 만한 상당한 이유가 있지만, 위 황토팩 제품에서 검출된 검은색 자성체가 제조과정 중 쇠볼 마모 등으로 유입된 쇳가루라는 취지의 내용은 중요한 부분이 객관적 진실과 합치되지 않는 허위이고, 위 방송사 등이 이를 진실이라고 믿은 데에 상당한 이유가 있다고 볼 수 없어, 그 명예훼손행위의 위법성이 조각되지 않습니다(서울중앙지법 2010.7.14, 선고, 2008가합48235, 판결). 따라서 甲 방송사의 위와 같은 방송내용은 乙 회사에 대하여 명예훼손이 성립하는바, 甲 방송사는 乙 회사에 대하여 명예훼손으로 인한 손해배상 책임이 있습니다.

■ 고인인 아버지에 대한 명예훼손으로 그 아들을 상대로 손해배상을 청구할 수 있을까요?

> *Q.* 丙은 사망한 乙의 아들입니다. 甲이 乙에대한 명예훼손적 발언을 하 고 동일한 취지의 글을 인터넷 게시판에 기재하였습니다. 丙은 甲을 상대로 손해배상을 청구할 수 있을까요?
>
> *A.* 부산지방법원 부산지법 2016.11.24, 선고, 2015가합45188, 판결에 따르면, '대학교수인 甲이 강의 중 '乙은 대통령 선거에서 전자개표기를 조작한 사기극으로 부정 당선되었다'라는 취지의 발언을 하고 인터넷 사이트에 유사한 내용의 게시물을 게재하였는데, 乙의 자녀인 丙이 甲을 상대로 손해배상 등을 구한 사안에서, 甲은 허위의 사실을 적시함으로써 고인인 乙의 사회적 평가와 아울러 유족인 丙의 사회적 평가 내지 고인에 대한 명예감정, 추모감정을 침해하였으므로 丙에 대한 불법행위책임이 성립하고, 제반 사정에 비추어 표현 내용이 진실이라고 믿을 만한 상당한 이유가 있다거나 헌법상 표현의 자유에 의하여 정당화된다고 할 수 없으므로, 甲은 丙이 입은 정신적 손해를 배상할 의무가 있다.' 고 하였습니다. 따라서 丙은 고인인 자신의 아버지의 명예를 훼손한 甲에게 손해배상을 청구 할 수 있고, 甲은 이를 배상할 의무가 있을 것입니다.

■ TV속 캐릭터와 유사한 명칭으로 인한 명예훼손 및 그로 인한 손해배상 책임이 인정될까요?

> *Q.* 甲 재단법인이 TV 방영된 드라마의 제작사 乙 주식회사와 작가 丙을 상대로 그들이 드라마에서 정치계에 유착하고 비리를 자행하는 재단법인의 명칭으로 甲 법인과 동일한 명칭을 사용하고 甲 법인의 이사장 성명과 유사한 성명을 가진 자를 재단법인 설립자로 등장시킴으로써 甲 법인의 명예를 훼손하고 성명권을 침해하는 불법행위를 저질렀다며 손해배상을 청구했습니다. 乙과 丙에게는 손해배상 책임이 인정 될 까요?
>
> *A.* 제반 사정에 비추어 드라마에서 언급된 대사만으로 실제 甲 법인의 사회적 평가가 저해되어 명예가 훼손되었다고 보기 어렵고, 드라마에 등장하는 재단법인이 실제 甲 법인을 연상시킴으로써 사회통념상 甲 법인임을 알 수 있는 방법으로 표현되었다고 보기 어려워 甲 법인의 성명권이 침해되었다고 볼 수 없으며, 명예가 훼손되었다고 인정 할 수 없습니다. 따라서 乙과 丙은 甲에게 손해배상 책임이 없다고 할 것입니다.

■ 피의자 진술로 인한 위증죄 성부와 손해배상을 청구할 수 있을까요?

> *Q.* 甲은 자신의 범죄혐의에 관련된 사항에 대하여 진술하면서, 동시에 乙의 범죄혐의 사실을 뒷받침하는 증거가 될 수 있는 내용을 이야기 하였습니다. 그로인해 乙이 구속 기소되고 유죄판결까지 받았으나, 결국 무죄의 확정판결을 받았습니다. 이 경우 乙은 甲의 위 진술행위에 대하여 위증으로 인한 손해배상을 청구할 수 있을까요?
>
> *A.* 피의자나 참고인, 그리고 피고인 등은 자신의 형사소추를 피하거나 처벌을 감면받기 위하여 방어할 권리가 있고, 한편 수사기관이나 법원은 피의자나 피고인의 진술을 비롯한 제반 증거를 종합적으로 판단하여 기소 여부 또는 유·무죄 여부 등을 결정합니다. 따라서 甲의 진술행위가 법령이나 사회통념상 허용되는 범위를 넘어 방어권의 남용이었다고 인정될 정도에 이르지 아니하는 이상 그 다른 사람에 대하여 불법행위를 구성한다고 할 수 없습니다. 그리고 이 경우 진술자의 행위가 불법행위가 되는지 여부는 선량한 관리자의 주의를 표준으로 하여 진술 당시의 상황, 진술의 내용과 동기·목적·태양, 진술내용의 진실에의 부합 정도, 진술의 일관성이나 번복 여부 등의 정황, 그로 인하여 타인의 형사사건에 영향을 미친 정도 등을 종합적으로 고려하여 판단하여야 합니다(대법원 2014.11.27, 선고, 2011다60780, 판결).
> 따라서 甲의 진술이 판례의 위와 같은 요건에 해당하지 않는다면, 乙은 甲에게 손해배상을 청구 할 수 없습니다.

■ 상해와 업무상주의의무 위반으로 인한 손해배상책임이 있나요?

> *Q.* 甲 운영의 실내 스크린 골프연습장에서, 乙에 의하여 타격된 골프공이 스크린 하단 뒤쪽 벽면을 맞고 튕겨 나오는 바람에 대기석 소파에 앉아 있던 손님 丙이 오른쪽 눈 부위를 맞아 녹내장 등 상해를 입게 되었습니다. 丙은 상해 가해자인 乙뿐 아니라 甲에게도 상해에 관해 손해배상을 청구하려 합니다. 甲은 손해배상책임이 있나요?
>
> *A.* 甲은 골프연습장을 운영하면서 안전망을 설치하는 등 골프공이 스크린 등에 맞고 튕겨 나오지 않도록 함으로써 사고를 미연에 방지할 업무상 주의의무가 있음에도 이를 게을리하여 丙이 상해를 입었으므로 丙 등에게 이로 인한 손해를 배상할 책임이 있고, 한편 丙이 甲 측이 마련한 대기석 소파까지 골프공이 날아올 경우를 대비하여 이를 예의 주시하면서 피하여야 할 주의의무까지 부담한다고 보기 어려우므로 이를 甲의 책임 제한 사유로 삼을 수는 없습니다(서울중앙지법 2012.2.14, 선고, 2010가합113750, 판결).

■ 합의 후 발생한 손해에 대한 손해배상을 받을 수 있을까요?

> **Q.** 甲은 乙에게 폭행을 당하였습니다. 甲은 乙을 형사고소 하였으나, 乙의 간곡한 부탁으로 치료비 및 위자료 2,000만원을 받고 합의하여 주었습니다. 그런데 그 이후 甲에게 추가적인 후유증이 나타났습니다. 甲이 乙에게 추가적인 후유증에 대해서도 손해배상을 청구하자, 乙은 이미 합의하고 끝난 사안이라며 손해배상을 거부하고 있습니다. 甲은 추가 후유증에 대해서는 손해배상을 받을 수 있을까요?
>
> **A.** 불법행위로 인한 손해배상에 관하여 가해자와 피해자 사이에 피해자가 일정한 금액을 지급받고 그 나머지 청구를 포기하기로 합의가 이루어진 때에는 그 후 그 이상의 손해가 발생하였다 하여 다시 그 배상을 청구할 수 없는 것이 원칙입니다. 다만, 그 합의가 손해발생의 원인인 사고 후 얼마 지나지 아니하여 손해의 범위를 정확히 확인하기 어려운 상황에서 이루어진 것이고, 후발손해가 합의 당시의 사정으로 보아 예상이 불가능한 것으로서, 甲이 후발손해를 예상하였더라면 사회통념상 그 합의금액으로는 화해하지 않았을 것이라고 보는 것이 상당할 만큼 그 손해가 중대한 것일 때에는 甲의 의사가 이러한 손해에 대해서까지 그 배상청구권을 포기한 것이라고 볼 수 없으므로 다시 그 배상을 청구할 수 있습니다(대법원 2000.3.23, 선고, 99다63176, 판결).

제6장

보이스피싱으로
피해 본 경우 이렇게
손해배상 청구하세요

제6장 보이스피싱으로 피해 본 경우 이렇게 손해배상 청구하세요

1. 보이스피싱 범죄(전자금융범죄)의 의미

1) 보이스피싱 범죄의 증가

① 최근 인터넷, 휴대폰 등 전기통신 수단을 이용하여 피싱, 스미싱, 파밍, 메모리해킹 등과 같은 전자금융을 통한 사기범죄가 빈번하게 발생하고 있으며, 그 수법 또한 점점 지능화되고 있는 실정입니다.

② 이와 같은 금융사기의 피해자가 소송절차를 거치지 않고 피해금을 신속히 돌려받을 수 있도록 「전기통신금융사기 피해 방지 및 피해금 환급에 관한 특별법」을 제정·시행하고 있으며, 「전자금융거래법」과 「형법」을 적용하여 전자금융범죄에 대해 처벌하고 있습니다.

2) 전자금융범죄 용어의 사용

피싱, 스미싱 등과 같은 금융사기에 대해 법령에서 관련 용어를 명시적으로 규정하고 있지는 않으나, 일반적으로 기존 금융범죄와 차별화하기 위하여 "신종금융범죄(사기)"또는 "신·변종 전자금융범죄(사기)", "전기통신금융사기"또는 "보이스피싱"등의 용어를 사용하고 있습니다.

3) 전자금융범죄의 정의 및 내용

① 피싱(Phishing)

개인정보(Private data)와 낚는다(Fishing)의 합성어로, 피해자를 기망 또는 협박하여 개인정보 및 금융거래정보를 요구하거나 피해자의 금전을 이체하도록 하는 수법을 말합니다.

② 스미싱(Smishing)

문자메시지(SMS)와 피싱(Phishing)의 합성어로, 문자메시지를 이용하여 소액결제를 유도하거나, 스마트폰에 악성프로그램을 유포하여 개인정보 및 금융거래정보를 편취하는 수법을 말합니다.

③ 파밍(Pharming)

피싱(Phishing)과 조작하다(Farming)의 합성어로, 피해자 PC를 악성프로그램에 감염시켜 정상적인 사이트 주소를 입력하더라도 가짜 사이트로 접속되도록 조작한 후 금융거래정보를 빼내 금전을 부당하게 인출하는 수법을 말합니다.

④ 메모리해킹

피해자 PC 메모리에 상주한 악성프로그램으로 인하여 정상 사이트에 접속하더라도 거래오류를 발생시키거나 팝업창을 띄워 금융거래정보를 입력하게 한 후 금전을 부당하게 인출하는 수법을 말합니다.

2. 전자금융범죄의 당사자 및 특징

1) 전자금융범죄의 당사자

① 전자금융범죄에는 전자금융범죄의 가해자와 피해자, 그리고 전자금융범죄에 이용된 통장 계좌의 명의인, 전자금융거래와 관련된 금융회사 및 전자금융업자 등 다양한 이해관계인이 연관되어 있습니다.

② 따라서 전자금융범죄의 유형별, 사건 당사자별로 법적 책임의 범위와 처벌 규정이 다르게 적용되며, 정확한 처벌 내용은 검찰 및 법원에 의해 결정됩니다.

2) 전자금융범죄의 특징

① 전자금융범죄는 피해자가 모르는 사이에 범행이 이루어집니다.
② 검찰, 경찰, 금융감독원 등 공공기관 및 금융회사를 사칭합니다.
③ 개인정보노출, 범죄연루, 자녀납치 등으로 피해자의 심리를 압박합니다.
④ 공공기관 및 금융회사의 전화번호가 발신번호창에 나타나도록 발신번호를 조작하여 피해자를 혼란스럽게 만듭니다.
⑤ 피싱사이트 등에 금융거래정보(계좌번호, 이체비밀번호, 보완카드번호, 인터넷뱅킹 정보 등)를 입력하도록 유인하고 있습니다.
⑥ 대출이나 취업 등을 미끼로 획득한 예금통장을 사기에 이용하고 있습니다.

3. 민사소송으로 손해배상 청구

① 전자금융범죄로 인해 피해를 입은 피해자는 가해자의 고의 또는 과실로 인한 위법행위로 손해를 입은 경우 그 불법행위를 원인으로 민사상 손해배상을 청구할 수 있습니다.

② 민사소송은 일반적으로 '소장의 제출 → 소장부본의 송달과 답변서의 제출 → 변론준비절차 → 변론준비기일 → 변론기일 → 판결'의 순서로 진행됩니다.

소　　장

원　　고　　○○○ (주민등록번호)
　　　　　　　○○시 ○○구 ○○길 ○○(우편번호)
　　　　　　전화•휴대폰번호:
　　　　　　팩스번호, 전자우편(e-mail)주소:
피　　고　　◇◇◇ (주민등록번호)
　　　　　　　○○시 ○○구 ○○길 ○○ (우편번호)
　　　　　　전화•휴대폰번호:
　　　　　　팩스번호, 전자우편(e-mail)주소:

손해배상(기) 청구

청 구 취 지

1. 피고는 원고에게 ○○○원 및 이에 대하여 ○○○○년 ○○월 ○○일부터 이 사건
　1심판결 선고 일까지는 연 5%, 그 다음날부터 다 갚는 날까지는 연 15%의 각 비
　율에 의한 돈을 지급하라.
2. 소송비용은 피고가 부담한다.
라는 판결을 구합니다.

청 구 원 인

1. 속칭 보이스피싱의 발생
　가. 기초사실
　　　○○○○년 ○○월 ○○일 금융기관을 사칭하는 성명불상자가 대출에 필요한 보
　　증금이라고 원고를 기망하여, 이에 속은 원고는 피고 명의 ○○새마을금고계좌
　　(○○- ○○-○○)로 ○○○원을 이체하였습니다(갑 제1호증 사건사고사실확인
　　원, 제3호증 거래내역확인증).
　나. 부당이득반환청구
　　　위 금원에 대해 사건직후 계좌는 지급정지 되었습니다. 그러므로 피고는 민법
　　제740조에 의하여 현재 통장에 잔존하는 금액에 대하여 원인 없이 재산상 이득
　　을 취득한 것인바, 위 금원을 원고에게 부당이득으로 반환해야 할 의무가 있습
　　니다.

다. 불법행위태양

만약 피고가, 성명불상자에게서 금전적 대가를 받고 통장을 양도한 경우, 통장양도방법이 특이한 경우, 전자금융거래법위반 혐의로 벌금형이 처해진 경우 등 성명불상자의 범행에 적극 가담하였다고 평가할 정도라면, 고의범 또는 과실상계 비율이 적게 인정되는 무거운 책임을 부담해야 할 것입니다.(특히 계좌가 양도 무렵에 개설된 경우에는 의심이 추정됩니다.)

라. 과실 공동불법행위

피고가 접근매체인 자신의 통장 등을 타인에게 양도한 행위는 민법의 과실에 의한 방조행위에 해당합니다. 민법 제760조 제3항 공동불법행위에는 피고의 과실에 의한 방조행위가 문제되는데, 대법원 판례는 "형법과 달리 손해의 전보를 목적으로 하여 과실을 원칙적으로 고의와 동일시하는 민법의 해석으로서는 과실에 의한 방조도 가능하다.(2009다1313판결 등)"라고 일관되게 판시하고 있다는 점에서 그 인정여부는 크게 문제되지 않을 것입니다.

설령 피고가 전자금융거래법위반 혐의가 "양도의 종국성"이 인정되지 않는 점을 이유로 불기소 처분되더라도, 전자금융거래법 제49조 제4항 제1호는 「같은 법 제6조 제3항 제1호를 위반하여 접근매체를 양도하거나 양수한 자는 3년 이하의 징역 또는 2,000만원 이하의 벌금에 처한다」라고 규정함으로써 그 행위를 엄격하게 규제하고 있고, 접근매체의 양도 행위 등을 금지한 것은 「타인 명의의 통장을 양도•양수하여 사용하는 "대포통장"을 활용한 범죄에 적극 대처하기 위하여, 이를 위반한 자에 대한 처벌을 강화하고자 하는 취지」에서였다는 점을 알 수 있는바, 전자금융거래법상의 금지규정 및 처벌규정의 입법 자체가 이미 보이스피싱 사건을 염두에 둔 것이었고, 따라서 위 규정들은 수범자로 하여금 접근매체의 양도 등을 통해 보이스피싱 사건에 도움을 주지 말아야 하는 주의의무를 부과하고 있는 것이라고 하겠습니다. 전자금융거래법의 입법 취지에 비추어 볼 때, 피고의 전자금융거래법위반행위는 명백한 불법행위로서 보이스피싱 사건에 도움을 주지 말아야 할 주의의무를 위반한 행위라고 할 것이므로, 피고에게는 과실이 인정된다고 하겠습니다.

또한 피고의 통장 등 양도행위는 성명불상자의 보이스피싱 범죄행위에 대하여 비유형적인 조건이라기보다는 경험칙상 충분히 예견 가능했고 결과를 발생시킬 수 있었던 상당한 조건이라고 하겠습니다. 따라서 이 사건에서 피고의 접근매체 양도행위와 성명불상자의 보이스 피싱 범죄 행위 사이에는 상당인과관계가 있다고 할 것입니다.

마. 결어

따라서 채무자는 채권자에게 이득금액을 부당이득으로 반환하거나 상당인과관계에 있는 손해액을 배상해야 할 것입니다. 즉 피고는 원고에게 위 피해금액 및 이에 대하여 ○○○○년 ○○월 ○○일부터 이 사건 1심판결 선고 일까지는 연 5%, 그 다음날부터 다 갚는 날까지는 연 15%의 각 비율에 의한 돈을 지급해야 할 것입니다.

2. 송달과 관련하여 : 피고 주소보정 문제

원고는 ○○○○년 ○○월 ○○일 성명불상의 범죄자 및 피고를 ○○경찰서에 신고하였습니다. 피고의 주소를 보정하지 못한 채 본건 소를 제기하면서 소장 송달을 위한 주소보정이 있을 경우 조만간 금융정보제출명령신청 및 사실조회촉탁신청 등을 통해 특정을 준비하고 있습니다.

3. 결 어

위와 같은 이유로 청구취지와 같은 판결을 선고해 주시기 바랍니다.

입 증 방 법

1. 갑 제1호증   사건사고사실확인원(○○경찰서)
1. 갑 제2호증   접수증
1. 갑 제3호증   거래내역확인증

첨 부 서 류

1. 위 입증방법   각 1통
2. 소장 부본
3. 납부서

20○○. ○. ○.

위 원고 ○○○ (서명 또는 날인)

○○지방법원 ○○지원 귀중

[서식 예] 부당이득반환 청구의 소(보이스피싱으로 인한)

소   장

원   고   ○○○ (주민등록번호)
　　　　　○○시 ○○구 ○○길 ○○(우편번호)
　　　　　전화•휴대폰번호:
　　　　　팩스번호, 전자우편(e-mail)주소:

피   고   ◇◇◇ (주민등록번호)
　　　　　○○시 ○○구 ○○길 ○○(우편번호)
　　　　　전화•휴대폰번호:
　　　　　팩스번호, 전자우편(e-mail)주소:

부당이득반환 청구의 소

청 구 취 지

1. 피고는 원고에게 (　　　　　　　　　)원 및 이에 대한 이 사건 소장부본 송달 다음
　 날부터 다 갚는 날까지 연 15%로 계산한 돈을 지급하라.
2. 소송비용은 피고가 부담한다.
3. 위 제1항은 가집행 할 수 있다.
라는 판결을 구합니다.

청 구 원 인

1. 사실관계 - 전화금융사기에 따른 송금
　 (구체적으로 기재)

2. 피고의 의무
　가. 부당이득반환의무의 성립
　　　본래 부당이득이란 공평관념에 위배되는 재산적 가치의 이동이 있는 경우 수익
　　자로부터 그 이익을 되돌려 받아 손해자에게 주어 재산상태의 조정을 꾀하는 것
　　이 그 목적입니다. 또한 송금의뢰인과 수취인 사이에 계좌이체의 원인이 되는
　　법률관계가 존재하지 않음에도 불구하고 계좌이체에 의하여 수취인이 계좌이체
　　금액 상당의 예금채권을 취득하게 되는 경우에는 송금의뢰인은 수취인에 대하여

당해 금액상당의 부당이득반환청구권을 갖게 된다(대법원 2007.11.29. 선고 2007다51239)고 봄이 상당합니다.

이는 보이스피싱에 사용되는 예금계좌 혹은 통장의 명의자와 그에 대한 송금의뢰인에 대하여도 동일한 논리가 적용된다고 봄이 상당할 것이므로 응당 예금계좌 혹은 통장의 명의자는 송금의뢰인에 대하여 부당이득반환의무를 부담하게 된다고 봄이 상당합니다.

따라서 피고는 원고에게 부당이득금 (   )원 및 이에 대한 이 사건 소장 부본 송달일 다음날부터 다 갚는 날까지 소송촉진 등에 관한 특례법이 정한 연 15%의 비율에 의한 금원을 지급할 의무가 있습니다.

나. 불법행위에 기한 손해배상책임의 성립

무릇 수인이 공동하여 타인에게 손해를 가하는 민법 제760조의 공동불법행위의 성립에 있어서 행위자 상호간의 공모는 물론 공동의 인식을 필요로 하지 아니하고, 다만 객관적으로 그 공동행위가 관련 공동되어 있으면 족하고 그 관련 공동성 있는 행위에 의하여 손해가 발생함으로써 그에 대한 배상책임을 지는 공동불법행위가 성립한다고 봄이 상당합니다. 아울러 공동불법행위에 있어 방조라 함은 불법행위를 용이하게 하는 직접·간접의 모든 행위를 가리키는 것으로서 형법과 달리 손해의 전보를 목적으로 하여 과실을 원칙적으로 고의와 동일시하는 민법의 해석으로서는 과실에 의한 방조도 가능하다고 할 것이며, 이 경우의 과실의 내용은 불법행위에 도움을 주지 않아야 할 주의의무가 있음을 전제로 하여 이 의무에 위반하는 것을 말한다(대법원 2009.4.23. 선고 2009다1313 판결 등 참조)고 볼 것입니다.

그런데 오늘날 우리 사회에서 타인 명의의 계좌를 이용한 보이스피싱 내지 메신저피싱 사기범행이 매우 빈발하여 사회적으로 커다란 문제가 되고 있음은 주지의 실정인바, 비록 대출을 받을 목적이었다고는 하더라도 만연히 통장 기타 거래매체를 타인에게 양도하여 준 행위는 이러한 사회실정에 비추어 볼 때 객관적인 일반인이라면 충분히 범죄에 이용될 수 있다는 예견가능성을 갖고 있었다고 봄이 상당할 것입니다.

따라서 위와 같은 예견가능성에도 불구하고 통장 기타 거래매체를 제공한 위 각 피고의 행위는 방조로서 공동불법행위를 구성한다고 봄이 상당할 것이므로 불법행위에 기한 손해배상책임이 성립한다고 봄이 상당합니다.

따라서 피고는 원고에게 손해배상금 (   )원 및 이에 대한 이 사건 소장 부본 송달일 다음날부터 다 갚는 날까지 소송촉진 등에 관한 특례법이 정한 연 15%의 각 비율에 의한 금원을 지급할 의무가 있습니다.

3. 결어

이에 원고는 위 각 금원의 지급을 구하기 위하여 이 사건 소 제기에 이르렀습니다.

입 증 방 법

1. 갑 제1호증   사건사고사실확인원
1. 갑 제2호증   입출금 내역서

첨 부 서 류

1. 위 입증방법   각 1통
1. 주민등록표등본(원고)   1통
1. 소장부본   1통
1. 송달료납부서   1통

20○○.　○.　○.

위 원고 ○ ○ ○ (서명 또는 날인)

○○ 지 방 법 원 　귀 중

[서식 예] 부당이득금 등 청구의 소(보이스피싱 피해)

소 장

원   고   ○○○ (주민등록번호)
　　　　 ○○시 ○○구 ○○길 ○○(우편번호)
　　　　 전화·휴대폰번호:
　　　　 팩스번호, 전자우편(e-mail)주소:
피   고   ◇◇◇ (주민등록번호)
　　　　 ○○시 ○○구 ○○길 ○○(우편번호)

부당이득금 등 청구의 소

청 구 취 지

1. 피고는 원고에게 금 3,000,000원 및 이에 대하여 20○○. ○. ○○.부터 이 사건
   소장부본 송달일까지는 연 5%의, 그 다음날부터 다 갚을 때까지는 연 15%의 각
   비율로 계산한 돈을 지급하라(원고는 불법행위로 인한 손해배상과 부당이득반환을
   선택적으로 청구하였습니다).
2. 소송비용은 피고가 부담한다.
3. 위 제1항은 가집행 할 수 있다.
라는 판결을 원합니다.

청 구 원 인

1. 원고와 피고의 관계
　원고는 소위 보이스피싱이라 불리는 전화금융사기의 피해자이고, 피고는 아래 제2항
에서 보는 바와 같이 성명불상의 보이스피싱 피의자에게 자신의 예금계좌에 대한 처
분권을 넘겨 전화금융사기에 이를 이용할 수 있게 함으로써 원고 명의의 계좌로부터
자신 명의의 계좌로 법률상 원인 없이 송금 받은 자입니다.

2. 법률상 원인 없는 계좌이체(전화금융사기)
　원고는 2000. 00. 00. 성명불상의 보이스피싱 피의자의 전화를 받고 대출을 해준다
는 말에 속아 원고 명의의 우리은행 계좌 ****-***-******에서 피고 명의의 우체국
계좌 ******-**-******로 2회에 걸쳐 3,000,000원을 계좌이체 하였습니다(원고는
전화금융사기를 당한 즉시 지급정지신청을 하였으나 현재 피고의 계좌에 남아 있는

금액을 알지 못함. 갑 제1호증 사건사고사실확인원, 갑 제2호증 입출금 내역서).

3. 부당이득반환청구권의 성립
원고(송금의뢰인)와 피고(수취인) 사이에 계좌이체의 원인이 되는 법률관계가 존재하지 않음에도 불구하고 계좌이체에 의하여 피고는 계좌이체금액 상당의 예금채권을 취득하였으므로 원고는 피고에 대하여 위 금액 상당의 부당이득반환청구권을 가지게 된다 할 것입니다.

4. 불법행위 방조로 인한 손해배상
또한 피고는 자신 명의의 예금계좌가 전화금융사기(불법행위)에 이용될 것을 충분히 예상할 수 있었음에도 불구하고, 자신의 예금계좌에 대한 처분권을 성명불상의 보이스피싱 피의자에게 넘겨 위 2항과 같은 불법행위를 용이하게 하였는바, 성명불상의 보이스피싱 피의자와 함께 원고에 대하여 공동불법행위의 책임을 지게 된다 할 것입니다.

5. 결론
따라서 피고는 원고에게 부당이득금(또는 손해배상금) 3,000,000원 및 이에 대하여 피고가 법률상 원인 없이 송금을 받은(또는 위 불법행위일인) 2000. 00. 00.부터 이 사건 소장 부본 송달일까지 민법이 정한 연 5%의, 그 다음날부터 다 갚는 날까지 소송촉진등에관한특례법이 정한 연 15%의 비율에 의한 지연손해금을 지급할 의무가 있다 할 것입니다.

입 증 방 법

1. 갑 제1호증	사건사고사실확인원
1. 갑 제2호증	입출금 내역서

첨 부 서 류

1. 위 입증방법	각 1통
1. 주민등록표등본(원고)	1통
1. 소장부본	1통
1. 송달료납부서	1통

20○○. ○. ○.

위 원고 ○○○ (서명 또는 날인)

○○지방법원 귀중

■ 보이스피싱 사기범과 함께 통장명의자인 자신도 불법행위로 인한 손해배상청구소송을 당하게 되었는데 과연 법적 책임을 져야 할까요?

Q. 직장을 잃고 편의점에서 아르바이트를 하고 있는 甲은 우연히 손님 乙에게 힘든 사정을 이야기하게 되었습니다. 乙은 자신이 대기업회장을 잘 아는데 취업을 주선해줄 수 있다고 하며 甲명의 통장, 현금카드, 비밀번호, 주민등록증 사본을 요청했고 甲은 반드시 취업을 해야한다는 생각에 이를 乙넘에게 넘겨주었습니다. 그러나 甲의 통장은 보이스피싱범죄에 사용되었고 피해자로부터 보이스피싱 사기범과 함께 통장 명의자인 자신도 불법행위로 인한 손해배상청구소송을 당하게 되었는데 과연 법적 책임을 져야 할까요?

A. 보이스피싱 범죄조직은 입출금이 가능한 통장을 확보하는 것이 최우선 과제라고 합니다. 이를 위하여, 노숙자에게 돈을 주고 통장 명의를 빌리거나, 취업, 상품 판매, 자금 대출, 투자 등을 명목으로 통장 명의를 확보해서 범죄 목적으로 사용하는 사례가 많이 있습니다. 사례의 경우 먼저 형사책임과 관련하여, 「전자금융거래법」에 따르면 현금카드 등의 전자식 카드나 비밀번호 등과 같은 전자금융거래에서 사용되는 접근매체를 양도하는 행위를 원칙적으로 금지하고, 그 위반행위를 3년 이하의 징역 또는 2천만원 이하의 벌금으로 처벌하고 있습니다(「전자금융거래법」 제6조제3항제1호 및 제49조제4항제1호). 구체적으로 어떤 목적으로 사용될지 모른다고 하더라도 양도행위 자체를 처벌함으로써 속칭 대포 통장이 생기지 않도록 하기 위한 조치로서, 甲이 모르는 사람에게 통장과 현금카드를 건네주고 비밀번호까지 알려준 행위는 이 법에 따라 형사처벌될 수 있습니다(대법원 2014.12.24. 선고 2013다98222 판결).

문제는 민사책임, 즉, 보이스피싱 범죄의 피해자에 대한 손해배상책임을 인정할 것인가 여부입니다. 만약, 갑이 통장, 카드, 비밀번호 등을 제공하지 않았다고 하면, 보이스피싱 범죄가 성공하지 못하였을 수 있고, 게다가, 보이스피싱 범죄 피해자 입장에서 보면, 돈을 입금 받은 예금주를 상대로 손해배상 청구를 할 수 있는가 또는 할 수 없는가의 문제이기 때문입니다. 이 문제를 대법원은 상당인과관계를 인정할 수 있는가의 문제로 보고 있습니다. 즉, 단순히 물리적인 원인과 결과 관계가 있는가 여부가 아니라, 사회적으로 보았을 때, 통장 명의를 준 행위와 범죄 행위간에 인과관계를 인정하는 것이 과연 상당한가에 대해서 판단하고 있습니다.

어느 범위에서 상당인과관계를 인정할 수 있는가에 대해서, 대법원은 통장 등의 양도 당시의 정황, 당시 취업을 목적으로 하였고, 통장 등의 양도 등에 대해서 별도의 이익 제공이 없었으며, 취업 목적 이외에 다른 용도로 써도 된다고 허락한 정황이 없다는 점을 고려하여, 통장 제공 행위와 보이스피싱 범죄에 따른 피해 발생간의 상당인과관계를 인정하지 않고, 손해배상 책임을 부정하였습니다(대법원 2014.12.24. 선고 2013다98222 판결).

대법원의 입장은 보이스피싱 범죄 행위에 대해서 전혀 관여한 바가 없고, 오히려 속아서 통장을 넘겨준 사람은 어느 정도 보호 받아야한다는 정책적인 고려도 있는 것으로 보입니다. 그러나, 만약, 甲이 손님이 보이스피싱 조직과 관련되는 일을 하고 있다고 충분히 의심할 수 있었거나, 통장제공에 대한 별도의 대가를 제공받았거나, 취업 목적뿐만 아니라 그 손님의 개인적인 목적으로도 사용하도록 허락하였다면, 대법원은 상당인과관계를 인정하였을 수도 있었을 것입니다.

■ 은행이 공인인증서 재발급에 있어 이용자에게 이를 문자메세지 등을 이용하여 통지할 주의의무가 있는지요?

Q. 甲이 금융기관인 乙주식회사에서 예금계좌를 개설하여 금융거래를 하면서 인터넷뱅킹서비스를 이용하여 왔는데, 丙이 전화금융사기(이른바 보이스피싱)를 통하여 甲에게서 취득한 금융거래정보를 이용하여 甲명의의 공인인증서를 재발급받아 다른 금융기관들로부터 대출서비스 등을 받은 사안에서 乙주식회사에게 공인인증서의 재발급에 있어서 甲에게 이를 문자메시지 등을 이용하여 통지할 주의의무가 있나요?

A. 대법원은 甲이 乙주식회사가 공인인증서가 재발급되는 경우에는 이용자에게 이를 통지하여야 할 주의의무가 있음에도 乙주식회사가 이를 게을리하여 甲이 이 사건 금융사고를 방지하지 못하게 하였으므로 乙주식회사는 민법 제760조 제3항 이 규정한 과실에 의한 불법행위방조책임에 따라 甲이 입은 손해를 배상할 책임이 있다고 한 주장에 대해, 乙주식회사에게 공인인증서의 재발급에 있어서 甲에게 이를 문자메시지 등을 이용하여 통지할 주의의무가 있다고 할 수 없고 오히려 문자메시지 등을 이용한 통지는 乙주식회사가 이용자의 요청에 따라 제공하는 서비스로 보이는데 甲은 인터넷뱅킹서비스 신청 당시 보안SMS 신청을 하지 아니하였으며, 설령 乙주식회사에게 그러한 주의의무가 있다고 하더라도 이를 이행하지 아니함으로써 이 사건 금융사고가 발생하였다고 할 수 없으므로, 甲의 위 주장은 이유 없다고 판시한 바 있습니다(대법원 2014.1.29. 선고 2013다86489 판결).

■ 보이스피싱에서 은행이 손해배상책임을 지는가요?

Q. 甲은 보이스피싱 과정에서 성명불상자에게 주민등록번호를 확인해주었고, 전화통화를 하면서 피싱사이트에 甲이 가지고 있는 모든 카드의 카드번호 및 비밀번호, 카드 cvc 번호, 乙은행의 계좌번호 및 비밀번호를 입력하였는데 乙은행이 손해배상책임을 지는가요?

A. 법원은 (1) 甲은 보이스피싱 사례가 빈발하고 이에 대한 경각심이 높아진 상황에서, 제3자에게 접근매체인 공인인증서를 발급받음에 있어서 필수적으로 필요한 계좌번호, 계좌비밀번호, 주민등록번호 등을 알려주었고, (2) ㉮ 개인정보를 탈취한 공격자라 하더라도 otp 단말기를 소지하지 않은 이상 매번 단말기의 38자리 숫자와 시각정보를 수학식을 통해 연산하여 암호화되어 생성된 후 소멸되는 otp 단말기 비밀번호의 조합 값 중 정확한 요청 값을 알아내기는 거의 불가능한 점, ㉯ otp 단말기 비밀번호가 해킹당하였다면 otp 단말기 자체, 乙은행의 인증서버, 금융보안연구원 서버 중 어느 한 곳에는 해킹한 기록이 남았을 것이라고 봄이 상당하고, 위 각 서버에 해킹한 흔적이나 otp 단말기 비밀번호 유출로 인한 피해사례가 드러나지 않은 점, ㉰ 甲은 이 사건 사고 과정에서 성명불상자와 통화를 하면서 모든 카드번호와 카드비밀번호 및 카드의 cvc 번호까지 모두 알려준 점, ㉱ 이 사건 사고 과정에서 단 세 번만 otp 단말기 비밀번호가 제대로 입력되지 않았을 뿐 대부분 정상적으로 입력된 점, ㉲ 甲이 알려주지 않았음에도 otp 단말기 비밀번호가 해킹되어 사고가 발생한 것이라면 otp 단말기를 폐기 혹은 교체하였으리라고 봄이 상당함에도, 그대로 계속 사용한 점 등에 비추어, 甲은 위 성명불상자에게 otp 단말기 비밀번호를 알려준 것으로 보이는바, 위와 같은 사정들을 종합하면, 위와 같은 甲의 행위는 제3자가 권한 없이 자신의 접근매체인 공인인증서와 otp 단말기 비밀번호를 가지고 전자금융거래를 할 수 있음을 쉽게 알 수 있었음에도 이를 누설, 노출한 경우에 해당된다(서울중앙지방법원 2013.4.4. 선고 2012나42481 판결)고 보았습니다. 따라서 乙은행은 이 사건 사고로 발생한 책임을 면한 바 있습니다.

■ 보이스피싱으로 인해 제공된 개인정보로 인해 대출이 된 경우 명의자에 대해 대출계약의 효력이 발생하는지요?

Q. 보이스피싱으로 인해 개인정보를 제공한 자(甲)가 그 개인정보가 활용되어 자신의 명의로 대출이 된 경우 명의자는 대출업자(乙)에 대해 계약자로서의 책임을 지게 되나요?

A. 법원은 성명불상자인 보이스피싱의 사기범이 甲들을 속여 계좌 및 카드번호와 공인인증서 비밀번호 등의 정보를 얻었으므로 성명불상자에게 甲들을 대리할 기본대리권이 없을 뿐만 아니라 다음과 같은 사정 즉, ① 공인인증서는 공인인증기관이 발급자의 신원을 확인한 후 발급하는 것으로서(전자서명법 제15조), 전자문서에 서명하는 용도 이외에 본인확인수단으로도 사용되며(같은 법 제18조의2), 다른 사람에게 공인인증서를 양도·대여하거나 이용범위·용도를 벗어나 부정하게 사용하는 것이 엄격하게 금지되어 있으므로(같은 법 제23조), 전자적 정보의 형태로 저장된 공인인증서와 이를 이용하기 위한 비밀번호등의 정보를 타인이 소지하는 것은 매우 이례적이기는 하나, 2006년경부터 보이스피싱이나 해킹에 의한 금융정보 유출로 인한 금융사고의 발생이 빈번한 점, 금융감독원과 금융위원회는 2011. 5. 30.경 신종 수법으로 카드론을 이용한 보이스피싱이 증가함에 따라 카드론 대출 실행절차를 보다 엄격히 운영하도록 지도하는 등 본인 확인절차를 강화하도록 금융기관 등에 지도한다는 내용의 보도자료를 배포하고 그 무렵 금융기관등에 위와 같은 지도를 한 것으로 보이는 점 등에 비추어 甲들 명의의 공인인증서가 위 각 대출계약에 사용되었다는 사정만으로는 乙이 본인 확인절차를 제대로 마쳤다고 보기는 어려운 점, ② 더욱이 위 각 대출계약의 신청서에 입력된 甲들의 집주소와 전화번호의 지역번호가 일치하지 아니하고 직장주소와 직장전화번호의 지역번호가 일치하지 아니하거나 집 주소로 입력된 번지가 통상적이지 않아 제3자에 의한 행위임을 쉽게 의심할 수 있음에도 乙은 본인 확인을 위한 다른 절차를 전혀 취하지 아니한 점 등을 종합하면, 乙은 위 성명불상자가 본인 자신으로서 본인의 권한을 행사하는 것으로 믿은 데 정당한 사유가 있었다고 인정할 수 없으므로, 위 각 대출계약은 甲들에 대하여 효력이 없다고 판시한 바 있습니다(서울중앙지방법원 2013.2.15. 선고 2012가단5088900, 2012가단340108(반소) 판결).

■ 보이스피싱으로 인해 제공된 개인정보로 인해 대출이 된 경우 명의자가 대출업자에 대해 손해배상책임을 지는지요?

Q. 보이스피싱으로 인해 개인정보를 제공한 자(甲 등)가 그 개인정보가 활용되어 피해자의 명의로 대출이 된 경우 명의자는 그 대출에 대해 대출업자(이하 乙)에게 손해배상책임을 지게 되나요?

A. 법원은 위와 같은 사례에 대해 다음과 같이 판시하였습니다.

甲 등은 모두 금융범죄 수사관 또는 검사를 사칭하는 자의 전화를 받고 그로부터 금융범죄 수사 중에 甲 등 명의의 계좌가 사용되었다는 설명에 속아 성명불상자가 알려 준 사이트에 접속하여 금융정보를 입력하여 성명불상자가 위 금융정보를 이용하여 위 각 대출계약을 체결하였는바, 甲 등은 전화를 이용한 보이스피싱 방식의 금융사기가 사회적으로 널리 알려진 상황에서 성명불상자의 신원 및 성명불상자가 알려준 인터넷 홈페이지가 실제 검찰청 또는 e-금융민원센터 등의 홈페이지인지 제대로 확인하지 않고 위 홈페이지에 접속하여 인적사항 및 금융정보를 입력한 잘못이 있고, 따라서 甲 등의 위와 같은 행위는 성명불상자가 권한 없이 甲 등의 명의로 乙과 각 대출계약을 체결하는 사기 범행을 쉽게 저지를 수 있도록 도와준 것으로서 자신의 금융정보를 노출시켜 타인의 범죄나 불법행위에 부당하게 이용되지 않도록 방지하여야 할 조치를 제대로 취하지 않은 잘못이 있고, 이는 성명불상자가 저지른 乙에 대한 위 불법행위를 방조한 것에 해당하므로, 甲 등은 乙이 위 불법행위로 입은 손해(각 대출금)를 배상할 책임이 있다.

이에 대하여 甲 등은, 위 성명불상자가 甲 등의 개인정보를 확인하면서 통화를 하게 되었을 뿐만 아니라 甲 등의 계좌가 범죄에 연루되어 있다며 개인정보 유출사례가 없었는지 확인까지 하고, 범죄자가 되지 않으려면 수사기관 홈페이지에 접속하여 정보를 입력하여야 한다고 하여 이를 믿고서 금융정보를 입력한 것이므로, 甲 등은 과실이 없다고 주장하나, 보이스피싱 방식의 금융사기가 사회문제가 된 지 상당한기간이 경과하였을 뿐만 아니라 그동안 그 범행방법이 점점 지능화되고 있음은 언론을 통하여 많은 홍보가 이루어져 왔던 점, 甲 등의 연령이 모두 20대 중반부터 30대 중반인 점 등에 비추어 보면, 甲 등이 주장하는 위 사정만으로는 위 인정을 뒤집기에 부족하므로 위 주장은 받아들일 수 없다. 다만 乙로서도 '보이스피싱' 범죄가 우리 사회에서 커다란 문제로 이미 부각되어 금융감독원과 금융위원회가 앞서 본 바와 같이 위 보이스피싱 범죄가 일어나기 이전에 이미 신종 수법으로 카드론을 이용한 보이스피싱이 증가함에 따라 카드론 대출 실행절차를 보다 엄격히 운영하도록 지도하는 등 본인 확인절차를 강화하도록 지도를 하였음에도 공인인증서 등을 통한 본인

확인절차만을 거쳤고, 더욱이 위 각 대출계약의 신청서에 입력된 甲 등의 집 주소와 전화번호의 지역번호가 일치하지 아니하고 직장주소와 직장전화번호의 지역번호가 일치하지 아니하거나 집 주소로 입력된 번지가 통상적이지 않아 쉽게 의심할 수 있음에도 이를 간과하였을 뿐만 아니라 乙은 다른 금융기관과 달리 위 각 대출신청시 甲 등의 휴대전화에 대출신청이 있었다는 내용 없이 단지 '···은행[인증번호]입력바랍니다. 타금융사 사칭 불법수수료 요구 주의!'라는 내용의 문자메세지만 전송한 잘못이 있고 乙의 이러한 잘못이 乙이 입은 손해의 발생과 확대에 크게 기여하였고, 성명불상자가 甲 등에게 甲 등의 이름 및 주민등록번호 등 개인정보를 미리 알고서 이를 확인하면서 통화를 하였던 점 등을 참작하여 乙의 손해에 관한 甲 등의 책임을 40%로 제한한다(서울중앙지방법원 2013.2.15. 선고 2012가단5088900, 2012가단340108(반소) 판결).

■ 보이스피싱에 속아 통장에 입금한 자가 통장 명의자를 상대로 하여 피해금액 전체를
부당이득금 반환청구가 인정되는지요?

Q. 보이스피싱에 속아 통장에 입금한 자가 통장명의자를 상대로 하여 피해금액 전체에
대한 부당이득반환청구가 인정되는지요?

A. 대법원은 계약상 급부가 계약의 상대방뿐만 아니라 제3자의 이익으로 된 경우에 급
부를 한 계약당사자가 계약 상대방에 대하여 계약상의 반대급부를 청구할 수 있는
이외에 그 제3자에 대하여 직접 부당이득반환청구를 할 수 있다고 보면, 자기 책임
하에 체결된 계약에 따른 위험부담을 제3자에게 전가시키는 것이 되어 계약법의 기
본원리에 반하는 결과를 초래할 뿐만 아니라, 채권자인 계약당사자가 채무자인 계약
상대방의 일반채권자에 비하여 우대받는 결과가 되어 일반채권자의 이익을 해치게
되고, 수익자인 제3자가 계약 상대방에 대하여 가지는 항변권 등을 침해하게 되어
부당하므로, 위와 같은 경우 계약상 급부를 한 계약당사자는 이익의 귀속 주체인 제
3자에 대하여 직접 부당이득반환을 청구할 수는 없고(대법원 2010.6.24. 선고 2010다
9269 판결 참조), 이는 제3자가 원인관계인 법률관계에 무효 등의 흠이 있었다는 사
실을 알고 있었다고 할지라도 마찬가지(대법원 2008.9.11. 선고 2006다46278 판결 등
참조)라고 보고 있습니다. 따라서 통장명의자가 보이스피싱 사기범과 동일인이라거
나, 피해자한테서 직접 법률상 원인 없이 이득을 얻었다는 점을 인정하기에 부족하
다면, 보이스피싱 주범의 사기를 이유로 계약을 취소하였다고 하더라도, 이를 이유
로 통장명의자에게 직접 부당이득의 반환을 구할 수는 없다고 할 것입니다(전주지방
법원 2012.5.23. 선고 2011나9771 판결 참조).

■ 보이스피싱 관련 전자금융거래법 제9조 제2항에서 정한 '이용자의 고의나 중대한 과실'이 있는지 판단하는 기준이 어떻게 되나요?

> **Q.** 보이스피싱 관련 전자금융거래법 제9조 제2항에서 정한 '이용자의 고의나 중대한 과실'이 있는지 판단하는 기준이 어떻게 되나요?
>
> **A.** 대법원은 현재 보이스피싱 관련하여 전자금융거래법 제9조, 전자금융거래법 시행령 제8조 등에서 정하는 '고의 또는 중대한 과실'이 있는지 여부는 접근매체의 위조 등 금융사고가 일어난 구체적인 경위, 그 위조 등 수법의 내용 및 그 수법에 대한 일반인의 인식 정도, 금융거래 이용자의 직업 및 금융거래 이용경력 기타 제반 사정을 고려하여 판단하는 것으로 보고 있습니다(대법원 2014.1.29. 선고 2013다86489 판결).

■ 보이스피싱에 사용된 통장을 제공한 사람들에 대하여 공동불법행위가 인정되는지요?

> **Q.** 보이스피싱에 사용된 통장을 제공한 甲 등에 대하여 공동불법행위 책임이 인정될 수 있는지요?
>
> **A.** 법원은 甲 등이 자신들 명의로 개설하여 성명불상자에게 양도한 통장이 이른바 '보이스피싱'에 사용된 사안에서, 甲 등은 위 양도 당시 성명불상자가 불특정 다수인들을 기망하여 통장에 돈을 입금하게 하는 '보이스피싱'에 위 통장이 사용될 수 있음을 충분히 예견할 수 있었다고 보이고, 비록 甲 등이 '보이스피싱'의 범죄 행위에 적극적으로 가담하지 않았다고 하더라도 적어도 위 통장을 양도함으로써 그와 같은 범죄행위를 용이하게 한 것이므로, 甲 등은 민법 제760조에 따라 공동불법행위자로서 손해배상책임이 있다고 판시한 바가 있습니다(서울동부지방법원 2011.3.28. 선고 2010가단50237 판결).따라서 甲 등은 공동불법행위책임을 질 것으로 보입니다.

국가를 상대로 한 손해배상은
어떻게 청구하나요?

제7장 국가를 상대로 한 손해배상은 어떻게 청구하나요?

1. 국가배상청구의 의의

① 국가배상청구란 공무원의 직무상 불법행위나 도로·하천과 같은 영조물의 설치·관리의 잘못으로 손해를 입은 국민이 국가 또는 지방자치단체를 상대로 손해배상을 청구하는 것을 말합니다.

② 국가나 지방자치단체가 설치·운영하는 배출시설이나 폐기물처리시설, 도로 등에 의해 환경오염피해를 입은 자는 국가 또는 지방자치단체를 상대로 손해배상을 청구할 수 있습니다.

③ 영조물이란 행정주체에 의해 공적 목적에 공용된 인적·물적종합시설을 말합니다. 영조물에는 관용차와 같은 개개의 유체물 뿐만 아니라 도로·하천·항만·지하수도·관공서청사·국공립학교교사·도서관 등 물건의 집합체인 유체적인 설비도 포함됩니다. 영조물의 설치관리의 하자로 인하여 타인에게 손해를 발생하게 한 때에는 국가는 손해를 배상해야 합니다.

2. 배상신청의 방법

① 배상금의 지급을 받고자 하는 사람은 그 사람의 주소지·소재지 또는 배상원인 발생지를 관할하는 지구심의회에 배상신청을 해야 합니다.

② 배상심의회에는 본부배상심의회(법무부)와 그 소속 지구배상심의회(전국 14개)가 있습니다.

③ 배상결정을 받은 신청인은 지체 없이 그 결정에 대한 동의서를 첨부하여 국가나 지방자치단체에 배상금 지급을 청구해야 하며, 배상결정을 받은 신청인이 배상금 지급을 청구하지 않은 경우에는 그 결정에 동의하지 않은 것으로 봅니다.

■ 국가배상을 받으려면 어떤 방법이 있나요?

Q. 국가배상을 받으려면 어떤 방법이 있나요. 그리고 반드시 법원에 소를 제기하기 전에 배상심의회에 배상신청을 하여야 하나요?

A. 2000. 12. 29. 이전에는 법원에 국가를 상대로 손해배상청구의 소를 제기하기 위해서는 먼저 국가배상심의회에 배상신청을 제기하였어야 하나(필요적 전치주의), 현재는 반드시 국가배상심의회에 배상신청을 제기하지 않고도 법원에 소를 제기할 수 있습니다(임의적전치주의, 국가배상법 제9조). 즉, 피해에 대한 구제를 받는 방법은 ① 국가배상심의회에 국가배상신청을 하거나, ② 위 신청 제기 여부와 상관없이 법원에 곧바로 국가배상청구의 소를 제기할 수 있습니다.

■ 국가배상 신청 시 구비해야 할 서류는 어떤 것이 있나요?

Q. 국가배상 신청 시 구비해야 할 서류는 어떤 것이 있나요?

A. 국가배상 신청 시 필요한 구비서류는 다음과 같습니다.
1. 필요적 구비서류
 - 배상신청서(「국가배상법 시행규칙」 별지 제8호 서식)
 - 신청인 및 법정대리인의 주민등록표 등본(법인등기부 등본)
 - 대리인이 배상 신청 시 신청인의 인감증명이 첨부된 위임장
2. 추가적 구비서류
 - 사망 시: 호적 등본, 사망진단서, 월 수입액 증명서, 치료비 영수증 등
 - 상해 장해 시: 상해(장해) 진단서, 치료비 영수증, 월 수입액 증명서, 향후 치료비 추정서
 - 차량(항공기) 피해, 건물(선박) 피해, 토지 피해: 차량(항공기)등록 원부, 건물(선박, 토지)등기부, 토지(임야)대장 등본 등, 수리비 영수증(명세서), 월수입 증명서
 - 그 밖에 손해의 사실을 증명할 수 있는 자료

■ 국가배상신청에 대하여 불복할 수 있는 방법이 있나요?

Q. 국가배상신청에 대하여 불복할 수 있는 방법이 있나요?

A. 신청인은 지구심의회의 배상결정에 대하여 이의가 있을 때에는 지구심의회의 배상결정서정본이 신청인에게 도착된 날로부터 2주일 이내에 당해 지구배상심의회를 거쳐, (본부, 특별)배상심의회에 재심을 신청할 수 있고, 또는 법원에 손해배상청구소송을 할 수 있습니다. 참고로 국가배상을 배상심의회에 신청하는 것은 채무자인 국가 및 지방자치단체에 대하여 손해배상채무의 이행을 최고한 것에 불과하므로(그러나 민법 제174조 소정의 6개월의 기간은 위 배상심의회의 결정이 있을 때까지 진행하지 아니함), 국가배상청구권이 시효완성으로 소멸되는 것을 방지하기 위하여 신청인은 배상심의회로부터 배상결정서를 송달받은 날로부터 6개월 이내에 재판상의 청구(소 제기)를 하지 아니하면 시효중단의 효력이 없으므로 이 점을 유의하시기 바랍니다.

■ 국가배상신청을 하려고 하는데 언제까지 행사할 수 있나요?

Q. 국가배상신청을 하려고 하는데 언제까지 행사할 수 있나요?

A. 국가배상청구권은 피해자나 그 법정대리인이 손해 및 가해자를 안 날로부터 3년이 지나면 시효로 인하여 소멸합니다. 가해자에 대한 형사판결이 확정된 때로부터가 아닌 점을 주의하시기 바랍니다. 또한 통상 불법행위로 인한 손해배상청구권은 불법행위를 한 날로부터 10년이 지나면 시효로 인하여 소멸하나, 국가에 대한 손해배상청구권은 불법행위를 한 날로부터 5년이 지나면 시효로 인하여 소멸합니다(국가재정법 제96조 제2항). 따라서 피해자나 그 법정대리인이 손해 및 가해자를 안 날로부터 3년이 경과하거나 불법행위가 있던 날로부터 5년이 경과하여 시효가 완성되면 국가배상신청은 기각된다는 점을 유념하시길 바랍니다. 참고로 지방자치단체에 대한 손해배상청구권의 소멸시효도 피해자나 그 법정대리인이 손해 및 가해자를 안 날로부터 3년(국가배상법 제8조, 민법 제766조 제1항), 불법행위 한 날로부터 5년이 지나면 시효로 소멸합니다.

[서식 예] 배상신청서

배상신청서 (앞 면)

접수번호	접수일자	처리기간

<table>
<tr><td rowspan="5">신 청 인</td><td>성 명 :　　　　　　　　　(인)</td><td>생년월일 :</td></tr>
<tr><td>주 소 :</td><td>(전화번호 :　　　　　　)</td></tr>
<tr><td>직 업 :</td><td>피해자와의 관계 :</td></tr>
<tr><td colspan="2">다음　　　　　에게 국가배상신청에 관한 일체의 권한을 위임함
위임인 성 명 :　　　　　　　(인)
대리인 성 명 :　　　　　　　(인) 생년월일 :
　　　　주 소 :　　　　　　(전화번호 :　　　　　)</td></tr>
</table>

피 해 자	성 명 :	생년월일 :
	주 소 :	
	직 업 :	기왕의 신체상해 :

사 고 개 요 (상세한 것은 별지에 적음)	발생일시 :
	발생장소 :
	가해자 소속 :　　　　　　　성명 :
	사고내용 :

신 청 액	요 양 비	원	장 례 비	원
	휴업배상	원	위 자 료	원
	장해배상	원	재산손해	원
	유족배상	원	기 타	원
	합 계			원

위 사 고 와 관련하여 이 미 지급받은 금 액	내 역	금 액	지급일자	지급자

사 전 지 급 신 청 액	내 역	금 액	사　　　유

「국가배상법」 제12조에 따라 위와 같이 배상신청을 합니다.

년　　　　월　　　　일

○○지구배상심의회 위원장 귀하

첨 부 서 류	뒷 면 참 조	수 수 료 없 음

배상종류	신청인(대표자) 제출서류	담당공무원 확인사항 (부동의하는 경우 해당서류 제출)
첨부서류		
요 양 비	1. 요양비의 내용을 기입한 의사의 증명서 2. 요양 및 이를 치료할 비용의 청구서 및 영수증 등	주민등록등(초)본
휴 업 배 상	월수입액을 증명하는 관계증명서(시장· 군수·구청장과 피해자 근무처의 장의 월수입액 증명서)	1. 주민등록등(초)본 2. 소득금액증명
장 해 배 상	신체장해의 종류를 기입한 의사의 증명서	1. 주민등록등(초)본 2. 소득금액증명
유족배상 및 장례비	1. 사망진단서 2. 가족관계증명서	1. 주민등록등(초)본 2. 소득금액증명
부동산 및 동산 손해배상	수리견적서 또는 수리인 영수증과 그 내역서	1. 주민등록등(초)본 2. 자동차등록원부등본
기 타 배 상	손해의 내용을 명백히 하는 서류	없 음

행정정보 공동이용 동의서

본인은 이 건 업무처리와 관련하여 「전자정부법」 제36조제1항에 따른 행정정보의 공동
이용을 통하여 담당공무원이 위의 담당공무원 확인사항을 확인하는 것에 동의합니다.

신청인(대표자)   (서명 또는 인)

신청서 제출시 참고사항

1. 신청서는 신청인의 주소지·소재지 또는 배상원인 발생지를 관할하는 지구배상심의회에
   제출하여야 합니다.
2. 신청인이 피해자가 아닌 때에는 신청할 권리가 있음을 증명하는 서류를 첨부하여야 합니다.
3. 대리인에 의하여 신청을 하는 때에는 대리인에게 배상신청을 위임하여야 합니다.
4. 신청시 기재란의 지면이 부족한 경우에는 별지를 사용할 수 있습니다.
5. 신청서에는 신청인(대표자) 제출서류와 배상심의회에서 요청이 있는 때에는 추가로 해
   당서류를 제출하여 주시기 바랍니다.
6. 위의 서류 외에도 손해의 내용을 입증할 수 있는 서류·도면·사진 등을 첨부할 수 있습니다.

처리절차

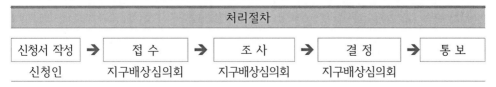

신청서 작성 ➡ 접 수 ➡ 조 사 ➡ 결 정 ➡ 통 보
신청인   지구배상심의회 지구배상심의회 지구배상심의회

[서식 예] 재심신청서

재심신청서

접수번호	접수일자	처리기간

<table>
<tr><td rowspan="4">신 청 인</td><td>성 명 :</td><td>생년월일 :</td></tr>
<tr><td>주 소 :</td><td></td></tr>
<tr><td>직 업 :</td><td>피해자와의 관계</td></tr>
<tr><td colspan="2">※ 신청인이 2인 이상일 때에는 별지 제8호의2서식(신청인표시표)에 기재합니다.</td></tr>
<tr><td rowspan="2">대 리 인</td><td colspan="2">주 소 :</td></tr>
<tr><td colspan="2">성 명 :
(서명 또는 인)</td></tr>
<tr><td>재심신청이유</td><td colspan="2"></td></tr>
<tr><td>위 사고와
관련하여 이미
지급받은 금액</td><td colspan="2"></td></tr>
</table>

「국가배상법」 제15조의2제1항에 따라 ○○지구배상심의회　　년 제　　호 사건에 대한　　년　　월　　일자 ([ ]기각 [ ]각하)결정에 대하여 재심을 신청합니다.

년　　　　월　　　　일

신청인　성명　　　　　　(서명 또는 인)

본부특별 배상심의회 위원장　　　　귀하

첨 부 서 류	1. 2.	수 수 료 없 음

처리절차									
신청서 작성	→	접 수	→	조 사	→	결 정	→	통 보	
신청인		지구배상심의회		본부(특별) 배상심의회		본부(특별) 배상심의회			

[서식 예] 배상신청변경서

배상신청변경서

배상심의회 위원장 귀하

국가 및 행협배상업무처리지침   제24조   규정에 의하여 다음과 같이 배상
신청을 변경합니다.

사건번호 :	배심	년 제	호

1. 신청액 변경사항

구 분	기신청액	신청변경액	변경사유
요 양 비 휴 업 배 상 장 해 배 상 유 족 배 상 장 례 비 위 자 료 재 산 손 해			
계			

2. 신청인 변경사항

기신청인명	변경및추가신청인명	비 고
1. 4. 2. 5. 3. 6.		변경 및 추가신청인 표시는 규 칙 별지 제8호의2 서식에 의함

첨부 : 1.
       2.

년   월   일

신 청 인   ㉙
대 리 인   ㉙

3. 민사법원에 소송 제기

① 국가배상법에 따른 손해배상의 소송은 배상심의회에 배상신청을 하지 않고도 제기할 수 있으므로, 당사자는 곧바로 법원에 국가배상청구 소송을 제기할 수 있습니다.

② 국가를 상대로 하는 손해배상청구소송도 일반 손해배상청구소송과 동일한 절차로 진행됩니다. 따라서 국가배상을 민사법원에서 관할하는 우리의 현행법 현실에서는 일반 민사사건과 마찬가지의 절차로 진행된다고 보면 됩니다.

③ 환경분쟁조정법에 따른 분쟁조정절차(알선·조정·재정)를 거친 경우에는 국가배상법에 따른 배상심의회의 심의·의결을 거친 것으로 보기 때문에 국가배상을 청구하려면 곧바로 법원에 소송을 제기해야 합니다.

④ 국가배상청구권은 피해자나 그 법정대리인이 손해 및 가해자를 안 날부터 3년이 지나면 시효로 인해 소멸합니다.

⑤ 또한 통상 일반적인 불법행위로 인한 손해배상청구권은 불법행위를 한 날부터 10년이 지나면 시효로 인하여 소멸하나, 국가 또는 지방자치단체에 대한 손해배상청구권은 불법행위를 한 날부터 5년이 지나면 시효로 인하여 소멸합니다.

■ 경찰 진압 시 시위자들이 던진 화염병으로 점포가 불에 탄 경우 국가를 상대로 국가배상을 청구할 수 있는지요?

Q. 甲은 도로변에 접한 상가에서 장사를 하고 있는데, 경찰관들의 시위진압에 대항하여 시위자들이 던진 화염병에 의하여 발생한 화재로 인하여 점포가 불에 탔습니다. 이 경우 국가를 상대로 국가배상을 청구할 수 있는지요?

A. 국가배상법 제2조 제1항 본문에서 국가나 지방자치단체는 공무원 또는 공무를 위탁받은 사인이 직무를 집행하면서 고의 또는 과실로 법령을 위반하여 타인에게 손해를 입히거나, 「자동차손해배상 보장법」에 따라 손해배상의 책임이 있을 때에는 이 법에 따라 그 손해를 배상하여야 한다고 규정하고 있습니다.

그런데 국가배상책임의 성립요건으로서의 '법령 위반'의 의미에 관하여 판례를 보면, 국가배상책임은 공무원의 직무집행이 법령에 위반한 것임을 요건으로 하는 것으로서, 공무원의 직무집행이 법령이 정한 요건과 절차에 따라 이루어진 것이라면 특별한 사정이 없는 한 이는 법령에 적합한 것이고 그 과정에서 개인의 권리가 침해되는 일이 생긴다고 하여 그 법령 적합성이 곧바로 부정되는 것은 아니라고 하였습니다(대법원 2000.11.10. 선고 2000다26807 판결).

그리고 경찰관들의 시위진압에 대항하여 시위자들이 던진 화염병에 의하여 발생한 화재로 인하여 손해를 입은 주민의 국가배상청구가 인정될 것인지 판례를 보면, 불법시위를 진압하는 경찰관들의 직무집행이 법령에 위반한 것이라고 하기 위해서는 그 시위진압이 불필요하거나 또는 불법시위의 태양 및 시위장소의 상황 등에서 예측되는 피해발생의 구체적 위험성의 내용에 비추어 시위진압의 계속수행 내지 그 방법 등이 현저히 합리성을 결하여 이를 위법하다고 평가할 수 있는 경우이어야 한다고 하면서, 경찰관들의 시위진압에 대항하여 시위자들이 던진 화염병에 의하여 발생한 화재로 인하여 손해를 입은 주민의 국가배상청구를 부정한 사례가 있습니다(대법원 1997.7.25. 선고 94다2480 판결).

따라서 위 사안에 있어서도 사고당시 경찰관들이 합리적이고 상당하다고 인정되는 정도를 넘어 지나치게 과도한 방법으로 시위진압을 한 경우가 아니라면 甲이 국가배상을 청구하기는 어려울 것으로 보입니다.

■ 경찰이 추적하는 도주차량에 치어 중상을 입은 경우 국가배상을 청구할 수 있나요?

Q. 음주운전으로 적발되는 것을 피하기 위하여 도주하는 甲의 차량을 경찰관 乙이 순찰차로 추적하는 과정에서 甲의 차량에 丙이 치어 중상을 입었으나, 甲의 차량은 무보험차량이었을 뿐만 아니라 甲에게는 재산도 전혀 없습니다. 그런데 경찰관 乙은 甲이 음주운전 하는 것을 알 수 있었을 것이고 그러한 甲의 차량을 추적함으로 인하여 교통사고가 발생될 가능성이 농후함에도 계속 추적함으로 인하여 丙이 甲의 차량에 사고를 당하게 되었는바, 경찰관 乙의 과실을 이유로 국가배상청구를 할 수는 없는지요?

A. 국가배상법 제2조 제1항 본문에서 국가나 지방자치단체는 공무원 또는 공무를 위탁받은 사인이 직무를 집행하면서 고의 또는 과실로 법령을 위반하여 타인에게 손해를 입히거나, 「자동차손해배상 보장법」에 따라 손해배상의 책임이 있을 때에는 이 법에 따라 그 손해를 배상하여야 한다고 규정하고 있습니다.

따라서 위 사안에서도 乙의 위와 같은 음주운전자의 추적행위가 법령에 위반되어야 국가배상청구가 가능할 것인데, 이에 관한 판례를 보면, 국가배상책임은 공무원의 직무집행이 법령에 위반한 것임을 요건으로 하는 것으로서, 공무원의 직무집행이 법령이 정한 요건과 절차에 따라 이루어진 것이라면 특별한 사정이 없는 한 이는 법령에 적합한 것이고, 그 과정에서 개인의 권리가 침해되는 일이 생긴다고 하여 그 법령 적합성이 곧바로 부정되는 것은 아니며, 경찰관은 수상한 거동 기타 주위의 사정을 합리적으로 판단하여 어떠한 죄를 범하였거나 범하려 하고 있다고 의심할만한 상당한 이유가 있는 자 또는 이미 행하여진 범죄나 행하여지려고 하는 범죄행위에 관하여 그 사실을 안다고 인정되는 자를 정지시켜 질문할 수 있고, 또 범죄를 실행 중이거나 실행직후인 자는 현행범인으로, 누구임을 물음에 대하여 도망하려 하는 자는 준 현행범인으로 각 체포할 수 있으며, 이러한 정지조치나 질문 또는 체포직무의 수행을 위하여 필요한 경우에는 대상자를 추적할 수도 있으므로, 경찰관이 교통법규 등을 위반하고 도주하는 차량을 순찰차로 추적하는 직무를 집행하는 중에 그 도주차량의 주행에 의하여 제3자가 손해를 입었더라도 그 추적이 당해 직무목적을 수행하는 데에 불필요하다거나 또는 도주차량의 도주의 태양 및 도로교통 상황 등으로부터 예측되는 피해발생의 구체적 위험성의 유무 및 내용에 비추어 추적의 개시·계속 혹은 추적방법이 상당하지 않다는 등의 특별한 사정이 없는 한 그 추적행위를 위법하다고 할 수는 없다고 하였습니다(대법원 2000.11.10. 선고 2000다26807 등 판결).

따라서 위 사안에서도 단순히 甲의 차량의 차량번호를 어렵지 않게 식별할 수 있었다거나, 무선으로 수배하여 다른 순찰차의 도움을 받을 수 있었더라도 그러한 사정만으로는 도주하는 차량에 대하여 궁극적으로 추적이 필요하다는 사정을 부정할 절대적 사유는 되지 못한다고 할 것이고, 乙의 추적이 당해 직무목적을 수행하는 데에 불필요하다거나 또는 도주차량의 도주의 태양 및 도로교통 상황 등으로부터 예측되는 피해발생의 구체적 위험성의 유무 및 내용에 비추어 추적의 개시·계속 혹은 추적의 방법이 상당하지 않았을 경우에만 위 추적행위를 위법하다고 하여 국가배상청구가 가능할 것으로 보입니다.

■ 불구속 기소된 피고인이 무죄판결을 받은 경우 국가에 손해배상을 청구할 수 있는지요?

Q. 저는 절도죄로 불구속·기소되었으나, 재판결과 범죄사실의 존재를 증명함에 충분한 증거가 없다는 이유로 무죄판결을 받아 확정되었습니다. 저는 수사 단계에서부터 계속 결백함을 주장하였으나 수사기관은 이를 묵살하고 불구속·기소하였으므로「형사보상법」에 의한 보상을 받을 수도 없는바, 이러한 경우 수사기관의 불법행위를 이유로 국가에 손해배상을 청구할 수 있는지요?

A. 국가배상법」 제2조 제1항 본문에서 국가나 지방자치단체는 공무원 또는 공무를 위탁받은 사인이 직무를 집행하면서 고의 또는 과실로 법령을 위반하여 타인에게 손해를 입히거나, 「자동차손해배상 보장법」에 따라 손해배상의 책임이 있을 때에는 이 법에 따라 그 손해를 배상하여야 한다고 규정하고 있습니다.

그런데 검사 등의 수사기관이 피의자를 수사하여 공소를 제기하였으나 법원에서 무죄판결이 확정된 경우, 수사기관에게 불법행위책임이 인정되기 위한 요건에 관한 판례를 보면, 사법경찰관이나 검사는 수사기관으로서 피의사건을 조사하여 진상을 명백히 하고, 수집·조사된 증거를 종합하여 피의자가 유죄판결을 받을 가능성이 있는 정도의 혐의를 가지게 된 데에 합리적인 이유가 있다고 판단될 때에는 소정의 절차에 의하여 기소의견으로 검찰청에 송치하거나 법원에 공소를 제기할 수 있으므로, 객관적으로 보아 사법경찰관이나 검사가 당해 피의자에 대하여 유죄판결을 받을 가능성이 있다는 혐의를 가지게 된 데에 상당한 이유가 있는 때에는 후일 재판과정을 통하여 그 범죄사실의 존재를 증명함에 충분한 증거가 없다는 이유로 그에 관하여 무죄판결이 확정되더라도, 수사기관의 판단이 경험칙이나 논리칙에 비추어 도저히 그 합리성을 긍정할 수 없는 정도에 이른 경우에만 귀책사유가 있다고 할 것이라고 하였으며, 형사재판에서의 무죄판결의 의미에 관해서는, 형사재판에서의 무죄판결은 공소사실에 대하여 증거능력 있는 엄격한 증거에 의하여 법관으로 하여금 합리적인 의심을 배제할 정도의 확신을 가지게 하는 입증이 없다는 의미일 뿐 공소사실의 부존재가 증명되었다는 의미는 아니라고 하였습니다(대법원 2005.12.23. 선고 2004다46366 판결).

따라서 귀하도 단순히 불구속·기소되었다가 무죄판결을 받았다는 것만으로 수사기관의 불법행위를 이유로 국가에 대하여 손해배상을 청구함은 어려울 것으로 보입니다.

■ 교통할아버지의 수신호 잘못으로 교통사고 발생한 경우 국가에 배상청구가 가능한지요?

Q. 甲지방자치단체는 교통할아버지 봉사활동계획을 수립한 후 봉사원을 선정하여 그들에게 활동시간과 장소까지 지정해주면서 그 활동시간에 비례한 수당을 지급하고, 그 활동에 필요한 모자, 완장 등 물품을 공급함으로써, 甲지방자치단체의 복지행정업무에 해당하는 어린이보호, 교통안내, 거리질서확립 등의 공무를 위탁하였는데, 그 봉사원 乙은 지정된 시간 중에 위탁받은 업무범위를 넘어 교차로 중앙에서 교통정리를 하다가 수신호의 잘못으로 인하여 교통사고가 발생되었습니다. 이 경우 乙의 과실로 인한 손해배상을 甲지방자치단체가 하여야 하는지요?

A. 국가배상법 제2조 제1항 본문에서 국가나 지방자치단체는 공무원 또는 공무를 위탁받은 사인이 직무를 집행하면서 고의 또는 과실로 법령을 위반하여 타인에게 손해를 입히거나, 「자동차손해배상 보장법」에 따라 손해배상의 책임이 있을 때에는 이 법에 따라 그 손해를 배상하여야 한다고 규정하고 있습니다.

그런데 공무원의 의미와 관련하여 판례를 보면, 「국가배상법」 제2조에서 정한 '공무원'이란 「국가공무원법」이나 「지방공무원법」에 의하여 공무원으로서의 신분을 가진 자에 국한하지 않고, 널리 공무를 위탁받아 실질적으로 공무에 종사하고 있는 일체의 자를 가리키는 것으로서, 공무의 위탁이 일시적이고 한정적인 사항에 관한 활동을 위한 것이어도 달리 볼 것은 아니라고 하였습니다(대법원 2001.1.5. 선고 98다39060 판결).

그리고 국가배상청구의 요건인 '공무원의 직무'의 범위에 관하여 판례를 보면, 국가배상청구의 요건인 '공무원의 직무'에는 권력적 작용만이 아니라 비권력적 작용도 포함되며, 단지 행정주체가 사경제주체로서 하는 활동만 제외된다고 하였고(대법원 2004.4.9. 선고 2002다10691 판결), 「국가배상법」 제2조 제1항에서 정한 '직무를 집행하면서'의 의미에 관해서는, 구「국가배상법」(2008. 3. 14. 법률 제8897호로 개정되기 전의 것) 제2조 제1항의 '직무를 집행함에 당하여'라 함은 직접 공무원의 직무집행행위이거나 그와 밀접한 관련이 있는 행위를 말하고, 이를 판단함에 있어서는 행위자체의 외관을 관찰하여 객관적으로 공무원의 직무행위로 보일 때에는 비록 그것이 실질적으로 직무행위가 아니거나 또는 행위자로서는 주관적으로 공무집행의 의사가 없었다고 하더라도 공무원이 '직무를 집행함에 당하여' 한 행위로 보아야 한다고 하였습니다(대법원 2008.6.12. 선고 2007다64365 판결).

그런데 위 사안과 유사한 사례에 대한 판례를 보면, 지방자치단체가 '교통할아버지 봉사활동계획'을 수립한 후 관할동장으로 하여금 교통할아버지를 선정하게 하여 어린이보호, 교통안내, 거리 질서 확립 등의 공무를 위탁하여 집행하게 하던 중 '교통할아버지'로 선정된 노인이 위탁받은 업무범위를 넘어 교차로 중앙에서 교통정리를 하다가 교통사고를 발생시킨 경우, 지방자치단체가 「국가배상법」 제2조에서 정한 배상책임을 부담한다고 한 사례가 있습니다(대법원 2001.1.5. 선고 98다39060 판결). 따라서 위 사안에 있어서도 甲지방자치단체는 위 사고에 대하여 배상책임을 부담하여야 할 듯합니다.

■ 경매절차상 배당표가 잘못 작성되어 손해를 본 경우 국가배상청구가 가능한지요?

Q. 甲은 부동산의 담보권실행을 위한 경매절차에서 적법한 배당요구를 하였으나, 배당표 원안이 잘못 작성되어 甲의 배당금액이 실제 배당받을 수 있는 금액보다 적게 되었습니다. 그런데 甲은 배당표 원안을 열람하거나 배당기일에 출석하여 이의를 진술하는 등 불복절차를 취하지 아니함으로써 실체적 권리관계와 다른 위 배당표가 그대로 확정되었습니다. 이러한 경우 甲이 담당 법관의 과실을 이유로 국가배상청구가 가능한지요?

A. 국가배상법 제2조 제1항 본문에서 국가나 지방자치단체는 공무원 또는 공무를 위탁받은 사인이 직무를 집행하면서 고의 또는 과실로 법령을 위반하여 타인에게 손해를 입히거나, 「자동차손해배상 보장법」에 따라 손해배상의 책임이 있을 때에는 이 법에 따라 그 손해를 배상하여야 한다고 규정하고 있습니다.

그런데 법관의 재판에 대한 국가배상책임이 인정되기 위한 요건에 관하여 판례를 보면, 법관이 행하는 재판사무의 특수성과 그 재판과정의 잘못에 대하여는 따로 불복절차에 의하여 시정될 수 있는 제도적 장치가 마련되어 있는 점 등에 비추어 보면, 법관의 재판에 법령의 규정을 따르지 아니한 잘못이 있더라도 이로써 바로 그 재판상 직무행위가 「국가배상법」 제2조 제1항에서 말하는 위법한 행위로 되어 국가의 손해배상책임이 발생하는 것은 아니고, 그 국가배상책임이 인정되려면 당해 법관이 위법 또는 부당한 목적을 가지고 재판을 하는 등 법관이 그에게 부여된 권한의 취지에 명백히 어긋나게 이를 행사하였다고 인정할 만한 특별한 사정이 있어야 하고, 임의경매절차에서 경매담당법관의 오인에 의해 배당표원안이 잘못 작성되고 그에 대해 불복절차가 제기되지 않아 실체적 권리관계와 다른 배당표가 확정된 경우, 경매담당법관이 위법·부당한 목적을 가지고 있었다거나 법이 법관의 직무수행상 준수할 것을 요구하고 있는 기준을 현저히 위반하였다는 등의 자료를 찾아볼 수 없어 「국가배상법상」의 위법한 행위가 아니라고 하였습니다(대법원 2001.4.24. 선고 2000다16114 판결, 2003.7.11. 선고 99다24218 판결).

또한, 압수수색할 물건의 기재가 누락된 압수수색영장을 발부한 법관이 위법·부당한 목적을 가지고 있었다거나 법이 직무수행상 준수할 것을 요구하고 있는 기준을 현저히 위반하였다는 등의 자료를 찾아볼 수 없다면 그와 같은 압수수색영장의 발부행위는 불법행위를 구성하지 않는다고 하였습니다(대법원 2001.10.12. 선고 2001다47290 판결).

따라서 위 사안에서 甲도 당해 법관이 위법 또는 부당한 목적을 가지고 재판을 하는 등 법관이 그에게 부여된 권한의 취지에 명백히 어긋나게 이를 행사하였다고 인정할 만한 특별한 사정을 입증하지 못하는 한 국가배상을 청구하기는 어려울 것으로 보입니다.

■ 배우자의 순직 사실을 알리지 않은 경우 국가를 상대로 손해배상책임을 물을 수 있을까요?

Q. 乙은 1935. 7. 10.생으로 1954. 1. 14. 甲과 혼인하여 생활하던 중 1955. 10. 4. 군에 입대하였다가 1955. 11. 12.에 순직하였는데, 담당공무원이 병적기록표에 乙의 이름과 생년월일을 잘못 기재하여 놓는 바람에 甲은 乙의 순직사실을 모른 채 1959. 2. 25. 乙과 혼인신고를 하였고, 乙이 입대한 후 소식이 끊기자 육군본부에 행방을 질의하였다가 1955. 10. 4.자 입대자 중에 乙이라는 이름을 가진 사람이 없다는 회신을 받았습니다. 이후 1997. 7.경 육군본부 전사망심의위원회는 乙의 사망을 순직으로 변경하였음에도 불구하고 甲에게 아무런 통보도 하지 않았습니다. 甲은 이러한 사실을 모른 채 2012. 1. 20.경 국방부장관에게 망인의 순직 여부를 확인하여 달라는 민원을 제기하였고, 2012. 1. 13.이 되어서야 육군참모총장으로부터 乙이 순직하였다는 회신을 받았습니다. 이 경우 甲은 국가를 상대로 손해배상책임을 물을 수 있을까요?

A. 헌법 제10조 후단에서 정하는 국가의 기본권 보호의무, 헌법 제39조에서 정하는 병역의무 이행으로 인한 불이익한 처우의 금지규정에 비추어 볼 때, 국민이 병역의무를 이행하기 위하여 군대에 입대하였다가 군대 안에서 어떤 이유로든 사망하였다면 국가는 사망사실을 유족에게 통지할 의무가 있고, 사망자의 유족이 그 사망확인을 신청한 경우 최선의 노력을 다하여 사망사실을 확인하여야 할 의무가 있습니다(전공사상자처리훈령 제7조, 제8조 등 참조).

또한, 국가유공자 예우 및 지원에 관한 법률 시행령 제9조 제2항 및 제5항 등에 의하면, 국방부장관 내지 육군참모총장은 군복무 중 사망한 자에 대한 사망구분이 순직으로 변경되어 유족이 국가유공자 유족으로 등록할 자격을 갖추게 되는 경우, 그 사실을 유족에게 통지할 의무가 있습니다. 乙의 유족인 甲은 乙의 사망사실 및 1997. 7.경 사망구분이 순직으로 변경되었다는 사실을 통지받았다면, 적어도 1997. 7.경부터는 국가유공자법의 규정에 따른 유족연금 등을 지급받았을 것인데, 담당공무원은 망인의 병적을 잘못 기재하여 甲에게 그 사망사실을 제대로 통지하지 못하고, 그 이후에도 乙의 사망 내지 순직사실이나 동일성에 대한 확인절차를 제대로 이행하지 아니하여 甲으로 하여금 유족보상금 등을 받지 못하는 재산상 손해를 입게 하고, 甲으로 하여금 남편인 乙의 사망일, 사망원인 및 사망경위까지 알지 못하게 하는 정신적 고통을 가하였으므로, 대한민국은 불법행위에 따른 손해배상책임을 부담한다고 볼 것입니다(서울중앙지방법원 2014.2 7. 선고 2013가합535214 판결).

■ 담당공무원 등이 잘못 산정한 개별공시지가를 믿고 근저당권설정등기를 경료하여 물품을 공급한 경우 지방자치단체에 대한 손해배상을 청구할 수 있을까요?

Q. 甲이 개별공시지가 산정업무 담당공무원 등이 잘못 산정·공시한 개별공시지가를 신뢰한 나머지 토지의 담보가치가 충분하다고 믿고 그 토지에 관하여 근저당권설정등기를 경료한 후 물품을 추가로 공급함으로써 손해를 입었음을 이유로 그 담당공무원이 속한 지방자치단체에 손해배상을 구한 경우, 지방자치단체의 손해배상책임이 인정될 수 있을까요?

A. 개별공시지가는 개발부담금의 부과, 토지관련 조세부과 등 다른 법령이 정하는 목적을 위해 지가를 산정하는 경우에 그 산정 기준이 되는 관계로 납세자인 국민 등의 재산상 권리·의무에 직접적인 영향을 미치게 되므로, 개별공시지가 산정업무를 담당하는 공무원으로서는 당해 토지의 실제 이용상황 등 토지특성을 정확하게 조사하고 당해 토지와 토지이용상황이 유사한 비교표준지를 선정하여 그 특성을 비교하는 등 법령 및 '개별공시지가의 조사·산정 지침'에서 정한 기준과 방법에 의하여 개별공시지가를 산정하고, 산정지가의 검증을 의뢰받은 감정평가업자나 시·군·구 부동산평가위원회로서는 위 산정지가 또는 검증지가가 위와 같은 기준과 방법에 의하여 제대로 산정된 것인지 여부를 검증, 심의함으로써 적정한 개별공시지가가 결정·공시되도록 조치할 직무상의 의무가 있고, 이러한 직무상 의무는 단순히 공공 일반의 이익을 위한 것이거나 행정기관 내부의 질서를 규율하기 위한 것이 아니고 전적으로 또는 부수적으로 국민 개개인의 재산권 보장을 목적으로 하여 규정된 것이라고 봄이 상당하므로, 개별공시지가 산정업무 담당공무원 등이 그 직무상 의무에 위반하여 현저하게 불합리한 개별공시지가가 결정되도록 함으로써 국민 개개인의 재산권을 침해한 경우에는 그 손해에 대하여 상당인과관계 있는 범위 내에서 그 담당공무원 등이 소속된 지방자치단체가 배상책임을 지게 됩니다.

그러나 개별공시지가는 그 산정 목적인 개발부담금의 부과, 토지 관련 조세 부과 등 다른 법령이 정하는 목적을 위해 지가를 산정하는 경우에 그 산정 기준이 되는 범위 내에서는 납세자인 국민 등의 재산상 권리·의무에 직접적인 영향을 미칠 수 있지만, 이에 더 나아가 개별공시지가가 당해 토지의 거래 또는 담보제공을 받음에 있어 그 실제 거래가액 또는 담보가치를 보장한다거나 어떠한 구속력을 미친다고 할 수는 없습니다(대법원 2010.7.22. 선고 2010다13527 판결).

따라서 이 사건의 경우 담당공무원 등의 개별공시지가 산정에 관한 직무상 위반행위와 甲의 손해 사이에 상당인과관계가 있다고 보기 어려우므로, 지방자치단체에게 손해배상책임을 인정하기는 어려울 것으로 보입니다.

■ 영조물의 설치 또는 관리상의 하자가 공동원인의 하나가 되어 다른 자연적 사실이나 제3자의 행위와 경합하여 손해가 발생한 경우, 그 손해를 영조물의 설치 또는 관리상의 하자에 의한 것으로 볼 수 있는지요?

Q. 甲은 승용차를 운전하여 도로의 결빙된 부분을 지나가다가 미끄러져서 반대방향에서 마주오던 차량의 전면부를 충격하는 사고를 발생시켰습니다. 사고 지점은 원인불명의 누수로 인한 상습 결빙구역으로서 도로의 관리자인 국가가 도로에 누수된 물이 흘러들어오고 있음을 확인하였음에도 별도의 배수시설 등을 정비하지 아니하였던 경우 국가는 위 사고로 인하여 甲이 입은 손해를 배상할 책임이 있나요?

A. '영조물의 설치 또는 관리상의 하자로 인한 사고'란 영조물의 설치 또는 관리상 하자만이 손해발생의 원인이 되는 경우만을 말하는 것이 아니고, 다른 자연적 사실이나 제3자의 행위 또는 피해자의 행위와 경합하여 손해가 발생하더라도 영조물의 설치 또는 관리상 하자가 공동원인의 하나가 되는 이상 그 손해는 영조물의 설치 또는 관리상 하자에 의하여 발생한 것이라고 해석할 수 있을 것입니다.

만약 甲의 사고 지점이 그곳을 통행하는 차량의 도로 결빙으로 인한 사고가 충분히 예상되는 곳이고, 사고 지점을 운행하는 운전자로서는 결빙 여부를 쉽게 예측하기 어려운 반면, 국가는 겨울철에 기온이 내려가면 사고 지점을 포함한 위 도로가 결빙될 수 있음을 충분히 예상할 수 있었다면, 도로관리자인 국가는 도로교통의 안전상 위 도로에 배수시설을 설치하고 도로의 결빙 여부를 수시로 점검하여 도로결빙시 제설제를 살포하는 등의 충분한 방호조치를 취하여야 할 주의의무가 있음에도 모래주머니 설치 등 임시적인 조치만을 취함으로써 당시 사고 지점에 결빙구역이 형성된 이상 공작물인 도로는 통상 갖추어야 할 안전성이 결여되었다고 볼 가능성이 있고, 국가는 도로의 설치 또는 관리상 하자로 인하여 발생한 사고로 甲이 입은 손해를 배상할 책임이 있다고 볼 수 있을 것이라 사료됩니다(청주지방법원 2011.12.7. 선고 2011가합3661 판결 참조).

■ 국가시험 출제위원의 출제 및 정답결정의 오류로 인하여 수험생에 대한 불합격처분이 취소된 경우, 국가배상책임이 인정될 수 있을까요?

Q. 국가시험 제1차 시험 출제위원의 출제 및 정답결정의 오류로 인하여 수험생에 대한 불합격처분이 취소된 경우, 국가배상책임이 인정될 수 있을까요?

A. 법령에 의하여 국가가 그 시행 및 관리를 담당하는 시험에 있어 시험문항의 출제 및 정답결정에 오류가 있어 이로 인하여 합격자 결정이 위법하게 되었다는 것을 이유로 공무원 내지 시험출제에 관여한 시험위원의 고의·과실로 인한 국가배상책임이 인정되기 위하여는, 해당 시험의 실시목적이 시험에 응시한 개인에게 특정한 자격을 부여하는 개인적 이해관계 이외에 일정한 수준의 적정 자격을 갖춘 자에게만 특정 자격을 부여하는 사회적 제도로서 그 시험의 실시에 일반 국민의 이해관계와도 관련되는 공익적 배려가 있는지 여부, 그와 같은 시험이 시험시행 당시의 법령이 정한 요건과 절차에 따라 국가기관 내지 소속 공무원이 구체적 시험문제의 출제, 정답 결정, 합격 여부의 결정을 위하여 해당 시험과목별로 외부의 전문 시험위원을 적정하게 위촉하였는지 여부, 위촉된 시험위원들이 문제를 출제함에 있어 최대한 주관적 판단의 여지를 배제하고 객관적 입장에서 해당 과목의 시험을 출제하였는지 및 같은 과목의 시험위원들 사이에 출제된 문제와 정답의 결정과정에 다른 의견은 없었는지 여부, 제1차 시험의 오류를 주장하는 응시자 본인에게 사후에 국가가 제1차 시험의 합격을 전제로 제2차 시험의 응시자격을 부여하였는지 여부 등 제반 사정을 종합적으로 고려하여 시험관련 공무원 혹은 시험위원이 객관적 주의의무를 결하여 그 시험의 출제와 정답 및 합격자 결정 등의 행정처분이 객관적 정당성을 상실하고, 이로 인하여 손해의 전보책임을 국가에게 부담시켜야 할 실질적인 이유가 있다고 판단되어야 합니다. 국가시험 1차 시험 출제위원의 출제 및 정답결정의 오류로 인하여 수험생에 대한 불합격처분이 취소된 경우, 국가배상책임을 인정할 수 있을 만큼 시험관련 공무원이나 시험위원들에게 그 직무를 집행함에 있어 객관적 주의의무를 결한 고의·과실이 있다고 볼 수 없다는 판례가 존재하니 참조하시기 바랍니다(대법원 2003.12.11. 선고 2001나65236 판결 참조).

■ 검사가 법원의 결정에 반하여 수사서류의 열람·등사를 거부한 경우 국가에 대하여 손해배상책임을 물을 수 있을까요?

Q. 甲이 乙지방검찰청 검사에게 수사서류의 열람·등사를 신청하였으나 거부당하자 법원에 형사소송법 제266조의4 제1항에 따라 수사서류의 열람·등사를 허용하도록 해줄 것을 신청하였고, 이에 대하여 법원은 신청이 이유 있다고 인정하여 서류에 대한 열람·등사를 허용할 것을 명하는 결정을 하였는데도 검사가 법원의 결정에 반하여 약 9개월 동안 일부 서류의 열람·등사를 거부한 경우, 甲은 국가에 대하여 손해배상책임을 물을 수 있을까요?

A. 검사는 공익의 대표자로서 실체적 진실에 입각한 국가 형벌권의 실현을 위하여 공소제기와 유지를 할 의무뿐만 아니라 그 과정에서 피고인의 정당한 이익을 옹호하여야 할 의무가 있습니다. 그리고 법원이 형사소송절차에서의 피고인의 권리를 실질적으로 보장하기 위하여 마련되어 있는 형사소송법 등 관련 법령에 근거하여 검사에게 어떠한 조치를 이행할 것을 명하였고, 관련 법령의 해석상 그러한 법원의 결정에 따르는 것이 당연하고 그와 달리 해석될 여지가 없는 경우라면, 법에 기속되는 검사로서는 법원의 결정에 따라야 할 직무상 의무도 있다고 할 것입니다. 그런데도 그와 같은 상황에서 검사가 관련 법령의 해석에 관하여 대법원 판례 등의 선례가 없다는 이유 등으로 법원의 결정에 어긋나는 행위를 하였다면 특별한 사정이 없는 한 당해 검사에게 그 직무상 의무를 위반한 과실이 있다고 보아야 합니다.

한편 형사소송법 제266조의4 제5항은 검사가 수사서류의 열람·등사에 관한 법원의 허용결정을 지체없이 이행하지 아니하는 때에는 해당 증인 및 서류 등에 대한 증거신청을 할 수 없도록 규정하고 있는데, 이는 검사가 그와 같은 불이익을 감수하기만 하면 법원의 열람·등사 결정을 따르지 않을 수도 있다는 의미가 아니라, 피고인의 열람·등사권을 보장하기 위하여 검사로 하여금 법원의 열람·등사에 관한 결정을 신속히 이행하도록 강제하는 한편 이를 이행하지 아니하는 경우에는 증거신청상의 불이익도 감수하여야 한다는 의미로 해석하여야 할 것입니다.

따라서 이 사건 검사의 열람·등사 거부 행위 당시 학설상 법원의 열람·등사 허용 결정이 있는데도 검사가 형사소송법 제266조의4 제5항의 불이익을 감수하기만 하면 법원의 열람·등사결정을 따르지 않을 수도 있다는 해석론이 있었던 것이 아니고, 그러한 검찰의 실무 관행이 있었다고 볼 만한 자료도 없으므로, 법원의 열람·등사 허용 결정이 있으면 검사는 허용 결정에 따라 일단 증거를 개시하여야 한다는 점에 있어서는 당시 대법원 판례 등 선례가 없었다 하더라도 의문이 있을 수 없는 것이어서, 법원이 검사의 열람·등사 거부처분에 정당한 사유가 없다고 판단하여 수사서류의 열람·등사를 허용하도록 명한 이상, 법에 기속되는 검사로서는 당연히 법원의 그러한 결정에 지체없이 따랐어야 함에도 불구하고 이 사건 검사는 약 9개월 동안 법원의 결정에 반하여 이사건 수사서류의 열람·등사를 거부하였던 것입니다.

그러므로 이 사건 열람·등사 거부 행위 당시 검사에게 국가배상법 제2조 제1항에서 규정하는 과실이 있었다고 인정되며, 이러한 위법한 열람·등사 거부 행위로 인하여 甲이 약 9개월이나 되는 매우 오랜 기간 동안 재판에 필요한 증거 등을 검토하는데 곤란을 겪었다고 할 것이고, 이로써 甲의 열람·등사권, 신속·공정한 재판을 받을 권리가 침해되었다고 할 것이며, 그 결과 甲이 상당한 정신적 고통을 받았을 것임은 경험칙상 명백하므로, 甲은 국가에 대하여 손해배상책임을 물을 수 있습니다(대법원 2012.11.15. 선고 2011다48452 판결).

■ 도로를 달리던 차가 노상의 맨홀 뚜껑으로 인하여 사고를 입은 경우 사고 운전자가 도로의 관리자인 지방자치단체에 대해 손해배상을 청구할 수 있는지요?

Q. 甲은 자신의 소유 차량을 운전하여 지방도를 운행하던 중에 전방 앞에 파손된 맨홀 뚜껑이 있음에도 이를 제때 발견하지 못하고 그대로 진행하다가 도로를 이탈하여 도로 인근 밭으로 추락하는 사고를 당하여 다치게 되었습니다. 그런데, 위 파손된 맨홀 뚜껑은 사고시각 몇시간 전에 파손된 것이 발견되어 해당 도로를 관리하는 乙시의 담당 공무원은 위와같은 내용의 신고를 받았으나, 위 맨홀을 곧바로 보수할 수 없어 사고지점 전방 지점에 '위험'표지판과 맨홀 앞 부근에 위험표시 등 임시조치만 취한 상태였으나, 그 사이 부근을 지나던 甲이 위 위험표지판을 제대로 발견하지 못하고 그대로 진행하다 사고가 난 것입니다. 이러한 경우 甲은 乙시의 도로관리 소홀을 이유로 하여 손해배상을 청구할 수 있는지요?

A. 판례는 "국가배상법 제5조 제1항에 규정된 '영조물 설치·관리상의 하자'는 공공의 목적에 공여된 영조물이 그 용도에 따라 통상 갖추어야 할 안전성을 갖추지 못한 상태에 있음을 말한다. 그리고 위와 같은 안전성의 구비 여부는 영조물의 설치자 또는 관리자가 그 영조물의 위험성에 비례하여 사회통념상 일반적으로 요구되는 정도의 방호조치의무를 다하였는지를 기준으로 판단하여야 하고, 아울러 그 설치자 또는 관리자의 재정적·인적·물적 제약 등도 고려하여야 한다. 따라서 영조물인 도로의 경우도 그 설치 및 관리에 있어 완전무결한 상태를 유지할 정도의 고도의 안전성을 갖추지 아니하였다고 하여 하자가 있다고 단정할 수는 없고, 그것을 이용하는 자의 상식적이고 질서 있는 이용 방법을 기대한 상대적인 안전성을 갖추는 것으로 족하며 (대법원 2013.10.24. 선고 2013다208074 판결 참조), 객관적으로 보아 시간적·장소적으로 영조물의 기능상 결함으로 인한 손해발생의 예견가능성과 회피가능성이 없는 경우, 즉 그 영조물의 결함이 영조물의 설치·관리자의 관리행위가 미칠 수 없는 상황 아래에 있는 경우임이 입증되는 경우라면 영조물의 설치·관리상의 하자를 인정할 수 없고(대법원 2000.2.25. 선고 99다54004 판결 , 대법원 2001.7.27. 선고 2000다56822 판결 등 참조), 도로의 설치·관리상의 하자는 결국 도로의 위치 등 장소적인 조건, 도로의 구조, 교통량, 결함의 위치, 형상 등을 종합적으로 고려하여 사회통념에 따라 구체적으로 판단하여야 한다."고 판시하고 있습니다.

그런데, 사안의 경우 비록 도로를 관리하는 관리청인 乙시로서는 도로상의 장해물을 제거하여 사고를 미연에 방지할 책임이 인정된다고는 하나, 乙시의 담당 공무원이 맨홀 뚜껑이 파손된 사실을 알게 된 시점과 사고 발생 시점이 매우 근접한 시점이고, 이를 원상태로 회복하기 위해서는 다소 시일이 소요될 수밖에 없는 사정이 있으

며, 乙시의 공무원이 곧바로 위험표시판 등 임시조치를 취하여 정상적으로 도로를
이용하는 통상의 운전자라면 그와 같은 임시조치만으로도 맨홀 뚜껑의 파손으로 인
한 사고를 충분하게 예상할 수 있었던 사정이 인정된다면, 맨홀 뚜껑의 파손 및 그
에 따른 乙시 공무원의 임시조치와 사고 사이에 상당인과관계가 있다고 보기 어렵
고, 객관적으로 보아 시간적·장소적으로 영조물의 기능상 결함으로 인한 손해발생의
예견가능성과 회피가능성이 없는 경우로서 乙시에 대하여 영조물의 설치·관리상의
하자를 인정할 수 없어 손해배상책임이 부정될 가능성이 높다 할 것입니다.

■ 우편집배원의 고의 또는 과실로 손해가 발생한 경우, 국가배상법에 의한 손해배상을 청구할 수 있는지요?

> *Q.* 우편집배원의 직무상 과실로 채권가압류결정이 부적법하게 송달되어 가압류의 효력이 발생하지 않음으로써 채권자가 채권의 만족을 얻지 못하는 손해를 입은 경우, 국가배상법에 의한 손해배상을 청구할 수 있을까요?
>
> *A.* 위 사례와 관련하여 다음 판례를 참조하시기 바랍니다.
> "우편법 제15조 제2항 및 우편법 시행규칙 제25조 제1항제6호 소정의 특별송달의 대상인 소송관계서류에 관해서는 우편집배원 이외에도 집행관(민사소송법 제176조 제1항), 법원경위(법원조직법 제64조 제3항), 법원사무관 등(민사소송법 제177조 제1항)도 송달을 실시할 수 있는데, 이러한 과정에서 관계자에게 손해가 발생한 경우, 특별히 국가배상책임을 제한하는 규정이 없으므로 그 손해가 송달을 실시한 공무원의 경과실에 의하여 생긴 것이라도 피해자는 국가에 대하여 국가배상법에 의한 손해배상을 청구할 수 있는바, 소송관계서류를 송달하는 우편집배원도 민사소송법 제176조 가 정한 송달기관으로서 위 집행관 등과 대등한 주의의무를 가진다고 보아야 하므로 그에 위반하는 경우 국가가 지는 손해배상책임도 달리 보기는 어렵다고 할 것이고, 따라서 특별송달 우편물에 관하여 우편집배원의 고의 또는 과실에 의하여 손해가 발생한 경우에는 우편물 취급에 관한 손해배상책임에 대하여 규정한 우편법 제38조 에도 불구하고 국가배상법에 의한 손해배상을 청구할 수 있다고 봄이 상당하다."(대법원 2008.2.28. 선고 2005다4734 판결 참조).

■ 군복무 중 사망한 자에 대한 사망구분의 변경사실을 유족에게 통지하지 아니한 경우, 국가는 유족에게 손해를 배상할 책임이 있나요?

Q. 군복무 중 사망한 자인 甲에 대한 사망구분이 변사에서 순직으로 변경되었음에도 국방부장관 또는 육군참모총장이 甲의 유족에게 사망구분의 변경사실을 통지하지 아니한 관계로 유족이 국가유공자 등 등록신청을 하지 못한 기간 동안 국가로부터 받을 수 있었던 보상금을 받지 못하였습니다. 국가는 유족의 위와 같은 손해를 배상할 책임이 있나요?

A. 구 국가유공자 예우 및 지원에 관한 법률 시행령(1997. 9. 30. 대통령령 제15486호로 개정되기 전의 것) 제9조 제2항 및 제5항 등에 의하면, 국방부장관 또는 육군참모총장은 군복무 중 사망한 자에 대한 사망구분이 변사에서 순직으로 변경되어 그의 유족이 국가유공자 유족으로 등록할 자격을 갖추게 되는 경우, 유족이 국가유공자의 유족으로서 공헌과 희생의 정도에 대응하는 실질적인 보상을 받을 수 있도록 그 사실을 유족에게 통지할 의무가 있다고 볼 수 있습니다.

따라서 피고 산하 국방부장관 또는 육군참모총장은 甲의 유족에게 사망구분의 변경사실을 통지하지 아니한 데 대하여 과실이 있다고 볼 수 있고, 그로 인하여 위와 같이 변경사실을 통지함에 소요되는 상당한 기간 이후부터 원고가 국가유공자 등 등록신청을 하지 못한 기간 동안 국가로부터 받을 수 있었던 보상금을 받지 못하는 손해를 입게 하였으므로, 손해를 배상할 책임이 있다고 사료됩니다(대구고등법원 2008.7.4. 선고 2007나11508 판결 참조).

■ 지방자치단체가 배상심의회의 결정없이 합의금을 지급할 수 있는지요?

Q. 지방자치단체가 배상심의회의 결정을 거치지 않고 「국가배상법」상 배상의무가 있는 피해에 대하여 피해자와의 합의에 따라 배상금을 지급할 수 있는지요?

A. 국가배상법 제2조 제1항 본문에서 국가나 지방자치단체는 공무원 또는 공무를 위탁받은 사인이 직무를 집행하면서 고의 또는 과실로 법령을 위반하여 타인에게 손해를 입히거나, 「자동차손해배상 보장법」에 따라 손해배상의 책임이 있을 때에는 이 법에 따라 그 손해를 배상하여야 한다고 규정하고 있고, 같은 법 제5조 제1항 전문에서 도로·하천, 그 밖의 공공의 영조물의 설치나 관리에 하자가 있기 때문에 타인에게 손해를 발생하게 하였을 때에는 국가나 지방자치단체는 그 손해를 배상하여야 한다고 규정하고 있습니다. 또한, 같은 법 제12조 제1항에서는 배상금을 지급받으려는 자는 그 주소지·소재지 또는 배상원인발생지를 관할하는 지구심의회에 배상신청을 하여야 한다고 규정하고, 같은 법 제9조에서는 이 법에 따른 손해배상의 소송은 배상심의회에 배상신청을 하지 아니하고도 제기할 수 있다고 규정하고 있습니다.

그런데 국가 또는 지방자치단체가 소송 중에 상대방과 재판상 화해를 하는 것이 허용되고, 「국가배상법」의 배상심의절차 자체가 당사자 사이의 적정한 배상금지급을 위한 제도임에 비추어, 그 배상심의절차가 당사자 사이의 합의에 의한 배상금지급을 금지하는 것은 아니라고 할 것입니다(법무부 법령해석질의응답 제17집, 법심61010-706, 1994.11.22.). 참고로 「국가배상법」은 외국인이 피해자인 경우에는 해당 국가와 상호보증이 있을 때에만 적용하게 됩니다(같은 법 제7조).

■ 지방자치단체에서 설치한 배수시설의 설치, 관리상 하자로 침수피해를 입은 경우 손해
  배상을 받을 수 있는지요?

Q. 甲 구청은 상습적인 침수피해가 발생하던 마을 일대의 침수피해를 줄이고자 침수피
   해예방대책을 수립하고 해당 마을 인근 하천에 배수펌프 시설을 설치하였습니다. 그
   런데, 배수펌프의 구조적인 하자와 관련 공무원들의 관리소홀로 인하여 집중 호우가
   내리는데도 위 배수펌프 시설을 제때 가동하지 못하게 되어 결국 하천이 범람하여
   인근 마을에서 농작물을 재배하는 농민이 침수피해를 당한 경우 피해를 당한 농민은
   甲 구청에 대하여 손해배상을 청구할 수 있는지요?

A. 국가배상법 제5조 제1항 소정의 '영조물의 설치 또는 관리의 하자'라 함은 영조물이
   그 용도에 따라 통상 갖추어야 할 안전성을 갖추지 못한 상태에 있음을 말하는 것
   으로서, 판례는 '영조물이 완전무결한 상태에 있지 아니하고 그 기능상 어떤 결함이
   있다는 것만으로 영조물의 설치 또는 관리에 하자가 있다고 할 수 없고, 당해 영조
   물의 용도, 그 설치장소의 현황 및 이용 상황 등 제반 사정을 종합적으로 고려하여
   설치·관리주체가 그 영조물의 위험성에 비례하여 사회 통념상 일반적으로 요구되는
   정도의 방호조치의무를 다하였는지를 기준으로 판단하여야 한다(대법원 2008.9.25.
   선고 2007다88903 판결 등 참조).'고 판시하고 있습니다.
   그런데, 사안의 경우 甲 구청이 상습적인 침수피해가 발생하는 마을에 침수피해를
   예방하기 위해 배수펌프 시설을 설치하였으나, 위 배수펌프 시설이 그 용도에 따라
   통상 갖추어야 할 안전성을 갖추지 못한 구조적인 결함이 인정되고, 또한 해당 배수
   펌프 시설을 관리해야 할 관련 공무원들의 관리상 소홀로 인하여 사회 통념상 일반
   적으로 요구되는 정도의 방호조치를 다하지 못함으로써 배수펌프 시설을 그 용도에
   따라 통상 갖추어야 할 안전성을 갖추지 못한 상태로 방치함으로 인해 결과적으로
   집중호우 당시 배수펌프를 제대로 작동하지 못하여 인근 마을의 농민이 경작지에 침
   수피해를 받게 된 사실이 입증되었다면, 비록 집중호우가 있었다고 하나 그로 인한
   침수피해가 집중호우라는 불가항력적인 전재지변에 의해 발생된 것일 뿐 배수펌프
   시설이 설치되지 않았더라도 침수피해가 발생하였을 것이라는 사실을 甲구청에서 입
   증하지 않는 한, 위 침수피해는 배수펌프 시설의 설치, 관리상의 하자로 인하여 발
   생되었다고 볼 것인바, 침수피해에 대한 甲구청의 손해배상책임이 인정될 것입니다.

■ 하수도 맨홀뚜껑이 없는 곳에서 추락한 경우 누구에게서 어떤 배상을 받아야 하는지요?

Q. 저의 남편은 밤늦게 귀가하던 중 하수도 맨홀뚜껑이 없어진 곳에서 실족하여 왼쪽 다리가 부러지는 중상을 입고 병원에 입원하여 치료를 받고 있습니다. 남편의 말에 의하면 그 당시 주위에는 아무런 야간조명시설도 없었고 경고표지 등도 없었다고 말합니다. 뜻하지 않은 사고로 남편은 직장에도 나가지 못하고 있으며, 가족들은 걱정이 태산 같습니다. 저의 남편은 누구에게서 어떤 배상을 받아야 하는지요?

A. 국가배상법 제5조 제1항 전문에서 도로·하천, 그 밖의 공공의 영조물의 설치나 관리에 하자가 있기 때문에 타인에게 손해를 발생하게 하였을 때에는 국가나 지방자치단체는 그 손해를 배상하여야 한다고 규정하고 있습니다. 그리고 국가 또는 지방자치단체에게 배상책임이 인정되기 위해서는 ①공공시설에 의한 손해이고, ②그 공공시설의 설치 또는 관리에 하자가 있었으며, ③그 공공시설의 하자로 인하여 손해가 발생한 경우이어야 합니다. 여기에서 '공공시설'이란 국가 또는 공공단체에 의하여 공공의 목적에 공용되는 유체물, 즉 공물을 말하는데 도로에 설치된 맨홀도 공공시설에 해당됩니다.
한편, 영조물의 설치 또는 관리상의 하자의 유무는 객관적으로 판단되는 것이며(대법원 1967.2.21. 선고 66다1723 판결), 영조물의 설치·보존의 하자란 영조물이 그 용도에 따라 통상 갖추어야 할 안전성을 갖추지 못한 상태에 있음을 말하는 것이고, 영조물의 설치 및 보존에 있어서 항상 완전무결한 상태를 유지할 정도의 고도의 안전성을 갖추지 아니하였다고 하여 영조물의 설치 또는 관리에 하자가 있는 것으로는 할 수 없는 것이므로, 영조물의 설치자 또는 관리자에게 부과되는 방호조치의무의 정도는 영조물의 위험성에 비례하여 사회통념상 일반적으로 요구되는 정도의 것을 말합니다(대법원 2007.10.26. 선고 2005다51235 판결).
그런데 위 사안의 경우 야간조명시설도 되어 있지 않는 곳에 아무런 경고표지도 없이 맨홀을 뚜껑이 없어진 채로 방치한 점을 고려해보면 일응 맨홀의 설치 또는 관리상의 하자가 있다고 보입니다. 또한, 귀하의 남편이 실족하여 부상을 입은 것은 방치된 맨홀로 인한 것이 명백하므로, 귀하의 남편은 「국가배상법」에 따라 맨홀의 관리자인 지방자치단체를 상대로 위 실족사고로 인한 손해배상을 청구할 수 있습니다.
그러므로 귀하는 「국가배상법」과 같은 법 시행령의 규정에 따라 귀하의 주소나 거소 또는 손해배상의 원인발생지를 관할하고 있는 지방검찰청에 설치되어 있는 지구배상심의회에 배상금지급을 신청할 수 있습니다. 이때 주민등록등본과 함께 손해를 입증할 수 있는 자료(진단서, 소견서, 치료비영수증, 향후치료비추정서 등)와 일실수입액증명서(수입손실이 있는 경우) 등을 제출하면 됩니다. 지구배상심의회에서 귀하의 배상금지급신청이 기각되거나 배상액에 불만이 있는 경우에는 법무부에 설치되어 있는 본부배상심의회에 재심을 청구하거나 법원에 지방자치단체를 상대로 손해배상 청구소송을 제기할 수 있습니다. 그리고 「국가배상법」에 의한 손해배상의 소송은 배상심의회에 배상신청을 하지 아니하고도 이를 제기할 수 있습니다(같은 법 제9조).

참고로 판례를 보면, 도로상에 과속방지턱을 설치함에 있어 그 규격 및 형상을 높이 10㎝, 폭 370㎝의 원호형으로 설치하고, 그 주위에 충분한 도로조명을 하도록 규정이 되어 있음에도, 피고(국가)산하 관할교통서장이 아스콘 덧씌우기를 하면서 그 높이를 규정보다 약 5~10㎝ 더 높고, 폭을 50㎝ 더 넓게 설치하였고 주위에 충분한 도로조명시설이 설치되지 아니한 상태에서 차량이 그곳을 통과하다가 차체가 튀어 오르는 사고가 발생하였다면 국가는 「국가배상법」에 따른 책임을 부담한다고 한 사례가 있습니다(대법원 1998.9.11. 선고 98다12928 판결).

■ 도로의 설치 · 관리상의 하자로 중상을 입은 경우 누구를 상대로 배상청구 해야 하는지요?

Q. 저는 집중호우가 내리던 날 국도를 운행하던 중 산비탈의 토사가 무너지면서 제 차를 덮쳐 중상을 입었습니다. 이 경우 「국가배상법」에 따라 손해배상을 청구할 수 있는지? 만약 손해배상을 청구할 수 있다면 누구를 상대로 배상청구 해야 하는지요?

A. 「국가배상법」 제5조 제1항 전문에서 도로·하천, 그 밖의 공공의 영조물의 설치나 관리에 하자가 있기 때문에 타인에게 손해를 발생하게 하였을 때에는 국가나 지방자치단체는 그 손해를 배상하여야 한다고 규정하고 있습니다. 그러므로 이 사건의 경우 사고가 발생한 도로의 관리하자를 입증할 수 있다면 국가배상을 청구할 수 있습니다. 도로관리의 하자여부에 관하여 판례를 보면, 공작물인 도로의 설치·관리상의 하자는 도로의 위치 등 장소적인 조건, 도로의 구조, 교통량, 사고시에 있어서의 교통사정 등 도로의 이용상황과 그 본래의 이용목적 등 여러 사정과 물적 결함의 위치, 형상 등을 종합적으로 고려하여 사회통념에 따라 구체적으로 판단하여야 하는데(대법원 2008.3.13. 선고 2007다29287, 29294 판결), 도로의 설치 후 집중호우 등 자연력이 작용하여 본래목적인 통행상의 안전에 결함이 발생한 경우에는 그 결함이 제3자의 행위에 의하여 발생한 경우와 마찬가지로, 도로에 그와 같은 결함이 있다는 것만으로 성급하게 도로의 보존상 하자를 인정하여서는 아니 되고, 당해 도로의 구조, 장소적 환경과 이용상황 등 제반 사정을 종합하여 그와 같은 결함을 제거하여 원상으로 복구할 수 있는데도 이를 방치한 것인지 여부를 개별적·구체적으로 심리하여 하자의 유무를 판단하여야 한다고 하였으며(대법원 1998.2.13.선고 97다49800 판결), 사고가 일어난 지점부근은 산중턱을 깎아 도로부지를 조성하였으므로, 비가 많이 올 때 등에 대비하여 깎아내린 산비탈부분이 무너지지 않도록 배수로를 제대로 설치하고 격자블록 등의 견고한 보호시설을 갖추어야 됨에도 불구하고, 이를 게을리 한 잘못으로 인하여 집중호우로 국도변산비탈이 무너져 내려 차량통행을 방해함으로써 일어난 교통사고에 대하여 국가의 도로에 대한 설치 또는 관리상의 하자책임이 있다고 한 사례가 있습니다(대법원 1993.6.8. 선고 93다11678 판결).

그리고 국가배상에 있어서 손해배상의 배상책임자는 원칙적으로 국가 또는 지방자치단체입니다(국가배상법 제5조 제1항). 만일, 설치·관리를 맡은 자와 그 비용을 부담하는 자가 서로 다른 때에는 비용부담자도 배상책임자에 해당합니다(같은 법 제6조 제1항). 이러한 「국가배상법」 제6조 제1항의 비용부담자의 책임은 같은 법 제2조 또는 제5조에 의하여 국가 또는 지방자치단체가 손해를 배상할 책임이 있는 경우에 공무원의 선임·감독 또는 영조물의 설치·관리를 맡은 자와 비용부담자가 다름으로 인해 손해를 입은 자가 배상책임의 주체를 명확히 알기 어려운 경우 그로 인하여 곤란을 겪지 않도록 하려는 피해자보호의 견지에서 만들어진 것으로서 같은 법 제2조 또는 제5조의 책임이 인정되는 것을 전제로 한 규정입니다(서울지방법원 1997.4.17. 선고 96 가합10695 판결).

그러므로 「국가배상법」 제6조에 의하면 영조물의 하자로 인하여 손해가 발생한 때에는 관리주체가 원칙적으로 그 배상책임을 부담하게 됩니다. 그런데 고속국도와 일반국도의 관리청은 국토교통부장관이지만 특별시·광역시·특별자치시·특별자치도 또는 시의 관할구역에 있는 일반국도(우회국도 및 지정국도는 제외한다. 이하 이 조에서 같다)와 지방도는 각 구분에 따라 해당 시·도지사 또는 시장이 도로관리청이 됩니다(도로법 제23조)

한편, 「도로법」 85조는 도로에 관한 비용은 이 법 또는 다른 법률에 특별한 규정이 있는 경우 외에는 도로관리청이 국토교통부장관인 도로에 관한 것은 국가가 부담하고, 그 밖의 도로에 관한 것은 해당 도로의 도로관리청이 속해 있는 지방자치단체가 부담한다고 되어 있으며. 이 경우 제31조제2항에 따라 국토교통부장관이 도지사 또는 특별자치도지사에게 일반국도의 일부 구간에 대한 도로공사와 도로의 유지·관리에 관한 업무를 수행하게 한 경우에 그 비용은 국가가 부담한다고 되어 있습니다.

따라서 위 사안에서 사고가 발생한 국도가 어디에 위치한 국도인지 명확하지 않으므로 이를 잘 파악하여 그 관리청을 상대로 소송을 제기하여야 할 것으로 보입니다.

■ 교통신호기의 고장으로 교통사고 발생 시 누가 책임지는지요?

Q. 甲지방자치단체장이 횡단보도와 함께 설치하고, 乙지방경찰청장에게 관리권한이 위임된 교통신호기가 낙뢰로 고장이 발생하여 보행자신호기와 차량신호기에 동시에 녹색등이 표시되게 되었는데, 그 관리업무를 담당하는 교통종합관제센터(甲지방자치단체 소속 공무원과 乙지방경찰청 소속 공무원이 합동근무함)에서 신고를 받고 수리업체에 신고하도록 하였으나, 수리업체직원이 고장난 신호등을 찾지 못하여 위 신호기가 고장난 채 방치되어 있던 중 보행자신호기의 녹색등을 보고 횡단보도를 건너던 丙이 차량신호기의 녹색등을 보고 도로를 주행하던 丁의 승용차에 충격 되어 상해를 입는 교통사고가 발생하였습니다. 그런데 丁은 무보험차량을 운전하였고, 재산도 거의 없습니다. 이 경우 丙은 교통신호기의 관리책임을 물어 국가배상청구를 하려고 하는데, 누구를 상대로 배상청구를 하여야 하는지요?

A. 국가배상법 제5조 제1항 전문에서 도로·하천, 그 밖의 공공의 영조물의 설치나 관리에 하자가 있기 때문에 타인에게 손해를 발생하게 하였을 때에는 국가나 지방자치단체는 그 손해를 배상하여야 한다고 규정하고 있습니다. 그러므로 이 사건의 경우 사고가 발생한 도로의 관리하자를 입증할 수 있다면 국가배상을 청구할 수 있습니다.

그리고 「도로교통법」 제3조 제1항에서 특별시장·광역시장·제주특별자치도지사 또는 시장·군수(광역시의 군수를 제외)는 도로에서의 위험을 방지하고 교통의 안전과 원활한 소통을 확보하기 위하여 필요하다고 인정하는 때에는 신호기 및 안전표지를 설치·관리하여야 하고, 「도로교통법시행령」 제86조 제1항 제1호에서는 특별시장·광역시장이 위 법률규정에 의한 신호기 및 안전표지의 설치·관리에 관한 권한을 지방경찰청장에게 위임하는 것으로 규정하고 있습니다. 또한, 법령상 지방자치단체의 장이 처리하도록 하고 있는 사무가 자치사무인지 기관위임사무인지의 판단기준에 관해서 판례를 보면, 법령상 지방자치단체의 장이 처리하도록 하고 있는 사무가 자치사무인지 아니면 기관위임사무인지를 판단함에 있어서는 그에 관한 법령의 규정형식과 취지를 우선 고려하여야 할 것이지만, 그 밖에 그 사무의 성질이 전국적으로 통일적인 처리가 요구되는 사무인지, 그에 관한 경비부담과 최종적인 책임귀속의 주체가 누구인지 등도 함께 고려하여 판단하여야 한다고 하였습니다(대법원 2010.12.9. 선고 2008다71575 판결).

그런데 지방자치단체장이 설치하여 관할지방경찰청장에게 관리권한이 위임된 교통신호기의 고장으로 인하여 교통사고가 발생한 경우, 누가 그 배상책임을 지는지 판례를 보면, 행정권한이 기관위임 된 경우 권한을 위임받은 기관은 권한을 위임한 기관이 속하는 지방자치단체의 산하행정기관의 지위에서 그 사무를 처리하는 것이므로 사무귀속의 주체가 달라진다고 할 수 없고, 따라서 권한을 위임받은 기관소속의 공무원이 위임사무처리에 있어 고의 또는 과실로 타인에게 손해를 가하였거나 위임사무로 설치·관리하는 영조물의 하자로 타인에게 손해를 발생하게 한 경우에는 권한을 위임한 관청이 소속된 지방자치단체가 「국가배상법」 제2조 또는 제5조에 의한 배상책임을 부담하고, 권한을 위임받은 관청이 속하는 지방자치단체 또는 국가가 국가배상법 제2조 또는 제5조에 의한 배상책임을 부담하는 것이 아니므로, 지방자치단체장이 교통신호기를 설치하여 그 관리권한이 구 「도로교통법」 제71조의2 제1항(현행 도로교통법 시행령 제86조 제1항)의 규정에 의하여 관할지방경찰청장에게 위임되어 지방자치단체소속공무원과 지방경찰청소속공무원이 합동근무 하는 교통종합관제센터에서 그 관리업무를 담당하던 중 위 신호기가 고장난 채 방치되어 교통사고가 발생한 경우, 「국가배상법」 제2조 또는 제5조에 의한 배상책임을 부담하는 것은 지방경찰청장이 소속된 국가가 아니라, 그 권한을 위임한 지방자치단체장이 소속된 지방자치단체라고 할 것이나, 한편 「국가배상법」 제6조 제1항은 「국가배상법」 제2조, 제3조 및 제5조의 규정에 의하여 국가 또는 지방자치단체가 손해를 배상할 책임이 있는 경우에 공무원의 선임·감독 또는 영조물의 설치·관리를 맡은 자와 공무원의 봉급·급여 기타의 비용 또는 영조물의 설치·관리의 비용을 부담하는 자가 동일하지 아니한 경우에는 그 비용을 부담하는 자도 손해를 배상하여야 한다고 규정하고 있으므로 교통신호기를 관리하는 지방경찰청장 산하경찰관들에 대한 봉급을 부담하는 국가도 「국가배상법」 제6조 제1항에 의한 배상책임을 부담한다고 하였습니다(대법원 1999.6.25. 선고 99다11120 판결, 2000.1.14. 선고 99다24201 판결).

따라서 위 사안에서도 丙은 국가와 甲지방자치단체를 모두에게 그들의 연대책임을 물어 국가배상청구를 해볼 수 있을 것입니다. 참고로 「국가배상법」에 의한 손해배상청구의 소송은 배상심의회에 배상신청을 하지 아니하고도 이를 제기할 수 있습니다(같은 법 제9조).

■ 상호 모순된 교통신호기의 신호로 교통사고 발생한 경우 해당 지방자치단체를 상대로 국가배상청구를 할 수 있는지요?

Q. 甲은 乙지방자치단체에서 설치하여 관리하는 가변차로의 신호등에 이상이 생겨 양방향 모두 진행신호가 켜져 있는 중앙선 쪽 1차선으로 진입하다가 반대방향에서 같은 차로를 달려오는 乙의 차량과 충돌하여 중상을 입고 차량은 거의 모두 파손되었습니다. 이 경우 위 신호등의 설치 또는 관리의 책임을 물어 乙지방자치단체를 상대로 국가배상청구를 할 수 있는지요?

A. 국가배상법 제5조 제1항 전문에서 도로·하천, 그 밖의 공공의 영조물의 설치나 관리에 하자가 있기 때문에 타인에게 손해를 발생하게 하였을 때에는 국가나 지방자치단체는 그 손해를 배상하여야 한다고 규정하고 있습니다. 그런데 「국가배상법」 제5조 제1항에 정해진 영조물의 설치 또는 관리의 하자의 의미 및 그 판단기준에 관하여 판례를 보면, 「국가배상법」 제5조 제1항에 정해진 영조물의 설치 또는 관리의 하자라 함은 영조물이 그 용도에 따라 통상 갖추어야 할 안전성을 갖추지 못한 상태에 있음을 말하는 것이며, 다만 영조물이 완전무결한 상태에 있지 아니하고 그 기능상 어떠한 결함이 있다는 것만으로 영조물의 설치 또는 관리에 하자가 있다고 할 수 없는 것이고, 위와 같은 안전성의 구비여부를 판단함에 있어서는 당해 영조물의 용도, 그 설치장소의 현황 및 이용상황 등 제반사정을 종합적으로 고려하여 설치·관리자가 그 영조물의 위험성에 비례하여 사회통념상 일반적으로 요구되는 정도의 방호조치의무를 다하였는지를 그 기준으로 삼아야 하며, 만일 객관적으로 보아 시간적·장소적으로 영조물의 기능상 결함으로 인한 손해발생의 예견가능성과 회피가능성이 없는 경우, 즉 그 영조물의 결함이 영조물의 설치·관리자의 관리행위가 미칠 수 없는 상황 아래에 있는 경우임이 입증되는 경우라면 영조물의 설치·관리상의 하자를 인정할 수 없다고 하면서, 가변차로에 설치된 신호등의 용도와 오작동시에 발생하는 사고의 위험성과 심각성을 감안할 때, 만일 가변차로에 설치된 두 개의 신호기에서 서로 모순되는 신호가 들어오는 고장을 예방할 방법이 없음에도 그러한 신호기를 설치하여 그와 같은 고장을 발생하게 한 것이라면, 그 고장이 자연재해 등 외부요인에 의한 불가항력에 기인한 것이 아닌 한 그 자체로 설치·관리자의 방호조치의무를 다하지 못한 것으로서 신호등이 그 용도에 따라 통상 갖추어야 할 안전성을 갖추지 못한 상태에 있었다고 할 것이고, 설령 적정전압보다 낮은 저전압이 원인이 되어 위와 같은 오작동이 발생하였고 그 고장은 현재의 기술수준상 부득이한 것이라고 가정하더라도 그와 같은 사정만으로 손해발생의 예견가능성이나 회피가능성이 없어 영조물의 하자를 인정할 수 없는 경우라고 단정할 수 없다고 한 사례가 있습니다(대법원 2001.7.27. 선고 2000다56822 판결). 따라서 위 사안에서 甲도 乙지방자치단체를 상대로 국가배상청구를 해볼 수 있을 듯합니다.

■ 공무원의 직무수행 중 불법행위로 타인에게 손해를 입힌 경우에 국가배상청구 외에 공무원 개인에게도 손해배상청구를 할 수 있는지요?

> *Q.* 공무원의 직무수행 중 불법행위로 타인에게 손해를 입힌 경우에 국가배상청구 외에 공무원 개인에게도 손해배상청구를 할 수 있는지요?
>
> *A.* 헌법 제29조 제1항에서 공무원의 직무상 불법행위로 손해를 받은 국민은 법률이 정하는 바에 의하여 국가 또는 공공단체에 정당한 배상을 청구할 수 있고, 이 경우 공무원 자신의 책임은 면제되지 아니한다고 규정하고 있고, 「국가배상법」 제2조 제1항 본문에서 국가나 지방자치단체는 공무원 또는 공무를 위탁받은 사인이 직무를 집행하면서 고의 또는 과실로 법령을 위반하여 타인에게 손해를 입히거나, 「자동차손해배상 보장법」에 따라 손해배상의 책임이 있을 때에는 이 법에 따라 그 손해를 배상하여야 한다고 규정하고, 같은 법 제2조 제2항에서는 제1항 본문의 경우에 공무원에게 고의 또는 중대한 과실이 있으면 국가나 지방자치단체는 그 공무원에게 구상(求償)할 수 있다고 규정하고 있습니다.
>
> 그런데 판례를 보면, 「헌법」 제29조 제1항 본문과 단서 및 「국가배상법」 제2조를 그 입법취지에 조화되도록 해석하면 공무원이 직무수행 중 불법행위로 타인에게 손해를 입힌 경우에 국가나 지방자치단체가 국가배상책임을 부담하는 외에 공무원개인도 고의 또는 중과실이 있는 경우에는 불법행위로 인한 손해배상책임을 지지만, 공무원에게 경과실이 있을 뿐인 경우에는 공무원개인은 불법행위로 인한 손해배상책임을 부담하지 아니하고, 여기서 공무원의 중과실이란 공무원에게 통상요구되는 정도의 상당한 주의를 하지 않더라도 약간의 주의를 한다면 손쉽게 위법·유해한 결과를 예견할 수 있는 경우임에도 만연히 이를 간과함과 같은 거의 고의에 가까운 현저한 주의를 결여한 상태를 의미한다고 하였습니다(대법원 2011.9.8. 선고 2011다34521 판결).
>
> 따라서 질문의 경우 공무원의 고의 또는 중과실이 있는 경우에만 공무원개인에게도 불법행위로 인한 손해배상청구가 가능할 것입니다.

■ 주한미군이 운전하는 차량에 사고 당한 경우 손해배상을 받기 위해서 어떻게 하여야 하는지요?

Q. 저의 모친은 건널목을 건너다가 미군부대소속 병사가 운전하는 5톤 트럭에 부딪혀 사망하였습니다. 위 사고로 인한 손해배상을 받기 위해서 어떻게 하여야 하는지요?

A. 「대한민국과아메리카합중국간의상호방위조약제4조에의한시설과구역및대한민국에서의합중국군대의지위에관한협정」 제23조 제5항에서, ‘공무집행 중'의 아메리카합중국의 구성원이나 고용원(대한민국 국민이거나, 대한민국에 통상적으로 거주하는 고용원을 포함)의 작위(作爲), 또는 부작위(不作爲), 또는 아메리카합중국군대가 법률상 책임을 지는 기타의 작위, 부작위 또는 사고로서 대한민국 안에서 대한민국정부 이외의 제3자에 손해를 가한 것으로부터 발생하는 청구권(계약에 의한 청구권 및 공무집행 중에 행하여진 것이 아닌 것으로부터 발생한 청구권, 합중국군대차량의 허가를 받지 아니한 사용으로부터 발생하는 청구권은 제외)은 대한민국이 처리한다고 규정하고 있습니다.

그리고 위 협정에 따라 제정된 같은 협정의 시행에 관한 민사특별법 제2조 제1항에서는, 대한민국에 주둔하는 아메리카합중국군대의 구성원, 고용원 또는 합중국군대에 파견근무하는 대한민국의 증원군대구성원이 그 직무를 수행하면서 대한민국에서 대한민국정부 외의 제3자에게 손해를 입힌 경우에는 「국가배상법」에 따라 국가가 그 손해를 배상하여야 한다고 규정하고 있으며, 같은 협정의 시행에 관한 민사특별법시행령 제2조에서는, 협정 제23조 제5항 내지 제7항의 규정에 의하여 처리될 사고로 인하여 손해를 입은 피해자 또는 그 유족으로서 손해배상을 신청하고자 하는 자는 그 주소지 또는 사고발생지를 관할하는 「국가배상법」 제10조의 규정에 의한 본부심의회 소속지구심의회에 손해배상신청서를 제출하여야 한다고 규정하고 있습니다.

따라서 위 사안의 경우에도 가해자가 공무집행 중에 위와 같은 사고를 발생시켰다면 귀하 등 유족들은 그 주소지 또는 사고발생지를 관할하는 지구배상심의회에 국가배상신청을 할 수 있습니다. 만약 지구배상심의회에서 기각결정을 할 경우에는 법무부에 설치된 본부배상심의회에 재심신청이 가능합니다.또한, 「국가배상법」에 의한 손해배상의 소송은 배상심의회에 배상신청을 하지 아니하고도 법원에 이를 제기할 수 있습니다(같은 법 제9조). 그런데 손해배상의 범위는 피해자의 연령, 직업, 과실의 정도에 따라 구체적으로 산정 될 것입니다.

참고로 위 협정 제23조 제6항에서는 "대한민국 안에서 불법한 작위 또는 부작위로서, 공무집행 중에 행하여진 것이 아닌 것으로부터 발생한 합중국군대의 구성원 또는 고용원(대한민국의 국민인 고용원 또는 대한민국에 통상적으로 거주하는 고용원을 제외)에 대한 청구권은 다음의 방법으로 이를 처리한다. ㉮대한민국당국은 피해자의 행동을 포함한 당해 사건에 관한 모든 사정을 고려하여 공평하고 공정한 방법으로 청구를 심사하고, 청구인에 대한 배상금을 사정하며, 그 사건에 관한 보고서를 작성한다. ㉯그 보고서는 합중국관계당국에 송부되며, 합중국당국은 지체 없이 보상금지급의 제의여부를 결정하고, 또한 제의를 하는 경우에는 그 금액을 결정한다. ㉰보상금지급의 제의가 행하여진 경우, 청구인이 그 청구를 완전히 충족하는 것으로서 이를 수락하는 때에는 합중국당국은 직접 지급하여야 하며, 또한 그 결정 및 지급한 금액을 대한민국당국에 통고한다. ㉱본 항의 규정은 청구를 완전히 충족시키는 지급이 행하여지지 아니하는 한, 합중국군대의 구성원 또는 고용원에 대한 소송을 수리할 대한민국법원의 재판권에 영향을 미치는 것은 아니다."라고 규정하고 있습니다.

제8장

기타 손해배상은 이렇게 청구하세요

제8장 기타 손해배상은 이렇게 청구하세요

[서식 예] 손해배상(기)청구의 소(감전사고, 사망)

소   장

원   고   1. 김○○ (주민등록번호)
          2. 김①○ (주민등록번호)
          3. 김②○ (주민등록번호)
          위 원고들 주소: ○○시 ○○구 ○○로 ○○(우편번호)
          위 원고3은 미성년자이므로 법정대리인 친권자 부 김○○
          전화•휴대폰번호:
          팩스번호, 전자우편(e-mail)주소:
피   고   ◇◇◇공사
          ○○시 ○○구 ○○로 ○○(우편번호)
          대표자 사장 ◇◇◇
          전화•휴대폰번호:
          팩스번호, 전자우편(e-mail)주소:

손해배상(기)청구의 소

청 구 취 지

1. 피고는 원고 김○○에게 금 ○○○원, 원고 김①○에게 금 ○○○원, 같은 김②○에게 금 ○○○원 및 각 이에 대하여 20○○. ○○. ○○.부터 이 사건 소장부본 송달일까지는 연 5%의, 그 다음날부터 다 갚을 때까지는 연 15%의 각 비율에 의한 돈을 지급하라.
2. 소송비용은 피고의 부담으로 한다.
3. 위 제1항은 가집행 할 수 있다.
라는 판결을 구합니다.

청 구 원 인

1. 당사자 관계
   소외 망(亡) 이◉◉(다음부터 소외 망인이라 함)는 이 사건 감전사고로 사망한 피해자이고, 원고 김○○는 위 소외 망인의 남편이고, 원고 김①○ 및 원고 김②○는 위 소외 망인의 자녀들입니다.

2. 손해배상의 책임

(1) 위 소외 망인은 20○○. ○○. ○○. 비가 많이 오는 가운데 우산을 쓰고 제주시 ○○ 앞길을 가던 중 갑자기 송전탑의 전선이 끊어지면서 ○○볼트의 전압에 감전이 되어 그 자리에서 곧 바로 사망하였습니다.

(2) 피고는 전주의 설치, 보존상의 관리책임자로 전선을 설치함에 있어 전선이 쉽게 끊어지지 않도록 설치해야 하고 또한 사전에 수시로 전신주, 전선 등을 살펴 낡은 전선은 교체하고 부실한 전신주는 보수하여 사고가 발생하지 않도록 미연에 주의를 해야 할 의무가 있음에도 불구하고 이를 게을리 한 과실로 위 소외 망인을 사망에 이르게 하였습니다.

(3) 따라서 피고는 전기통신사업법 제33조 및 민법상의 불법행위자로 위 소외 망인 및 원고들이 입은 모든 정신적, 물질적 피해를 배상하여야 할 의무가 있다 할 것입니다.

3. 손해배상의 범위

(1) 일실수입

소외 망인은 1961. 6. 20.생으로 이 사건 사고로 사망한 20○○. ○○. ○○. 현재 만 33세 5개월 남짓한 신체 건강한 대한민국 여자로 기대여명은 43.98년이 되며, 만약 제주시내에 거주하고 있는 소외 망인이 이 사건 사고로 사망하지 않았다면 사고일로부터 60세에 도달하는 날까지 향후 약○○개월간은 최소한 도시일용노동자로 종사하면서 매월 금 ○○○원(도시일용보통인부 1일단가 금 ○○○원×22일)의 수입을 얻을 수 있으나 이 사건 사고로 사망하는 바람에 수입의 전부를 상실하게 되었습니다. 따라서 소외 망인의 생활비를 그 소득에서 1/3을 공제하고 연 5%의 중간 이자를 공제한 호프만방식에 따른 소외 망인의 일실수입을 계산해보면 일시의 현가금이 금 ○○○원이 됩니다.

【계산】

(도시일용보통인부 1일단가 금 ○○○원×22일)×(사고일부터 60세에 이르는 날까지의 호프만계수)×100%×2/3(생활비 1/3 공제)=금 ○○○원

(2) 위자료

소외 망인은 평소 신체 건강한 여자였는데 이 사건 사고로 불의에 사망하는 바람에 소외 망인 및 원고들이 정신적 고통을 당한 것은 경험칙상 명백하므로, 피고는 소외 망인에게 금 ○○○원, 원고 김○○에게는 금 ○○○원, 원고 김①○에게 금 ○○○원, 원고 김②○에게는 금 ○○○원을 각 지급하여 소외 망인 및 원고들의 정신적인 고통을 금전으로나마 위자하여야 마땅하다 할 것입니다.

(3) 장례비

원고 김○○는 소외 망인의 장례비로 금 ○○○원을 지출하였습니다.

4. 상속관계

소외 망인의 손해배상채권 금 ○○○원{금 ○○○원(일실수입)+금 ○○○원(위자료)}은 그의 상속인 원고 김○○에게 3/7{금 ○○○원(소외 망인의 손해배상채

권)×(3/7)}, 나머지 원고들에게 각 2/7(금 ○○○원)의 비율로 상속되었습니다.

5. 따라서 피고는 원고 김○○에게 금 ○○○원{금 ○○○원(장례비)＋금 ○○○원(위자료)＋금 ○○○원(상속채권)}을, 원고 김①○에게 금 ○○○원{금 ○○○원(위자료)＋금 ○○○원(상속채권)}을, 원고 김②○에게 금 ○○○원{금 ○○○원(위자료)＋금 ○○○원(상속채권)} 및 각 이에 대하여 이 사건 사고일인 20○○. ○○. ○○.부터 이 사건 소장부본 송달일까지는 민법에서 정한 연 5%의, 그 다음날부터 다 갚는 날까지는 소송촉진등에관한특례법에서 정한 연 15%의 각 비율에 의한 지연손해금을 지급할 의무가 있다 할 것이므로, 원고들은 부득이 청구취지와 같은 돈을 각 지급 받고자 이 사건 청구에 이르게 되었습니다.

입 증 방 법

1. 갑 제1호증	기본증명서
1. 갑 제2호증	가족관계증명서
1. 갑 제3호증	사건사고사실확인원
1. 갑 제4호증	인우보증서
1. 갑 제5호증	사진
1. 갑 제6호증	영수증
1. 갑 제7호증	한국인표준생명표 표지 및 내용
1. 갑 제8호증	월간거래가격표지 및 내용

첨 부 서 류

1. 위 입증방법	각 1통
1. 법인등기사항증명서	1통
1. 소장부본	1통
1. 송달료납부서	1통

20○○. ○. ○.

위 원고   1. 김○○   (서명 또는 날인)

2. 김①○   (서명 또는 날인)

3. 김②○

원고3은 미성년자이므로

법정대리인 친권자 부 김○○(서명 또는 날인)

○○지방법원 ○○지원 귀중

[서식 예] 손해배상(기)청구의 소(회사공금 횡령에 대한 신원보증인의 책임)

소　　장

원　　고　　○○은행(주)
　　　　　　○○시 ○○구 ○○로 ○○(우편번호)
　　　　　　대표이사 ○○○
　　　　　　전화·휴대폰번호:
　　　　　　팩스번호, 전자우편(e-mail)주소:
피　　고　　◇◇◇ (주민등록번호)
　　　　　　○○시 ○○구 ○○로 ○○(우편번호)
　　　　　　전화·휴대폰번호:
　　　　　　팩스번호, 전자우편(e-mail)주소:

손해배상(기)청구의 소

청 구 취 지

1. 피고는 원고에게 금 ○○○원 및 이에 대하여 20○○. ○○. ○○.부터 이 사건 소장
　부본 송달일까지는 연 5%의, 그 다음날부터 다 갚을 때까지는 연 15%의 각 비율
　에 의한 돈을 지급하라.
2. 소송비용은 피고의 부담으로 한다.
3. 위 제1항은 가집행 할 수 있다.
라는 판결을 구합니다.

청 구 원 인

1. 당사자 관계
　원고는 일반인들로부터의 예탁금, 적금의 수납 및 자금대출 등을 목적으로 설립된
　영리법인이고, 소외 김◉◉는 20○○. ○. ○.부터 20○○. ○○. ○○.까지 원고회
　사의 경리로 근무하던 사람이고, 피고는 20○○. ○. ○.부터 20○○. ○○. ○○.까
　지 소외 김◉◉에 대하여 신원보증을 한 신원보증인입니다.

2. 손해배상책임의 발생
　(1) 소외 김◉◉의 불법행위

소외 김◉◉는 20○○. ○○. ○○.까지 원고회사의 경리직원으로 재직하면서 거래처로부터 수금, 미수, 잔액 등을 정리하는 업무를 처리해오던 중 여러 차례에 걸쳐 경리장부를 조작하는 수법을 사용하여 거래처로부터 입금되는 금 ○○○원을 횡령하였습니다.

(2) 피고의 책임

피고는 이 사건 불법행위자인 소외 김◉◉의 신원보증인으로서 신원보증의 범위 내에서 소외 김◉◉가 원고에게 끼친 손해를 배상할 의무가 있다 할 것입니다.

3. 손해배상의 범위

피고는 20○○. ○. ○. 이후에 소외 김◉◉의 신원보증인이 되었으므로, 소외 김◉◉가 20○○. ○. ○. 이후 횡령한 금 ○○○원에 대하여 책임을 져야 할 것입니다.

4. 따라서 피고는 소외 김◉◉의 신원보증인으로서 소외 김◉◉가 원고에게 끼친 손해를 배상할 의무가 있으므로, 원고는 피고에 대하여 금 ○○○원 및 이에 대하여 이 사건 사고일인 20○○. ○○. ○○.부터 이 사건 소장부본 송달일까지는 민법에서 정한 연 5%의, 그 다음날부터 다 갚는 날까지는 소송촉진등에관한특례법에서 정한 연 15%의 각 비율에 의한 지연손해금을 지급 받기 위하여 이 사건 청구에 이르게 되었습니다.

입 증 방 법

1. 갑 제1호증　　　　　　신원보증서
1. 갑 제2호증　　　　　　경위서
1. 갑 제3호증　　　　　　변제각서

첨 부 서 류

1. 위 입증방법　　　　　각 1통
1. 법인등기사항증명서　　　1통
1. 소장부본　　　　　　　1통
1. 송달료납부서　　　　　1통

20○○. ○. ○.

위 원고　　○○은행(주)

대표이사 ○○○　(서명 또는 날인)

○○지방법원 ○○지원　귀중

[서식 예] 손해배상(기)청구의 소(위임계약위반)

소 장

원   고   ○○○ (주민등록번호)
            ○○시 ○○구 ○○로 ○○(우편번호 ○○○-○○○)
            전화•휴대폰번호:
            팩스번호, 전자우편(e-mail)주소:
피   고   ◇◇◇ (주민등록번호)
            ○○시 ○○구 ○○로 ○○(우편번호 ○○○-○○○)
            전화•휴대폰번호:
            팩스번호, 전자우편(e-mail)주소:

손해배상(기)청구의 소

청 구 취 지

1. 피고는 원고에게 금 ○○○원 및 이에 대한 20○○. ○○. ○○.부터 이 사건 소장
   부본 송달일까지는 민법에서 정한 연 5%의, 그 다음날부터 다 갚는 날까지는 연
   15%의 각 비율에 의한 돈을 지급하라.
2. 소송비용은 피고의 부담으로 한다.
3. 위 제1항은 가집행 할 수 있다.
라는 판결을 구합니다.

청 구 원 인

1. 손해배상책임의 발생
 가. 원고는 20○○. 5. 5. 소외 ◎◎운수주식회사로부터 화물자동차 1대를 매매대금
     20,000,000원에 매수함에 있어서, 당일 계약금으로 금 2,000,000원, 같은 해 5.
     15. 금 5,000,000원을, 같은 해 5. 30. 잔금 13,000,000원을 지급하여 완납한 뒤
     같은 해 소외 조◎◎를 운전기사로 고용하여 관리•운영하였습니다.
 나. 그런데 소외 ◎◎운수주식회사 대표 김◎◎와 소외 조◎◎는 상호 공모하여 원고
     모르게 20○○. 7. 30. 위 화물자동차를 소외 유◎◎에게 금 10,000,000원에 매
     각처분 함으로 인하여 원고는 위 자동차를 운행함으로 얻을 수 있는 수익금
     2,000,000원과 위 불법행위로 인한 손해를 합한 금 22,000,000원을 청구하는 소
     송을 위 소외인 등을 상대로 하여 ○○지방법원 20○○가단○○호로서 제기함에

있어 변호사인 피고를 원고의 소송대리인으로 위임하게 되었는데, 이때 원고는 피고에게 재판만을 해달라는 것이었을 뿐 구체적으로 피고 마음대로 소외 ◎◎운수주식회사 등과 화해하거나 소의 취하, 청구의 포기 등을 할 수 있는 권한까지 위임한 사실이 전혀 없고 피고 사무소에 비치된 인쇄된 부동문자의 위임장에 위임인의 날인을 해준 바는 있습니다. 그럼에도 불구하고 피고는 20○○. 9. 30. 원고와 사전에 합의하거나 원고의 승낙 없이 원고의 의사에 반하여 소외 ◎◎운수주식회사 대표인 김◎◎와 위 민사소송사건에 관하여 금 12,000,000원을 받고 이후 민사소송을 제기하지 않기로 하는 법정외 화해계약을 체결하고 20○○. 10. 1. 위 민사소송의 소취하서를 제출하여 위 사건은 소취하로 종결되었습니다.

다. 그러나 위 사건이 취하로 종결된 것은 피고의 수권범위를 벗어난 배임행위로 인한 것이며, 이러한 사정을 잘 아는 소외 김◎◎와의 사이에 이루어진 화해이므로 원고는 위 화해가 무효임을 주장하여 소외 ◎◎운수주식회사를 상대로 다시 20○○. 10. 30.경 ○○지방법원에 손해배상청구의 소를 제기하였던 바, 위 법정외 화해계약 때문에 원고는 패소하였고, ○○고등법원에 항소하였으나(20○○나○○○호), 그 항소심에서도 소외 ◎◎운수주식회사는 원고에게 손해배상의무가 있음은 명백하지만 원고의 소송대리인인 피고가 법정외 화해하고 민사소송을 재차 제기하지 아니 하기로 하여 소취하 한 것이니 원고의 청구는 이유 없다 하여 항소기각 되었습니다.

라. 그렇다면 피고는 원고의 수임인으로서 민법 제681조에 따라 위임의 본래의 내용에 따라 선량한 관리자의 주의로써 위임사무를 처리하여야 할 것임에도 불구하고 위와 같은 배임행위를 함으로써 원고에게 손해를 끼쳤으므로 그로 인한 원고의 모든 손해를 배상할 책임이 있다 할 것입니다.

2. 손해배상의 범위

위에서 살펴본 바와 같은 이유로 원고가 입은 손해액은 원고가 ○○지방법원에 제소한 위 민사소송사건에 있어서 피고가 소송대리인으로서 마음대로 법정외 화해를 하지 아니하고 소취하를 하지 아니하였더라면 원고는 금22,000,000원의 승소판결을 얻을 수 있었을 것인데 이에 상당한 손해를 입게 되었는바, 이 손해액 중 원고는 피고의 위 배임행위에 의한 합의로 피고를 통하여 금 12,000,000원을 넘겨받았으므로 나머지 금 10,000,000원과, 위 민사소송 제기시 소장에 첩용한 인지 금 ○○원과 피고에게 지급한 착수금 ○○원, ○○지방법원에 소외 ◎◎운수주식회사를 상대로 다시 제기한 손해배상청구사건에서의 제1, 2심 소송비용 및 변호사선임비용 금 ○○○원이 소요되었으니 총합계 금 ○○○원인바, 이것은 모두 피고의 배임행위로 인하여 원고가 입은 손해로서 피고가 배상하여야 할 것입니다.

3. 결론

따라서 원고는 피고로부터 위 손해배상금 ○○○원 및 이에 대한 위 화해계약이 무효임을 들어 제기한 소송의 항소심판결이 확정된 20○○. ○○. ○○.부터 이 사건 소장부본 송달일까지는 민법에서 정한 연 5%의, 그 다음날부터 다 갚는 날까지는 소송촉진등에관한특례법에서 정한 연 15%의 각 비율에 의한 지연손해금을 배상 받기 위하여 이 사건 청구에 이른 것입니다.

입 증 방 법

1. 갑 제1호증   판결정본
1. 갑 제2호증   취하서
1. 갑 제3호증   합의서

첨 부 서 류

1. 위 입증방법   각 1통
1. 소장부본   1통
1. 송달료납부서   1통

20○○.   ○.   ○.

위 원고   ○○○ (서명 또는 날인)

○○지방법원 귀중

[서식 예] 손해배상(기)청구의 소(계약불이행)

소　　장

원　　고　　의료법인 ○○재단
　　　　　　○○시 ○○구 ○○길 ○○ (우편번호)
　　　　　　대표자 이사장 ○○○
　　　　　　전화·휴대폰번호:
　　　　　　팩스번호, 전자우편(e-mail)주소:
피　　고　　◇◇생약협동조합
　　　　　　○○시 ○○구 ○○길 ○○ (우편번호)
　　　　　　대표이사 ◇◇◇
　　　　　　전화·휴대폰번호:
　　　　　　팩스번호, 전자우편(e-mail)주소:

손해배상(기)청구의 소

청 구 취 지

1. 피고는 원고에게 금 10,000,000원 및 이에 대한 2000. 10. 1.부터 이 사건 소장부
   본 송달일까지는 연 5%의, 그 다음날부터 다 갚는 날까지 연 15%의 각 비율에 의
   한 돈을 지급하라.
2. 소송비용은 피고의 부담으로 한다.
3. 위 제1항은 가집행 할 수 있다.
라는 판결을 구합니다.

청 구 원 인

1. 원고재단은 ○○한방병원 등을 설립·경영하는 의료법인으로서 2000. 1. 30. 원고재단
   은 피고조합과 한약재 공급계약을 체결한바 있는데, 그 내용은 원고가 필요로 하는
   한약재의 생산·채집 및 공급을 피고가 책임지기로 하고, 그 연간 생산계약과 공급가
   격 및 품질검사방법에 관하여는 매년 상호합의하에 결정하기로 하는 것이었습니다.
   구체적으로 원고재단 사무국장인 소외 박○○는 원고재단의 대표자를 대리하여 피
   고조합의 위 계약에 기한 구체적인 한약재 수요공급계약을 체결한바 있는데, 그 주
   요내용은 피고조합은 2000. 8. 30.까지 한약재 5,000근을 근당 가격 금 10,000원에
   원고재단에게 공급하기로 하고, 원고재단은 피고조합에게 계약금으로 금 5,000,000

원을 지급하고, 정당한 이유 없이 원고재단이 계약을 위약하면 계약금을 포기하고 피고조합이 위약할 때에는 계약금의 배액을 손해배상액으로 지급하기로 하였습니다.

2. 그 뒤 피고조합은 아무런 정당한 이유 없이 공급하기로 한 약정기일인 2000. 8. 30.까지 위 한약재를 공급하지 않고 있어 원고재단은 2000. 9. 30.까지 약정 공급 수량인 5,000근의 한약재를 공급하지 않으면 2000. 10. 1. 위 계약이 해제될 것임을 통고하였음에도 불구하고 피고조합은 위 한약재의 공급을 이행하지 않았으므로 위 계약은 2000. 10. 1. 해제되었다 할 것입니다.

3. 따라서 원고재단은 피고조합에 대하여 계약불이행으로 인한 손해배상으로 계약서상 약정된 계약금의 배액인 금 10,000,000원 및 이에 대한 2000. 10. 1.부터 이 사건 소장부본 송달일까지는 민법에서 정한 연 5%의, 그 다음날부터 다 갚는 날까지는 소송촉진등에관한특례법에서 정한 연 15%의 각 비율에 의한 지연손해금의 지급을 구하기 위하여 이 사건 청구에 이른 것입니다.

입 증 방 법

1. 갑 제1호증   공급계약서
1. 갑 제2호증   통고서(내용증명)

첨 부 서 류

1. 위 입증방법   각 1통
1. 법인등기사항증명서   1통
1. 소장부본   1통
1. 송달료납부서   1통

20○○.　○.　○.

위 원고   의료법인 ○○재단
           이사장 ○○○(서명 또는 날인)

○○지방법원 귀중

[서식 예] 손해배상(기)청구의 소(공작물의 보존의 하자로 인한 손해)

소 장

원 고 ○○○ (주민등록번호)
　　　　○○시 ○○구 ○○길 ○○(우편번호)
　　　　전화·휴대폰번호:
　　　　팩스번호, 전자우편(e-mail)주소:
피 고 ◇◇◇ (주민등록번호)
　　　　○○시 ○○구 ○○길 ○○(우편번호)
　　　　전화·휴대폰번호:
　　　　팩스번호, 전자우편(e-mail)주소:

손해배상(기)청구의 소

청 구 취 지

1. 피고는 원고에게 금 10,000,000원 및 이에 대한 2000. 6. 30.부터 이 사건 소장부본
   송달일까지는 연 5%의, 그 다음날부터 다 갚는 날까지는 연 15%의 각 비율에 의
   한 돈을 지급하라.
2. 소송비용은 피고의 부담으로 한다.
3. 위 제1항은 가집행 할 수 있다.
라는 판결을 구합니다.

청 구 원 인

1. 피고는 ○○ ○○○시 ○○○ ○읍 ○○ 소재 토지 및 건물의 소유자이고, 원고는
   위 토지의 남쪽 아래에 있는 ○○사람입니다. ○시 ○○읍 ○○-○○ 소재 토지 및 건
   물을 소유하고 거기에 거주하고 있습니다.
2. 2000. 5. 30.경에 ○○도 지방을 엄습한 태풍 때 원고 소유의 토지와 피고 소유 토
   지와의 경계선인 돌담이 모두 붕괴하고 위 지역에 세워진 피고 소유 건물은 남쪽
   상당부분을 보수하지 않으면 넘어질 위험에 직면하였었습니다.
3. 그래서 원고는 피고에 대하여 곧 돌담 등의 복구작업을 하고 원고의 건물에 위험
   이 미치지 않도록 조치를 강구할 것을 요구하였으나, 피고는 그대로 방치하여 두었
   습니다.
4. 그런데 같은 해 6. 30. 다시 이 지방을 휩쓴 태풍으로 인하여 피고의 건물이 넘어져서

그 때문에 원고 소유 건물의 북쪽 뒷부분을 파괴하기에 이르렀던 것입니다. 그 결과 원고는 위 부분의 수리를 함으로써 10,000,000원의 비용이 소비되었습니다.

5. 위 사고는 피고 소유 공작물의 보존에 하자가 있었기 때문에 발생한 것이며, 피고 에게 위 금액의 부담을 교섭하였으나 피고는 아무런 정당한 이유도 없이 원고의 요 구에 불응하므로 원고는 피고에 대하여 위 손해배상금 10,000,000원 및 이에 대한 2000. 6. 30.부터 이 사건 소장부본 송달일까지는 민법에서 정한 연 5%의, 그 다음 날부터 다 갚는 날까지는 소송촉진등에관한특례법에서 정한 연 15%의 각 비율에 의한 지연손해금의 지급을 구하고자 이 사건 소제기에 의한 청구에 이른 것입니다.

입 증 방 법

1. 갑 제1호증의 1 내지 3   각 현장사진
1. 갑 제2호증   견적서
1. 갑 제3호증   공사대금 영수증
1. 갑 제4호증   토지등기사항증명서
1. 갑 제5호증   건물등기사항증명서

첨 부 서 류

1. 위 입증방법   각 1통
1. 소장부본   1통
1. 송달료납부서   1통

20○○.　○.　○.

위 원고　○○○ (서명 또는 날인)

○○지방법원　귀중

[서식 예] 손해배상(기)청구의 소(목욕탕 온수에 화상을 입은 경우)

<h1 style="text-align:center">소　　　장</h1>

원　　고　　1. ○○○ (주민등록번호)
　　　　　　　　○○시 ○○구 ○○길 ○○(우편번호)
　　　　　　　　전화·휴대폰번호:
　　　　　　　　팩스번호, 전자우편(e-mail)주소:
　　　　　　　2. ◉◉◉ (주민등록번호)
　　　　　　　　○○시 ○○구 ○○길 ○○(우편번호)
　　　　　　　　전화·휴대폰번호:
　　　　　　　　팩스번호, 전자우편(e-mail)주소:
피　　고　　◇◇◇ (주민등록번호)
　　　　　　　○○시 ○○구 ○○길 ○○(우편번호)
　　　　　　　전화·휴대폰번호:
　　　　　　　팩스번호, 전자우편(e-mail)주소:

손해배상(기)청구의 소

<h2 style="text-align:center">청　구　취　지</h2>

1. 피고는 원고 ○○○에게 금 31,530,706원, 원고 ◉◉◉에게 금 1,000,000원 및 각 이에 대한 2000. 12. 31.부터 이 사건 소장부본 송달일까지는 연 5%의, 그 다음날 부터 다 갚는 날까지는 연 15%의 각 비율에 의한 돈을 지급하라.
2. 소송비용은 피고의 부담으로 한다.
3. 위 제1항은 가집행 할 수 있다.
라는 판결을 구합니다.

<h2 style="text-align:center">청　구　원　인</h2>

1. 당사자들의 관계
　　원고 ○○○는 이 사건 사고의 피해자 본인이고, 원고 ◉◉◉는 원고 ○○○의 남편이며, 피고는 원고 ○○○가 이용하다가 화상을 입게 된 목욕탕을 경영하는 사람입니다.
2. 손해배상책임의 발생
　　(1) 원고 ○○○는 2000. 12. 31. 15:00경 피고가 경영하는 서울 ○○구 ○○길 ○의 ○○○ ○○목욕탕의 여탕에서 온탕욕조에 들어가 5분 정도 있다가 나와 속

칭 때밀어 주는 이에게 때를 밀기 위하여 순서를 기다리면서 온탕욕조 바깥쪽 턱(폭 29㎝, 높이 22㎝)에 등을 대고 앉아 있었는데, 그 당시 원고○○○의 등 뒤쪽 약 51㎝ 떨어진 곳에는 온탕욕조에 냉·온수를 공급하는 철제 파이프가 설치되어 있고, 철제 온수 파이프 끝에는 고무호스가 연결되어 온탕욕조 바닥으로 늘어뜨려져 있었으며, 당시 섭씨 80°내지 90°정도의 온수가 위 철제파이프와 고무호스를 통과하여 온탕 속으로 쏟아지고 있었습니다.

그 때 욕조 내에 있던 성명불상의 여자가 온수가 쏟아져 나오는 위 고무호스를 건드리는 바람에 고무호스를 통하여 욕조 안으로 쏟아지던 온수의 방향이 갑자기 바뀌어 원고 ○○○의 뒤쪽에서 우측 팔과 좌·우측 허벅지 부분에 쏟아졌고, 이로 인하여 원고 ○○○는 우측 상지부, 대퇴부 및 좌측 대퇴부, 하퇴부의 2도 및 3도 화상을 입었습니다.

(2) 그런데 피고가 비록 그가 영업을 하는데 필요한 관련 행정법규상의 시설기준 및 영업자 준수사항을 모두 준수하였다 하더라도 그 설치한 시설물의 설치보존상의 하자라든가 기타의 과실로 인하여 타인이 손해를 입었을 경우에 그 배상책임을 면할 수는 없는 것이라 할 것인바, 목욕탕을 경영하는 피고로서는 직접 피부에 닿아 순간적으로 화상을 입힐 정도의 뜨거운 물을 공급하여서는 아니 되는 것이고, 부득이한 경우라도 그러한 온수에 대한 주의를 환기시킨다던가 안전한 설비를 갖추어야 할 의무가 있다 할 것이며, 피고는 고객의 피부접촉시 순간적으로 화상을 입힐 수 있는 섭씨 약 80°내지 90°의 뜨거운 물을 공급하였고, 또한 온수파이프 끝에 외력에 의하여 쉽게 움직일 수 있는 고무호스를 연결하여 놓은 채 관리를 소홀히 한 잘못이 있고, 이러한 피고의 과실과 위 성명불상 여인이 고무호스를 부주의하게 건드린 과실이 경합하여 이 사건 사고가 발생하였다 할 것이므로, 피고는 위 사고로 인하여 원고들이 입은 모든 손해를 배상할 책임이 있다 하겠습니다.

3. 손해배상책임의 범위

가. 원고 ○○○의 일실수입

원고가 이 사건 사고로 상실한 가동능력에 대한 금전적 총평가액 상당의 일실수입 손해는 다음 (1)과 같은 기초사실을 기초로 하여, 다음 (2)와 같이 월 5/12%의 비율에 의한 중간이자를 공제하는 단리할인법에 따라 이 사건 사고 당시의 현가로 계산한 금 27,049,236원이 됩니다.

(1) 기초사실

(가) 성별 : 여자
  * 생년월일 : 1970. 3. 6.생
  * 연령(사고 당시) : 30세 9개월 남짓
  * 기대여명 : 50.32년

(나) 주거지 : 도시지역인 서울에서 남편과 함께 거주

(다) 소득실태 : 도시일용노동에 종사하는 보통인부의 2000년 하반기 적용 시 중노임단가는 1일 금 37,052원으로서, 매월 22일씩 가동

(라) 치료기간 ： 사고일부터 2001. 2. 11.까지 ○○병원, ○○의원 등지에서 입원 및 통원치료

(마) 후유장해 및 가동능력 상실정도

  * 후유장해 ： 우측 상박과 전박에 걸쳐 22×7㎝ 가량의 화상 후 반흔 및 색소침착, 좌측 대퇴부 내측 거의 전부에 화상 후 반흔과 중증의 색소침착 등의 영구 추형장애

  * 가동능력상실율 ： 국가배상법시행령 별표2 중 12급 13호의 외모에 추상이 남은 자로서, 가동능력상실률을 15%로 평가함.

(바) 가동기간 ： 사고일로부터 60세가 되는 2030. 3. 5.까지 29년 2개월(350개월)

(2) 계산 ： 합계 금 27,049,236원

(가) 이 사고일부터 2001. 2. 11.까지 전액상실 ： 금 811,720원(금 37,052원×22일×0.9958, 단 중간의 월 미만은 상실수입이 적은 기간으로 넘기고 마지막 월 미만 및 원 미만은 버림. 다음부터 같음).

(나) 그 이후 60세가 될 때까지 15% 상실 ： 금 26,237,516원{금 37,052원×22일×15/100×214.5839(215.5797 − 0.9958)}

(다) 합계 ： 금 27,049,236원(= 금 26,237,516원 + 금 811,720원)

나. 기왕치료비 ： 합계 금 2,481,470원(사고일 이후 1995.2.11.까지 통원 및 입원치료)

다. 위자료

(1) 참작한 사유 ： 나이, 가족관계, 재산 및 교육정도, 사고의 경위, 상해의 부위 및 정도, 치료기간, 피해자측 과실의 정도, 기타 이 사건 변론에 나타난 여러 사정

(2) 청구금액

  * 원고 ○○○ ： 금 2,000,000원
  * 원고 ◉◉◉ ： 금 1,000,000원

4. 결 론

그렇다면 피고는 원고 ○○○에게 금 31,530,706원{금 27,049,236원(일실수입금) + 금 2,481,470원(기왕치료비) + 금 2,000,000원(위자료)}, 원고 ◉◉◉에게 금 1,000,000원 및 각 이에 대하여 이 사건 사고 발생일인 2000. 12. 31.부터 이 사건 소장부본 송달일까지는 민법에서 정한 연 5%의, 그 다음날부터 다 갚는 날까지는 소송촉진등에관한특례법에서 정한 연 15%의 각 비율에 의한 지연손해금을 지급하여야 할 것이므로 원고들은 위 각 돈을 지급 받기 위하여 이 사건 소송에 이르게 되었습니다.

입 증 방 법

1. 갑 제1호증의 1, 2   각 진단서
1. 갑 제2호증   사실확인서
1. 갑 제3호증   입・퇴원확인서
1. 갑 제4호증의 1, 2   각 치료비영수증

1. 갑 제5호증의 1, 2   한국인의 표준생명표 표지 및 내용
1. 갑 제6호증의 1, 2   월간거래가격 표지 및 내용

첨 부 서 류

1. 위 입증방법   각 1통
1. 소장부본   1통
1. 송달료납부서   1통

20○○. ○. ○.

위 원고 1. ○○○ (서명 또는 날인)
          2. ◉◉◉ (서명 또는 날인)

○○지방법원 귀중

[서식 예] 손해배상(기)청구의 소(횡령으로 인한 손해배상)

소   장

원　고　주식회사 ○○건설
　　　　○○시 ○○구 ○○로 ○○ (우편번호)
　　　　대표이사 ○○○
　　　　전화•휴대폰번호:
　　　　팩스번호, 전자우편(e-mail)주소:
피　고　◇◇◇ (주민등록번호)
　　　　○○시 ○○구 ○○로 ○○(우편번호)
　　　　전화•휴대폰번호:
　　　　팩스번호, 전자우편(e-mail)주소:

손해배상(기)청구의 소

청 구 취 지

1. 피고는 원고에게 금 10,000,000원 및 이에 대한 2001. 3. 5.부터 이 사건 소장부본 송달일까지는 연 5%의, 그 다음날부터 다 갚는 날까지는 연 15%의 각 비율에 의한 돈을 지급하라.
2. 소송비용은 피고가 부담한다.
3. 위 제1항은 가집행 할 수 있다.
라는 판결을 구합니다.

청 구 원 인

1. 당사자들의 관계
   피고는 2000. 1. 5. 원고회사의 직원으로 채용되어 2001. 5. 30. 징계해직 된 사람입니다.
2. 손해배상책임의 발생
   피고는 원고회사의 경리과 직원으로 재직하면서 거래처로부터 물품대금을 받아 원고회사 예금계좌에 입금하는 업무를 담당하고 있던 중, 2001. 3. 5. 원고회사의 거래처인 주식회사◉◉에서 지급한 금 10,000,000원을 회사통장에 입금하지 아니하고 횡령, 개인용도로 소비한 사실이 뒤늦게 밝혀져 같은 해 4. 10.자로 징계해직 된 사람인바, 횡령을 하여 원고에 손해를 입힌 사실이 명백하므로 금 10,000,000원을 원고에게 배상하여야 할 것입니다.

3. 사정이 위와 같으므로 원고는 피고로부터 피고가 횡령한 금 10,000,000원 및 이에 대한 2001. 3. 5.부터 이 사건 소장부본 송달일까지는 민법에서 정한 연 5%의, 그 다음날부터 다 갚는 날까지는 소송촉진등에관한특례법에서 정한 연 15%의 각 비율에 의한 지연손해금을 지급 받고자 이 사건 소송에 이르게 된 것입니다.

입 증 방 법

1. 갑 제1호증	사실확인서
1. 갑 제2호증	입금표

첨 부 서 류

1. 위 입증방법	각 1통
1. 법인등기사항증명서	1통
1. 소장부본	1통
1. 송달료납부서	1통

20○○.　　○.　　○.

위 원고　주식회사○○건설

대표이사 ○○○ (서명 또는 날인)

○○지방법원　귀중

[서식 예] 손해배상(기)청구의 소(공작물의 하자, 점유자를 상대로)

소 장

원 고 ○○○ (주민등록번호)
　　　　○○시 ○○구 ○○길 ○○(우편번호)
　　　　전화·휴대폰번호:
　　　　팩스번호, 전자우편(e-mail)주소:
피 고 ◇◇◇ (주민등록번호)
　　　　○○시 ○○구 ○○길 ○○(우편번호)
　　　　전화·휴대폰번호:
　　　　팩스번호, 전자우편(e-mail)주소:

손해배상(기)청구의 소

청 구 취 지

1. 피고는 원고에게 금 10,000,000원 및 이에 대한 2001. 10. 20.부터 이 사건 소장
   부본 송달일까지는 연 5%의, 그 다음날부터 다 갚는 날까지 연 15%의 각 비율에
   의한 돈을 지급하라.
2. 소송비용은 피고가 부담한다.
3. 위 제1항은 가집행 할 수 있다.
라는 판결을 구합니다.

청 구 원 인

1. 당사자들의 관계
   원고는 ○○시 ○○구 ○○길 ○○ 소재 4층 건물 1층에서 "○○"라는 상호로 의류
   점을 경영하다가 피고의 공작물보존상의 하자로 인하여 화재피해를 당한 사람이고,
   피고는 같은 건물 2층에서 "○○○"라는 상호로 음식점을 경영하던 사람으로서 공
   작물의 점유자로서 보존상의 하자에 따른 손해배상책임을 지는 사람입니다.
2. 손해배상책임의 발생
   위에서 밝힌 대로 원·피고는 같은 건물에서 점포를 운영하던 사람들이고, 피고는
   음식점경영을 위하여 비상구통로에 20Kg들이 액화석유가스(L.P.G.)통(다음부터 이
   사건 가스통이라 함)을 설치하고 그곳으로부터 피고의 음식점 주방까지 호스로 연
   결하여 가스를 사용하여 왔는데, 가스통이 설치되어 있던 위 비상구 통로는 그 폭
   이 1m, 길이가 5m로서 평소에는 바깥 출입문을 잠근 채 가스통을 교환할 때에만
   문을 열었으므로 환기가 되지 아니하여 가스 누출시 적체될 위험성이 많았으나 가
   스통의 공급업자(가스판매업자)와 가스충전업자가 이 사건 가스통에 대한 안전상태

를 점검하지 아니한 채 이를 공급함에 따라, 사고 당시 위 가스통의 상단에 가스의 누출을 방지하기 위하여 장치된 밸브의 부품인 스핀들이 파손되어 위 가스가 누출되었는데, 2001. 10. 20. 22:47경 피고가 가스가 누출되고 있는 것을 발견하고 밸브를 닫아 그 누출을 차단하려고 하였으나, 밸브의 고장으로 닫아지지 아니하여 위 가스가 통로에 적체되다가 불씨에 의하여 폭발하면서 화재가 발생하여 원고의 의류점내의 내부시설과 의류가 불에 타 못쓰게 되는 손해를 입었는바, 위 화재는 이 사건 가스통의 하자 자체로 인하여 직접 발생한 것이므로, 피고는 공작물인 이 사건 가스통의 점유자로서 화재로 인하여 원고가 입은 손해를 배상할 책임이 있다고 할 것입니다.

3. 손해배상책임의 범위

원고는 화재로 소실된 내부시설의 복구 및 청소를 위하여 금 5,000,000원을 지출하였고, 판매를 위해 화재전날 구입하여 매장에 진열 중이던 의류 100점, 금 5,000,000원어치가 모두 소실하였으므로 피고가 원고에게 배상해야 할 돈은 총10,000,000원입니다.

4. 결   론

사정이 위와 같으므로 원고는 피고로부터 금 10,000,000원 및 이에 대한 이 사건 사고발생일인 2001. 10. 20.부터 이 사건 소장부본 송달일까지는 민법에서 정한 연 5%의, 그 다음날부터 다 갚는 날까지는 소송촉진등에관한특례법에서 정한 연 15%의 각 비율에 의한 지연손해금을 받기 위하여 이 사건 소송에 이르게 되었습니다.

입 증 방 법

1. 갑 제1호증의 1, 2   각 현장사진
1. 갑 제2호증   화재증명원
1. 갑 제3호증의 1, 2   각 영수증
1. 갑 제4호증   거래명세표

첨 부 서 류

1. 위 입증방법   각 1통
1. 소장부본   1통
1. 송달료납부서   1통

20○○.   ○.   ○.

위 원고   ○○○   (서명 또는 날인)

○○지방법원 귀중

[서식 예] 손해배상(기)청구의 소(근로계약불이행으로 인한 손해)

소 장

원 고 ○○주식회사
　　　　○○시 ○○구 ○○로 ○○ (우편번호)
　　　　대표이사 ○○○
　　　　전화·휴대폰번호:
　　　　팩스번호, 전자우편(e-mail)주소:

피 고 1. ◇◇◇ (주민등록번호)
　　　　　○○시 ○○구 ○○로 ○○(우편번호)
　　　　　전화·휴대폰번호:
　　　　　팩스번호, 전자우편(e-mail)주소:
　　　　2. ◈◈◈ (주민등록번호)
　　　　　○○시 ○○구 ○○로 ○○(우편번호)
　　　　　전화·휴대폰번호:
　　　　　팩스번호, 전자우편(e-mail)주소:

손해배상(기)청구의 소

청 구 취 지

1. 피고들은 연대하여 원고에게 금 35,000,000원 및 이에 대한 2002. 9. 30.부터 이
   사건 소장부본 송달일까지는 연 5%의, 그 다음날부터 다 갚는 날까지는 연 15%의
   각 비율에 의한 돈을 지급하라.
2. 소송비용은 피고들이 부담한다.
3. 위 제1항은 가집행 할 수 있다.
라는 판결을 구합니다.

청 구 원 인

1. 원고회사는 각종 식류품 및 세제류의 유통업체이고, 피고 ◇◇◇는 2000. 1. 15.
   원고회사에 입사하여 창고관리업무에 종사하다가 2002. 3. 1. 다른 창고업무종사자
   들을 감독하며 물품의 출납과 재고관리 및 장부관리를 총괄하는 직책인 창고장에
   취임하여 2002. 9. 30.까지 동일한 업무를 수행하였으며, 피고 ◈◈◈는 피고 ◇◇
   ◇의 원고회사에 입사함에 있어서 신원보증을 한 사람입니다.
2. 그런데 2002. 9. 30. 피고 ◇◇◇가 원고회사를 퇴직하여 창고장직을 그만둔 뒤 피
   고 ◇◇◇가 창고장의 직무를 인수할 당시의 실제 재고량에 그 후 새로이 입고된

총물량을 더한 다음 거기에서 피고 ◇◇◇의 창고장 직무수행기간 중의 총출고량을 공제한 수량과 후임자에게 인계할 당시의 실제 재고량과의 차이를 피고 ◇◇◇의 책임아래 작성된 장부상의 기재내용과 따져 본 결과 금 35,000,000원 상당의 물품이 부족한 사실이 발견되었습니다.

3. 피고 ◇◇◇의 원고회사 창고장으로서의 책무는 입·출고시 물품의 수량 및 하자유무를 확인하고 물품이 훼손되지 않도록 다른 창고업무 종사자들을 지휘·감독하여 보관 중인 물품이 도난당하거나 멸실되지 않도록 보관상의 주의의무를 다하고, 이에 부수하여 재고관리 및 장부정리 등을 하는 것임에도 불구하고 피고 ◇◇◇는 원고회사의 창고장으로서 선량한 관리자의 주의의무를 게을리 함으로 인하여 원고회사에게 위와 같은 손해를 끼친 것이므로 피고는 원고회사의 위와 같은 손해를 전부 배상하여야 할 것이며, 피고 ◆◆◆는 피고 ◇◇◇의 신원보증인으로서 원고회사의 위와 같은 손해를 전부 부담하여야 할 것입니다.

4. 그렇다면 원고회사에게 피고들은 연대하여 부족한 물품에 대한 손해배상금 35,000,000원 및 이에 대한 손해발생 이후로서 손해발생을 확인한 2002. 9. 30.부터 이 사건 소장부본 송달일까지는 민법에서 정한 연 5%의, 그 다음날부터 다 갚는 날까지는 소송촉진등에관한특례법에서 정한 연 15%의 각 비율에 의한 지연손해금을 지급하여야 할 것이므로 이 사건 청구에 이른 것입니다.

<h2 style="text-align:center">입 증 방 법</h2>

1. 갑 제1호증의 1 내지 30	각 일일재고현황표
1. 갑 제2호증의 1 내지 30	각 출·입고의뢰서
1. 갑 제3호증	인수인계서

<h2 style="text-align:center">첨 부 서 류</h2>

1. 위 입증방법	각 1통
1. 소장부본	1통
1. 송달료납부서	1통

20○○.   ○.   ○.

위 원고   ○○주식회사

대표이사 ○○○ (서명 또는 날인)

○○지방법원   귀중

[서식 예] 손해배상(기)청구의 소(일조권침해)

소　　장

원　　고　　○○○ (주민등록번호)
　　　　　　○○시 ○○구 ○○길 ○○(우편번호)
　　　　　　전화·휴대폰번호:
　　　　　　팩스번호, 전자우편(e-mail)주소:
피　　고　　◇◇건설주식회사
　　　　　　○○시 ○○구 ○○길 ○○(우편번호)
　　　　　　대표이사 ◇◇◇
　　　　　　전화·휴대폰번호:
　　　　　　팩스번호, 전자우편(e-mail)주소:

손해배상(기)청구의 소

청 구 취 지

1. 피고는 원고에게 금 ○○○원 및 이에 대하여 이 사건 소장부본 송달 다음날부터 이 사건 판결선고일까지는 연 5%의, 그 다음날부터 다 갚는 날까지는 연 15%의 각 비율에 의한 돈을 지급하라.
2. 소송비용은 피고의 부담으로 한다.
3. 위 제1항은 가집행 할 수 있다.
라는 판결을 원합니다.

청 구 원 인

1. 당사자들의 지위
　　원고는 소외 주식회사 ◈◈건설이 신축하여 분양한 ○○시 ○○구 ○○길 ○○ 소재 10층 높이의 아파트 중 1층 ○○○호를 분양 받아 사용하고 있는 사람이고, 피고는 원고가 분양 받은 위 아파트의 이웃에 13층 높이의 아파트 2개동 및 10층 높이의 아파트 1개동을 신축하여 일반 분양한 회사입니다.
2. 손해배상책임의 발생
　가. 원고는 19○○. ○. ○. 소외 주식회사 ◈◈건설이 신축하여 분양한 ○○시 ○○구 ○○길 ○○ 소재 10층 건물의 아파트 중 1층 ○○○호에 대하여 분양계약을 체결하고 분양대금을 지급한 후 위 일자에 입주하여 생활하여 오고 있는바, 분양

당시 위 1층 ○○○호는 거실 등이 남향으로 위치하여 있어 1층임에도 불구하고 일조량이 동지를 기준으로 최소한 4시간 정도는 확보가 되는 상황이었습니다.

나. 이러한 상태에서 20○○. ○. ○.부터 원고가 분양 받은 아파트의 이웃 지번이자 피고 소유인 ○○시 ○○구 ○○길 ○○○에 피고가 10층 높이의 아파트 3개동을 신축하게 되었고, 원고는 당시 이러한 피고의 아파트신축계획을 알게 된 후 위 높이의 아파트가 들어선다 하여도 통풍 및 전망에는 약간의 피해가 예상되지만 그 외의 피해가 없다는 사실 및 위 아파트의 신축이 건축법상 하자가 없다는 사실을 알고 위 신축아파트의 신축과정을 지켜볼 수밖에 없던 차에 20○○. ○.경부터 위 3개동의 아파트 중 2개동에 대하여 그 건축 높이를 10층에서 13층으로 건축허가를 변경하여 증축을 하게 된 사실을 알게 되었고, 이와 같이 아파트가 신축되게 되면 통풍 및 전망권에 대한 피해는 차치하고 동절기 기준으로 4시간 정도 확보되던 일조권의 혜택이 1시간 정도로 줄어들게 되어 이러한 이유를 들어 피고에 대하여 증축부분의 건축공사를 중지하여 줄 것을 여러 차례 요청하였음에도 불구하고, 피고는 행정상으로 하자가 없기에 건축공사를 중단할 수 없다고 하면서 계속 공사 진행을 하여 결국 20○○. ○○. ○○. 사용검사를 받고 현재는 입주를 앞둔 시기에 있습니다.

다. 피고가 신축한 위 아파트로 인하여 원고가 예상하는 원고 거주 아파트의 피해 일조량은 추분에서 동지, 춘분에 걸쳐 일일 확보되던 기존 일조시간에서 일일 많게는 7시간에서 6시간 정도의 일조침해가 예상되는바, 이 일조량의 침해에 대하여는 추후 현장검증 및 감정을 통하여 구체적으로 입증하기로 하되, 피고로서는 위와 같은 일조권 및 통풍, 전망권의 침해로 인하여 원고가 입은 손해를 배상할 책임이 있다 할 것입니다.

3. 손해배상의 범위

주거의 일조는 쾌적하고 건강한 생활에 필요한 생활이익으로서 법적 보호의 대상이 되는 것이며, 어떤 토지의 거주자가 인접한 타인의 토지 위를 거쳐서 태양의 직사광선을 받고 있는데, 그 인접 토지의 사용권자가 건물 등을 건축함으로써 직사광선이 차단되는 불이익을 입게 되고, 그 일조방해의 정도가 사회통념상 일반적으로 인용하는 수인한도를 넘어서는 경우에는 그 건축행위는 정당한 권리행사로서의 범위를 벗어나거나 권리남용에 이르는 행위로서 위법한 가해행위로 평가되어 일조방해로 인한 불법행위가 성립한다고 할 것인데(대법원 2001. 6. 26. 선고 2000다44928 판결), 이 사건 피고의 신축건물이 건축법에 따라 건축되었다 하더라도 위 신축건물로 인하여 위에서와 같은 일조권 등의 침해가 인정되고 이러한 침해정도는 사회통념상 원고가 수인할 수 있는 범위내의 침해라 할 수 없으며, 따라서 이와 같은 일조권 등의 침해는 피침해자인 원고에 대한 불법행위를 구성한다고 볼 것이며 이에 대하여 피고는 금전으로나마 원고에게 배상을 할 의무가 있는바, 그 금액은 이 사건 일조권 침해의 경위, 일조권 침해의 정도와 현황, 피해회피의 가능성 등 제반 사정을 참작할 때 최소한 금 ○○○원은 되어야 할 것입니다.

4. 결론

따라서 원고는 피고로부터 금 ○○○원 및 이에 대한 원고의 일조권 등을 침해하기 시작한 날이라고 인정되는 피고가 신축한 위 아파트의 사용검사일인 20○○. ○○. ○○.부터 이 사건 소장부본 송달일까지는 민법에서 정한 연 5%의, 그 다음날부터 다 갚는 날까지는 소송촉진등에관한특례법에서 정한 연 15%의 각 비율에 의한 지연손해금을 지급 받기 위하여 이 사건 청구에 이른 것입니다.

입 증 방 법

1. 갑 제1호증   부동산등기사항증명서
1. 갑 제2호증   주민등록등본
1. 갑 제3호증   지적도등본
1. 갑 제4호증   통고서

첨 부 서 류

1. 위 입증방법   각 1통
1. 법인등기사항증명서   1통
1. 소장부본   1통
1. 송달료납부서   1통

20○○.   ○.   ○.
위 원고   ○○○   (서명 또는 날인)

○○지방법원   귀중

[서식 예] 손해배상(기)청구의 소(초상권 침해)

소   장

원   고   ○○○ (주민등록번호)
　　　　　　○○시 ○○구 ○○길 ○○(우편번호)
　　　　　　전화•휴대폰번호:
　　　　　　팩스번호, 전자우편(e-mail)주소:
피   고   주식회사◇◇
　　　　　　○○시 ○○구 ○○길 ○○(우편번호)
　　　　　　대표이사 ◇◇◇
　　　　　　전화•휴대폰번호:
　　　　　　팩스번호, 전자우편(e-mail)주소:

손해배상(기)청구의 소

청 구 취 지

1. 피고는 원고에게 금 ○○○원 및 이에 대하여 20○○. ○. ○.부터 이 사건 소장부
   본 송달일까지는 연 5%의, 그 다음날부터 다 갚는 날까지는 연 15%의 각 비율에
   의한 돈을 지급하라.
2. 소송비용은 피고의 부담으로 한다.
3. 위 제1항은 가집행 할 수 있다.
라는 판결을 구합니다.

신 청 이 유

1. 당사자 관계
   원고는 이 사건의 직접적인 피해자 본인이고, 피고는 건강보조식품의 통신판매 및
   광고업을 하는 사람으로서 매월 가입 회원들에게 통신판매용 광고전단(다음부터 광
   고전단이라고 함)을 배포하여 왔는데, 원고의 동의 없이 위 광고전단에 원고의 초상
   을 무단 전재함으로써 원고의 초상권을 침해한 가해자입니다.
2. 피고의 불법행위책임
   가. 피고는 매월 초 위 광고전단을 발행하여 자신의 가입회원 10여만 명에게 발송하
      는데 20○○. ○. ○.에 발행한 광고전단 15면에 살빼는 약인 "◎◎"을 광고하면
      서 "체중감량 1개월에 10kg 달성"이라는 제목으로 광고기사를 작성하고 그 아래
      원고의 수영복 입은 가로 5㎝, 세로 5㎝ 천연색 사진을 삽입하고 우측 여백에
      "탤런트 ○○○ 다이어트 성공"이라는 설명을 붙여 게재하였습니다.
   나. 그러나 위 광고문안에 등장하는 사람이 원고라는 것은 원고를 알고 있는 사람이라

면 누구나 알 수 있을 정도이고 원고는 20○○. ○. 일자미상에 피고로부터 살 빼는 약인 "◎◎"을 복용하여 보라는 권유를 받고 이를 받아 둔 사실은 있으나 원고가 위 약을 복용하고 살을 뺀 사실도 없고, 피고에게 원고가 위 약을 복용하고 살을 뺐다는 내용을 광고하여도 된다는 동의나 승낙을 해준 사실이 없으며, 위 사진이 위 기사에 삽입되어 게재되는 과정에서도 전혀 그 사실을 알지 못하였습니다.

다. 그런데도 불구하고 피고는 원고의 위 사진과 원고에 대한 기사를 위 광고전단에 무단 전재하였으므로 원고의 초상권을 침해하였다 할 것이고, 원고가 마치 위 약을 복용한 것처럼 광고함으로써 원고에게 정신적 고통을 입혔다 할 것이므로 원고에게 손해배상을 하여야 할 것입니다.

3. 손해배상의 정도

피고의 위 광고전단은 월 발행 부수가 50,000부에 이르고 원고는 현재 연예인으로 활동하고 있으며, 원고의 체중감량이 전적으로 위 약의 복용에 기인하는 것처럼 광고됨으로써 원고의 이미지에 적지 않은 타격을 준 것이므로 이러한 모든 점을 고려하여 볼 때 피고는 원고가 위와 같은 초상권침해와 명예훼손으로 인하여 입은 정신적 손해를 배상할 책임이 있다 할 것인바, 그 액수는 제반 사정을 참작하면 적어도 금 ○○○원이 상당하다고 할 것입니다.

4. 결론

따라서 원고는 피고로부터 금 ○○○원 및 이에 대한 위 광고전단발행으로 불법행위를 행한 20○○. ○. ○.부터 이 사건 소장부본 송달일까지는 민법에서 정한 연 5%의, 그 다음날부터 다 갚는 날까지는 소송촉진등에관한특례법에서 정한 연 15%의 각 비율에 의한 지연손해금을 지급 받기 위하여 이 사건 청구에 이른 것입니다.

입 증 방 법

1. 갑 제1호증   통신판매 광고전단

첨 부 서 류

1. 위 입증서류   1통
1. 법인등기사항증명서   1통
1. 소장부본   1통
1. 송달료납부서   1통

20○○. ○. ○.

위 원고   ○○○ (서명 또는 날인)

○○지방법원 귀중

[서식 예] 손해배상(기)청구의 소(주거침입 등)

소　　　장

원　　고　　○○○ (주민등록번호)
　　　　　　○○시 ○○구 ○○길 ○○(우편번호)
　　　　　　전화·휴대폰번호:
　　　　　　팩스번호, 전자우편(e-mail)주소:
피　　고　　◇◇◇ (주민등록번호)
　　　　　　○○시 ○○구 ○○길 ○○(우편번호)
　　　　　　전화·휴대폰번호:
　　　　　　팩스번호, 전자우편(e-mail)주소:

손해배상(기)청구의 소

청 구 취 지

1. 피고는 원고에게 금 ○○○만원 및 이에 대한 20○○. ○○. ○○.부터 이 사건 소장
   부본 송달일까지는 연 5%의, 그 다음날부터 다 갚는 날까지는 연 15%의 각 비율
   에 의한 돈을 지급하라.
2. 소송비용은 피고의 부담으로 한다.
3. 위 제1항은 가집행 할 수 있다.
라는 판결을 구합니다.

청 구 원 인

1. 원고는 피고와 20○○. ○. ○.부터 3년간 ◉◉◉◉보험회사의 보험설계사로 같이 근
   무하면서 교제를 하며 친분을 갖게 되었는데, 원고는 갑자기 남편이 사업에 실패하
   여 급히 자금을 마련하여야 할 상황이 되어 20○○. ○. ○○. 피고로부터 금 ○○
   ○원을 월 4%이자의 조건으로 3개월 뒤에 갚기로 하고 차용하였습니다.
2. 그런데 원고는 형편이 더욱 어려워져 피고에게 위 차용금을 갚을 날짜에 갚지 못하고
   갚을 날짜를 3개월만 연기해줄 것을 요청하였으나, 피고는 이를 거절하고 20○○. ○
   ○. ○. 밤늦게 원고의 집에 찾아와서 "이 ○○아" 하면서 욕설을 하며 문을 부수고
   집안에 들어와서 빌려간 돈을 내놓으라고 하면서 원고의 집 방 1칸을 차지하고 고성
   을 지르다가 다음날 새벽 4시경에서야 원고의 집에서 나갔으며, 그 이후로도 20○
   ○. ○○. ○○.까지 여러 차례에 걸쳐 원고의 집을 원고의 저지에도 불구하고 무단

으로 침입하여 여러 시간 욕설을 하면서 머물렀던 사실이 있습니다.

3. 원고는 위 차용금을 어렵게 마련하여 갚을 날짜로부터 15일이 지나 원금 및 이자를 모두 갚았지만, 원고가 비록 채무를 갚을 날짜에 갚지 못하였다고 하여도 피고의 위와 같은 무단주거침입 등으로 인하여 원고가정의 평온이 파괴되어 원고가 상당한 정신적 고통을 당하였음은 경험칙상 명백하다 할 것이므로 피고는 이를 금전으로나마 위자할 의무가 있다 할 것인바, 피고는 원고에게 위자료로서 금 ○○○원을 지급함이 상당하다 할 것입니다.

4. 따라서 원고는 피고로부터 위자료 금 ○○○원 및 이에 대한 위 불법행위의 종료일인 20○○. ○○. ○○.부터 이 사건 소장부본 송달일까지는 민법에서 정한 연 5%의, 그 다음날부터 다 갚는 날까지는 소송촉진등에관한특례법에서 정한 연 15%의 각 비율에 의한 지연손해금을 지급 받기 위하여 이 사건 청구에 이른 것입니다.

입 증 방 법

1. 갑 제1호증   고소장
1. 갑 제2호증   진술서(증인)

첨 부 서 류

1. 위 입증방법   각 1통
1. 소장부본   1통
1. 송달료납부서   1통

20○○.   ○.   ○.

위 원고   ○○○ (서명 또는 날인)

○○지방법원 귀중

[서식 예] 손해배상(기)청구의 소(지하철역 추락사고)

소   장

원   고   ○○○ (주민등록번호)
            ○○시 ○○구 ○○길 ○○(우편번호)
            전화•휴대폰번호:
            팩스번호, 전자우편(e-mail)주소:
피   고   ◇◇시 도시철도공사
            ○○시 ○○구 ○○길 ○○(우편번호)
            사장 ◇◇◇
            전화•휴대폰번호:
            팩스번호, 전자우편(e-mail)주소:

손해배상(기)청구의 소

청 구 취 지

1. 피고는 원고에게 금 ○○○원 및 이에 대하여 20○○. ○. ○○.부터 이 사건 소장 부본 송달일까지는 연 5%의, 그 다음날부터 다 갚는 날까지는 연 15%의 각 비율에 의한 돈을 지급하라.
2. 소송비용은 피고의 부담으로 한다.
3. 위 제1항은 가집행 할 수 있다.
라는 판결을 구합니다.

청 구 원 인

1. 손해배상책임의 원인
 1) 손해배상책임의 발생
   (1) 맹인인 원고는 20○○. ○. ○. 07:25경 피고가 운영하는 지하철 ○호선 ○○역의 승강장 ○○기점 37.807㎞ 지점 하선 승강장에서 맹인용 보도블록이 설치되지 않은 승강장 바닥을 걷다가 선로로 떨어져 그 충격으로 인하여 우상완골 간부골절, 우족부 중골골절 등의 중상을 입게 되었습니다.
   (2) 사고발생 직후 원고는 공익요원들과 승객들에 의하여 승강장 바닥으로 들어 올려진 후 119구급대원들에 의하여 ○○병원으로 후송되었습니다.

2) 손해배상책임의 근거

(1) 사고 발생 역의 시설물하자

가. 이 사건 사고가 발생한 지하철 ○호선 ○○역은 상행선에서 내려 바로 하행선을 탈 수 있는 일명 '섬식 정류장'이므로 양방향으로 선로가 지나가게 되고, 원고와 같은 시각장애인은 한층 추락의 위험성이 큰 승강장입니다.

나. 사고 당시 위 ○○역은 선로에의 추락을 방지하기 위하여 접근금지를 알리는 노란색 안전선을 표시하는 점자블록이, 지하철의 문이 열리고 승하차가 이루어지는 지점인 승하차지점에서 연결이 단절되어 있었고, 점자블록이 설치된 부분도 4열의 요철로 그 두께가 얇아 신발을 신은 상태에서 발바닥으로 감지하기가 쉽지 않았습니다. 원고는 위 점자블록을 감지하지 못하고 추락하게 되었습니다.

다. 현재 위 ○○역은 다른 지하철역과 동일하게 위 점자블록 승하차지점까지 연결되도록 하였고 그 점자블록의 두께도 6열의 요철로 두껍게 하였습니다(갑 제13호증의 1, 2 각 원고추락지점 사진).

라. 지하철 ○호선의 ○○역, ○○역은 선로에의 접근을 금지하기 위한 안전선을 표시하는 6열의 점자블럭이 승하차지점에도 계속 연결되어 있을 뿐만 아니라 안전선 안쪽에 고무로 된 요철이 설치되어 있어 시각장애인들의 접근을 금지시키고 있습니다(갑 제14호증의 1 ○○역 사진, 갑 제14호증의 2 ○○역 사진).

(2) 안내원의 미배치

피고공사는 지하철 운행에 있어서 여객의 안전보호를 위하여 방송 등을 통하여 승하차를 안내하도록 하는 외에 안내원, 공익요원 등을 승강장에 배치하여 여객을 안내, 정리하고 실족 등 사고발생 여부를 감시하고 있습니다.

그러나 이 사건 사고 당시는 출근시간인 오전 7시 25분경으로 혼잡 등으로 인한 실족 등의 사고발생 위험이 더욱 높았음에도 불구하고 사고장소인 승강장에 나와서 안내하는 안내원이 없었으며, 원고가 추락하자 다른 승객들이 원고를 구출하면서 역무실에 연락하여 공익근무요원 2명이 출동하였을 뿐입니다.

(3) 피고 공사의 과실

가. 따라서 이 사건 사고는 피고공사가 지하철과 같은 위험한 대중교통수단을 경영하면서 시각장애인들이 방향이나 위험지역을 인식할 수 있는 유일한 수단인 안전선 점자블록 등을 설치하지 않거나 설치하였더라도 사고발생을 충분히 예방할 수 있을 정도로 설치하지 않은 과실 및 사고발행의 위험이 높은 출근시간대에 여객의 실족 등을 감시 보호하는 안내원을 배치하지 않은 과실에 기인하여 발생한 것입니다.

나. 따라서 이 사건 사고는 피고공사의 과실 또는 피고공사 직원의 과실 및 ○○역 승강장의 공작물의 하자로 인하여 발생한 것이므로 피고공사는 불법행위에 의한 손해배상책임 또는 채무불이행에 의한 손해배상책임, 그리고 민법 제756조의 사용자 배상책임 또는 같은 법 제758조의 공작물의 점유자, 소유자의 책임이 있다 할 것입니다.

2. 손해배상의 범위

1) 원고의 일실수입

원고는 맹인 안마사로서 이 사건 사고 이전에는 월 ○○○만원의 소득을 얻었는 바, 이 사건 사고로 인하여 사고일인 20○○. ○. ○.부터 20○○. ○. ○.까지 ○○ 병원, ◎◎병원 등에서 입원치료를 받아, 위 입원기간 동안 원고는 안마사로 일을 하지 못하여 매월 ○○○만원의 일실소득이 있었습니다.

【계 산】 : 사고일(20○○. ○. ○.)부터 병원퇴원일(20○○. ○○. ○○.)까지 3개월
남짓이므로 3개월에 상당하는 호프만수치 : 2.9751
금 ○○○원 × 2.9751 = 금 ○○○원

2) 치료비

원고에 대한 치료비는 합계 금 ○○○원(○○병원 치료비 ○○○원 + ◎◎병원 치료 비 ○○○원)입니다.

3) 위자료

생명을 잃을 수도 있었던 이 사건 사고로 인하여 원고는 심한 고통을 당하고 장기 간 입원치료까지 하여 현재까지도 지속적으로 심한 정신적, 육체적 고통을 받고 있음이 경험칙상 명백하므로, 피고는 이에 대하여도 금전으로나마 위자할 의무가 있다 할 것인바, 피고는 이 사건 사고발생 경위나 그 결과 등 제반 사정을 참작하 여 원고에게 금 ○○○원을 지급함이 상당하다 할 것입니다.

3. 결론

그렇다면 원고는 피고공사로부터 금 ○○○원(일실수입 금 ○○○원 + 치료비 금 ○ ○○원 + 위자료 금 ○○○원) 및 이에 대하여 이 사건 사고일인 20○○. ○. ○○. 부터 이 사건 소장부본 송달일까지는 민법에서 정한 연 5%의, 그 다음날부터 다 갚는 날까지는 소송촉진등에관한특례법에서 정한 연 15%의 각 비율에 의한 지연손 해금을 지급 받기 위하여 이 사건 청구에 이른 것입니다.

입 증 방 법

1. 갑 제1호증	상황보고
1. 갑 제2호증	구급·구조증명서
1. 갑 제3호증	주민등록표등본
1. 갑 제4호증	장애인등록증
1. 갑 제5호증	안마사자격증
1. 갑 제6호증	진단서
1. 갑 제7호증	입·퇴원확인서(○○병원)
1. 갑 제8호증	입·퇴원확인서(◎◎병원)
1. 갑 제9호증	입원치료비계산서(○○병원)
1. 갑 제10호증	치료비영수증(○○병원)
1. 갑 제11호증	외래진료비계산서(◎◎병원)

1. 갑 제12호증	치료비영수증(◎◎병원)
1. 갑 제13호증 1내지 3	각 사고장소 현장사진
1. 갑 제14호증의 1	지하철 ○호선 ○○역 현장사진
1. 갑 제14호증의 2	지하철 ○호선 ○○역 현장사진

첨 부 서 류

1. 위 입증방법	각 1통
1. 법인등기사항증명서	1통
1. 소장부본	1통
1. 송달료납부서	1통

20○○.　　○.　　○.

위 원고　　○○○　(서명 또는 날인)

○○지방법원　귀중

소   장

원   고   ○○○ (주민등록번호)
　　　　　○○시 ○○구 ○○길 ○○(우편번호)
　　　　　전화·휴대폰번호:
　　　　　팩스번호, 전자우편(e-mail)주소:
피   고   ◇◇◇ (주민등록번호)
　　　　　○○시 ○○구 ○○길 ○○(우편번호)
　　　　　전화·휴대폰번호:
　　　　　팩스번호, 전자우편(e-mail)주소:

손해배상(기)청구의 소

청 구 취 지

1. 피고는 원고에게 금 ○○○원 및 이에 대한 20○○. ○. ○.부터 이 사건 소장부본
   송달일까지는 연 5%의, 그 다음날부터 다 갚는 날까지는 연 15%의 각 비율에 의
   한 돈을 지급하라.
2. 소송비용은 피고의 부담으로 한다.
3. 위 제1항은 가집행 할 수 있다.
라는 판결을 구합니다.

청 구 원 인

1. 손해배상책임의 발생
 (1) 당사자의 관계
　　　원고는 20○○. ○. ○. 피고와 사이에 ○○ ○○시 ○○○길 ○○○-○○ 소재 ○
　　○세차장(사업자등록증에 자동차전문수리업으로 되어 있고, 카센터 건물 및 대지
　　는 신청외 ◉◉◉의 소유임)에 관하여 영업양도양수계약을 체결하고, 동 카센터(영
　　업권 및 그 영업시설)를 대금 2,300만원(권리금 2,000만원, 보증금 300만원)에 원
　　고가 양수하였습니다.
　　　당시 피고는 자신의 어머니가 계주를 하다가 파계되어 빚쟁이들이 가계로 몰려와
　　돈을 내놓으라고 하면서 소란스럽게 하는 바람에 영업을 할 수 없으니 가계를 넘
　　기고 자신은 어머니와 음식장사나 하겠다고 하기에 권리금으로 금 2,000만원이나

지급하고 위 가계를 인수하였습니다. 결국, 피고는 원고에게 위 가계를 넘긴 뒤에는 인근에서 카센터 동종영업을 하지 않기로 약정을 한 것입니다.

(2) 손해배상책임의 발생

그러나 피고는 위 약정을 어기고 위 계약을 체결한 뒤 약 1년이 지난 20○○. ○.○.경부터 원고가 인수한 위 카센터로부터 약 5㎞ 떨어진 ○○시 ○○○길 ○○-○에서 다시 ○○○카센터를 설립하여 영업을 시작하였습니다.

피고는 ○○시 ○○○길에서 초, 중, 고등학교를 졸업하고 지금까지 살아온 소위 토박이로서 인근에 아는 사람이 많아 기존의 고객이 많을 뿐더러, ○○세차장과 불과 300m 정도 떨어진 ○○중앙교회의 집사로서 그 교회 신도들 등 고객이 많습니다. 피고는 위 ○○○카센터 내에서만 영업을 하는 것이 아니라, 자신이 다니는 위 ○○중앙교회 운동장에서 출장수리를 하는 등 영업을 하고 있습니다.

장애인인 원고가 위 가계를 인수한 것은 그러한 고객선이 있었기 때문에 이를 시작하게 된 것이었지만, 피고가 다시 영업을 개시한 이후로는 수입이 급감하였습니다. 한편, 원고는 최근 피고를 상대로 영업금지가처분신청을 하여 위 ○○○카센터영업을 하여서는 아니 된다는 결정을 받았으나(피고는 위 영업금지가처분심문기일에 자신이 영업하고 있다는 사실을 인정하였습니다), 피고는 위 ○○○카센터의 사업자 명의를 자신의 동생인 ◆◆◆로 변경하고는 위 영업을 계속하고 있습니다.

결국 피고는 위 영업금지약정 또는 상법 제41조에 기하여 원고와 인근에서 동종영업을 하지 아니할 의무가 있음에도 불구하고 이에 위반하여 영업을 함으로써 원고에게 손해를 입혔다고 할 것입니다.

2. 손해배상의 범위

원고는 피고로부터 위 가계를 인수한 직후인 20○○. ○. ○.경 총수입 금 8,442,000원에서 각종 비용을 공제한 금 2,200,000원의 순수익을 올리는 것을 비롯하여, 20○○. ○.에는 금 2,500,000원을, 20○○. ○.에는 금 2,200,000원의 순수익을 올리는 등 월 평균 최소 금 2,200,000원 이상의 순수익을 올렸으나, 피고가 다시 영업을 시작한 이후로는 수입이 급감하더니 최근 20○○. ○.경에는 순수익이 아닌 총수입이 불과 금 1,410,000원, 20○○. ○.에는 금 555,000원, 20○○. ○.에는 금 1,195,000원에 불과한 총수입을 얻었고 여기에 월 임대료 등을 공제하면 실제로 순수익은 거의 없습니다.

원고는 수입이 급감하여 직원(기사)를 해고하면서 근근히 가계를 꾸려나갔지만 결국은 도저히 가계운영이 어려워 20○○. ○. ○.경에는 아예 폐업을 하고 말았습니다.

따라서 피고의 경업금지의무위반으로 인하여 원고는 월수입 금 1,500,000원 이상의 손해를 입었으므로 피고가 다시 카센터 영업을 시작한 20○○. ○. ○.부터 원고가 카센타영업을 폐업한 20○○. ○. ○.경까지 약 ○개월 동안 금 ○○○원(금 1,500,000원×○개월) 상당의 재산상의 손해를 입었고, 그 동안 원고는 엄청난 심리적인 고통을 입었다고 할 것이므로 위 금액과 함께 상당한 위자료를 청구할 수 있다고 할 것이지만, 원고도 어느 정도 손해를 감수하고자 위 금액 중 금 ○○○원을 청구하고자 합니다.

3. 결 론

따라서 피고는 원고에게 금 ○○○원 및 이에 대한 원고의 카센타영업 폐업일인 20○○. ○. ○.부터 이 사건 소장부본 송달일까지는 민법에서 정한 연 5%의, 그 다음 날부터 다 갚는 날까지는 소송촉진등에관한특례법에서 정한 연 15%의 각 비율에 의한 지연손해금을 지급 받기 위하여 이 사건 청구에 이른 것입니다.

<h2 style="text-align:center">입 증 방 법</h2>

1. 갑 제1호증	계약서
1. 갑 제2호증	사업자등록증
1. 갑 제3호증	채무자발행의 영수증
1. 갑 제4호증	동의내역서
1. 갑 제5호증의 1 내지 12	각 사진
1. 갑 제6호증의 1 내지 2	각 거래명세서
1. 갑 제7호증	영업금지가처분결정문

<h2 style="text-align:center">첨 부 서 류</h2>

1. 위 입증방법	각 1통
1. 소장부본	1통
1. 송달료납부서	1통

20○○.   ○.   ○.

위 원고   ○○○   (서명 또는 날인)

○○지방법원 ○○지원 귀중

[서식 예] 손해배상(기)청구의 소(불량사료로 인한 피해)

소　　　장

원　　고　　○○○ (주민등록번호)
　　　　　　○○시 ○○구 ○○길 ○○(우편번호)
　　　　　　전화·휴대폰번호:
　　　　　　팩스번호, 전자우편(e-mail)주소:
피　　고　　◇◇◇ (주민등록번호)
　　　　　　○○시 ○○구 ○○길 ○○(우편번호)
　　　　　　전화·휴대폰번호:
　　　　　　팩스번호, 전자우편(e-mail)주소:

손해배상(기)청구의 소

청 구 취 지

1. 피고는 원고에게 금 ○○○○○원 및 이에 대한 20○○. ○○. ○○.부터 이 사건 소장부본 송달일까지는 연 5%의, 그 다음날부터 다 갚는 날까지는 연 15%의 각 비율에 의한 돈을 지급하라.
2. 소송비용은 피고의 부담으로 한다.
3. 위 제1항은 가집행 할 수 있다.
라는 판결을 구합니다.

청 구 원 인

1. 원고는 식용란의 생산을 위한 채란계 5,000 마리를 사육하고 있는데, 종전에는 소외 ◎◎◎로부터 사료를 구입하여 먹였으나, 소외 ◎◎◎가 폐업하여 피고가 경영하는 사료공장에서 양계용 사료를 구입하여 20○○. ○. ○.부터 원고가 기르는 위 닭들에게 먹였는데, 급식방법이나 계사관리 또는 사료보관에 어떤 이상이 없었고 피고로부터 구입한 사료가 변질되거나 부패한 것이 아니었음에도 피고로부터 구입한 사료를 먹인 2일 내지 4일 뒤부터 닭들이 심한 탈모현상과 더불어 난소가 극히 위축되고 복강 내 침출물이 충만되는 등 심한 중독증상을 일으키고, 계사당 매일 80%에 달하던 산란율이 급격히 떨어지기 시작하여 약 10일이 경과한 무렵부터는 30% 이하로 떨어져 양계의 경제성이 완전히 상실되어 마침내 20○○. ○○. ○○.에는 모두 폐계(廢鷄)처분하였습니다.
2. 그런데 피고로부터 원고가 위 사료를 구입할 무렵에 피고로부터 같은 양계용 사료

를 구입하여 사용한 소외 ◉◉◉의 경우에도 원고의 경우와 유사한 현상이 발생하였습니다.

3. 그렇다면 닭이 사료의 변경으로 인하여 스트레스를 받아 다소 산란율의 저하를 가져오는 경우가 있다고 하더라도 그 산란율 저하의 폭은 소폭에 불과하고, 또한 일시적 현상으로서 수일내에 곧 산란율이 회복되는 것이 일반적인 현상이고, 비록 위 사료에 어떠한 불순물이 함유되어 있고 또 그것이 어떤 화학적, 영양학적 내지는 생리적 작용을 하여 이를 사료로 먹은 닭들이 위와 같은 난소협착증을 일으키고 되고 산란율이 현저하게 떨어지게 된 것인지 구체적으로 밝혀지지는 않았지만 적어도 그 사료에 어떤 불순물이 함유된 것이 틀림없어 제조과정에 과실이 있었고, 이로 인하여 원고가 사육하던 닭들이 위와 같은 현상을 초래하게 된 것이라는 인과관계가 인정된다 할 것이므로 피고는 위 사료의 제조판매자로서 불법행위의 책임이 있다고 할 것입니다.

4. 원고가 위와 같은 피고의 불법행위로 인하여 입은 손해는 채란계를 순전히 육용으로 제공되는 폐계로서 처분하였으므로, 원고가 이 사건 양계용 사료를 먹고 산란율이 저하되어 폐계로 처분된 닭들의 교환가액의 감소 즉, 이 사건 양계용 사료를 급식하기 전의 닭들의 시가와 이들을 폐계로 처분하여 얻은 가액과의 차액이라 할 것입니다. 그런데 원고의 채란계는 노계나 신계를 불문하고 채란계로서는 마리당 적어도 금 ○○○원 정도의 시세가 있었던 것이 폐계로서는 금 ○○원 정도의 가격으로 처분되었는바, 원고의 손해는 금 ○○○○○원{(금 ○○○원-금 ○○원)×5,000마리}에 이른다 할 것입니다.

5. 따라서 원고는 피고로부터 금 ○○○○○원 및 이에 대한 원고가 위 닭을 폐계처분한 200○. ○○. ○○.부터 이 사건 소장부본 송달일까지는 민법이 정한 연 5%의, 그 다음날부터 다 갚는 날까지는 소송촉진등에관한특례법에서 정한 연 15%의 각 비율에 의한 지연손해금을 지급 받기 위하여 이 사건 청구에 이른 것입니다.

입 증 방 법

1. 갑 제1호증의 1 내지 6   각 사진
1. 갑 제2호증   거래명세서(사료구입)
1. 갑 제3호증   사실확인서(소외 ◉◉◉)
1. 갑 제4호증의 1 내지 10   각 거래명세서(폐계처분)
1. 갑 제5호증의 1, 2   각 통고서(내용증명우편)

첨 부 서 류

1. 위 입증방법   각 1통
1. 소장부본   1통

1. 송달료납부서   1통

                    20○○.   ○.   ○.
                    위 원고   ○○○ (서명 또는 날인)

○○지방법원 ○○지원 귀중

소   장

원   고   ○○○ (주민등록번호)
           ○○시 ○○구 ○○길 ○○(우편번호)
           전화·휴대폰번호:
           팩스번호, 전자우편(e-mail)주소:
피   고   1. ◇◇주식회사
              ○○시 ○○구 ○○길 ○○(우편번호)
              대표이사 ◇◇◇
              전화·휴대폰번호:
              팩스번호, 전자우편(e-mail)주소:
           2. ◆◆◆ (주민등록번호)
              ○○시 ○○구 ○○길 ○○(우편번호)
              전화·휴대폰번호:
              팩스번호, 전자우편(e-mail)주소:

손해배상(지)청구의 소

청 구 취 지

1. 피고들은 각자 원고에게 금 ○○○원 및 이에 대한 20○○. ○○. ○○.부터 이 사건 소장부본 송달일까지는 연 5%의, 그 다음날부터 다 갚는 날까지는 연 15%의 각 비율에 의한 돈을 지급하라.
2. 소송비용은 피고들의 부담으로 한다.
3. 위 제1항은 가집행 할 수 있다.
라는 판결을 구합니다.

청 구 원 인

1. 당사자들의 지위
   원고는 소설「◎◎◎」외 다수의 작품을 출품한 경력이 있는 자로 소설·수필 등 창작을 주 업무로 하고 있는 문학가이고, 피고 ◇◇주식회사, 피고 ◆◆◆는 공동으로 서적의 인쇄·복제·알선 및 판매를 주 업무로 하고 있는 출판업자입니다.
2. 손해배상책임의 발생

가. 원고는 20○○. ○.부터 이 사건 소설「◎◎◎」의 창작을 시작하여 같은 해 ○. ○. 이를 완성하였고, 20○○. ○○. ○. ◆◆에서 주관하는 ◆◆회에 출품하여 우수한 성적으로 입선하였습니다.

나. 피고들은 공동으로 20○○. ○○. ○○.경부터 위 소설을 인쇄·복제하여 상·하권 (각 432면) 2권을 제작, 책 1권당 금 ○○원씩 시중에 불법유통 하여 판매하고 있는데, 인기가 급상승하여 판매 부수가 ○○○부에 이르고 있습니다.

다. 피고들은 이와 같은 인쇄·복제를 함에 있어서 작가인 원고의 동의를 얻지 않았을 뿐만 아니라 고의로 원고의 저작권을 침해한 것이므로, 피고들은 공동불법행위자로서 각자 원고가 입은 손해를 배상하여야할 책임이 있습니다.

3. 손해배상의 범위

원고가 이 소설을 창작하여 이를 소외 □□□출판사에 의뢰한 상태였고 소외 □□□출판사에서 출판하였더라도 원고가 얻을 수 있는 이익은 출판대금 ○○○원을 제외한 금 ○○○원을 얻을 수 있게 되어 있었던 것이고, 이러한 사실은 소외 □□□출판사의 지명도 및 판매할 수 있는 유통구조상 피고들이 얻을 수 있는 금액을 상회하리라는 것임은 현재의 판매 부수가 이를 입증해주고 있습니다.

4. 결 론

따라서 피고들은 각자 손해배상금 ○○○원 및 이에 대한 위 저작권침해일인 20○○. ○○. ○○.부터 이 사건 소장부본 송달일까지는 민법에서 정한 연 5%의, 그 다음날부터 다 갚는 날까지는 소송촉진등에관한특례법에서 정한 연 15%의 각 비율에 의한 지연손해금을 지급할 의무가 있다 할 것이므로 이의 지급을 구하기 위하여 이 사건 청구에 이르게 된 것입니다.

입 증 방 법

1. 갑 제1호증   사진(복제물)
1. 갑 제2호증   출판계약서

첨 부 서 류

1. 위 입증방법   각 1통
1. 법인등기사항증명서   1통
1. 소장부본   2통
1. 송달료납부서   1통

20○○.   ○.   ○.

위 원고   ○○○ (서명 또는 날인)

○○지방법원 귀중

[서식 예] 손해배상(기)청구의 소(안면방해)

소　　장

원　　고　　○○○ (주민등록번호)
　　　　　　○○시 ○○구 ○○길 ○○(우편번호)
　　　　　　전화·휴대폰번호:
　　　　　　팩스번호, 전자우편(e-mail)주소:
피　　고　　◇◇◇ (주민등록번호)
　　　　　　○○시 ○○구 ○○길 ○○(우편번호)
　　　　　　전화·휴대폰번호:
　　　　　　팩스번호, 전자우편(e-mail)주소:

손해배상(기)청구의 소

청 구 취 지

1. 피고는 원고에게 금 ○○○원 및 이에 대한 20○○. ○. ○○.부터 이 사건 소장부본 송달일까지는 연 5%의, 그 다음날부터 다 갚는 날까지는 연 15%의 각 비율에 의한 돈을 지급하라.
2. 소송비용은 피고의 부담으로 한다.
3. 위 제1항은 가집행 할 수 있다.
라는 판결을 원합니다.

청 구 원 인

1. 당사자들의 지위
　　○○시 ○○구 ○○길 ○○ 소재 지상 7층의 주상복합건물은 소외 ◉◉◉의 소유건물이고, 원고는 소외 ◉◉◉로부터 위 건물의 4층 부분을 임차하여 주거로 사용하고 있으며, 피고는 위 건물의 2층 내지 3층 부분을 소외 ◉◉◉로부터 임차하여 볼링장을 운영하고 있는 사람입니다.
2. 손해배상책임의 발생
　가. 원고는 20○○. ○. ○. 소외 ◉◉◉로부터 위 임차건물에 대하여 임차보증금은 1억원, 임차기간은 20○○. ○. ○.부터 20○○. ○○. ○○.까지로 정하여 임차하는 계약을 체결한 뒤 주거로 사용하여 오고 있으며, 피고는 원고가 위 건물을 임차하기로 계약한 후인 20○○. ○. ○○. 소외 ◉◉◉으로부터 위 건물의 2층 내지

3층 부분을 임차하여, 관할구청으로부터 영업허가를 받고 "◉◉볼링센타"라는 상호로 볼링장을 개설하여 그 때부터 볼링장을 운영하여 오고 있습니다.

나. 원고가 임차한 위 건물은 주상복합건물로서, 피고는 피고가 임차한 이 건물의 2층에 12개의 레인 및 기계실, 사무실을 그리고 3층에는 같은 12개의 레인 및 기계실, 휴게실을 설치하고, 10:00경부터 다음날 02:00경까지 볼링장영업을 하여오고 있고, 원고는 위 4층의 임차건물을 주거로 사용하고 있는데 원고가 거주하고 있는 임차건물의 바로 아래층에 소재한 피고가 경영하는 볼링장은 소음 및 진동방지시설이 전혀 되어 있지 않아 주간은 물론이고 특히 저녁 및 심야의 경우에는 거의 매일 계속적, 반복적으로 위 볼링장의 볼링공이 낙하할 때, 굴러갈 때 및 핀을 충격할 때 발생하는 소음 및 진동이 그대로 원고가 운영하는 임차건물에 전달되며, 위와 같은 충격 소음은 타격, 파괴, 폭발 및 파열 등에 의하여 지속 시간이 극히 짧은 단속적인 음으로서 지속적으로 인하여 발생하는 소음 및 진동에 비하여 사람의 신경에 더 많은 민감한 영향을 미치며 이로 인하여 원고는 물론이고 원고의 가족들은 정서적인 안정 및 수면 등을 제대로 취할 수 없는 상황이 위 볼링장을 개설한 이후로 지금까지 지속되어 오고 있습니다.

다. 위와 같은 사실에 의하면, 야간 및 심야를 주영업 시간대로 하여 원고 임차건물의 아래층에서 계속적, 반복적으로 볼링장 영업을 하는 피고로서는, 그보다 먼저 위층을 주거로 사용하고 있는 원고의 안온을 방해하지 아니하도록 소음 및 진동방지시설을 제대로 설치하여야 할 주의의무가 있음에도 불구하고 이를 게을리 한 과실로 그 소음 및 진동이 원고의 주거에 그대로 전달되게 하여 계속적, 반복적으로 원고의 정서적 안정을 해하고 숙면을 방해하는 등 정신적 고통을 가하였는 바, 피고의 이러한 행위는 사회통념상 원고가 수인 하여야 할 한도를 넘어선 것으로서 불법행위를 구성한다 할 것이므로, 피고는 이로 인하여 원고가 입은 손해를 배상할 책임이 있다 할 것입니다.

3. 손해배상의 범위

그렇다면 피고는 위에서와 같은 원고의 정신적 고통에 대하여 금전으로나마 위자를 하여야 할 것이며, 그 금액은 위 임차건물의 용도 및 위치, 소음 및 진동배출의 정도, 피침해이익의 성질 및 피해회피가능성, 위 건물이용의 선후관계 등 제반 사정을 종합하여 볼 때 최소한 금 ○○○원은 되어야 할 것입니다.

4. 결론

따라서 원고는 피고로부터 금 ○○○원 및 이에 대한 20○○. ○. ○○.부터 이 사건 소장부본 송달일까지는 민법에서 정한 연 5%의, 그 다음날부터 다 갚는 날까지는 소송촉진등에관한특례법에서 정한 연 15%의 비율에 의한 지연손해금을 지급 받기 위하여 이 사건 청구에 이른 것입니다.

입 증 방 법

1. 갑 제1호증   임대차계약서

1. 갑 제2호증   통고서
1. 갑 제3호증   소음측정결과보고서

첨 부 서 류

1. 위 입증방법   각 1통
1. 소장부본   1통
1. 송달료납부서   1통

                    20○○.   ○.   ○.
                    위 원고   ○○○ (서명 또는 날인)

○○지방법원 귀중

[서식 예] 손해배상(기)청구의 소(양도담보권 침해)

소   장

원   고   ○○○ (주민등록번호)
          ○○시 ○○구 ○○길 ○○(우편번호)
          전화·휴대폰번호:
          팩스번호, 전자우편(e-mail)주소:
피   고   ◇◇◇ (주민등록번호)
          ○○시 ○○구 ○○길 ○○(우편번호)
          전화·휴대폰번호:
          팩스번호, 전자우편(e-mail)주소:

손해배상(기)청구의 소

청 구 취 지

1. 피고는 원고에게 금 9,500,000원 및 이에 대하여 20○○. ○○. ○○.부터 이 사건
   소장부본 송달일까지는 연 5%의, 그 다음날부터 다 갚는 날까지는 연 15%의 각
   비율에 의한 돈을 지급하라.
2. 소송비용은 피고가 부담한다.
3. 위 제1항은 가집행 할 수 있다
라는 판결을 구합니다.

청 구 원 인

1. 원고는 20○○. ○. ○. 소외 ◆◆◆에게 금 10,000,000원을 빌려주면서 담보조로
   소외 ◆◆◆로부터 소외 ◆◆◆ 소유의 기계 1대를 양도담보로 제공받았습니다.
2. 위 양도담보계약의 내용은 위 기계에 대하여 원고를 양도담보권자로 하는 양도담보
   를 설정하되 위 기계의 점유는 소외 ◆◆◆가 계속 하기로 하는 점유개정의 방법에
   의한 양도담보로서, 위 대여금채무의 변제기까지 소외 ◆◆◆가 원금 10,000,000원
   과 이자 금 1,000,000원의 합계 금 11,000,000원을 갚지 못하면 위 기계를 원고가
   집행할 수 있도록 하는 것이었고 집행공정증서까지 작성하였습니다.
3. 그런데 소외 ◆◆◆는 위 기계를 원고에게 양도담보로 제공한 뒤 20○○. ○. ○○.
   피고에게 이중으로 양도담보로 제공하였으며, 피고는 다시 위 기계를 20○○. ○○.
   ○○. 금 9,500,000원을 받고 소외 ◆◆◆에게 처분하였습니다.

4. 동산에 대하여 점유개정의 방법으로 이중양도담보를 설정한 경우 원래의 양도담보 권자는 뒤의 양도담보권자에 대하여 배타적으로 자기의 담보권을 주장할 수 있으므로, 뒤의 양도담보권자가 양도담보의 목적물을 처분함으로써 원래의 양도담보권자로 하여금 양도담보권을 실행할 수 없도록 하는 행위는, 이중양도담보설정행위가 횡령죄나 배임죄를 구성하는지 여부나 뒤의 양도담보권자가 이중양도담보설정행위에 적극적으로 가담하였는지 여부와 관계없이, 원래의 양도담보권자의 양도담보권을 침해하는 위법한 행위라고 할 것이므로(대법원 2000. 6. 23. 선고 99다65066 판결), 피고는 원고가 위 기계에 대하여 양도담보권을 취득한 뒤에 이중으로 양도담보권을 설정 받은 뒤의 양도담보권자로서 위 기계를 소외 ◆◆◆에게 처분함으로써 원고의 양도담보권을 침해하였다고 할 것입니다.

5. 따라서 원고는 피고에 대하여 위 기계의 대금 9,500,000원 및 이에 대하여 20○○. ○○. ○○.부터 이 사건 소장부본 송달일까지는 민법에서 정한 연 5%의, 그 다음 날부터 다 갚는 날까지는 소송촉진등에관한특례법에서 정한 연 15%의 각 비율에 의한 지연손해금의 지급을 청구하기 위하여 이 사건 소를 제기합니다.

입 증 방 법

　　　1. 갑 제1호증　　　　　　　　금전소비대차및동산양도담보계약공
　　　　　　　　　　　　　　　　　정증서
　　　1. 갑 제2호증　　　　　　　　처분사실확인서

첨 부 서 류

　　　1. 위 입증방법　　　　　　　　각 1통
　　　1. 소장부본　　　　　　　　　1통
　　　1. 송달료납부서　　　　　　　1통

20○○.　○.　○.
위 원고　○○○　(서명 또는 날인)

○○지방법원　귀중

[서식 예] 손해배상(기)청구의 소(불법토사채취)

소　　　장

원　　고　　○○○ (주민등록번호)
　　　　　　○○시 ○○구 ○○길 ○○(우편번호)
　　　　　　전화·휴대폰번호:
　　　　　　팩스번호, 전자우편(e-mail)주소:
피　　고　　◇◇건설주식회사
　　　　　　○○시 ○○구 ○○길 ○○(우편번호)
　　　　　　대표이사 ◇◇◇
　　　　　　전화·휴대폰번호:
　　　　　　팩스번호, 전자우편(e-mail)주소:

손해배상(기)청구의 소

청 구 취 지

1. 피고는 원고에게 금 10,000,000원 및 이에 대한 2000. 7. 30.부터 이 사건 소장부
　본 송달일까지는 연 5%의, 그 다음날부터 다 갚는 날까지는 연 15%의 각 비율에
　의한 돈을 지급하라.
2. 소송비용은 피고의 부담으로 한다.
3. 위 제1항은 가집행 할 수 있다.
라는 판결을 구합니다.

청 구 원 인

1. ○○ ○○○시 ○○읍 ○○ 소재 전 661.16㎡(다음부터 이 사건 토지라고 함)는 원
　고의 소유입니다. 그런데 피고회사는 원고의 승낙 없이 2000. 5. 30.경부터 2000. 7.
　30.까지 이 사건 토지의 흙 및 암석 등을 지하로 30m 이상 굴착하여 채취함으로써
　이 사건 토지를 쓸모가 없게 황폐화시켰습니다.
2. 원고는 피고회사의 이 사건 토지에 대한 소유권의 침해로 인하여 이 사건 토지의
　원상복구에 드는 비용으로 금 10,000,000원을 상회하는 손해를 입었습니다.
3. 따라서 원고는 피고회사에 대하여 피고회사의 위와 같은 불법행위로 인한 손해배상
　금 중 금 10,000,000원을 초과하는 금액은 추후 감정결과에 따라 손해액을 확정하
　여 청구하기로 하고 우선 금 10,000,000원 및 이에 대한 2000. 7. 30.부터 이 사건

소장부본 송달일까지는 민법에서 정한 연 5%의, 그 다음날부터 다 갚는 날까지는 소송촉진등에관한특례법에서 정한 연 15%의 각 비율에 의한 지연손해금을 청구하기에 이른 것입니다

입 증 방 법

1. 갑 제1호증   등기사항증명서
1. 갑 제2호증   토지대장등본
1. 갑 제3호증   지적도등본
1. 갑 제4호증   견적서
1. 갑 제5호증   사실확인서
1. 갑 제6호증의 1 내지 3   각 사진

첨 부 서 류

1. 위 입증방법   각 1통
1. 법인등기사항증명서   1통
1. 소장부본   1통
1. 송달료납부서   1통

20○○.   ○.   ○.
위 원고   ○○○   (서명 또는 날인)

○○지방법원 귀중

[서식 예] 손해배상(기)청구의 소(농약의 용도를 잘못 알려준 경우)

소 장

원 고   ○○○ (주민등록번호)
　　　 ○○시 ○○구 ○○길 ○○(우편번호)
　　　 전화·휴대폰번호:
　　　 팩스번호, 전자우편(e-mail)주소:
피 고   ◇◇주식회사
　　　 ○○시 ○○구 ○○길 ○○(우편번호)
　　　 대표이사 ◇◇◇
　　　 전화·휴대폰번호:
　　　 팩스번호, 전자우편(e-mail)주소:

손해배상(기)청구의 소

청 구 취 지

1. 피고는 원고에게 금 ○○○○○원 및 이에 대한 20○○. ○○. ○○.부터 이 사건 소장부본 송달일까지는 연 5%의, 그 다음날부터 다 갚는 날까지는 연 15%의 각 비율에 의한 돈을 지급하라.
2. 소송비용은 피고의 부담으로 한다.
3. 위 제1항은 가집행 할 수 있다.
라는 재판을 구합니다.

청 구 원 인

1. 손해배상책임의 발생
　원고는 19○○년경부터 원고 소유의 ○○시 ○○리 ○○ 답 2,237㎡, 같은 리 ○○ 답 2,216㎡, 같은 리 ○○ 답 2,255㎡ 합계 6,708㎡(약 2,029평) 중 약 1,352평에는 비가림 비닐하우스를 설치하고, 나머지 677평에는 노지 상태에서 포도농사를 지어왔습니다(갑 제1호증의 1 내지 3 부동산등기부등본 참조). 포도나무는 병충해방지를 위하여 매년 겨울에 나무의 껍질을 벗겨야 하는데 원고가 일손부족으로 껍질을 벗기지 못한 관계로 대신 농약을 뿌리기 위하여 20○○. 겨울 어느 날 ○○시 ○○리에서 ○○농약사를 경영하는 소외 ◆◆◆에게 가서 포도나무 껍질을 벗기지 않았는데 대신 무슨 농약을 써야 하는지를 물어보았고 소외 ◆◆◆는 며칠 후 원고에게 '포도나무에 뿌릴 기계유유제 농약을 구해 놓았으니 이것을 사용하라'고 하여 원고는 피고회사가 제조한 기계유유제를 구입하여 용법대로 사용하였습니다.

그런데 20○○. ○.말경이 되어도 포도나무에서 새순이 자라나지 않아서 ○○시 농업기술센타에 문의한 결과 포도나무에 사용해서는 아니 되는 기계유유제를 사용하여 피해가 발생된 것으로 추측된다는 결과를 통보 받았습니다(갑 제2호증의 1 내지 3 각 현장사진, 갑 제3호증 농약피해현지포장조사결과 참조). 원고는 무식한 농부로서 농약에 대한 전문지식이 없는 관계로 포도나무에 위 농약을 사용해도 된다는 소외 ◈◈◈의 말만을 들었지 위 기계유유제 농약이 원래 포도나무에는 사용해서는 아니 되는 농약이었는지, 혹은 위 기계유유제 농약을 피고회사에서 제조하는 과정에서 어떠한 제조상 결함을 가졌는지 알 수가 없었으며, 주위에 수소문한 결과 20○○. ○. ○. 포도나무에 같은 농약을 살포한 소외 ◉◉◉도 원고와 유사한 손해를 입었던 것을 알게 되었습니다(갑 제4호증의 1, 2 확인서, 현장사진 각 참조). 원고가 농약판매상인 소외 ◈◈◈에게 문의한 결과 농약제조사인 피고회사의 ○○○지점 현지담당자 소외 ◎◎◎가 소외 ◈◈◈에게 포도나무에 위 농약을 사용하도록 권유하였고 이에 소외 ◈◈◈가 원고에게 위 농약을 사용하라고 하였던 것이 밝혀졌습니다(갑 제5호증 확인서 참조).

가. 먼저 위 농약이 포도나무에 사용 가능한 것이라면, 원고의 포도나무가 별다른 이유 없이 위 농약의 살포 후 발육부진을 일으킨 것이 인정되므로 비록 위 농약에 어떠한 불순물이 함유되어 있거나 잘못된 제조과정을 거쳐서 그것이 어떠한 화학적, 내지는 생리적 작용을 하여 원고 재배의 포도나무로 하여금 위와 같은 발육부진을 일으키게 한 것인지는 정확히 알 수 없지만, 적어도 위 농약의 제조과정에 과실이 있었고 그로 인하여 원고의 포도나무에 위와 같은 현상을 초래하게 된 것이 인정되므로 피고회사는 농약을 대량으로 제조, 판매하는 회사로서 결함이나 하자가 없는 농약을 제조하여야 할 의무가 있음에도 이를 이행하지 아니한 점에 대하여 원고에게 제조물 책임을 져야 할 것이며,

나. 설사 위 농약이 포도나무에는 애당초 사용 불가능한 것이어서 발육부진이 발생하였다고 하더라도 위와 같은 위험성이 있는 농약을 대량으로 제조·판매하는 회사인 피고회사는 소매상 또는 소비자에게 농약의 사용으로 인한 손해나 위험을 회피하기 위한 적절한 사용방법을 제시하여야 할 의무가 있는데도 이를 이행하지 아니하고 오히려 소매상인 소외 ◈◈◈에게 '포도나무에 사용 가능한 농약'이라는 설명을 함으로써 소외 ◈◈◈를 통하여 이를 믿은 원고가 결과적으로 위와 같은 손해를 입게 한 과실이 인정되므로 적절한 사용방법을 제시하지 않은 지시상의 결함에 대한 제조물 책임 또는 피고회사의 직원이 직무상의 고의 또는 과실행위로서 농약의 용법에 대하여 잘못된 설명을 하여 원고가 입은 손해에 대하여 민법 제756조의 사용자책임 규정에 의한 손해배상의무가 있다고 할 것입니다.

2. 손해배상의 범위

원고는 19○○년부터 원고 소유의 ○○시 ○○리 ○○ 답 2,237㎡, 같은 리 ○○ 답 2,216㎡, 같은 리 ○○ 답 2,255㎡ 합계 약 6,708㎡(2,029평) 중 약 1,352평에는 비가림 비닐하우스를 설치하고, 나머지 677평에는 노지상태에서 3-5년생 포도나무를 재배하여 19○○년 금 ○○○만원, 19○○년 금 ○○○만원 가량의 매출을 하여 왔으며 포도나무는 7-8년생이 될 때까지 작황이 증가하기 때문에 20○○년의 경우 더 많은 매출이 기대되었습니다. 그러나 20○○년은 위와 같이 포도나무의 순이 자라나지 않거나 발육이 극히 부진하여 금 ○○○○원 정도만 매출하게 되었습니다. 농촌진흥청 농업경영관실 발행의 '○○년 농축산물표준소득(갑 제6호증 참조)에 의하면 10a(아아르)당 시설포도를 재배하는 경우 금 ○○○○원(조수입 금 ○○○○원 - 경영비합계 금 ○○○원)의 소득을, 노지포도를 재배하는 경우 금 ○○○○원(조수입 금 ○○○○원 - 경영비합계 금 ○○○원)의 소득을 각 올리는 것으로 조사되어 있으며 자영농민인 원고의 경우 매출액 및 경영비에 대한 모든 영수증이 존재하지 아니하므로 위와 같은 통계자료를 통하여 일실이익을 산정할 수 있다고 할 것입니다.

위 통계자료상의 소득에 의하여 원고의 포도재배 면적에 해당하는 일실소득을 계산하여 보면, 1352평의 시설하우스에서 금 ○○○○원(금 ○○○원 × 1,352평 ÷ 302.5평, 10a는 302.5평임)의, 677평의 노지에서 금 ○○○○원(금 ○○○원 × 677평 ÷ 302.5평) 합계 금 ○○○○○원의 일실소득에서 기매출액 금 ○○○○원에 대한 소득 금 ○○○○원(금 ○○○원 × 소득율 78.3%, 소득율이 높은 노지포도의 경우를 적용한 것임)을 공제한 금 ○○○○○원(금 ○○○○○원 - 금 ○○○○원)의 일실손해를 입었다고 할 것입니다. 또한 원고의 포도나무는 발육이 극히 부진하여 다음연도인 20○○년에도 추가적인 매출감소가 예견되나, 현재로서는 그 피해액의 산정이 곤란하므로 원고는 총 손해액 중 20○○년분의 손해에 한하여 일부 청구를 하는 바입니다.

3. 결 론

그렇다면 피고는 원고에 대하여 불법행위(제조물책임 또는 사용자책임)에 의한 손해배상으로서 금 ○○○○○원 및 이에 대한 20○○년분 포도의 수확기가 끝난 20○○. ○○. ○○.부터 이 사건 소장부본 송달일까지는 민법에서 정한 연 5%의, 그 다음날부터 다 갚는 날까지는 소송촉진등에관한특례법에서 정한 연 15%의 각 비율에 의한 지연손해금을 지급할 의무가 있으므로 원고는 이 사건 소송을 제기하게 되었습니다.

입 증 방 법

1. 갑 제1호증의 1 내지 3　　　각 부동산등기사항증명서
1. 갑 제2호증의 1 내지 3　　　각 현장사진
1. 갑 제3호증　　　　　　　　　농약피해현지포장조사결과

1. 갑 제4호증의 1, 2	확인서, 현장사진
1. 갑 제5호증	확인서
1. 갑 제6호증	○○년 농축산물표준소득
1. 갑 제7호증	법인등기사항증명서

첨 부 서 류

1. 위 입증방법	각 1통
1. 소장부본	1통
1. 송달료납부서	1통

20○○. ○. ○.

위 원고 ○○○ (서명 또는 날인)

○○지방법원 귀중

[서식 예] 손해배상(기)청구의 소(신용훼손)

소　　　장

원　　고　○○○ (주민등록번호)
　　　　　○○시 ○○구 ○○길 ○○(우편번호)
　　　　　전화·휴대폰번호:
　　　　　팩스번호, 전자우편(e-mail)주소:
피　　고　◇◇◇ (주민등록번호)
　　　　　○○시 ○○구 ○○길 ○○(우편번호)
　　　　　전화·휴대폰번호:
　　　　　팩스번호, 전자우편(e-mail)주소:

손해배상(기)청구의 소

청 구 취 지

1. 피고는 원고에게 금 ○○○원 및 이에 대한 20○○. ○. ○.부터 이 사건 소장부본 송달일까지는 연 5%의, 그 다음날부터 다 갚는 날까지는 연 15%의 각 비율에 의한 돈을 지급하라.
2. 소송비용은 피고의 부담으로 한다.
3. 위 제1항은 가집행 할 수 있다.
라는 판결을 구합니다.

청 구 원 인

1. 손해배상책임의 발생
　피고는 고무신 제조업자인데, 원고 역시 품질 좋은 고무신을 제조, 판매하는 업자임을 잘 알면서도 20○○. ○. ○.부터 원고의 등록상표(19○○. ○. ○. 등록 제○○○○호로서 호랑이를 주 도안으로 삼고 있음)와 유사한 상표(역시 호랑이를 주 도안으로 삼고 있음)를 부착하여 품질이 좋지 않은 고무신을 제조, 시판하여 옴으로써 원고의 영업상 신용을 크게 침해한 일이 있으므로, 피고는 이로 인해 원고가 입은 모든 손해를 배상할 책임이 있다고 할 것입니다.
2. 손해배상책임의 범위
　가. 피고가 얻은 이익
　　피고는 그 동안 총 10,000켤레의 고무신을 판매하였고, 한 켤레 당 순이익은 450

원이므로 총 ○○○원의 이익을 얻었습니다.

나. 피고의 신용훼손행위로 발생한 손해액

　　원고가 제조하는 고무신 제품은 피고 제품에 비하여 품질이 우수하고 시중에서의 가격에도 차이가 있는데 피고가 원고 제품보다 질이 낮은 피고 제품에 원고의 등록상표와 혼동할 우려가 있는 위 유사상표를 첨부 사용함으로서 원고의 영업상 신용을 크게 침해하였다고 할 것이므로 피고는 이에 대하여 상당한 배상을 할 의무있다 할 것이므로, 원·피고 제품의 품질차이, 피고의 침해행위기간, 상품제조수량 등과 기타 제반사정을 참작하면 그 배상액은 금 ○○○원으로 정함이 상당하다 할 것입니다.

3. 결론

　　따라서 원고는 피고로부터 위와 같은 손해배상금 ○○○원 및 이에 대한 20○○. ○. ○.부터 이 사건 소장부본 송달일까지는 민법에서 정한 연 5%의, 그 다음날부터 다 갚는 날까지는 소송촉진등에관한특례법에서 정한 연 15%의 각 비율에 의한 지연손해금을 지급 받기 위하여 이 사건 청구에 이른 것입니다.

입 증 방 법

　1. 갑 제1호증　　　　　고소장
　1. 갑 제2호증　　　　　고소장접수증명원
　1. 갑 제3호증　　　　　순이익계산표

첨 부 서 류

　1. 위 입증방법　　　　　각 1통
　1. 소장부본　　　　　　　1통
　1. 송달료납부서　　　　　1통

20○○.　○.　○.
위 원고　○○○　(서명 또는 날인)

○○지방법원　귀중

[서식 예] 손해배상(기)청구의 소(모욕)

소   장

원   고   ○○○ (주민등록번호)
              ○○시 ○○구 ○○길 ○○(우편번호)
              전화·휴대폰번호:
              팩스번호, 전자우편(e-mail)주소:
피   고   ◇◇◇ (주민등록번호)
              ○○시 ○○구 ○○길 ○○(우편번호)
              전화·휴대폰번호:
              팩스번호, 전자우편(e-mail)주소:

손해배상(기)청구의 소

청 구 취 지

1. 피고는 원고에게 금 ○○○원 및 이에 대한 20○○. ○. ○.부터 이 사건 소장부본 송달일까지는 연 5%의, 그 다음날부터 다 갚는 날까지는 연 15%의 각 비율에 의한 돈을 지급하라.
2. 소송비용은 피고의 부담으로 한다.
3. 위 제1항은 가집행 할 수 있다.
라는 판결을 구합니다.

청 구 원 인

1. 손해배상책임의 발생
   피고는 20○○. ○. ○. 16:00 ○○역 광장에서 ○○시위에 평화적으로 참가하고 있던 원고를 보고, 마침 여러 사람이 함께 있는 자리에서 '너 빨갱이 아니냐, 이 망할 놈'이라고 욕설을 하여 원고를 모욕하였고, 이로 인해 원고는 충격을 받고 그 자리에서 쓰러져 병원으로 후송된 뒤 치료를 받고 퇴원한 사실이 있으므로, 피고는 이로 인해 원고가 입은 모든 손해를 배상할 책임이 있다고 할 것입니다.
2. 손해배상책임의 범위
 가. 치료비
   원고는 위 사고 당일 병원 치료비로 금 ○○○원을 지출하는 손해를 입었습니다.

나. 위자료

원고는 위 사고로 인해 대인공포증 등으로 시달리는 등 정신적인 고통을 받았으므로 피고는 이를 금전으로나마 보상할 의무가 있다고 할 것인데, 원고의 나이, 직업, 학력, 가정적인 환경 등을 종합적으로 고려할 때 위자료로는 ○○○원이 상당하다고 할 것입니다.

3. 결론

따라서 피고는 원고에게 금 ○○○원(치료비 금 ○○○원＋위자료 금 ○○○원) 및 이에 대하여 이 사건 발생일인 20○○. ○. ○.부터 이 사건 소장부본 송달일까지는 민법에서 정한 연 5%의, 그 다음날부터 다 갚는 날까지는 소송촉진등에관한특례법에서 정한 연 15%의 각 비율에 의한 지연손해금을 지급할 의무가 있다고 할 것입니다.

입 증 방 법

1. 갑 제1호증   고소장
1. 갑 제2호증   고소장접수증명원
1. 갑 제3호증   진단서
1. 갑 제4호증   치료비영수증

첨 부 서 류

1. 위 입증방법   각 1통
1. 소장부본   1통
1. 송달료납부서   1통

20○○. ○. ○.

위 원고   ○○○   (서명 또는 날인)

○○지방법원 귀중

[서식 예] 조정신청서{손해배상(기) 청구}

민 사 조 정 신 청 서

신 청 인 ○○○(주민등록번호)
　　　　○○시 ○○구 ○○길 ○○(우편번호)
　　　　전화·휴대폰번호:
　　　　팩스번호, 전자우편(e-mail)주소:
피신청인 ◇◇◇(주민등록번호)
　　　　○○시 ○○구 ○○길 ○○(우편번호)
　　　　전화·휴대폰번호:
　　　　팩스번호, 전자우편(e-mail)주소:

손해배상(기)청구

신 청 취 지

1. 피신청인은 신청인에게 금 1,622,252원 및 이에 대한 이 사건 신청서부본 송달 다음날부터 다 갚는 날까지 연 15%의 비율에 의한 돈을 지급한다.
2. 조정비용은 피신청인의 부담으로 한다.
라는 조정을 구합니다.

신 청 이 유

1. 손해배상책임의 발생
　　신청인은 피신청인과 절친한 친구사이로서 20○○. ○. ○. ○○시 ○○구 ○○길 소재 소주방에서 함께 술을 마시던 중 피신청인이 신청인에게 ○○은행에서 신용대출을 받을 수 있도록 연대보증을 해달라고 부탁하여 신청인은 비록 친한 친구사이였지만 평소 피신청인의 무분별한 씀씀이를 잘 알고 있어 거절하였는데, 이에 불만을 품은 피신청인이 느닷없이 심한 욕설을 하면서 탁자를 내리쳐 신청인이 자리에서 일어났고 그 순간 피신청인이 주먹으로 신청인의 안면부를 수회 강타하여 신청인에게 3주간의 치료를 요하는 안면부좌상 및 뇌진탕 등의 상해를 입게 하였습니다.
2. 손해배상책임의 범위
　1) 일실수입
　　　신청인은 사고당시 건설공사현장에서 미장공으로 일을 하면서 일당 금 70,000원의 소득을 올리고 있었으나 이 사건 사고로 인하여 20일간 일을 하지 못했습니다.

따라서 신청인의 일실수입손해는 금 1,022,252원입니다.

【계 산】

　　금 1,022,252원{=금 70,000원×22일×0.6638(1개월의 호프만수치 0.9958×20/30)}

2) 치료비

신청인은 이 사건 사고로 ○○시 ○○구 ○○동 소재 ◎◎의원에서 14일간의 입원과 6일간의 통원치료를 받으면서 치료비 금 600,000원을 지출하였습니다.

3. 결론

그렇다면 피신청인은 신청인에게 금 1,622,252원(일실수입 금 1,022,252원 + 치료비 금 600,000원)을 지급하여야 할 것인바, 친구사이에 우발적으로 일어난 사건임을 감안하여 위자료는 청구하지 않고 위 청구금액에 대하여만 원만한 조정을 구하고자 이 사건 신청에 이른 것입니다.

<h1 align="center">입 증 방 법</h1>

1. 갑 제1호증　　　　　　　진단서
1. 갑 제2호증　　　　　　　치료비영수증
1. 갑 제3호증　　　　　　　노임명세서

<h1 align="center">첨 부 서 류</h1>

1. 위 입증방법　　　　　　　각 1통
1. 신청서부본　　　　　　　　1통
1. 송달료납부서　　　　　　　1통

20○○. ○○. ○○.

위 신청인 ○○○ (서명 또는 날인)

○○지방법원　귀중

[서식 예] 준비서면{손해배상(기), 원고}

준 비 서 면

사　건　20○○가단○○○　손해배상(기)
원　고　○○○
피　고　주식회사◇◇은행 외 1

　　귀원 위 사건에 관하여 원고는 다음과 같이 변론을 준비합니다.

다　　　음

1. 피고 주식회사◇◇은행(다음부터 피고은행이라고 함)은 피고은행의 ○○지점장으로 근무하던 피고 ◈◈◈가 그의 처 소외 김◈◈와 공모하여 소외 이◈◈와 19○○년경부터 계속적인 사채거래관계에 있던 원고가 채무자 소외 박◈◈로부터 금 1억 원의 채무를 변제 받는다는 사실을 미리 알고 19○○. ○. ○.경 피고 은행 ○○지점에서 원고 모르게 원고 명의의 예금통장을 새로 개설하고 원고가 소외 박◈◈로부터 대여금 1억 원을 변제 받는 자리에 함께 간 소외 이◈◈는 원고에게 위 돈을 소지하고 귀가하는 것은 위험하니 원고가 피고은행과 거래하는 통장에 무통장 입금시키자고 하여 부근의 피고은행 ○○○지점에 들러 원고가 소파에 앉은 사이 소외 이◈◈는 금 1억 원을 위 ○○지점 통장에 입금시킨 후, 같은 달 ○○. 피고은행 ○○지점에서 피고 ◈◈◈는 입금시킨 위 금 1억 원을 인출하기 위하여 원고 명의의 예금청구서 1매를 위조하고 이를 행사하여 금 1억 원을 편취한 것이므로 이는 피고 ◈◈◈의 피고은행의 피용자로서의 사무집행과는 아무런 관련이 없다고 주장합니다.

2. 그러나 민법 제756조에 규정된 사용자책임의 요건인 '사무집행에 관하여'라는 뜻은 피용자의 불법행위가 외형상 객관적으로 사용자의 사업활동 내지 사무집행행위 또는 그와 관련된 것이라고 보여질 때에는 행위자의 주관적인 사정을 고려함이 없이 이를 사무집행에 관하여 한 행위라고 본다는 것이고 외형상 객관적으로 사용자의 사무집행에 관련된 것인 지의 여부는 피용자의 본래의 직무와 불법행위와의 관련정도 및 사용자에게 손해발생에 대한 위험창출과 방지조치 결여의 책임이 어느 정도 있는지를 고려하여 판단하여야 할 것이므로(대법원 19○○. ○. ○. 선고 98다39930 판결 참조), 피고 ◈◈◈의 위와 같은 위법행위는 외형상, 객관적으로 피고은행 지점장으로서의 예금을 관리하는 업무범위내의 행위라고 볼 것이므로 따라서 피고은행은 불법행위자인 피고 ◈◈◈의 사용자로서 피고 ◈◈◈가 위와 같이 그 사무집행에 관하여 원고에게 입힌 위 손해를 연대하여 배상할 책임이 있다 할 것이므로 피고은행의 주장은 이유 없어 배척되어야 할 것입니다.

3. 또한, 피고은행은 원고가 19○○. ○. ○. 피고 ◈◈◈의 위와 같은 불법행위를 　알

앞고 이 사건 소제기일은 20○○. ○. ○.이므로 원고의 손해배상청구권은 이미 시효로 인하여 소멸하였다고 주장합니다.

4. 그러나 불법행위로 인한 손해배상청구권의 단기소멸시효 기산점이 되는 민법 제766조 제1항의 '손해 및 가해자를 안 날'이란 손해의 발생, 위법한 가해행위의 존재, 가해행위와 손해의 발생 사이에 상당인과관계가 있다는 사실 등 불법행위의 요건사실에 대하여 현실적이고도 구체적으로 인식하였을 때를 의미하는 것이므로(대법원 2011. 11. 10. 선고 2011다54686 판결 등 참조), 소외 이◆◆는 원고에게 19○○. ○. ○. 원고의 금 1억 원을 피고 ◆◆◆의 구좌에 일시 입금하였다가 이를 찾았다고 말하였을 뿐이고 원고는 소외 이◆◆ 및 피고 ◆◆◆에 대한 형사고소 및 이에 대한 수사과정에서 20○○. ○.경 피고 ◆◆◆가 위와 같이 원고명의의 통장을 임의로 몰래 만들어 원고의 돈을 편취한 내용의 위법행위를 알고 이에 대한 고소장을 추가로 제출한 사실이 있으므로 원고로서는 위 시점에서야 손해 및 그 가해자를 알았다고 보아야 할 것이므로 피고은행의 위 주장은 이유 없다 할 것입니다.

5. 그렇다면 피고들은 연대하여 원고에게 위 금 100,000,000원 및 이에 대한 19○○. ○. ○.부터 이 사건 소장부본이 피고에게 송달된 날인 20○○. ○. ○.까지는 민법에서 정한 연 5%의, 그 다음날부터 다 갚는 날까지는 소송촉진등에관한특례법에서 정한 연 20%의 각 비율에 의한 지연손해금을 지급할 의무가 있으므로 원고의 이 사건 청구를 인용하는 판결이 선고되어야 할 것입니다.

20○○. ○. ○.

위 원고 ○○○ (서명 또는 날인)

○○지방법원 제○○민사단독 귀중

반 소 장

사   건(본소)   20○○가단○○○○ 채무부존재확인
피고(반소원고)   ◇◇◇ (주민등록번호)
                 ○○시 ○○구 ○○길 ○○(우편번호)
                 전화·휴대폰번호:
                 팩스번호, 전자우편(e-mail)주소:
원고(반소피고)   ○○○ (주민등록번호)
                 ○○시 ○○구 ○○길 ○○(우편번호)
                 전화·휴대폰번호:
                 팩스번호, 전자우편(e-mail)주소:

  위 사건에 관하여 피고(반소원고)는 다음과 같이 반소를 제기합니다.

손해배상(기)청구의 반소

반 소 청 구 취 지

1. 원고(반소피고)는 피고(반소원고)에게 금 91,062,000원 및 이에 대한 19○○. ○○.
   ○.부터 이 사건 반소장부본 송달일까지는 연 5%의, 그 다음날부터 다 갚는 날까지
   는 연 15%의 각 비율에 의한 돈을 지급하라.
2. 소송비용은 본소, 반소를 모두 원고(반소피고)가 부담한다.
3. 위 제1항은 가집행 할 수 있다.
라는 판결을 구합니다.

반 소 청 구 원 인

1. 손해배상책임의 발생

가. 피고(반소원고, 다음부터 피고라고만 함)는 소외 김◆◆, 소외 이◆◆의 소개로
    19○○. ○.초순경 피고의 집 앞 노상에서 고랭지 무를 원고(반소피고, 다음부터
    '원고'라고 함)에게 금 6,000,000원에 밭떼기로 매도하기로 하는 계약을 체결하
    였습니다. 피고는 계약당시 원고에게 무를 출하한 뒤 7월 말까지 배추를 심어야
    하니 경작중인 무를 7월 20일경까지 모두 출하해 줄 것을 요구하였고 원고도 그
    사정을 이해하고 7월 20일까지는 무를 모두 출하하겠다고 약속하고 이행지체시

배추를 심지 못하여 발생하는 손해 등 모든 손해를 배상하기로 하였습니다.

당시 피고는 무 작황이 좋지 않아 무를 팔아버리고 빨리 배추를 심어야겠다는 생각에 무의 생산원가에도 미치지 못하는 금 6,000,000원의 헐값에 매도하게 된 것입니다.

나. 원고는 피고의 무를 매수한 뒤 19○○. 7. 중순경 1차로 3필지를 작업한 뒤 출하를 완료하기로 약속한 같은 달 20일이 지난 같은 달 25.경 2일에 걸쳐 4필지를 작업하였습니다. 피고는 같은 달 25.경 출하작업 중이던 원고에게 배추를 심어야하니 빨리 밭을 비워달라고 이야기하는 등 계속하여 무를 모두 출하해 줄 것을 요구하였으나 원고는 이를 이행하지 않았습니다.

피고는 배추 이모작을 위하여 이미 배추 종묘를 구입하였으나 원고가 19○○. 8. 말경까지도 피고의 무밭 나머지 3필지에 대한 작업을 마치지 아니하여 결국 배추 이모작을 해야 할 시기를 놓쳐버리고 말았습니다. 출하작업이 덜 끝난 무밭에는 이미 작업을 끝낸 부분에 트럭 등을 세워놓고 사람들이 출입하며 작업을 해야 하므로 이미 작업이 끝난 부분이라 하더라도 그곳에 다른 작물을 심는 것이 불가능하여 결국 피고는 구입해 놓은 배추 종묘를 하나도 심지 못한 것입니다.

다. 피고의 무밭은 해발 약 500m 정도에 위치하고 있는데 그 높이의 무밭에서 나오는 고랭지 무는 대개 7월 안에 출하되고, 해발 약 700m 이상에 위치한 밭에서 나오는 무는 8월 이후에 출하됩니다. 해발 500m 정도에 위치한 밭에서 나오는 무는 8월이 지나게 되면 무더위로 인하여 썩는 등 상품성을 잃게 되고 그 이후에는 그보다 높은 곳에서 나오는 무가 출하되는 것입니다. 따라서 피고의 경우에는 7월 말까지 무를 출하하고 난 뒤 바로 배추를 심게 되면 그로부터 약 60일이 지난 9월 말경 배추를 출하하는 것이므로 무와 배추의 이모작이 가능합니다.

라. 원고는 위와 같은 피고의 사정을 잘 알고 있으면서도 당초에 정한 출하작업 완료기한을 지키지 않아 피고로 하여금 배추이모작을 불가능하게 하였으므로 피고에 대하여 채무불이행에 기한 손해배상책임을 부담해야 할 것입니다.

2. 손해배상의 범위

가. 피고는 7월 말경 배추를 심은 뒤 60일 뒤인 9월 말경 배추를 출하할 예정이었으므로 배추의 출하에 따른 예상수입에서 부대비용을 제외하고 남는 순수익을 계산하면 다음과 같습니다.

  (1) 배추 출하 예상수입

피고는 19○○. 9. 말경 밭 10필지 총 22,830㎡에서 배추를 출하할 예정이었는데 그 분량을 계산해 보면 5톤 트럭으로 대략 20대 분량의 배추를 출하할 수 있었습니다(평균적으로 991㎡에서 5톤 트럭 1대 분량이 나옴).

19○○. 9. 경의 배추 도매가격은 평균적으로 5톤 트럭 1대당 금 5,365,000원이므로 피고가 출하할 수 있었던 배추는 합계 금 107,300,000원(금 5,365,000원 ×20대)에 달합니다.

  (2) 부대비용

5톤 트럭 1대당 부대비용을 계산하면 다음과 같습니다.

- 산지 배추 1대 상차비 : 금 230,000원
- 운송비(정선 -> 서울) : 금 240,000원
- 배추 1대 포장비용 : 금 20,000원
- 상장수수료(금 5,365,000원×6%) : 금 321,900원
- 합계 금 811,900원.

  그러므로 총 부대비용은 금 16,238,000원입니다.

나. 따라서 피고의 총 손해액은 배추 판매예상수입에서 부대비용을 공제한 금 91,062,000원입니다.

3. 결 론

그렇다면 원고는 피고에게 금 91,062,000원 및 이에 대한 배추 출하시점 이후인 19○○. 10. 1.부터 이 사건 반소장부본 송달일까지는 민법에서 정한 연 5%의, 그 다음날부터 다 갚는 날까지는 소송촉진등에관한특례법에서 정한 연 15%의 각 비율에 의한 돈을 지급할 의무가 있다 할 것입니다.

입 증 방 법

1. 을 제9호증의 1,2   각 농수산물가격월보 표지 및 내용

첨 부 서 류

1. 위 입증방법   각 1통
1. 반소장부본   1통
1. 송달료납부서   1통

20○○.   ○.   ○.

위 피고(반소원고) ◇◇◇ (서명 또는 날인)

○○지방법원 제○민사단독   귀중

■ 무빙워크에서 발생한 사고에 대해 대형할인점에게 손해배상을 물을 수 있나요?

Q. 甲은 乙 주식회사가 운영하는 대형할인점 지하 1층 매장에서 쇼핑수레에 식품을 담은 다음 무빙워크를 이용하여 지상 1층으로 이동하고 있었는데, 甲의 앞에서 丙이 탑승하고 있던 전동휠체어가 무빙워크의 끝 부분에 걸려 甲의 쇼핑수레와 丙의 전동휠체어가 서로 부딪치게 되었습니다. 전동휠체어와 쇼핑수레가 무빙워크 끝 부분에 걸려 움직이지 못하는 상황에서 甲은 쇼핑수레 옆쪽의 좁은 공간을 통하여 빠져나오려다가 균형을 잃고 지상 1층 바닥으로 넘어져 상해를 입었습니다. 이러한 경우 甲이 입은 상해에 관하여 乙 회사는 아무런 책임이 없는지요?

A. 대형할인점의 경우, 식품, 의류, 가전제품 등 다양한 종류의 상품은 물론, 식당, 여행사, 세탁소 등 여러 시설도 갖추고 있어 하루에도 다양한 종류의 많은 사람이 출입하게 되고, 매장 내에서의 이동도 빈번하게 이루어집니다.

따라서 乙 회사와 같은 대형할인점의 운영자는 고객들이 안전하게 시설을 이용할 수 있도록 매장 내·외부 시설을 관리하고 매장 내에서 발생할 수 있는 각종 위험으로부터 고객을 보호하여야 할 안전배려의무를 부담합니다. 특히 국민안전처 고시 제2015-1호 승강기 검사 및 관리에 관한 운용요령 제22조에서는 '에스컬레이터(무빙워크 포함) 이용자는 승강기의 안전운행과 사고방지를 위하여 다음 각호의 사항을 준수하여야 한다. 7. 유모차 등은 접어서 지니고 타야하며, 수레 등은 싣지 말아야 한다. 다만 에스컬레이터에 탑재 가능하도록 특수한 구조로 안전하게 설치된 경우에는 그러하지 아니한다.'라고 규정하고 있는바, 무빙워크에 탑재가 가능하도록 특수한 구조로 설치되지 않은 전동휠체어 이용 고객은 무빙워크를 이용해서는 안 되고, 乙 회사로서는 전동휠체어 이용 고객이 무빙워크를 이용하다가 사고가 발생하는 것을 방지할 수 있도록 필요한 여러 조치를 취하였어야만 합니다.

그럼에도 불구하고 乙 회사가 대형할인점의 관리책임자로서 안전배려의무를 다하지 못한 과실로 본 사건과 같은 사고가 발생해 甲이 손해를 입었다면, 乙은 甲에게 위 손해를 배상할 의무가 있다고 할 것입니다(광주지방법원 2017.6.21. 선고 2016나54250 판결 참조).

■ 음식물 알레르기로 인한 상해와 제조물책임 또는 민사상 손해의 배상을 청구할 수 있는지요?

Q. 甲은 직장동료들과 함께 점심을 먹기 위하여 乙이 운영하는 중식당에 방문하였습니다. 甲은 당시 갑각류 알레르기가 있었으므로, 식당 종업원에게 음식을 주문하면서 '새우는 넣지 말아달라.'고 요청하였습니다. 그런데, 甲은 음식을 먹던 중 손톱 크기 정도의 새우살을 씹게 되었고, 일단 이를 뱉어낸 후 계속하여 음식을 먹었는데, 다시 비슷한 크기의 새우살을 씹게 되었습니다. 이후 甲은 곧 목이 붓고 호흡이 곤란해지는 등 알레르기 증상이 발생하였고, 치료 결과 증상은 어느 정도 호전되었으나, 목소리를 제대로 낼 수 없게 되었습니다. 甲은 乙에게 손해의 배상을 청구할 수 있는지요?

A. 일단 새우와 같은 갑각류가 섞여 들어간 음식이 甲과 같이 갑각류 알레르기가 있는 사람에게는 안정성을 결여하였다고 할 수 있을지는 몰라도, 그렇지 아니한 일반 사람들에 대하여까지 안정성을 결여했다고 단정할 수는 없는바, 이로 인해 甲의 신체에 발생한 손해를 원칙적으로 乙이 부담해야 한다고까지는 말할 수 없습니다(제조물책임법 제3조 제1항, 대법원 2015.3.26. 선고 2012다4824 판결 등 참조).

그러나 甲은 자신의 상태를 분명하게 인지하고 乙의 종업원에게 새우를 넣지 말아줄 것을 명확하게 고지하였는바, 乙 및 그 종업원은 음식에 새우 등 갑각류가 들어가지 않도록 각별히 주의했어야 할 의무가 있음에도 불구하고 이를 위반해 새우가 들어간 음식을 제공한 것인바, 결국 민법 제750조에 따라 甲이 입은 손해를 배상할 책임이 있습니다.

다만, 甲으로서도 당시 갑각류 알레르기가 있음을 스스로 알고 있었고, 처음 음식에 새우가 들어있다는 점을 발견하고도 계속하여 음식을 먹었으며, 그로 인하여 새우가 섞인(또는 새우 자체가 아니더라도 그 새우의 즙 등이 우러나온) 짜장면이 목과 식도를 통과하면서 알레르기 증상이 악화된 것으로 보이는바, 손해의 공평·타당한 분담을 그 지도원리로 하는 손해배상제도의 이념에 비추어, 乙의 손해배상책임은 상당한 정도로 제한될 수 있을 것입니다(수원지방법원 2017.6.13. 선고 2014가합62810 판결).

■ 음식점에서 음식을 먹다가 알레르기가 있어서 치료를 받는 등 손해가 있었습니다. 알레르기로 인한 손해배상을 청구할 수 있나요?

> *Q.* 음식점에서 음식을 먹다가 알레르기가 있어서 치료를 받는 등 손해가 있었습니다. 알레르기로 인한 손해배상을 청구할 수 있나요?
>
> *A.* 통상적으로 알레르기를 유발할 만한 음식이 아니라면, 그로 인해서 알레르기가 유발되었다 하더라도 식당에 책임을 묻기는 어려울 것입니다. 그러나 미리 본인의 알레르기 원인을 고지하여 음식에서 빼달라고 요구를 한 경우에도 알레르기 유발음식을 빼지 않아서 손해가 생긴다면 이 경우에는 손해배상 청구를 할 수 있습니다(수원지방법원 2017.6.13. 선고 2014가합62810 판결).

■ 공작물 점유자가 면책되는 경우 공작물 소유자에게 손해배상책임을 묻고 싶은데, 가능할까요?

> *Q.* 공연단체 A는 주식회사 B가 운영하는 극장에서 무대장치의 설치작업을 하면서 극장에 비치되어 있던 주식회사 B 소유의 사다리를 가져와 사용하였습니다. 저는 공연단체 A의 요청에 따라 주식회사 B 소유의 사다리에 올라가 조명기구를 설치하던 중, 사다리 한쪽 버팀대의 중앙부위가 휘어지면서 바닥으로 추락하여 상해를 입었습니다. 공연단체 A는 자력이 없다는 점을 감안하여, 주식회사 B에게 손해배상책임을 묻고 싶은데, 가능할까요?
>
> *A.* 민법 제758조는 공작물의 설치보존상의 하자로 인한 손해를 규정하고 있는데, 공작물(귀하의 경우 사다리)의 점유자(공연단체 A)에게 1차적 책임을 부과하고 소유자(주식회사 B)에게 2차적 책임을 부과하고 있습니다. 아래 판결에 의하면, 공작물(사다리)의 설치보존상의 하자는 있다고 보입니다. 서울중앙지방법원 2013. 1. 9. 선고 2012나17720 판결은, "조명설치 작업을 위하여 이 사건 사다리를 사용하던 중 버팀대의 중앙부위가 휘어진 것은 그 공작물의 보존상의 하자 즉, 공작물 자체가 통상 지녀야 할 안정성에 결함이 있는 상태였다고 할 것이며, 가사 그것이 제작상의 결함으로 인하여 휘어졌다고 하더라도 이를 작업에 사용하기 위하여 비치한 이상 이는 공작물의 설치, 보존의 하자에 해당한다."라고 판시하고 있습니다.한편, 주식회사 B는 사다리의 소유자이므로, 점유자인 공연단체 A의 면책사유가 없는 한 공작물의 소유자인 주식회사 B는 책임이 없다고 주장할 여지가 있습니다. 민법 제758조가 점유자(공연단체 A)에게 1차적 책임을 부과하고 소유자(주식회사 B)에게 2차적 책임

을 부과하고 있는 것은 사실입니다. 그러나 공작물의 점유자는 공작물의 설치 또는 보존의 하자로 인한 손해에 대하여 그 손해방지에 필요한 주의를 해태하지 아니하였음을 입증한 때에는 면책됩니다(민법 제758조 제1항 단서). 그러므로 점유자가 상당한 주의를 다하였으나 손해발생을 예견할 수 없었기 때문에 이를 방지하지 못한 경우에도 마찬가지로 면책된다고 보아야 합니다. 서울중앙지방법원 2013. 1. 9. 선고 2012나17720 판결은, "점유자인 공연단체는 이 사건 사고 당일 이 사건 사다리를 처음 사용하였고, 외관상 이 사건 사다리에 별다른 이상이 없었던 점에 비추어 보면, 점유자인 공연단체가 상당한 주의를 다하였어도 이 사건 사다리의 원인이 분명하지 않은 하자로 인한 손해발생을 미리 예견하여 이를 방지하기는 불가능하다고 보입니다. 그렇다면, 점유자인 공연단체로서 위와 같은 하자로 인한 손해의 방지에 필요한 주의를 해태하였다고 볼 수 없다."라고 판시하고 있습니다. 위 판결의 취지에 따르면, 점유자인 공연단체 A는 민법 제758조 제1항 단서에 의하여 면책되고, 소유자인 주식회사 B가 책임을 져야할 것으로 보입니다.

■ 도로에서 사고가 발생한 경우 어느 쪽에 손해배상책임을 물을 수 있나요?

Q. 저는 차량을 몰고 일반국도를 달리던 중 포장공사의 하자로 인하여 사고를 당하였습니다. 위 일반국도는 원래 광역시의 관리 하에 있었으나, 사고 당시에는 건설교통부 국토관리청이 일부 구간의 포장공사를 시행하고 준공한 후 광역시로 이관하지 않은 상태라고 합니다. 광역시와 건설교통부(국가)는 서로 책임을 떠넘기고 있는데, 저는 어느 쪽에 손해배상책임을 물을 수 있나요?

A. 민법 제758조는 공작물의 점유자가 공작물의 설치보존상의 하자로 인한 손해배상책임을 진다고 규정하고 있습니다. 귀하의 경우는 사고가 발생한 일반국도가 누구의 관리 하에 있었는지 문제됩니다. 아래에서 소개하는 대법원 판결에 따르면, 광역시와 국가가 함께 도로의 점유자 및 관리자라는 것이므로, 귀하는 광역시와 국가에게 모두 민법 제758조에 따라 손해배상책임을 물을 수 있을 것으로 보입니다.

※ 대법원 1998. 7. 10. 선고 96다42819 판결
① 도로법상 일반국도의 관리청은 원칙적으로 건설교통부장관으로 되어 있고(제22조 제1항), 광역시 관할구역 안에 있는 일반국도의 경우에는 그 관리청이 광역시장으로 되어 있으며(제22조 제2항), 도로의 신설, 개축 및 수선에 관한 공사와 그 유지는 법률에 특별한 규정이 없는 한 당해 도로의 관리청이 이를 행하도록 되어 있고(제24조), 도로에 관한 비용도 법률에 특별한 규정이 없는 한 관리청이 속하는 지방자치단체가 부담하는 것으로 되어 있으나(제56조), 다만 상급관청은 특히 필요하다고 인정할 때에 대통령령이 정하는 바에 의하여 관계 행정청이 관리하는 도로공사를 대행할 수 있는데, 이 경우 위 공사의 대행에 의하여 도로관리청이 변경되는 것이 아니고 상급관청이 관리청의 권한 중의 일부를 대행하는 것에 불과하다.
② 원래 광역시가 점유·관리하던 일반국도 중 일부 구간의 포장공사를 건설교통부 국토관리청이 시행하고 이를 준공한 후 광역시에 이관하려 하였으나 서류의 미비 기타의 사유로 이관이 이루어지지 않고 있던 중 도로의 관리상의 하자로 인한 교통사고가 발생하였다면 광역시와 국가가 함께 그 도로의 점유자 및 관리자로서 손해배상책임을 부담한다.

■ 마을 주민들이 개설, 관리한 도로에서 사고가 난 경우 지방자치단체를 상대로 손해배상청구를 할 수 있나요?

Q. 저는 마을 진입도로를 통행하던 중 도로의 하자로 인하여 손해를 입었습니다. 이 마을 진입도로 건설 당시 지방자치단체가 사업비의 일부를 보조 하였으나, 해당 마을 주민들이 부지를 매수하여 개설한 후 직접 관리하고 있다고 합니다. 이 경우, 마을 진입도로가 속하는 지방자치단체를 상대로 손해배상청구를 할 수 있나요?

A. 민법 제758조는 공작물의 설치보존상의 하자로 인한 손해를 규정하고 있는데, 공작물(귀하의 경우 마을 진입도로)의 점유자에게 1차적 책임을 부과하고 소유자에게 2차적 책임을 부과하고 있습니다. 귀하의 경우, 마을 진입도로의 사실상 지배주체가 누구인지가 문제됩니다. 사실상 지배주체를 상대로 손해배상을 청구할 수 있습니다. 고속국도와 일반국도의 관리청은 국토교통부장관이지만 특별시·광역시·특별자치시·특별자치도 또는 시의 관할구역에 있는 일반국도(우회국도 및 지정국도는 제외한다. 이하 이 조에서 같다)와 지방도는 각 구분에 따라 해당 시·도지사 또는 시장이 도로관리청이 됩니다(도로법 제23조). 그러나 귀하의 사고가 발생한 마을 진입도로는, 해당 마을 주민들이 부지를 매수하여 개설한 후 직접 관리하고 있다는 점에서, 마을 진입도로의 사실상 지배주체는 지방자치단체가 아니라 마을 주민들로 보입니다.
대법원 1996. 11. 22. 선고 96다25265 판결은, "마을 주민들이 도로 부지의 일부를 마을 기금으로 매수하여 마을 진입도로를 개설하면서 직접 포장공사 등 시공을 하였고 그 하자로 인한 변상책임도 모두 자신들이 지기로 하였으며, 관할 지방자치단체는 그 사업비의 일부만을 보조하였을 뿐 그 진행 여부를 직접 감독하거나 관여한 적이 없었던 경우, 그 도로의 관리 주체 및 포장공사의 시행자는 관할 지방자치단체가 아니라 마을 주민들"이라고 판시하였습니다.
그렇다면, 귀하는 마을주민들을 상대로 민법 제758조에 따라 손해배상을 청구할 수 있다고 보입니다. 그러나 안타깝게도 지방자치단체를 상대로 손해배상을 청구하기는 어렵다고 보입니다.

■ 도시가스 계량기에 문제가 발생하여 손해를 입은 경우 도시가스 공급자를 상대로 공작물 책임을 물을 수 있는지요?

> **Q.** 저는 도시가스 사용자입니다. 도시가스 공급자가 설치한 도시가스 계량기에 문제가 발생하여 손해를 입었습니다. 이 경우, 도시가스 공급자를 상대로 손해배상을 청구할 수 있는가요?
>
> **A.** 민법 제758조는 공작물의 설치보존상의 하자로 인한 손해를 규정하고 있습니다. 대법원 1993.3.26. 선고 92다10081 판결 등에 따르면, 공작물의 설치보존상의 하자로 인한 손해에 대하여는 공작물을 직접적, 구체적으로 지배하면서 사실상 점유관리하는 점유자에게 1차적 책임이 있다고 할 것이고, 위 점유자는 그 손해의 방지에 필요한 주의를 해태하지 아니하였음을 입증하지 않는 한 그 배상책임을 면하지 못합니다. 귀하의 경우, 도시가스 계량기의 점유자가 누구인지 문제됩니다. 만약, 도시가스 공급자를 점유자로 볼 수 있다면, 귀하는 도시가스 공급자를 상대로 민법 제758조에 따라 손해배상을 청구할 수 있습니다.
> 대법원 1994. 6. 28. 선고 94다2787 판결은, "이 사건 계량기에 대하여 가스사용자인 원고측의 점유를 전혀 부정할 수는 없다고 하더라도, 피고 회사도 또한 원고측과 함께 위 계량기에 대하여 직접 지배하면서 이를 점유관리하고 있었다 할 것이고, 오히려 위 계량기의 보수, 관리에 관련하는 한에 있어서는 원고측 보다도 피고 회사가 보다 직접적, 구체적인 지배를 하였다고 할 것이므로, 피고 회사는 민법 제758조 제1항 소정의 점유자에 해당한다고 할 것이다"라고 판시하였습니다. 위 대법원 판결에 의하면, 도시가스 공급자가 도시가스 계량기를 보수, 관리 해 왔다는 점, 평소 점검을 요할 경우 도시가스 공급자에게 연락하여 점검이 시행되었다는 점 등이 입증된다면, 귀하는 도시가스 공급자를 상대로 민법 제758조에 따라 손해배상을 청구할 수 있다고 보입니다. 다만, 귀하의 과실이 있는 경우 손해배상의 범위에서 참작될 수 있습니다.

■ 맹견에게 물린 경우 그 맹견 점유자에게 손해배상을 청구할 수 있는지요?

> *Q.* 저는 자전거에 짐을 싣고 폭 4-5미터 오르막 골목길을 가고 있었고, 甲은 맹견을 몰고 맞은편 도로를 따라 내려오고 있었는데 갑자기 甲의 맹견이 저에게 달려들어 좌측허벅지를 물었습니다. 저는 전치 3주의 상해를 입었는데 손해배상을 청구할 수 있는지요?
>
> *A.* 민법 제759조 제1항은 "동물의 점유자는 그 동물이 타인에게 가한 손해를 배상할 책임이 있다. 그러나 동물의 종류와 성질에 따라 그 보관에 상당한 주의를 해태하지 아니한 때에는 그러하지 아니하다."라고 규정하고 있습니다. 그러므로 동물점유자인 甲은 그 보관상에 상당한 주의를 해태하지 하지 않았다는 입증을 하지 못하는 한 동물의 점유자로서의 책임을 면할 수 없을 것입니다(대법원 1981.2.10. 선고 80다2966 판결).다만, 피해자로서도 상당한 주의를 하였더라면 피해를 면할 수 있었거나 줄일 수 있었을 때에는 그 범위에서 피해자 과실도 참작될 것입니다.

■ 주택소유자의 임차인에 대한 공작물소유자로서의 책임을 물을 수 없는지요?

Q. 甲은 주택을 임차하여 자취를 하던 중 부엌과 방 사이의 문틈으로 연탄가스가 스며들어 가스에 중독되어 사망하였습니다. 집주인 乙은 자신에게 어떠한 책임도 없다고 하는데, 이 경우 甲은 乙에게 민·형사상 책임을 물을 수 없는지요?

A. 민법 제758조 제1항은 "공작물의 설치 또는 보존의 하자로 인하여 타인에게 손해를 가한 때에는 공작물 점유자가 손해를 배상할 책임이 있다. 그러나 점유자가 손해의 방지에 필요한 주의를 해태하지 아니한 때에는 그 소유자가 손해를 배상할 책임이 있다."라고 규정하고 있습니다. 여기에서 말하는 '공작물의 설치 또는 보존의 하자'라 함은 공작물의 축조 및 보존에 불완전한 점이 있어 이 때문에 통상 갖추어야 할 안전성을 결여한 상태를 의미하는 것이며, '손해의 방지에 필요한 주의를 해태하지 아니한 때'라 함은 일반적으로 손해의 발생을 막을 수 있을 만한 주의를 말합니다. 위 사안에서 주택의 직접점유자로서 그 설치·보존의 하자로 인한 손해배상의 제1차적 책임자로 규정되어 있는 주택임차인 자신이 피해자인 경우에 제2차적 책임자로 규정되어 있는 주택소유자를 상대로 위 민법의 규정에 의한 손해배상책임을 물을 수 있느냐 하는 것인바, 이에 관하여 판례는 "공작물의 설치 또는 보존의 하자로 인하여 타인에게 손해를 가한 때에는 1차적으로 공작물의 점유자가 손해를 배상할 책임이 있고, 공작물의 소유자는 점유자가 손해의 방지에 필요한 주의를 해태(懈怠)하지 아니한 때에 비로소 2차적으로 손해를 배상할 책임이 있는 것이나, 공작물의 임차인인 직접점유자나 그와 같은 지위에 있는 것으로 볼 수 있는 자가 공작물의 설치 또는 보존의 하자로 인하여 피해를 입은 경우에 그 주택의 소유자는 민법 제758조 제1항 소정의 책임자로서 이에 대하여 손해를 배상할 책임이 있는 것이고, 그 피해자에게 보존상의 과실이 있더라도 과실상계의 사유가 될 뿐이다."라고 하여 임차인과 함께 기거하던 직장동료가 연통에서 새어나온 연탄가스에 중독되어 사망한 사고에 대하여 주택소유자의 손해배상책임을 인정한 바 있습니다(대법원 1993.2.9. 선고 92다31668 판결). 따라서 위 주택의 하자가 설치상의 하자인지, 보존상의 하자인지 등 구체적으로는 알 수 없어도 일단 그 주택의 하자가 존재하는 정도면 되는 것이고, 그에 대한 입증책임도 주택소유자에게 있는 것인바, 집주인은 공작물소유자로서의 책임을 벗어나기는 어려울 것입니다. 물론, 귀하의 조카에게 그 주택의 보존에 있어서의 과실 즉, 하자보수요구 등을 집주인에게 하지 않았다면 그에 대한 과실상계는 될 수 있을 것입니다.

그리고 집주인의 형사책임 여부에 관하여 판례는 "임대차목적물상의 하자의 정도가 그 목적물을 사용할 수 없을 정도의 파손상태라고 볼 수 없다든지, 반드시 임대인에게 수선의무가 있는 대규모의 것이라고 볼 수 없어 임차인의 통상의 수선 및 관리의무에 속한다고 보여지는 경우에는 그 하자로 인하여 가스중독사가 발생하였다고 하더라도 임대인에게 과실이 있다고 할 수 없으나, 이러한 판단을 함에 있어서 단순히 하자 자체의 상태만을 고려할 것이 아니라 그 목적물의 구조 및 전반적인 노후화상태 등을 아울러 참작하여 과연 대규모적인 방법에 의한 수선이 요구되는지를 판단하여야 할 것이며, 이러한 대규모의 수선 여부가 분명하지 아니한 경우에는 임대차 전후의 임대차목적물의 상태 내지 하자로 인한 위험성의 징후 여부와 평소 임대인 또는 임차인의 하자상태의 지실 내지 발견가능성 여부, 임차인의 수선요구 여부 및 이에 대한 임대인의 조치 여부 등을 종합적으로 고려하여 임대인의 과실 유무를 판단하여야 할 것이다."라고 하였으며(대법원 1993.9.10. 선고 93도196 판결), "부엌과 창고홀로 통하는 방문이 상단부의 문틈과 벽 사이에 약 1.2센티미터 내지 2센티미터나 벌어져 있고 그 문틈과 문 자체 사이도 두 군데나 0.5센티미터의 틈이 있는 정도의 하자는 임차목적물을 사용할 수 없을 정도의 것이거나 임대인에게 수선의무가 있는 대규모의 것이 아니고 임차인의 통상의 수선 및 관리의무의 범위에 속하는 것이어서 비록 임차인이 위 문틈으로 새어든 연탄가스에 중독되어 사망하였다 하더라도 임대인에게 그 책임을 물을 수 없다."라고 하였습니다(대법원 1986.7.8. 선고 86도383 판결). 따라서 위 사안에서 집주인에게 형사상의 책임을 묻기는 어려울 것으로 보입니다.

■ 화물운송 중 사고가 발생한 경우 운송의뢰인도 책임이 있는지요?

Q. 甲은 乙회사와 화물운송계약을 체결하고 乙회사의 화물을 운송하던 중 교통사고를 발생시켜 丙에게 장애가 발생되는 손해를 입혔는데, 甲은 종합보험에 가입하지도 않았고 집행가능한 재산도 거의 없으므로, 丙이 乙회사에 대하여 위 사고로 인한 손해배상을 청구할 수 있는지요?

A. 자동차손해배상 보장법 제3조 본문은 "자기를 위하여 자동차를 운행하는 자는 그 운행으로 다른 사람을 사망하게 하거나 부상하게 한 경우에는 그 손해를 배상할 책임을 진다."라고 규정하고 있습니다. 그런데 위 사안과 같은 경우 운송의뢰인 乙회사가 '자기를 위하여 자동차를 운행하는 자'에 해당될 수 있는지 문제되는바, 이에 관하여 판례는 "자동차손해배상 보장법 제3조 소정의 자기를 위하여 자동차를 운행하는 자는 자동차에 대한 운행을 지배하여 그 이익을 향수(享受)하는 책임주체로서의 지위에 있는 자를 의미한다 할 것인바, 운송의뢰인과 운송인간의 제품운송용역계약의 내용에 따라 화물차가 운송의뢰인의 용도에 맞게 개조되었고, 적재함 외부에 운송의뢰인의 명칭이 도색 되어 있으며, 운송의뢰인의 배차지시에 따라 전적으로 운송의뢰인의 제품만을 운반하고 있었다고 보이는 점 및 사고 당시 화물차를 운전한 운전자는 운송의뢰인의 배차지시에 따라 운송의뢰인의 공장으로 오던 중이었던 점 등을 종합해보면, 운송의뢰인은 사고 당시 화물차의 운행을 지배하는 책임주체로서의 지위에 있었으므로 운송의뢰인과 운송인은 공동으로 그 화물차에 대한 운행지배 및 운행이익을 누리고 있다."라고 판단한 원심판결을 수긍한 사례가 있습니다(대법원 1997.5.16. 선고 97다7431 판결).

위 사안에서 乙회사가 甲과 체결한 화물운송계약의 내용이 단순히 화물운송을 의뢰하는 것이고, 위 차량의 운행이 전적으로 甲의 책임하에 운행되고 있는 경우라면 乙회사가 위 사고에 대하여 '자기를 위하여 자동차를 운행하는 자'에 해당된다고 할 수는 없을 것입니다. 그러나 위 판례의 경우와 같이 위 차량이 乙회사의 차량인 것처럼 乙회사의 명칭이 도색되어 있고, 乙회사의 배차지시에 의하여 전적으로 乙회사의 화물만을 운송하는 경우라면 乙회사는 위 사고에 대하여 '자기를 위하여 자동차를 운행하는 자'로서 丙의 손해에 대하여 배상책임이 인정될 수도 있을 것입니다.

■ 아파트 위층의 배관파열로 물이 샐 경우 위층 임차인은 누구에게 손해배상을 청구하여야 하는지요?

Q. 甲은 아파트를 소유하여 거주하고 있는데, 위층에서 누수가 되어 甲의 가재도구 등이 손상되었고, 위층에는 소유자 乙로부터 그 아파트를 임차한 丙이 거주하고 있습니다. 그런데 甲이 丙에게 손해배상을 청구하자 丙은 위와 같은 누수가 바닥에 매설된 수도배관의 이상으로 생긴 것이며, 그러한 하자를 발견한 즉시 乙에게 수리를 요청하였으나 乙이 수리를 지연하여 위와 같은 손해가 발생되었으므로 丙은 甲의 손해를 배상할 수 없다고 합니다. 이 경우 甲은 누구에게 손해배상을 청구하여야 하는지요?

A. 공작물 등의 점유자, 소유자의 책임에 관하여 「민법」 제758조 제1항은 "공작물의 설치 또는 보존의 하자로 인하여 타인에게 손해를 가한 때에는 공작물점유자가 손해를 배상할 책임이 있다. 그러나 점유자가 손해의 방지에 필요한 주의를 해태하지 아니한 때에는 그 소유자가 손해를 배상할 책임이 있다."라고 규정하고 있습니다. 그런데 같은 법 제623조는 "임대차계약에 있어서 임대인은 목적물을 임차인에게 인도하고 계약존속 중 그 사용, 수익에 필요한 상태를 유지하게 할 의무를 부담한다."라고 임대인의 수선의무를 규정하고 있으며, 임대인이 수선의무를 부담하는 임대목적물의 파손정도에 관하여 판례는 "목적물에 파손 또는 장해가 생긴 경우 그것이 임차인이 별 비용을 들이지 아니하고도 손쉽게 고칠 수 있을 정도의 사소한 것이어서 임차인의 사용·수익을 방해할 정도의 것이 아니라면 임대인은 수선의무를 부담하지 않지만, 그것을 수선하지 아니하면 임차인이 계약에 의하여 정하여진 목적에 따라 사용·수익할 수 없는 상태로 될 정도의 것이라면 임대인은 그 수선의무를 부담한다."라고 하였습니다(대법원 1994.12.9. 선고 94다34692, 34708 판결, 2000.3.23. 선고 98두18053 판결). 그리고 하급심 판례는 "공작물의 설치·보존의 하자로 인해 1차적으로 손해를 배상할 책임이 있는 점유자가 손해방지에 필요한 주의를 게을리 하지 않은 때에는 소유자만이 책임을 지고, 이 사건에서 발생된 누수는 바닥에 매설된 수도배관의 이상으로 생겨 임차인이 쉽게 고칠 수 있을 정도의 사소한 것이 아니고, 임대인이 임대차계약상 지고 있는 수선의무에 따라 그 수리책임을 부담하여야 할 정도의 임대목적물의 파손에 해당되며, 임차인이 누수사실을 알게 된 즉시 임대인에게 수리를 요청했었고, 임차인으로서는 바닥내부의 숨은 하자로 인한 손해발생을 미리 예견해 방지하기는 불가능했던 만큼 임차인에게 손해배상책임이 있다고 볼 수 없다."라고 하였습니다(서울지방법원 2001.6.27.선고 2000나81285 판결).

따라서 위 사안에서 甲은 소유자 겸 임대인인 乙을 상대로 가재도구의 손상 등으로 인한 손해배상을 청구하여야 할 것으로 보입니다.

■ 투자경험이 부족한 고객에게 원금 손실 가능성이 높은 고위험 상품을 권유한 금융투자 회사를 상대로 손해배상을 구할 수 있는지요?

Q. 甲은 89세의 고령으로 그동안 위험도가 높지 않은 안정성 위주 상품에 투자하여 온 일반투자자인데, 금융투자회사 乙의 직원들이 권유하는 원금 보장이 되지 않는 일임형 종합자산관리계좌를 개설하고 랩(Wrap) 상품에 약정기간 2년으로 정하여 70,640,661원을 투자하였다가 잔고가 31,498,833원으로 줄어들고 말았습니다. 알고 보니 甲이 투자한 상품은 투자위험도 분류상 '초고위험, 공격투자형' 금융투자상품이었습니다. 甲은 乙 금융투자회사를 상대로 위와 같이 손실을 본 부분에 대해 배상을 구할 수 있는지요?

A. 자본시장법은 금융투자업자에 비하여 전문성 및 정보가 부족한 투자자를 보호하기 위하여 금융투자업자로 하여금 일반투자자를 상대로 투자권유를 하는 경우에 적합성 원칙과 설명의무를 준수하도록 규정하고 있는바, 투자권유 및 투자일임계약을 취급하는 금융투자업자는 특정 투자자에 대하여 파악하여 온 투자성향 등에 적합한 투자일임 계약을 소개하고 그 투자일임계약의 기본적인 위험성 등을 설명할 의무와 다시 당해 투자자의 투자성향 및 권유하는 투자일임계약이 그 투자자에게 적합한 것인지 여부를 파악하고 그 투자일임계약의 구체적인 내용, 수익구조, 위험성 등을 설명할 의무가 있다. 일임형 랩 상품에 투자하는 것은 이 사건 랩어카운트와 자문형 랩 조차도 자산운용 구조가 다르고 그에 따른 수익과 손실의 변동성과 위험성이 펀드나 주식 등에 내재하는 그것과는 차원을 달리하며, 甲의 투자성향을 공격투자형으로 평가하거나 분류할 근거도 없으므로, 금융투자상품의 투자위험도가 초고위험 등급에 해당하는 이 사건 랩어카운트를 甲에게는 원칙적으로 투자를 권유해서는 아니됨에도, 乙 직원들은 당시 89세의 고령으로 금융지식이나 투자판단능력에서 취약할 수 있는 甲에게 이 사건 랩어카운트에 따르는 손실위험성에 대해 제대로 확인한 후 설명하지 아니하였다고 보는 것이 타당합니다.

따라서 乙 직원들의 사용자인 乙은 민법 제756조 제1항, 자본시장법 제46조 내지 제49조에 따라 직원들의 적합성 원칙, 설명의무 위반으로 인하여 甲이 입은 손해를 배상할 책임이 있습니다. 자본시장법 제48조 제2항에 의하면, 甲이 乙 직원들의 설명의무 위반으로 인하여 입은 손해액은 금융투자상품의 취득으로 일반투자자가 지급한 금전의 총액에서 그 금융투자상품의 처분, 그 밖의 방법으로 그 일반투자자가 회수한 금전의 총액을 뺀 금액으로 추정되므로, 甲이 이 사건 랩어카운트에 투자한 금액이 70,640,661원이고, 잔고가 31,498,833원이므로, 甲이 이 사건 랩어카운트 계약을 체결함으로써 입은 손해액은 위 투자금액에서 위 잔고를 공제한 금액인 39,141,828원이 됩니다.

다만 甲의 투자성향, 투자경험, 이 사건 랩어카운트 투자 경위, 甲 역시 투자 위험성을 충분히 알아보지 않은 채 乙 직원들의 말만 믿고 투자를 일임함으로써 손해가 발생한 점, 甲은 乙로부터 이 사건 랩어카운트에 관한 지속적인 거래내역을 통지받아 왔으며, 이 사건 랩어카운트 이전에 자문형랩 상품에 투자한 경험이 있던 점 등을 고려하여, 공평의 견지에서 乙이 부담하는 손해배상책임을 일부 제한될 수 있습니다.

■ 마트에서 미끄러져 다친 경우, 마트 운영자를 상대로 손해배상 청구를 할 수 있는지요?

Q. 甲은 乙이 마트에서 쇼핑하던 중 바닥에 미상의 원인으로 흘려져 있는 투명한 젤과 같은 이물질을 발견하지 못한 채 이를 밟고 미끄러져 오른쪽 엉덩이를 바닥에 찧으며 넘어지는 사고를 당하였습니다. 甲은 마트 운영자인 乙을 상대로 손해배상 청구를 할 수 있는지요?

A. 민법 제750조는 "고의 또는 과실로 인한 위법행위로 타인에게 손해를 가한 자는 그 손해를 배상할 책임이 있다."라고 하였습니다. 고객 등 사람의 통행이 빈번한 할인점 매장을 점유, 관리하는 자는 수시로 매장 내부의 상태를 살피고 위험 요인을 미리 제거하는 등 안전사고를 방지하여야 할 주의의무가 있고, 이 사건 사고와 같은 안전 사고로부터 고객을 보호해야 할 보호의무가 있습니다. 이 사건 사고는 영업시간 중 乙이 매장의 바닥에 흘려져 있는 투명한 젤과 같은 이물질에 甲이 미끄러지면서 발생한 것으로써, 乙은 매장 바닥에 떨어져 있는 이물질을 방치한 과실로 위와 같은 주의의무 및 보호의무를 위반하였고, 위 매장의 보존에 하자가 있었다고 봄이 상당합니다. 그러므로 乙은 위 매장의 소유자 및 점유자로서 불법행위를 원인으로 甲에게 이 사건 사고로 입은 손해를 배상할 책임이 있습니다.

한편 甲에게도 스스로 안전사고의 발생을 미연에 방지해야 할 주의의무가 있음에도 불구하고 매장 바닥을 제대로 살피지 아니한 채 보행한 잘못이 있음을 인정할 수 있고, 이러한 과실이 이 사건 손해 발생의 한 원인이 되었거나 손해의 확대에 기여하였다고 인정된다면 乙이 배상할 손해액을 산정함에 있어 이를 참작하게 될 것이고, 이사건 사고 발생의 장소, 경위, 이물질의 종류 등을 종합하면 그 과실상계의 비율이 결정될 것입니다.

■ 부동산중개 보조원의 과실로 인한 손해는 누구에게 손해배상청구를 할 수 있는지요?

Q. 개업공인중개사 甲은 중개보조원 乙에게 丙으로부터 의뢰받은 부동산매매계약의 중개를 맡기고, 乙은 매도인 丁이 부동산에 관한 등기필증을 소지하고 있지 않았고, 부동산에 관한 등기사항증명서에 기재된 소유자의 주소와 丁의 주민등록증에 기재된 주소가 서로 일치하지 않았음에도 丁이 부동산의 진정한 소유자인지 면밀히 조사하지 않았고, 乙은 丁의 이름이 등기사항증명서에 기재된 소유자의 이름과 동일하고, 丁이 과거에 위 등기사항증명서에 기재된 장소에서 살았었다고 말하는 것만 듣고, 허위의 소유자 丁을 진실한 소유자라고 믿고 매매계약에 관한 중개행위를 하였는바, 이 경우 丙이 누구에게 손해배상청구를 할 수 있는지요?

A. 공인중개사법」 제15조에서 개업공인중개사는 소속공인중개사 또는 중개보조원을 고용하거나 고용관계가 종료된 때에는 국토교통부령이 정하는 바에 따라 등록관청에 신고하여야 하고, 소속공인중개사 또는 중개보조원의 업무상 행위는 그를 고용한 개업공인중개사의 행위로 본다고 규정하고 있습니다. 그런데 위 사안과 관련된 판례를 보면, 부동산중개업자가 고용한 중개보조원이 고의 또는 과실로 거래당사자에게 재산상 손해를 입힌 경우에 중개보조원은 불법행위자로서 거래당사자가 입은 손해를 배상할 책임을 지는 것이고, 구 「부동산중개업법」 제6조 제5항(현행 공인중개사법 제15조 제2항)은 이 경우에 그 중개보조원의 업무상 행위를 그를 고용한 중개업자의 행위로 본다고 정함으로써 중개업자 역시 거래당사자에게 손해를 배상할 책임을 지도록 하는 규정이고, 위 조항이 중개보조원이 고의 또는 과실로 거래당사자에게 손해를 입힌 경우에 그 중개보조원을 고용한 중개업자만이 손해배상책임을 지도록 하고 중개보조원에게는 손해배상책임을 지우지 않는다는 취지를 규정한 것은 아니라고 하였습니다(대법원 2006.9.14. 선고 2006다29945 판결). 따라서 丙은 甲, 乙 모두를 상대로 손해배상청구를 할 수 있을 것으로 보이고, 甲, 乙의 불법행위로 인하여 丙이 입은 손해는 丁을 위 부동산의 진정한 소유자로 믿고 이 부동산을 매수 취득하기 위하여 현실적으로 출연한 돈으로서 매매대금, 중개수수료 및 취득세, 등록세를 포함한 등기비용이 이에 해당한다 할 것입니다.

■ 도급인이 수급인이나 수급인의 피용자의 불법행위로 인하여 제3자에게 가한 손해에 대하여 사용자 책임을 져야 하는 건가요?

Q. 甲회사는 빌딩 옥상에 대형간판을 설치하는 공사를 하면서 위 공사를 위한 비계(족장가설재)설치 및 해체작업을 乙에게 하도급을 주었고, 甲회사와 乙이 작성한 하도급계약서에 乙이 위 작업을 함에 있어서 甲회사가 지휘감독을 한다는 내용은 없었습니다. 이러한 경우에도 乙의 불법행위에 대하여 甲이 사용자책임을 져야 하는 건가요?

A. 도급계약에 있어서 도급인은 도급 또는 지시에 관하여 중대한 과실이 없는 한 그 수급인이 그 일에 관하여 제3자에게 가한 손해를 배상할 책임은 없는 것이고 다만 도급인이 수급인의 일의 진행 및 방법에 관하여 구체적인 지휘감독권을 유보하고 공사의 시행에 관하여 구체적으로 지휘감독을 한 경우에는 도급인과 수급인의 관계는 실질적으로 사용자와 피용자의 관계와 다를 바가 없으므로, 수급인이나 수급인의 피용자의 불법행위로 인하여 제3자에게 가한 손해에 대하여 도급인은 민법 제756조 소정의 사용자 책임을 면할 수 없는 것으로서 위 지휘 감독이란 실질적인 사용자 관계가 인정될 정도로 구제적으로 공사의 운영 및 시행을 직접 지시, 지도하고 감시, 독려하는 등 공사시행 방법과 공사진행에 관한 것이어야 할 것입니다.

하도급자가 하수급자의 실질적인 사용자로서 하수급자의 과실로 인한 손해에 대하여 사용자 책임이 있다고 하려면 하도급자가 하수급자의 공사에 구체적인 지휘 감독을 한 내용이 확정된 후에 이를 판단하여야 할 것입니다(대법원 1991.3.8. 선고 90다18432 판결). 따라서 甲회사가 이 사건 비계설치 및 해체공사에 관하여 구체적으로 지휘감독한 내용이 없다면 甲회사는 乙의 불법행위에 대하여 사용자책임을 지지 않습니다.

■ 일반 국도상의 적설로 인한 교통사고 발생한 경우 손해배상청구는 누구에게 해야 하는지요?

Q. 저는 야간에 일반도로를 승용차로 정상속도를 유지하여 주행하다가 강설로 인하여 결빙된 지점인 것을 미처 알지 못하여 결빙구간에서 차량이 도로 밖으로 미끄러져 차량이 파손되는 피해를 입었는바, 이러한 경우 위 도로를 설치·관리하는 기관은 제설작업을 하거나 제설제를 살포하는 등의 조치를 하지도 않았고, 결빙구간의 위험표시도 하지 않았으므로 위와 같은 사고에 대해 책임이 인정되지 않는지요?

A. 민법 제758조 제1항에서 공작물의 설치 또는 보존의 하자로 인하여 타인에게 손해를 가한 때에는 공작물점유자가 손해를 배상할 책임이 있고, 다만 점유자가 손해의 방지에 필요한 주의를 게을리 하지 아니한 때에는 그 소유자가 손해를 배상할 책임이 있다고 규정하고 있으며, 「국가배상법」 제5조 제1항 전문에서 도로·하천, 그 밖의 공공의 영조물의 설치나 관리에 하자가 있기 때문에 타인에게 손해를 발생하게 하였을 때에는 국가나 지방자치단체는 그 손해를 배상하여야 한다고 규정하고 있습니다. 「국가배상법」 제5조 제1항에 정한 '영조물설치 또는 관리의 하자'의 의미에 관한 판례를 보면, 「국가배상법」 제5조 제1항에 정하여진 '영조물 설치·관리상의 하자'란 공공의 목적에 공여된 영조물이 그 용도에 따라 통상 갖추어야 할 안전성을 갖추지 못한 상태에 있음을 말하는바, 영조물의 설치 및 관리에 있어서 항상 완전무결한 상태를 유지할 정도의 고도의 안전성을 갖추지 아니하였다고 하여 영조물의 설치 또는 관리에 하자가 있다고 단정할 수 없는 것이고, 영조물의 설치자 또는 관리자에게 부과되는 방호조치의무는 영조물의 위험성에 비례하여 사회통념상 일반적으로 요구되는 정도의 것을 의미하므로 영조물인 도로의 경우도 다른 생활필수시설과의 관계나 그것을 설치하고 관리하는 주체의 재정적, 인적, 물적 제약 등을 고려하여 그것을 이용하는 자의 상식적이고 질서 있는 이용방법을 기대한 상대적인 안전성을 갖추는 것으로 충분하다고 하고 있으며(대법원 2002.8.23.선고 2002다9158 판결), 도로의 설치·관리상의 하자는 도로의 위치 등 장소적인 조건, 도로의 구조, 교통량, 사고시에 있어서의 교통사정 등 도로의 이용상황과 본래의 이용목적 등 제반사정과 물적 결함의 위치, 형상 등을 종합적으로 고려하여 사회통념에 따라 구체적으로 판단하여야 하는데(대법원 2008.3.13. 선고 2007다29287, 29294 판결), 특히 강설은 기본적 환경의 하나인 자연현상으로서 그것이 도로교통의 안전을 해치는 위험성의 정도나 그 시기를 예측하기 어렵고 통상 광범위한 지역에 걸쳐 일시에 나타나고 일정한 시간을 경과하면 소멸되는 일과성을 띠는 경우가 많은 점에 비하여, 이로 인하여 발생되는 도로상의 위험에 대처하기 위한 완벽한 방법으로서 도로자체에 융설설비를 갖추는 것은 현대의 과학기술의 수준이나 재정사정에 비추어 사실상 불가능하고, 가능한 방법으로 인위적으로 제설작업을 하거나 제설제를 살포하는 등의 방

법을 택할 수밖에 없는데, 그러한 경우에 있어서도 적설지대에 속하는 지역의 도로라든가 최저속도의 제한이 있는 고속도로 등 특수목적을 갖고 있는 도로가 아닌 일반 보통의 도로까지도 도로관리자에게 완전한 인적·물적 설비를 갖추고 제설작업을 하여 도로통행상의 위험을 즉시 배제하여 그 안전성을 확보하도록 하는 관리의무를 부과하는 것은 도로의 안전성의 성질에 비추어 적당하지 않고, 오히려 그러한 경우의 도로통행의 안전성은 그와 같은 위험에 대면하여 도로를 이용하는 통행자 개개인의 책임으로 확보하여야 한다.

강설의 특성, 기상적 요인과 지리적 요인, 이에 따른 도로의 상대적 안전성을 고려하면 겨울철 산간지역에 위치한 도로에 강설로 생긴 빙판을 그대로 방치하고 도로상황에 대한 경고나 위험표지판을 설치하지 않았다는 사정만으로 도로관리상의 하자가 있다고 볼 수 없다고 한 경우가 있습니다(대법원 2000.4.25. 선고 99다54998 판결). 따라서 위 사안에 있어서도 귀하가 위 도로의 설치·관리상의 하자를 이유로 설치·관리자에 대하여 손해배상을 청구하기는 어려울 것으로 보입니다.

참고로 강설에 대처하기 위하여 완벽한 방법으로 도로자체에 융설 설비를 갖추는 것이 현대의 과학기술수준이나 재정사정에 비추어 사실상 불가능하다고 하더라도, 최저속도의 제한이 있는 고속도로의 경우에 있어서는 도로관리자가 도로의 구조, 기상예보 등을 고려하여 사전에 충분한 인적·물적 설비를 갖추어 강설시 신속한 제설작업을 하고 나아가 필요한 경우 제때에 교통통제 조치를 취함으로써 고속도로로서의 기본적인 기능을 유지하거나 신속히 회복할 수 있도록 하는 관리의무가 있고, 고속도로의 관리상 하자가 인정되는 이상 고속도로의 점유관리자는 그 하자가 불가항력에 의한 것이거나 손해의 방지에 필요한 주의를 게을리 하지 아니하였다는 점을 주장·입증하여야 비로소 그 책임을 면할 수 있으며, 폭설로 차량운전자 등이 고속도로에서 장시간 고립된 사안에서, 고속도로의 관리자가 고립구간의 교통정체를 충분히 예견할 수 있었음에도 교통제한 및 운행정지 등 필요한 조치를 충실히 이행하지 아니하였으므로 고속도로의 관리상 하자가 있다고 한 사례가 있습니다(대법원 2008.3.13. 선고 2007다29287, 29294 판결).

■ 화재로 인한 손해배상청구의 경우 공작물의 설치·보존의 하자로 인한 책임을 물을 수 없는지요?

Q. 저의 집은 甲이 경영하는 목재소와 이웃하여 있는데, 수일 전 목재소에서 발생한 화재가 저의 집 담벼락에 세워둔 20여 개의 목재를 태우고 저의 집까지 번져 저의 집이 전부 소실되었는데, 화재의 원인은 밝혀지지 않았지만, 甲이 저의 집 담벼락에 20여 개의 목재를 세워둠으로써 위 화재가 저의 집까지 번지게 되었으므로, 이 경우 甲에게 공작물의 설치·보존의 하자로 인한 책임을 물을 수 없는지요?

A. 민법 제758조 제1항에서 공작물의 설치 또는 보존의 하자로 인하여 타인에게 손해를 가한 때에는 공작물점유자가 손해를 배상할 책임이 있고, 다만 점유자가 손해의 방지에 필요한 주의를 해태하지 아니한 때에는 그 소유자가 손해를 배상할 책임이 있다고 규정함으로써 일종의 무과실책임을 인정하고 있습니다.

그리고 「실화책임에 관한 법률」(법률 제9648호로 전부개정, 2009. 5. 8.부터 시행되는 것)은 실화(失火)의 특수성을 고려하여 실화자에게 중대한 과실이 없는 경우 그 손해배상액의 경감에 관한 「민법」제765조의 특례를 정함을 목적으로 하고(같은 법 제1조), 실화로 인하여 화재가 발생한 경우 연소(延燒)로 인한 부분에 대한 손해배상청구에 한하여 적용하며(같은 법 제2조), 실화가 중대한 과실로 인한 것이 아닌 경우 그로 인한 손해의 배상의무자는 법원에 손해배상액의 경감을 청구할 수 있고, 법원은 이러한 청구가 있을 경우에는 ①화재의 원인과 규모, ②피해의 대상과 정도, ③연소(延燒) 및 피해확대의 원인, ④피해 확대를 방지하기 위한 실화자의 노력, ⑤ 배상의무자 및 피해자의 경제상태, ⑥그 밖에 손해배상액을 결정할 때 고려할 사정을 고려하여 그 손해배상액을 경감할 수 있다고 규정하여(같은 법 제3조), 종전 판례가 공작물자체의 설치·보존상의 하자에 의하여 직접 발생한 화재(발화점과 불가분의 일체를 이루는 물건의 소실)로 인한 손해배상책임에 관해서는 「민법」제758조 제1항이 적용될 뿐, 「실화책임에 관한 법률」의 적용이 없으며, 그 화재로부터 연소한 부분에 대한 손해배상책임에 대하여는 「실화책임에 관한 법률」이 적용된다고 해석하였던 것을(대법원 1998.3.13. 선고 97다34112 판결, 2008.12.24. 선고 2005다56650 판결) 개정법률 제2조에서 명문화하였습니다. 그렇다면 중대한 과실유무와 상관없이 설치·보존상의 하자에 의하여 직접 발생한 화재로 인한 손해배상책임에 관해서는 「민법」제758조 제1항이 적용되고, 그 외의 경우에는 「민법」제750조가 적용될 수 있다고 할 것입니다.

따라서 귀하의 경우 위 화재의 원인이 밝혀지지 않는 한(다만, 위 화재가 원인이 되어 연소되었음은 인정된다면), 甲에게 「민법」제758조에 따른 무과실책임을 청구하기는 어렵더라도 「민법」 제750조에 따른 손해배상청구는 가능할 것으로 보입니다 (다만, 화재원인이 명확하지 않은 경우라면 과실을 입증하기 힘들 수도 있을 것임). 그리고 중대한 과실에 의한 화재임이 분명하지 않다면 「실화책임에 관한 법률」 제3조 제1항에 따라서 상대방은 법원에 손해배상액의 감경을 청구할 수 있으므로 전액을 배상받기 어려울 수도 있습니다.

■ 물건 운반도중 척추를 다친 피용자의 사용자에게 손해배상청구가 가능한지요?

Q. 甲은 乙회사에 고용되어 폐타이어를 운반하는 작업을 하던 중 척추를 다쳐「산업재해보상보험법」에 의한 요양과 노동력상실율 19%의 장해에 따른 휴업급여 및 장해급여를 받았지만, 그것만으로는 부족하다고 생각되어 사용자인 乙회사에 추가로 손해배상을 청구하고자 하는바, 그러한 손해배상청구가 가능한지요?

A. 근로자가 업무중 재해를 당한 경우「산업재해보상보험법」에 의하여 보험급여를 지급받기 위한 요건은 사용자나 근로자 누구의 과실에 기인한 재해인지를 불문하고 그 재해가 산재적용사업장의 '업무중 재해' 즉, 업무상의 사유에 의한 근로자의 부상·질병·장해 또는 사망을 말하고, 이러한 업무상 재해의 인정기준은 대통령령으로 정하게 됩니다(같은 법 제5조 제1호, 제37조 제3항).

그런데 근로자가 업무상 재해를 당한 경우 사용자에게 손해배상을 청구할 수 있는 근거에 관하여 판례는 "사용자는 근로계약에 수반되는 신의칙상의 부수적 의무로서 피용자가 노무를 제공하는 과정에서 생명, 신체, 건강을 해치는 일이 없도록 인적·물적 환경을 정비하는 등 필요한 조치를 강구하여야 할 보호의무를 부담하고, 이러한 보호의무를 위반함으로써 피용자가 손해를 입은 경우 이를 배상할 책임이 있다."라고 하였으며(대법원 2000.5.16. 선고 99다47129 판결), "근로계약에 수반되는 신의칙상의 부수적인 의무로서 근로자에 대한 보호의무를 부담하는 사용자에게 근로자가 입은 신체상의 재해에 대하여 민법 제750조 소정의 불법행위책임을 지우기 위해서는 사용자에게 당해 근로로 인하여 근로자의 신체상의 재해가 발생할 수 있음을 알았거나 알 수 있었음에도 불구하고 그 회피를 위한 별다른 안전조치를 취하지 않은 '과실이 있음이 인정되어야' 하고, 위와 같은 과실의 존재는 손해배상을 청구하는 근로자에게 그 입증책임이 있으며, 근로자가 수행한 작업이 경험칙에 비추어 보통의 성년남자가 혼자서 별다른 무리나 부상 없이 수행할 수 있다고 보아 그에게 발생한 허리 통증에 대하여 사용자에게 근로자에 대한 보호의무위반을 이유로 한 불법행위책임을 지울 수 없다."라고 한 사례가 있습니다(대법원 2000.3.10. 선고 99다60115 판결).

따라서 위 사안에 있어서도 단순히 甲이 乙회사에 고용되어 일하던 중 재해를 당하였다는 사실만으로는 乙회사에 대하여 손해배상을 청구할 수 없고, 위 판례의 취지와 같은 신의성실(信義誠實)의 원칙에 의한 보호의무위반의 과실책임을 물어 손해배상을 청구하기 위해서는 업무의 성질 등을 구체적으로 파악하여 판단하여야 할 것이지만, 보통의 성년남자가 혼자서 별다른 무리나 부상 없이 수행할 수 있는 업무를 수행하던 중 위와 같은 재해를 입었다면 배상청구가 어려울 것으로 보입니다.

참고로 사용자에게 근로자의 보호의무를 위반하였다는 이유로 손해배상책임을 인정한 판례를 보면, "사용자가 피용자로 하여금 주·야간으로 일을 하게 하여 과로와 수

면부족상태를 초래하고 그러한 상태에서 장거리운전까지 하게 함으로써 교통사고를 일으켜 상해를 입게 한 경우, 피용자에 대한 보호의무를 위반하였다."라고 인정한 사례가 있습니다(대법원 2000.5.16. 선고 99다47129 판결).

그리고 이렇게 사용자에 대한 손해배상청구가 인정될 경우 산업재해보상보험급여를 손익상계 하여야 하는지에 관하여는 "불법행위로 인한 손해배상액을 산정함에 있어서 과실상계를 한 다음 손익상계를 하여야 하고, 산업재해보상보험법상의 급여도 마찬가지이다."라고 하였으므로(대법원 1996.1.23. 선고 95다24340 판결), 산업재해보상보험급여도 손익상계대상이 됩니다.

다만, "근로기준법상의 요양보상에 대하여는 사용자는 특단의 사정이 없는 한 그 전액을 지급할 의무가 있는 것이고 근로자에게 과실이 있다고 하더라도 그 비율에 상당한 금액의 지급을 면할 수 없는 것이어서 이를 배상액에서 공제할 수 없는 것이므로, 사용자가 근로자에게 지급한 치료비가 근로기준법상의 요양보상에 해당한다면 치료비 중 근로자의 과실비율에 따른 금원을 부당이득이라 하여 사용자의 손해배상액으로부터 공제할 수 없다."라고 한 바가 있으며(대법원 1994.12.27. 선고 94다40543 판결), "손해배상은 손해의 전보를 목적으로 하는 것이므로 피해자가 근로기준법이나 산업재해보상보험법에 따라 휴업급여나 장해급여 등을 이미 지급받은 경우에 그 급여액을 일실수입의 배상액에서 공제하는 것은 그 손해의 성질이 동일하여 상호보완적 관계에 있는 것 사이에서만 이루어질 수 있고, 따라서 피해자가 수령한 휴업급여금이나 장해급여금이 법원에서 인정된 소극적 손해액을 초과하더라도 그 초과부분을 그 성질을 달리하는 손해의 배상액을 산정함에 있어서 공제할 것은 아니고, 같은 이치에서 휴업급여는 휴업기간 중의 일실수입에 대응하는 것이므로 휴업급여금은 그것이 지급된 휴업기간 중의 일실수입 상당의 손해액에서만 공제되어야 한다."라고 한 바 있어(대법원 1995.4.25. 선고 93다61703 판결) 일정한 경우 사용자의 공제를 제한하고 있습니다.

■ 도박중독자가 카지노에서 도박을 하다가 거액을 탕진한 경우 카지노사업자의 도박중독
자에 대한 보호의무 또는 배려의무 위반을 이유로 손해배상을 청구할 수 있는지요?

Q. 도박중독자인 甲의 아들인 乙이 카지노사업자인 丙에게 甲의 카지노 출입제한 요청
을 하였다가 출입제한자 명단에 등재되기도 전에 요청을 철회하였고, 丙은 甲의 카
지노 출입을 허용하여 甲이 도박하면서 베팅한도액인 1회 1,000만원을 초과한 도
박을 하다가 200억원을 탕진하였습니다. 甲은 丙에게 카지노사업자의 카지노이용자
에 대한 보호의무 또는 배려의무 위반을 이유로 손해배상을 청구할 수 있는지요?

A. 이와 유사한 사례에서 판례는, "개인은 자신의 자유로운 선택과 결정에 따라 행위하
고 그에 따른 결과를 다른 사람에게 귀속시키거나 전가하지 아니한 채 스스로 이를
감수하여야 한다는 '자기책임의 원칙'이 개인의 법률관계에 대하여 적용되고, 계약을
둘러싼 법률관계에서도 당사자는 자신의 자유로운 선택과 결정에 따라 계약을 체결
한 결과 발생하게 되는 이익이나 손실을 스스로 감수하여야 할 뿐 일방 당사자가
상대방 당사자에게 손실이 발생하지 아니하도록 하는 등 상대방 당사자의 이익을
보호하거나 배려할 일반적인 의무는 부담하지 아니함이 원칙이다. 카지노업, 즉 '전
문 영업장을 갖추고 주사위·트럼프·슬롯머신 등 특정한 기구 등을 이용하여 우연의
결과에 따라 특정인에게 재산상의 이익을 주고 다른 참가자에게 손실을 주는 행위
등을 하는 업'(관광진흥법 제3조 제1항 제5호)의 특수성을 고려하더라도, 폐광지역
개발 지원에 관한 특별법에 따라 내국인의 출입이 가능한 카지노업을 허가받은 자
와 카지노이용자 사이의 카지노 이용을 둘러싼 법률관계에 대하여도 당연히 위와
같은 '자기책임의 원칙'이 적용된다", "카지노사업자가 카지노 운영과 관련하여 공익
상 포괄적인 영업 규제를 받고 있더라도 특별한 사정이 없는 한 이를 근거로 함부
로 카지노이용자의 이익을 위한 카지노사업자의 보호의무 내지 배려의무를 인정할
것은 아니다. 카지노사업자로서는 정해진 게임 규칙을 지키고 게임 진행에 필요한
서비스를 제공하면서 관련 법령에 따라 카지노를 운영하기만 하면 될 뿐, 관련 법령
에 분명한 근거가 없는 한 카지노사업자에게 자신과 게임의 승패를 겨루어 재산상
이익을 얻으려 애쓰는 카지노이용자의 이익을 자신의 이익보다 우선하거나 카지노
이용자가 카지노 게임으로 지나친 재산상 손실을 입지 아니하도록 보호할 의무가
있다고 보기는 어렵다.
다만 자기책임의 원칙도 절대적인 명제라고 할 수는 없는 것으로서, 개별 사안의 구
체적 사정에 따라서는 신의성실이나 사회질서 등을 위하여 제한될 수도 있다. 그리
하여 카지노이용자가 자신의 의지로는 카지노 이용을 제어하지 못할 정도로 도박 중
독 상태에 있었고 카지노사업자도 이를 인식하고 있었거나 조금만 주의를 기울였더

라면 인식할 수 있었던 상황에서, 카지노이용자나 그 가족이 카지노이용자의 재산상 손실을 방지하기 위하여 법령이나 카지노사업자에 의하여 마련된 절차에 따른 요청을 하였음에도 그에 따른 조처를 하지 아니하고 나아가 영업제한규정을 위반하여 카지노 영업을 하는 등 카지노이용자의 재산상실에 관한 주된 책임이 카지노사업자에게 있을 뿐만 아니라 카지노이용자의 손실이 카지노사업자의 영업이익으로 귀속되는 것이 사회 통념상 용인될 수 없을 정도에 이르렀다고 볼만한 특별한 사정이 있는 경우에는, 예외적으로 카지노사업자의 카지노이용자에 대한 보호의무 내지 배려의무 위반을 이유로 한 손해배상책임이 인정될 수 있다", "구 폐광지역개발 지원에 관한 특별법(2007. 4. 11. 법률 제8343호로 개정되기 전의 것) 제11조 제3항, 같은 법 시행령(2008. 12. 31. 대통령령 제21214호로 개정되기 전의 것) 제14조 제1항 제4호 (나)목, 구 관광진흥법 시행규칙(2007. 8. 28. 문화관광부령 제167호로 개정되기 전의 것) 제36조 단서 [별표 7의2] '폐광지역 카지노사업자의 영업준칙' 등에서 정한 카지노사업자의 영업제한규정 중 1회 베팅한도를 제한하는 규정은 그 문언상 과도한 사행심 유발을 방지하기 위한 것이나, 일반 공중의 사행심 유발을 방지하기 위한 데서 더 나아가 카지노이용자 개개인의 재산상 손실을 방지하기 위한 규정이라고 보기는 어렵다"고 판시하면서, 카지노사업자에게 카지노이용자의 카지노 출입을 제한할 의무가 있다고 볼 수 없고, 카지노사업자의 직원이 베팅한도액 제한규정을 위반하였더라도 카지노이용자에 대한 보호의무를 위반하였다고 볼 수 없다고 하였습니다(대법원 2014.8.21. 선고 2010다92438 전원합의체 판결).

따라서 위 사안에서도 카지노이용자인 甲에 대한 적법한 출입제한 요청이 있었다고 보기 어려워 카지노사업자 丙에게 甲의 카지노 출입을 제한할 의무가 있다고 볼 수 없고, 丙이 베팅한도액 제한규정을 위반하였더라도 甲에 대한 보호의무를 위반하였다고 볼 수 없으므로, 甲은 丙에게 도박으로 탕진한 200억원에 대하여 손해배상을 청구할 수 없습니다.

■ 인근에 쓰레기 매립장이 만들어질 예정인 사실을 알리지 않고 아파트를 분양한 건설회사에게 손해배상을 청구할 수 있는지요?

Q. 건설회사 甲은 아파트를 분양할 때 인근에 곧 쓰레기 매립장이 만들어진다는 사실을 알면서도 이를 알리지 않고 분양을 했습니다. 입주를 2개월 앞두고 뉴스를 통해 이 사실을 알게 된 입주예정자 乙은 甲이 아파트 가치를 높게 책정해 비싸게 분양받게 했다며 甲에게 손해배상을 청구할 수 있는지요?

A. 이와 유사한 사례에서 판례는, "부동산 거래에 있어 거래 상대방이 일정한 사정에 관한 고지를 받았더라면 그 거래를 하지 않았을 것임이 경험칙상 명백한 경우에는 신의성실의 원칙상 사전에 상대방에게 그와 같은 사정을 고지할 의무가 있으며, 그와 같은 고지의무의 대상이 되는 것은 직접적인 법령의 규정뿐 아니라 널리 계약상, 관습상 또는 조리상의 일반원칙에 의하여도 인정될 수 있다"고 판시하면서 아파트 단지 인근에 쓰레기 매립장이 건설예정인 사실은 신의칙상 건설회사가 분양계약자들에게 고지하여야 할 대상이라고 하였습니다. 또한 "고지의무 위반은 부작위에 의한 기망행위에 해당하므로 입주예정자들로서는 기망을 이유로 분양계약을 취소하고 분양대금의 반환을 구할 수도 있고 분양계약의 취소를 원하지 않을 경우 그로 인한 손해배상만을 청구할 수도 있다"고 하면서 건설회사에게 쓰레기 매립장의 건설을 고려한 아파트의 가치하락액 상당의 손해배상책임을 인정하였습니다(덧붙여 분양계약 후에 부동산 경기의 전반적인 상승에 따라 아파트의 시가가 상승하여 분양가격을 상회하게 되었다고 하여 입주예정자들에게 손해가 발생하지 않았다고 할 수 없다고 하였습니다)(대법원 2006.10.12. 선고 2004다48515 판결).

따라서 위 사안에서 乙은 건설회사 甲에게 신의칙상의 고지의무 위반을 이유로 쓰레기 매립장의 건설을 고려한 아파트의 가치하락액 상당의 손해배상을 청구할 수 있습니다. 또한 분양계약의 취소를 원할 경우에는 분양계약의 취소와 분양대금의 반환을 구할 수도 있습니다.

■ 아파트 경비원이 입주민의 과도한 질책과 욕설을 못이겨 자살한 경우 아파트 관리주체이자 사용자에게 손해배상을 구할 수 있는지요?

Q. 아파트 경비원이던 甲은 근무하던 동의 입주민으로부터 과도한 질책과 욕설을 듣고 업무상 스트레스로 자살하였습니다. 이 경우 甲의 유족들은 아파트 관리주체이자 사용자인 乙에게 손해배상을 청구할 수 있는지요?

A. 아파트 경비원 甲이 근무 동 입주민의 과도한 질책과 욕설 등 때문에 업무상 스트레스를 받고 힘들어하다가 자살하자, 甲의 유족이 甲의 사용자이자 아파트 관리주체인 乙 주식회사를 상대로 손해배상을 구한 사안에서,

甲이 근무하는 동안 입주민으로부터 심한 정신적 스트레스를 받았고, 스트레스가 원인이 되어 우울증이 더욱 악화된 점, 甲이 근무하던 동은 입주민의 과도한 괴롭힘 때문에 경비원들 사이에 근무기피지로 널리 알려진 곳이었고 乙 회사 역시 이러한 사정을 인지하였는데, 乙 회사는 근무기피지에 근무하는 甲의 애로사항 등에 대해 좀 더 세심하게 신경 써야 할 필요성이 있었던 점, 甲이 상사에게 입주민 때문에 과도한 스트레스를 받고 있으니 근무지를 옮겨 달라고 요청하기도 하였으나, 甲의 상사가 적극적인 보호조치를 취하기보다는 사직을 권유한 점, 甲에 대한 안전배려의무를 부담하고 있는 乙 회사는 甲의 상황이 악화되지 않도록 근무부서를 변경하는 등의 적절한 조치를 취하여야 할 주의의무가 있는데도 별다른 조치를 취하지 않은 점, 근로복지공단은 甲이 입주민과의 심한 갈등에 따른 업무상 스트레스로 자살에 이르게 되었다는 점을 근거로 업무상 재해에 해당한다고 인정한 점 등을 종합하면, 乙 회사는 피용자인 甲에 대한 보호의무를 위반한 과실이 있고, 이로 인해 자살사고가 발생하였다고 봄이 타당하므로, 위 사고에 따른 손해를 배상할 책임이 있다(서울중앙지법 2017.3.10. 선고 2014가단5356072 판결)라고 판시하였습니다. 따라서 甲의 유족은 乙에게 손해배상을 청구할 수 있습니다.

■ 토지상의 건물 신축으로 인한 조망권 침해로 손해배상을 구할 수 있나요?

Q. 甲은 10층 건물에 거주하였고 甲의 건물 앞에는 5층 건물만이 있어 한강을 조망할 수 있었습니다. 그런데 乙이 5층 건물을 철거하고 甲의 건물보다 더 높은 건물을 신축하여 甲은 더 이상 한강을 조망할 수 없게 되었습니다. 이 경우 甲은 조망권 침해로 乙에게 손해배상을 구할 수 있나요?

A. 대법원은 "어느 토지나 건물의 소유자가 종전부터 향유하고 있던 경관이나 조망이 그에게 하나의 생활이익으로서의 가치를 가지고 있다고 객관적으로 인정된다면 법적인 보호의 대상이 될 수 있는 것인바, 이와 같은 조망이익은 원칙적으로 특정의 장소가 그 장소로부터 외부를 조망함에 있어 특별한 가치를 가지고 있고, 그와 같은 조망이익의 향유를 하나의 중요한 목적으로 하여 그 장소에 건물이 건축된 경우와 같이 당해 건물의 소유자나 점유자가 그 건물로부터 향유하는 조망이익이 사회통념상 독자의 이익으로 승인되어야 할 정도로 중요성을 갖는다고 인정되는 경우에 비로소 법적인 보호의 대상이 되는 것이고, 그와 같은 정도에 이르지 못하는 조망이익의 경우에는 특별한 사정이 없는 한 법적인 보호의 대상이 될 수 없다.(중략)

조망이익이 법적인 보호의 대상이 되는 경우에 이를 침해하는 행위가 사법상 위법한 가해행위로 평가되기 위해서는 조망이익의 침해 정도가 사회통념상 일반적으로 인용되는 수인한도를 넘어야 하고, 그 수인한도를 넘었는지 여부는 조망의 대상이 되는 경관의 내용과 피해건물이 입지하고 있는 지역에 있어서 건조물의 전체적 상황 등의 사정을 포함한 넓은 의미에서의 지역성, 피해건물의 위치 및 구조와 조망상황, 특히 조망과의 관계에서의 건물의 건축·사용목적 등 피해건물의 상황, 주관적 성격이 강한 것인지 여부와 여관·식당 등의 영업과 같이 경제적 이익과 밀접하게 결부되어 있는지 여부 등 당해 조망이익의 내용, 가해건물의 위치 및 구조와 조망방해의 상황 및 건축·사용목적 등 가해건물의 상황, 가해건물 건축의 경위, 조망방해를 회피할 수 있는 가능성의 유무, 조망방해에 관하여 가해자측이 해의(해의)를 가졌는지의 유무, 조망이익이 피해이익으로서 보호가 필요한 정도 등 모든 사정을 종합적으로 고려하여 판단하여야 한다. (중략) 조망의 대상과 그에 대한 조망의 이익을 누리는 건물 사이에 타인 소유의 토지가 있지만 그 토지 위에 건물이 건축되어 있지 않거나 저층의 건물만이 건축되어 있어 그 결과 타인의 토지를 통한 조망의 향수가 가능하였던 경우, 그 타인은 자신의 토지에 대한 소유권을 자유롭게 행사하여 그 토지 위에 건물을 건축할 수 있고, 그 건물 신축이 국토의 계획 및 이용에 관한 법률에 의하여 정해진 지역의 용도에 부합하고 건물의 높이나 이격거리에 관한 건축관계법규에 어긋나지 않으며 조망 향수자가 누리던 조망의 이익을 부당하게 침해하려는 해의(해의)에 의한 것으로서 권리의 남용에 이를 정도가 아닌 한 인접한 토지에서 조망의 이익을 누리던 자라도 이를 함부로 막을 수는 없다.

따라서 조망의 이익은 주변에 있는 객관적 상황의 변화에 의하여 저절로 변용 내지 제약을 받을 수밖에 없고, 그 이익의 향수자가 이러한 변화를 당연히 제약할 수 있는 것도 아니다. (중략) 5층짜리 아파트의 뒤에 그보다 높은 10층짜리 건물을 세움으로써 한강 조망을 확보한 경우와 같이 보통의 지역에 인공적으로 특별한 시설을 갖춤으로써 누릴 수 있게 된 조망의 이익은 법적으로 보호받을 수 없다(중략)(대법원 2007.6.28. 선고 2004다54282 판결)"라고 판시하였습니다. 따라서 甲은 乙에게 조망권 침해를 이유로 손해배상을 청구할 수 없습니다.

■ 호텔 숙박권 양도계약을 무단파기한 경우 어떤 조치를 할 수 있는지요?

Q. 甲은 인터넷 사이트를 이용하여 호텔 숙박권을 양도하기 위한 글을 작성하였고, 乙이 연락을 하여 거래를 하게 되었습니다. 거래과정에서 甲은 호텔 측에 예약자 변경을 요청하기 위해서는 일정한 수수료가 발생한다는 사실을 乙에게 고지하였고, 乙의 의사를 확인한 후 호텔 측에 예약자 변경을 통보하였으며, 다만 乙이 숙박권 양도대금을 일부 감액해 줄 것을 요청하여 이에 관한 협상을 하고 있었습니다. 그런데 다음 날 乙은 명확한 이유도 밝히지 않은 채 일방적으로 계약의 파기를 주장하며, 대금의 지급을 거절하였습니다. 甲은 乙에게 어떠한 조치를 할 수 있는지요?

A. 甲과 乙 사이에 호텔 숙박권을 양도하는 계약을 체결한 후, 甲이 계약의 이행에 필요한 조치를 취하였음에도 불구하고, 乙은 종래 약속과는 다르게 정당한 이유도 없이 대금의 지급을 미루면서 의무의 이행을 지체하고 있는 상황으로 이해됩니다.

이러한 경우라면, 호텔 숙박권 양도계약이 유효하게 성립되었음을 전제로 하여, 乙의 채무불이행(대금지급의 이행지체)을 이유로 계약을 해제함과 동시에 손해배상을 청구할 수 있을 것으로 판단됩니다. 설령 계약이 유효하게 성립하였는지 여부에 관하여 다툼이 있다고 하더라도, 사실관계에 비추어 볼 때, 乙이 계약성립에 관하여 상당한 정도의 신뢰를 부여하고도 이를 부당히 파기하여 甲에게 예약변경 수수료 등 일정한 손해를 입힌 것으로 보이는바, 계약이 유효하게 성립되지 않은 경우라도 계약교섭의 부당파기에 따른 불법행위를 원인으로 손해배상을 청구하는 방법도 가능할 것으로 보입니다.

요컨대, 구체적인 청구원인 및 법적 구성에 있어서 차이가 있을 뿐, 甲이 乙에게 적어도 예약변경 수수료 상당의 손해배상을 청구하는 것에는 큰 어려움이 없어 보입니다. 乙이 계속하여 의무의 임의이행을 거절한다면, 법원에 지급명령을 신청하거나 소장을 접수하는 등으로 법적조치를 취하여야 할 것입니다.

■ 부상 위험이 내재되어 있는 운동경기에 참가한 자가 상해를 입은 경우 이에 대한 손해배상을 청구할 수 있나요?

> **Q.** 태권도와 같은 격투시합 중에 상대방에게 상해를 입혔습니다. 이 경우에 상해에 대한 손해배상책임이 있나요?
>
> **A.** 권투나 태권도 등과 같이 상대선수에 대한 가격이 주로 이루어지는 형태의 운동경기나 다수 선수들이 한 영역에서 신체적 접촉을 통하여 승부를 이끌어내는 축구나 농구와 같은 형태의 운동경기는 신체접촉에 수반되는 경기 자체에 내재된 부상 위험이 있고, 그 경기에 참가하는 자는 예상할 수 있는 범위 내에서 위험을 어느 정도 감수하고 경기에 참가하는 것이므로, 이러한 유형의 운동경기에 참가한 자가 앞서 본 주의의무를 다하였는지는 해당경기의 종류와 위험성, 당시 경기진행 상황, 관련 당사자들의 경기규칙 준수 여부, 위반한 경기규칙이 있는 경우 규칙의 성질과 위반 정도, 부상 부위와 정도 등 제반 사정을 종합적으로 고려하여 판단하되, 그 행위가 사회적 상당성의 범위를 벗어나지 않았다면 이에 대하여 손해배상책임을 물을 수 없다.'는 판시가 있습니다.(대법원 2011.12.8. 선고 2011다66849 판결) 위 판례에 따라서 내재된 위험에도 불구하고 주의의무를 다하지 못하였다는 특별한 사정이 있어야 손해배상책임이 있을 것입니다. 일반적인 운동시합중에 있을 수 있는 부상이나 사고라면 손해배상이 인정되지 않을 가능성도 충분합니다.

■ 집단따돌림으로 인한 자살의 경우 손해배상을 청구할 수 있나요?

> **Q.** 학생이 지속된 집단따돌림으로 인하여 자살을 하였습니다. 본인이 스스로 자살을 하였지만 그 원인이 집단따돌림을 한 다른 학생들에게 있다고 생각합니다. 책임을 물을 수 있나요?
>
> **A.** 통상 나이가 어리고 정신적으로 성숙하지 못한 피해자에게 육체적·정신적으로 상당한 고통을 주고, 그 폭행 등 괴롭힘이 상당기간 계속될 경우에는 그 고통과 그에 따른 정신장애로 피해자가 자살에 이를 수도 있다는 것은 예측이 가능하다 할 것입니다. 가해학생들의 폭행 등 괴롭힘과 망인의 자살 사이에는 상당인과관계가 있다 할 것이고, 수학여행에서 다른 급우들로부터 따돌림을 당하였다거나 자살 당일 부모로부터 꾸중을 듣는 등 다른 원인이 자살에 일부 작용하였다 하더라도 주된 원인이 집단따돌림에 있다면 그 인과관계가 인정될 것입니다. 그러므로 이로 인한 손해배상책임을 청구할 수 있습니다.

■ 여행지의 정국불안으로 여행이 취소된 경우 여행업자에게 책임을 물을 수 있나요?

Q. 기획여행상품에 관한 계약을 체결하고 외국을 여행하고자 하였으나, 격렬한 반정부 시위에 따른 정국불안으로 현지 공항에서 입국 거절을 통보받고 귀국하게 되었습니다. 이때 여행사에게 책임을 물을 수 있나요?

A. 일반여행업 등을 영위하는 乙 주식회사와 '이집트 일주 7일'이라는 기획여행상품에 관한 계약을 체결하고 이집트 각지를 여행하고자 하였으나, 격렬한 반정부 시위에 따른 정국불안으로 현지 공항에서 입국 거절을 통보받고 귀국하게 되자 乙 회사를 상대로 손해배상을 구한 사안에서, 제반 사정에 비추어 乙 회사는 甲 등에게 신변안전과 관련된 정보나 여행지 변경 가능성에 관한 정보를 제대로 제공하지 않았고, 여행 출발을 전후하여 여행계약이 정상적으로 진행되기 어려울 것이라는 사정을 충분히 예상할 수 있었음에도 신속한 여행중단조치를 취하지 않은 채 여행을 강행함으로써 여행 실행과정상 충실의무를 이행하지 않았으므로, 甲 등이 입은 손해를 배상할 책임이 있다고 한 사례가 있습니다(서울중앙지방법원 2012.5.30. 선고 2011가단 387155 판결). 위 사례를 보았을 때 여행업자도 신속한 여행중단조치를 취하지 않은 이상 손해배상책임을 면할 수 없다고 할 것입니다.

■ 어린이용품으로 인한 안전사고가 난 경우 손해배상을 받고 싶은데 어떻게 해야 하나요?

Q. 아이에게 문구세트를 사줬는데 갑자기 용수철이 튀어나와 다쳤습니다. 손해배상을 받고 싶은데 어떻게 해야 하나요?

A. 소비자는 물품 또는 서비스의 사용으로 인한 피해의 구제를 한국소비자원에 신청해 「소비자분쟁해결기준」에 따라 조정을 받을 수 있습니다.문구에 대한 「소비자분쟁해결기준」을 보면 ① 정상적인 사용 상태에서 제품의 하자가 발생한 경우에는 제품교환 또는 구입가 환급을 받을 수 있고, ② 하자로 인해 피해가 발생한 경우에는 제품교환 및 손해배상을 받을 수 있습니다. 또는 법원에 의하여도 해결해볼 수 있습니다. 사업자와 원만한 조정이 이루어지지 않는 경우에는 법원에 민사소송을 제기해 손해배상을 받을 수 있습니다. 제조업자는 제조물의 결함으로 생명·신체 또는 재산에 손해(해당 제조물에 대해서만 발생한 손해 제외)를 입은 사람에게 그 손해를 배상할 책임이 있으므로, 소비자는 「제조물책임법」에 따라 민사소송을 제기해 손해배상을 받을 수 있습니다.

◨ 편 저 김만기 ◨

•전(前) 서울지방법원민사과장
•전(前) 고등법원종합민원실장

•저서 : 자동차사고의 법률적 해법과 지식(공저)
        법인등기실무
        의료사고의료.분쟁속시원하게해결해드립니다(공저)
        채권채무 정석 요해
        채무 소액소장 사례실무
        이 정도도 모르면 대부업체 이용하지 마세요
        나홀로 민사소송 개시에서 종결까지
        나홀로 가압류 가처분 개시에서 종결까지
        민사소송 집행 실무총람
        (사례별) 종합법률 서식대전

문답식으로 풀어 본
각종 손해배상 청구 해결 쉽게 하는 방법   정가 24,000원

2024年 1月 15日 2판 인쇄
2024年 1月 20日 2판 발행
  저   자 : 김 만 기
  발 행 인 : 김 현 호
  발 행 처 : 법문 북스
  공 급 처 : 법률미디어

저자와 협의 하에
인지 생략

서울 구로구 경인로 54길4 (우편번호 : 08278)
TEL : 2636-2911-2, FAX : 2636-3012
등록 : 1979년 8월 27일 제5-22호
Home : www.lawb.co.kr

▍ISBN 978-89-7535-724-4 (13360)
▍파본은 교환해 드립니다.
▍이 도서의 국립중앙도서관 출판예정도서목록(CIP)은 서지정보유통지원시스템 홈페이지
  (http://seoji.nl.go.kr)와 국가자료종합목록시스템(http://www.nl.go.kr/kolisnet)에서
  이용하실 수 있습니다. (CIP제어번호 : CIP2019008819)